"十四五"职业教育国家规划教材

U0649306

公路工程 AutoCAD 制图

AutoCAD Drawing of Road Engineering

（第3版）

阮志刚 ▲ 主　编

申　莉 ▲ 副主编

严　鹏 ▲ 主　审

人民交通出版社

北京

内 容 提 要

本书为"十四五"职业教育国家规划教材。全书基于 AutoCAD 2020 中文版软件，针对公路工程领域的制图内容，结合实例讲述了 AutoCAD 软件的基本操作以及使用 AutoCAD 进行公路工程图样绘制、编辑修改、标注和打印输出等方法与技巧。

全书通过 12 个项目、34 个具体任务介绍了 AutoCAD 2020 的基本操作，使用 AutoCAD 绘制一般公路工程图样及书写文字、填写表格和完成尺寸标注的方法；另外还介绍了包括三维实体建模、AutoCAD 应用技巧和图形打印输出等相关知识。

本书使用了大量公路工程制图实例，并有针对性地设置了部分实训内容，具有较强的易学性和可操作性，适合各级职业技术院校道路与桥梁工程技术专业及其他相关专业师生使用，亦可供相关工程技术人员学习参考。

图书在版编目（CIP）数据

公路工程 AutoCAD 制图 / 阮志刚主编. — 3 版.
北京：人民交通出版社股份有限公司，2025. 6.
ISBN 978-7-114-19817-5

Ⅰ. U412.5

中国国家版本馆 CIP 数据核字第 20249CN622 号

"十四五"职业教育国家规划教材
Gonglu Gongcheng AutoCAD Zhitu

书　　　名：公路工程 AutoCAD 制图（第 3 版）
著　作　者：阮志刚
责任编辑：李　瑞　杜希铭
责任校对：赵媛媛　魏佳宁
责任印制：张　凯
出版发行：人民交通出版社
地　　　址：（100011）北京市朝阳区安定门外外馆斜街 3 号
网　　　址：http://www.ccpcl.com.cn
销售电话：（010）85285911
总 经 销：人民交通出版社发行部
经　　　销：各地新华书店
印　　　刷：北京市密东印刷有限公司
开　　　本：787×1092　1/16
印　　　张：21.25
字　　　数：514 千
版　　　次：2011 年 9 月　第 1 版
　　　　　　2020 年 8 月　第 2 版
　　　　　　2025 年 6 月　第 3 版
印　　　次：2025 年 6 月　第 3 版　第 1 次印刷　总第 21 次印刷
书　　　号：ISBN 978-7-114-19817-5
定　　　价：55.00 元
（有印刷、装订质量问题的图书，由本社负责调换）

前·言
Preface

　　随着计算机技术的迅速发展和公路建设新技术、新工艺、新材料、新设备的不断推广应用，计算机技术与道路、桥梁、隧道等交通基础设施建设的结合越来越紧密，特别是在工程勘察设计阶段，计算机辅助设计（CAD）已经成为不可缺少的手段。同时，计算机的普及应用也促进了 CAD 技术在公路建设中的广泛应用，越来越多的行业人员都认识到了计算机辅助设计的重要性和便捷性，CAD 也已成为交通运输类专业，特别是道路运输类专业的一门重要的技术基础课程。交通建设行业信息化、智慧化转型发展的趋势要求道路与桥梁工程技术等专业学生在学习"道路工程制图"和其他相关专业课程的基础上，还必须学习并熟练掌握使用 CAD 绘图的相关知识和操作技能。

　　AutoCAD 软件是由美国欧特克（Autodesk）公司出品的一款通用计算机辅助设计软件包，可用于二维平面绘图、图形编辑修改、三维建模和专业设计等，在世界上拥有广泛的用户群。因其具有良好的二次开发功能而且简单易学，目前，国内外有大量的专业设计软件依托于 AutoCAD 软件平台进行二次开发和应用。在道路、桥梁、隧道、建筑等土木工程建设领域，AutoCAD 已经成为不可或缺的基本工具。

　　近年来，我国高等职业教育不断改革发展，在教学过程中越来越注重和倡导"项目化""工作过程系统化"的教学模式。本书遵循"工作过程导向、任务驱动、项目载体"的教学理念，通过分析公路工程制图的特点，依据国家专业教学标准，瞄准交通基础设施建设等新要求，参照国家职业标准和岗位需求，采用国家、行业最新标准和规范，选取大量公路设计典型图例，精心组织教学内容，以AutoCAD绘图工作过程为导向，确立"项目-任务"式内容架构，实现产教结合。本书理论与实践并重，所选内容在深度和广度方面，既考虑学生的实际水平与接受能力，又满足学生后续课程学习和未来就业的需要，符合技术技能型人才成长规律。

本书根据公路建设行业企业对技术技能人才的要求，突出职业素质，夯实专业基础，增强专业教学的理论性、适用性、实践性，构建以应用性和实践性为基本特点的课程教学体系。在内容组织上坚持"实际、实用、实践"的原则，以项目为依托，将内容融入项目，进一步创新常规软件类教材的学习方式，将传统的AutoCAD学习内容打散重组，以项目形式呈现，并将每个项目分解成多个任务，在每个任务中置入若干命令操作技能。在每个项目学习完成后，还安排了与其内容密切相关的实训。通过任务的学习和实训，逐步引导学生由浅入深、由易到难地学习，使学生的能力提高和对教学内容的掌握在项目实施中逐步得到实现，达到学以致用的目的。

本书在注重专业知识学习的基础上，落实立德树人根本任务，将课程思政相关要求充分融入教材内容，在教材中以列表形式明确提出课程思政教学建议，供教师教学时灵活选用，力求打造融教书、育人于一体的新型教材。

为适应多种环境的学习需要，本书充分运用多媒体信息技术，将所有绘图任务的绘制过程以及课后实训内容用134个操作视频和10个配套使用的教学PPT予以完整呈现，学习者可通过扫描二维码观看，帮助其更好地掌握AutoCAD的操作技能。本书既适合作为职业院校交通运输类专业CAD制图课程的教学或培训教材，也适合读者自学AutoCAD，或作为路桥工程制图技术人员的参考书。

全书共包含12个项目和34个具体任务，分别对AutoCAD的基本操作、二维图形的编辑修改、基本三维实体建模、书写文字、填写表格、尺寸标注以及图形对象打印输出等内容进行了系统全面的介绍，另外还结合公路工程制图的特点介绍了 AutoCAD 应用技巧等相关知识。

本书由四川交通职业技术学院阮志刚主编，申莉副主编，四川西南交大铁路发展股份有限公司严鹏主审。其中，项目一、十二由四川交通职业技术学院黄宁编写；项目二、三、八由四川交通职业技术学院申莉编写并制作教学资源；项目四、六、七、九由阮志刚编写并制作教学资源；项目五由四川交通职业技术学院李力编写并制作教学资源；项目十、十一由四川公路规划勘察设计研究院有限公司宋杨编写并制作教学资源；四川公路桥梁建设集团有限公司、中铁二院工程集团有限责任公司等的部分企业人员参与编写并提供大量工程实际中使用的图样资料。在编写过程中，编者还参考了许多专家学者的著作、教材、实训题、资源库等资料，在此对这些资料的作者表示衷心的感谢！对所有帮助和支持本书出版的同事、领导表示衷心的感谢！

由于作者水平有限，书中难免有疏漏和不当之处，敬请批评指正。

编　者

2025 年 3 月

《公路工程 AutoCAD 制图（第 3 版）》数字资源清单

序号	资源名称	类型
1	设置绘图窗口和十字光标	视频
2	设定绘图区域的大小	视频
3	设置绘图单位	视频
4	设置图层、线型、线宽和颜色	视频
5	在不同图层上绘制简单图形	视频
6	选择对象和删除对象	视频
7	平移和缩放图形	视频
8	修改非连续线型外观	视频
9	在 AutoCAD 中启用帮助	视频
10	项目二实训 1	视频
11	图 2.71　项目二实训 2	视频
12	图 3.1　使用坐标绘制直线图形对象	视频
13	图 3.6　使用对象捕捉精确绘制直线	视频
14	图 3.9　对象追踪绘制平面图形	视频
15	图 3.12　多线创建图形对象	视频
16	图 3.21　多段线创建图形对象	视频
17	图 3.23　使用点等分直线对象	视频
18	图 3.24a）绘制不同样式的矩形	视频
19	图 3.24b）绘制不同样式的矩形	视频
20	图 3.24c）绘制不同样式的矩形	视频
21	图 3.25a）绘制正多边形	视频
22	图 3.25b）绘制正多边形	视频
23	图 3.25c）绘制正多边形	视频
24	图 3.27　构造线绘制	视频
25	图 3.28　项目三实训 1	视频
26	图 3.29　项目三实训 2	视频
27	图 3.30　项目三实训 3	视频
28	图 4.1　空心板梁中板断面图	视频
29	图 4.2　绘制三角形的外接圆和内切圆	视频
30	图 4.5　圆弧绘制	视频
31	图 4.7　绘制椭圆	视频
32	图 4.8　圆弧和椭圆弧组合图形	视频
33	图 4.9　绘制等轴测图	视频
34	绘制等轴测圆	视频
35	图 4.14　桩柱式桥墩立面图	视频
36	图 4.18　徒手线绘制绿化树	视频
37	图 4.19、图 4.20　绘制圆环	视频

序号	资源名称	类型
38	图 4.22　项目四实训 1	视频
39	图 4.23　项目四实训 2	视频
40	图 4.24　项目四实训 3	视频
41	图 5.2　T 梁断面填充过程	视频
42	图 5.20　双孔圆管涵涵身断面图	视频
43	图 5.26　修改图案填充的角度和比例	视频
44	项目五实训 1	视频
45	项目五实训 2	视频
46	图 6.2　绘制混凝土空心板桥上部构造	视频
47	图 6.9　矩形排列群桩基础	视频
48	图 6.10　绘制环形排列群桩基础	视频
49	图 6.14　圆的定位线绘制过程	视频
50	图 6.19　项目六实训 1	视频
51	图 6.20　项目六实训 2	视频
52	图 7.1　道路平面交叉口	视频
53	图 7.8　圆角方式形成圆弧连接过程	视频
54	图 7.11　圆角半径设置为 0 时操作效果	视频
55	图 7.13　使用旋转命令绘图过程	视频
56	图 7.15　使用"参照"选项旋转图形	视频
57	图 7.16　对齐对象	视频
58	图 7.20　拉伸命令修改桥墩盖梁	视频
59	图 7.23　百分比柱状图	视频
60	图 7.25　使用延伸命令延长线条	视频
61	图 7.26　比例缩放图形	视频
62	图 7.28　参照方式缩放图形对象的示例	视频
63	图 7.31　倒角命令操作示例	视频
64	图 7.32　倒角命令延伸直线	视频
65	图 7.33　合并对象操作示例	视频
66	图 7.34　使用对象特性命令修改对象属性示例	视频
67	图 7.37　特性匹配	视频
68	图 7.39　项目七实训 1	视频
69	图 7.40　项目七实训 2	视频
70	图 7.41　项目七实训 3	视频
71	图 8.1　设置文字样式	视频
72	图 8.5　使用单行文字创建标题栏	视频
73	图 8.9　使用多行文字创建文字说明	视频
74	图 8.24　在多行文字中添加特殊字符	视频
75	图 8.30　设置表格样式	视频
76	图 8.34　创建涵台帽工程数量表	视频
77	图 8.48　在边板工程数量表中插入公式	视频

序号	资源名称	类型
78	图 8.56　设置文字样式	视频
79	图 8.75　项目八实训 1	视频
80	项目八实训 2	视频
81	图 9.4　创建标准样式	视频
82	图 9.25　绘制并标注扶壁式挡土墙两面投影图	视频
83	图 9.29　径向标注示例	视频
84	图 9.31　绘制并标注钢筋弯钩大样图	视频
85	图 9.35　绘制并标注截水沟平面图	视频
86	图 9.36　绘制并标注钢筋图	视频
87	图 9.44　使用夹点编辑改变尺寸标注文字位置	视频
88	图 9.45　菜单选项改变尺寸标注文字位置	视频
89	图 9.46　修改尺寸标注文字内容	视频
90	图 9.48　标注正等轴测图	视频
91	图 9.50　项目九实训 1	视频
92	图 9.51　项目九实训 2	视频
93	图 10.1　快速选择对象示例	视频
94	图 10.4　使用对象选择过滤器筛选对象	视频
95	图 10.5　查询对象面积	视频
96	图 10.8　创建图块	视频
97	图 10.10　定距等分方式插入图块	视频
98	图 10.16　插入光栅图像	视频
99	图 10.28　结合 Excel 数据绘制纵断面图地面线	视频
100	图 10.29　项目十实训 1	视频
101	图 10.30　项目十实训 2	视频
102	图 10.31　项目十实训 3	视频
103	图 11.1　"三维建模"工作空间	视频
104	图 11.5　使用不同视图观察三维实体	视频
105	图 11.8　不同视觉样式观察三维实体	视频
106	图 11.10　动态观察三维实体	视频
107	图 11.11　创建长方体	视频
108	图 11.12　创建球体	视频
109	图 11.15　创建圆柱体	视频
110	图 11.16　创建圆锥体	视频
111	图 11.17　创建圆环体	视频
112	图 11.18　圆环半径与圆管半径关系图	视频
113	图 11.19　创建多段体	视频
114	图 11.21　创建桥台台帽模型	视频
115	图 11.24　创建桥台前墙模型	视频
116	图 11.27　创建桥台侧墙模型	视频
117	图 11.29　创建桥台基础模型	视频

续上表

序号	资源名称	类型
118	图 11.36　组合桥台模型	视频
119	图 11.37　拉伸二维图形创建实体	视频
120	图 11.38　沿制定路径拉伸对象	视频
121	图 11.40　并集运算示例	视频
122	图 11.41　创建预应力空心板中板和边板模型	视频
123	图 11.45　创建桥面铺装模型	视频
124	图 11.47　创建护栏模型	视频
125	图 11.48　组合桥梁上部结构模型	视频
126	图 11.50　差集运算示例	视频
127	图 11.51　组合桥梁各部分结构	视频
128	图 11.52　旋转方式创建三维实体	视频
129	图 11.53　交集运算示例	视频
130	图 11.54　实体三维阵列示例	视频
131	图 11.55　项目十一实训	视频
132	图 12.1　添加打印设备	视频
133	图 12.10　模型空间打印图纸	视频
134	图 12.20　布局空间打印图纸	视频

资源使用说明：

1. 扫描封面二维码，注意每个码只可激活一次；

2. 长按弹出界面的二维码关注"交通教育出版"微信公众号并自动绑定资源；

3. 公众号弹出"购买成功"通知，点击"查看详情"，进入后即可查看资源；

4. 也可进入"交通教育出版"微信公众号，点击下方菜单"用户服务—图书增值"，选择已绑定的教材进行观看。

目·录
Contents

绪论
INTRODUCTION

本课程的教学目的和任务

工程图纸是工程技术中不可缺少的重要技术资料，是进行技术交流必不可少的工具。在生产实践中，无论是机器制造、设备安装还是修路架桥、建造房屋，都需要按照图纸生产或施工。这是因为它们的形状、大小、结构、加工方式、施工步骤等，不能完全用语言或文字描述清楚。但图纸却可以通过一系列的图样，将结构物的造型、外表形状、内部布置、结构构造、各种设备、地理环境以及其他制造和施工要求，准确而详尽地表达出来。其作为施工依据时，还可以用于指导实践、研究问题、交流经验、引进技术、改进技术，因而工程图纸也被喻为工程界的"技术语言"。不会读图，就无法理解别人的设计意图；不会画图，就无法表达自己的设计构思。随着计算机技术的快速发展，传统的绘图模式已经不能满足人们对于加工、制造、安装、施工等方面的需要，于是 AutoCAD 在绘图中的作用越来越重要。

本课程是交通运输类专业必修的专业技术基础课，是一门理论和实际紧密结合的课程。本课程的教学目的就是为了使学生掌握这种"技术语言"，即掌握阅读和绘制工程图样的技能。具体来说，就是要求学生通过学习掌握 AutoCAD 软件的主要功能和特性以及软件的使用方法和技巧，培养解决工程中的实际问题的能力，提高操作水平。通过学习本课程，学生还应熟练掌握道路桥梁工程施工图的绘制方法。本课程是"道路桥梁工程制图"的后续课程，所以要在学习使用软件的同时强化对道路工程制图国家标准的了解。本课程的学习可为学生参加美国 Autodesk 公司的认证考试打下基础，获得全球通用的 AutoCAD 工程师证书，以适应设计、施工企业绘图员岗位的需要。

在识读与绘制工程图样方面，本课程对学生提出的要求是：

（1）熟悉《道路工程制图标准》（GB 50162—92），掌握绘制和阅读工程图的技能。

（2）掌握 AutoCAD 软件的绘图和编辑修改的基本方法。

（3）培养严谨、认真、细致的工作作风和科学的工作方法。

本课程的学习内容

本课程遵循"工作过程导向、任务驱动、项目载体"的教学原则，通过分析公路工程制图的特点，基于 AutoCAD 2020 版本，将学习内容以项目形式呈现，并将每个项目分解成多个任务，每个任务涵盖若干命令操作技能。通过任务学习和实训，逐步引导学生由浅入深、由易到难地学习，使学生的能力提高和对教学内容的掌握在项目实施中逐步得到实现，达到学以致用的目的。主要学习内容包括：

（1）AutoCAD 绘图软件常用命令的使用，以道路桥梁工程图的二维平面绘图为主，以三维实体设计为辅。教材整体内容中穿插道路工程制图方法和制图标准的内容，使学生能按照国家标准正确而快速地绘图。

（2）AutoCAD 2020 的基本知识包括绘图环境设置、基本绘图命令、编辑图形、精确制图、工程图形标注、图形组织和管理、轴测投影图、三维实体造型和图形打印等。

本课程的特点及学习方法

本课程学习的理论基础是道路桥梁工程制图中的投影理论，该理论比较抽象，系统性和理论性较强。AutoCAD 制图的本质原理是对投影理论的运用，也是手工制图的延伸，实践性较强。而公路工程 AutoCAD 制图，既紧密结合公路工程方面的绘图实践，又有其自身专业特点。以 AutoCAD 软件运用为代表的计算机绘图是当代工程技术人员必须掌握的技术，因此，初学者在刚接触这门课程时，往往会感到陌生、抽象，空间概念难以建立，所以学习时应注意以下学习方法：

（1）认真学习、积极思考、循序渐进。AutoCAD 软件与画法几何、投影理论等知识之间联系紧密，相辅相成。所以在学习 AutoCAD 技术前，首先应具备基本的识图能力、几何作图能力，这样才能够更加顺利地学习 AutoCAD 软件，学习效果才能事半功倍。在学习 AutoCAD 的过程中应有目的、有步骤地进行学习，防止出现学习内容混杂的情况其学习过程同样符合从点、线、面到体，由浅入深、环环相扣的规律，学习中必须认真听好每一节课，及时消化知识点。

（2）学以致用、积极实践、熟能生巧。在学习 AutoCAD 命令时始终要将理论知识与实际应用相结合，不要把主要精力花费在孤立地学习各个命令上；要把学以致用的原则贯穿整个学习过程，对绘图命令要形成深刻和形象的理解，这有利于培养应用 AutoCAD 独立完成绘图的能力。

（3）严格要求、一丝不苟。认真、细致是所有从事工程技术工作的人员必须具备的基本素质与工作作风，也是学习好本课程必须具备的思想作风。图样上的任何疏漏、错误都会给工作造成无法弥补的损失，所以要从一点一滴做起，每一条线、每一个字、每一个符号都必须认真对待，养成良好的学习习惯。重视绘图工具的正确使用方法，加强基本功训练，力求作图准确、迅速、美观、规范，为今后的工作实践打下良好的基础。

项目一
ITEM ONE

认识 CAD 和 AutoCAD

学习目标

◎ 了解 CAD 与 AutoCAD 的概念和区别。
◎ 了解 CAD 在公路工程建设领域的发展概况、发展趋势。
◎ 了解 AutoCAD 对计算机软硬件的要求。
◎ 掌握本课程的学习内容和方法。

任务一　认识 CAD

　　"CAD"是计算机辅助设计的简称，其全称为 Computer Aided Design，是指利用计算机及其图形设备帮助设计人员进行设计工作。

　　设计工作中通常要对不同方案进行大量的计算、分析和比较，以决定最优方案。在计算机普及前，设计工作主要依靠设计人员借助计算工具完成计算，并通过手工绘图的方式呈现。随着计算机技术的发展和计算机辅助设计技术的广泛应用，各种设计过程、设计相关信息，不论是数字的、文字的或图形的，都能通过计算机实时处理、存储，并能快速检索。以往设计人员将设计思路变为工程图样的繁重工作如今基本都可以交给计算机完成，计算机可以基于自动产生的设计结果，快速作出图形，使设计人员能够及时对设计做出判断和修改；此外，利用计算机还可以对图纸中的图形数据进行编辑、修改等加工工作。

一、计算机辅助设计的发展

　　计算机辅助设计（CAD）是随着计算机技术和计算机设备的飞速发展而产生的一门新兴学科，它是建立在现代计算机软、硬件技术和工程技术基础之上的交叉学科。近年来，CAD

技术及其应用得到了迅猛发展，已广泛进入各个设计领域，并向传统设计方法提出了严峻的挑战。在很多领域，CAD 已经部分或全部取代了手工设计，成为利用计算机辅助人工进行工程设计的重要手段。CAD 技术是一场深刻的技术革命，自 1963 年 MIT（麻省理工学院）的一位研究生首次提出 CAD 的概念至今，世界上诸多发达国家都为此投入了大量的人力和物力，计算机辅助设计水平已经成为国家科学技术进步的标志之一。

作为计算机技术应用的重要领域之一，CAD 技术是伴随着计算机技术的发展而逐步成熟、完善的，其发展过程大致可以分为以下四个阶段。

1. 第一代 CAD 系统

该阶段处于 20 世纪 60 年代，为大型机 CAD 阶段，也是 CAD 的尝试阶段。1963 年，在美国亚特兰大市召开的一次计算机会议上，Ivan Sutherland 博士（图 1.1）就他开发的新系统 "Sketchpad" 宣读了论文《人机图形通用系统》，开辟了交互式图形技术这个富有生命力的研究领域，也开启了第一代 CAD 系统的序幕。其典型硬件设备为大型计算机、刷新式随机扫描图形显示器和光笔，图形支撑软件为二维图形系统。由于这一时期计算机硬件设备价格昂贵，软件研制不完善，CAD 技术实质上还处于实验阶段。这一阶段中，典型的 CAD 系统有美国通用汽车公司的 DAC-I 系统和美国洛克希德公司的 CADAM 系统，分别用于汽车业和航空业。由于这一阶段的电子计算机还不具备实用的图形处理功能，计算机在工程设计中的应用只局限于解决单纯的计算问题，如工程量的计算以及输出设计数据表等。第一代 CAD 系统在当时的应用范围很小，只在重点研究部门和个别大型设计事务所得到应用。

图 1.1　Ivan Sutherland 在 TX-2 的控制台前操作 Sketchpad

2. 第二代 CAD 系统

该阶段处于 20 世纪 60 年代末至 70 年代末，为小型机 CAD 阶段，也是 CAD 系统真正的起步阶段。其典型硬件设备为小型计算机、存储管式图形显示器和图形输入板。图形支撑软件同样基于二维图形系统，但增加了非几何数据处理和数据库管理。这一时期，硬件设备和 CAD 技术都得到较快发展，CAD 进入应用阶段。计算机的发展促使结构分析软件迅速发展，特别是大型通用有限元程序的出现，使长期困扰固体力学、结构力学领域的大量问题得以解决。它除了可以求解各种线性边值问题之外，还具备解决各类非线性结构问题的能力，这使那些在过去对广大结构工程人员来说可望而不可及的对各类非线性结构问题的求解相继得到了令人满意的解决方案，并进一步达到实用化、工程化的效果。这一阶段，CAD 技术凭借其功能强大、使用方便、计算可靠、效率高的优点而逐渐成为商品，成为结构工程领域强有力且不可缺少的分析工具，在全球得到迅速的推广和普及。

3. 第三代 CAD 系统

该阶段处于 20 世纪 70 年代末至 90 年代，为微机与工作站 CAD 阶段。其典型硬件设备为微机（工作站）、光栅扫描图形显示器、绘图仪、图形输入装置，图形支撑软件为三维图形系统。这一时期计算机硬件的性能不断提高，价格大幅下降，使用越来越方便，很大程度上拓宽了 CAD 的应用范围，使 CAD 广泛应用于各个设计领域，出现了一批实用的 CAD 系统，是 CAD 高速发展的阶段。典型的 CAD 系统有美国 Autodesk 公司推出的 AutoCAD 和 Bentley 公司的 MicroStation。这两个系统由于具有良好的工作界面、强大的图形功能、方便的交互设计功能以及灵活的用户定制和二次开发功能，而被广泛应用于机械、土建、电子、航天、航空、造船、石化、冶金等各个设计领域。

4. 第四代 CAD 系统

该阶段从 20 世纪 90 年代至今。随着用户界面技术的发展，尤其图形用户界面 GUI（Graphics User Interface）的普遍使用，显著提高了 CAD 的易用性。其代表即为 Autodesk 公司于 1999 年底推出的三维可视化实体模拟软件，该软件使绘制设计图变得更加直观和简单，也允许在一定时间内创建复杂的装配体，真正提高了 CAD 可操作水平。CAD 技术与数据库技术、网络技术、云计算、人工智能技术紧密结合，使 CAD 系统向着网络化和智能化方向发展。三维曲面和实体几何造型技术的发展和应用，可以实时显示设计成果的三维模型，使 CAD/CAM（Computer Aided Manufacturing，计算机辅助制造）的信息集成，使工程和产品的设计、生产、管理一体化成为可能。

二、计算机辅助设计的运用领域与发展趋势

CAD 作为信息技术的一个重要组成部分，将计算机高速、海量数据存储及处理和挖掘能力与人的综合分析及创造性思维能力结合起来，对加速工程和产品的开发、缩短设计制造周期、提高质量、降低成本、增强企业市场竞争能力与创新能力发挥着重要作用。同时，CAD 技术作为杰出的工程技术手段，已广泛地应用于工程设计的各个领域。无论是军事工业还是民用工业，无论是建筑行业还是制造加工业，无论是机械、电子、轻纺产品，还是文体、影视广告制作，都离不开 CAD 技术。CAD 可提供并行设计、协同设计、智能设计、虚拟设计、敏捷设计、全生命周期设计等设计方法，代表了现代产品设计模式的发展方向。CAD 技术已经成为企业信息化的重要技术基础，也是企业进入国际市场的入场券。CAD 技术的发展和应用使传统的产品设计方法与生产模式发生了深刻的变化，产生了巨大的社会经济效益。

一般情况下，应用 CAD 技术可取得以下效果：

（1）缩短设计周期。计算机处理速度快，可不间断工作，能提高分析计算速度，解决复杂的计算问题；通过直观地了解设计对象，可减少综合分析时间；可大幅度提高绘图效率；可以大大提高设计效率，缩短设计周期。

（2）提高设计质量。利用计算机准确的计算和逻辑判断能力，可进行周密的工程分析，提供多种设计方案；可以减少设计误差，便于修改设计；利用计算机得到清晰、规范的设计图纸和文档，便于校核和修改，有效防止手工绘图过程中各种错误的产生，从而提高设计质量。

（3）促进设计规范化和标准化。CAD 技术的广泛应用可以使设计方法、设计文档和制图标准得到统一；计算机生成的规范设计图纸和文档可便于各专业设计间的信息传递；通过建立统一数据库，实现信息共享，可促进设计的规范化和标准化。

（4）降低设计成本。CAD 系统可帮助设计者提高设计效率和设计质量，随着设计人工费用日趋提高，计算机性能价格比不断提升，应用 CAD 系统可降低设计成本，取得明显经济效益。

随着人工智能、云计算、虚拟现实、5G 等技术的进一步发展，CAD 技术的发展也得到了强力促进，其发展的热点聚焦于 CAD 系统的可视化、集成化、智能化与网络化技术。

（1）可视化。科学计算中的可视化技术（Visualization in Scientific Computing，简称 VISC）是国际上于 20 世纪 80 年代末提出并发展起来的一门新技术。它是利用计算机图形学和图像处理技术，将数据转换成图形或图像在屏幕上显示出来，并进行交互处理的理论、方法和技术。它能把各种数据，包括测量获得的数值、图像或是计算中涉及、产生的数字信息转变为直观的、以图形图像信息表示的、随时间和空间变化的物理现象或物理量，呈现在研究者面前，便于他们观察、模拟和计算。而在可视化基础上发展起来的 CAD 虚拟环境可使设计者处在自己想象的设计空间中，亲临现场似地对工程进行设计和布置，这样能够充分发挥设计者的创意智慧，使设计质量趋于完美。可视化技术的发展满足了当前信息时代人类处理大量复杂数据的需要、现代科学交流的需要以及研究人员和工程技术人员控制、干预计算过程和设计过程的需要。作为科学研究的新工具，可视化技术对科学的发展具有极大的推动作用，它将作为超越应用和技术界限的人类信息交流的新形式。

（2）集成化。集成（Integration）技术主要是实现对系统中各应用程序所需信息及所产生信息的统一管理，达到软件资源和信息的高度共享和交换，避免不必要的重复和冗余，充分提高计算机资源的利用率。CAD 技术的集成化体现在三个层次上：其一是广义 CAD 功能，CAD/CAM/CAE/EPR/PDM 等经过多种集成形式成为企业一体化解决方案，推动信息化进程。目前创新设计能力（CAD）与现代企业管理能力（Enterprise Resource Planning，企业资源计划，简称 ERP；Product Data Management，产品数据管理，简称 PDM）的集成，已成为信息化的重点。其二是将 CAD 技术能采用的算法通过专用芯片实现，以提高 CAD 系统的效率。其三是 CAD 基于网络计算环境实现异地、异构系统在企业间的集成。应运而生的虚拟设计、虚拟制造、虚拟企业就是该集成层次上的应用。

（3）智能化。设计工作是一个高度体现人类智慧的创造性活动领域，智能 CAD 是 CAD 发展的必然方向。从人类认识和思维的模型来看，现有的人工智能技术对模拟人类的思维活动(包括形象思维、抽象思维和创造性思维等多种形式)往往是束手无策的。现有的传统 CAD 系统，基本上都是采用基于算法的技术。这种基于算法的传统的 CAD 系统虽然采用的方法比较简单，处理成本比较低廉，但处理能力局限性较大，特别是缺乏综合分析和选择、判断的能力，系统在使用时常常需要具有较高专业知识和较丰富实践经验的设计人员，通过人机交互手段才能完成设计。因此，智能 CAD 不仅仅是简单地将现有的智能技术与 CAD 技术相结合，更要深入研究人类设计的思维模型，并用信息技术来表达和模拟它。这样不仅会产生高效的 CAD 系统，而且必将为人工智能领域提供新的理论和方法。CAD 的这个发展趋势，将对信息科学的发展产生深刻的影响。

(4)网络化。网络技术越来越引起人们的重视，资源共享问题是网络化社会共同关注的问题。由于每个用户都可以共享网络中任意位置的资源，所以网络设计者可以全面统一地考虑各工作站的具体配置，从而实现以最低成本获得最好效果的目标。总之，CAD 系统的网络化建设可以根据资源需要的程度，配备尽量少的软、硬件资源，需要使用时可以做到相互调用，以使整个建网成本和网络功能的选择被控制在最佳状态。

三、CAD 在土木工程中的运用

土木工程是建造各类工程设施的科学技术的总称，它既指工程建设的对象，即建在地上、地下、水中的各种工程设施，也指所应用的材料、设备和所进行的勘测设计、施工、保养、维护等技术。土木工程所包含的内容极为广泛，而且种类繁多。常见的土木工程一般可以分为基础工程、建筑工程、道路工程、铁路工程、桥梁工程、机场工程、港口工程、隧道和地下工程、水利水电工程以及给排水工程等。

土木工程是 CAD 技术应用最早、发展最快的领域。目前，我国工程设计已普遍采用计算机绘图和设计，全面实施了国务院提出的"CAD 应用工程"，甲、乙级设计企业计算机出图率达到 100%。CAD 技术已成为土木工程设计不可缺少的工具和手段，并贯穿于工程的规划、设计和施工管理等全过程，取得了缩短设计工期、提高设计质量、降低设计成本的显著效果。随着人工智能技术、多媒体技术、科学计算可视化技术以及网络技术的迅猛发展和广泛应用，土木工程计算机应用的范围和深度不断扩展。土木工程 CAD 正在向着智能化、集成化和网络化的方向发展，意图实现异地设计、协同工作，信息共享已近在咫尺，信息化施工也正受到广泛的重视，而智能交通的研究和应用已经擘画出美好的前景。

公路建设作为土木工程中的典型代表，一般都要经过规划、设计、施工几个阶段，公路建成以后进入运营维护管理阶段。目前 CAD 技术已应用于公路建设的规划、设计、施工、维护管理等各个阶段。

1.规划阶段的应用

对于任何工程项目，规划工作十分重要，其主要任务包括项目可行性分析、方案设计等。规划中需要综合考虑诸多因素，例如土地利用、经济、交通、景观、法律等社会经济因素，资源、气象、地质、地形、水流等自然因素，以及耗能、污染、绿化等环境因素。规划工作实际上是一个决策过程，其中人始终是决策主体，将 CAD 技术与人工智能、GIS(地理信息系统)技术结合起来，可以辅助支持决策过程，从而提高人的决策水平。

应用于规划阶段的 CAD 系统主要有三类。

（1）规划信息管理系统：用于规划信息的存储、查询和管理，包括地理信息管理系统、资源信息系统、规划政策信息系统等。

（2）规划决策支持系统：用于提供城市、地域乃至工程项目建设规划的方案制定和决策支持，包括规划信息分析系统、规划方案评估系统等。

（3）规划设计系统：用于展示规划的表现和效果，包括规划总图设计系统、景观表现系统、交通规划系统等。

2. 设计阶段的应用

公路建设的设计过程是指工程项目在完成可行性研究和投资决策后，从设计准备开始，直到完成施工图设计的过程。对于一般工程设计项目而言，土木工程设计包括方案设计、初步设计、技术设计和施工图设计等阶段。

目前，在公路建设工程领域，对应各专业工程的各阶段设计都有相应的 CAD 系统。应用比较广泛的是对应于各设计过程或不同结构类型的 CAD 系统。这类系统主要针对某一设计环节或任务，具有功能齐全、操作方便的特点。但为完成一项设计需要使用多个系统，导致大量数据重复输入，影响了设计效率。随着 CAD 技术的发展，面向设计全过程的集成化 CAD 系统日趋成熟，得到了应用和推广。集成化 CAD 系统实现了各阶段设计的信息共享，避免了数据重复输入，极大提高了 CAD 系统的效率和应用水平。

3. 施工阶段的应用

公路建设工程施工一般包括投标报价、施工组织、资源调配、具体施工及工程进度管理、工程验收等环节。目前 CAD 技术已经广泛应用于施工过程的各个环节，具体包括以下几方面。

（1）工程施工技术：包括基坑支护设计系统、模板设计系统、脚手架设计系统、混凝土工程计算软件、钢筋下料计算软件、冬季施工的热工计算软件等。

（2）工程施工管理：包括施工组织设计系统、工程项目管理系统、工程造价管理系统、工程质量管理系统、施工安全管理系统、施工设备管理系统、工程材料管理系统、施工人力资源管理系统等。

（3）施工企业管理：投标报价、合同管理、工程概预算、网络计划、人事工资以及财务管理等方面的专业软件已得到广泛应用，在项目管理、企业信息化综合管理方面也已经起步。

随着建设领域信息化的发展、虚拟建造技术以及信息化施工技术在工程施工中都得到了研究和应用，将进一步提高工程施工技术和管理的现代化水平。

4. 维护管理阶段的应用

维护管理包括公路建设项目工程的定期检测，维修加固的规划、设计和施工。CAD 技术主要用于检测信息和维护检查结果的存储管理及分析评估、维修和加固的方案制定、设计计算和施工图绘制等。当前的研究和应用方向是综合结构安全性、材料耐久性分析以及灾害研究，对工程在使用阶段的功能及安全进行预测分析和追踪管理。

任务二　认识 AutoCAD

一、AutoCAD 的发展

AutoCAD 是由美国 Autodesk 公司于 20 世纪 80 年代初为在微机上应用 CAD 技术而开发的绘图程序软件包，用于二维绘图、详细绘制、设计文档和基本三维设计。经过不断的完善，现已经成为国际上广泛使用的绘图工具。

AutoCAD 可以绘制任意二维和三维图形，并且同传统的手工绘图相比，用 AutoCAD 绘图速度更快、精度更高，而且便于实现个性化设计，它已经在航空航天、造船、建筑、机械、电子、化工、美工、轻纺等很多领域得到了广泛应用，并取得了丰硕的成果和巨大的经济效益。

AutoCAD 具有广泛的适应性，它可以在各种操作系统支持的微型计算机和工作站上运行，并支持各种图形显示设备、数字仪、绘图仪和打印机，为 CAD 的普及创造了条件。

AutoCAD 的发展过程可分为初级阶段、发展阶段、高级发展阶段、完善阶段和进一步完善阶段五个阶段。

1. 初级阶段

1982 年至 1984 年为 AutoCAD 发展的初级阶段，在这一阶段 AutoCAD 更新了五个版本：1982 年 11 月，首次推出了 AutoCAD 1.0 版本，其仅需占用一张 360kbit 的软盘（图 1.2），无菜单，但需人为记忆命令，其执行方式类似 DOS 命令；1983 年 4 月，推出了 AutoCAD 1.2 版本，添加了尺寸标注功能；1983 年 8 月，推出了 AutoCAD 1.3 版本，开始具备文字对齐及颜色定义功能以及图形输出功能；1983 年 10 月，推出了 AutoCAD 1.4 版本，其图形编辑功能得到加强；1984 年 10 月，推出了 AutoCAD 2.0 版本，AutoCAD 的绘图能力有了质的飞跃，增加大量图形绘制及编辑功能，同时改善了兼容性，能够在更多种类的硬件上运行，并增强和完善了 DWG 文件格式。

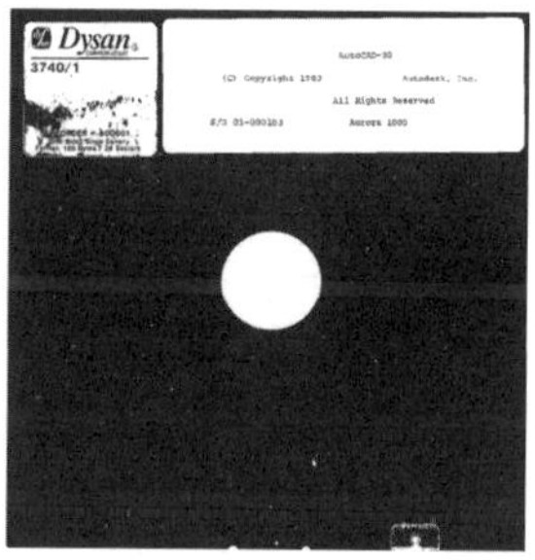

图 1.2　存载 AutoCAD 1.0 版本的 5 寸软盘

2. 发展阶段

1985 年至 1987 年为 AutoCAD 的发展阶段，在这一阶段，AutoCAD 更新了以下版本：1985 年 5 月，推出了 AutoCAD 2.17 版本和 2.18 版本（图 1.3），此时，AutoCAD 中出现了屏幕菜单，使得命令不需要人为记忆，而可直接在屏幕上调用。同时，AutoLISP 初具雏形，AutoCAD 的规模也增加到需要占用 2 张 360kbit 软盘进行存储；1986 年 6 月，推出了 AutoCAD 2.5 版本，这一版本中 AutoLISP 有了系统化语法，使用者可改进和推广，并随之出现了基于 AutoCAD 的第三开发商的新兴行业；1986 年 11 月，推出了 AutoCAD 2.6 版本，在这一版本中新增了 3D 功能，学习使用 AutoCAD 也成为美国高校的必修课。AutoCAD 2.6 之后的版本，没有延续X.X的版本号编号形式，而是改用了 Rx 的编号形式，其中 x 是数字，从 1987 年到 1997 年，一共发布了从 R9 到 R14 共 6 个版本。1987 年 6 月推出的 AutoCAD R3 版本，第一次增加了 AutoLISP 汇编语言，提供了二次开发平台，用户可根据需要进行二次开发，扩充 CAD 的功能。1987 年 9 月后，陆续推出了 AutoCAD 9.0 版本和 9.03 版本，在新版本中出现了状态行、下拉式菜单等新功能。从这一版本开始，AutoCAD 开始以加密方式在国外销售。

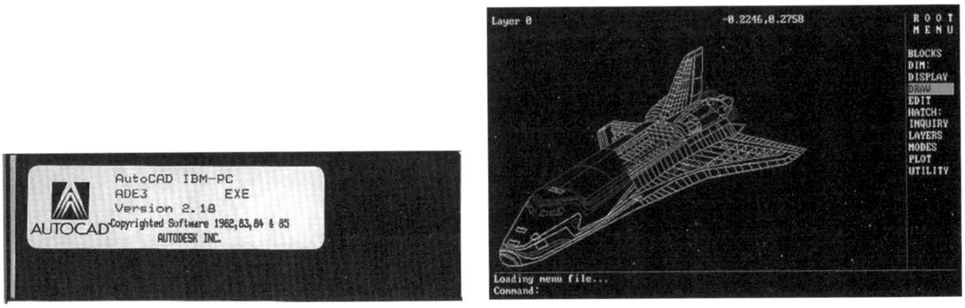

图 1.3　AutoCAD 2.18 版本及使用其绘制的航天飞机图样

3. 高级发展阶段

1988 年至 1992 年是 AutoCAD 的进一步发展阶段，在这一阶段，AutoCAD 经历了三个版本，AutoCAD 的高级协助设计功能得到了逐步完善。它们是 1988 年 8 月推出的 AutoCAD R10 版本、1990 年推出的 R11 版本和 1992 年推出的 R12 版本，其中 AutoCAD R12 版本首次开始采用 DOS 与 Windows 两种操作环境，并出现了工具条，使得绘图操作更加便捷。

4. 完善阶段

1996 年至 1999 年是 AutoCAD 的完善阶段，在这一阶段，AutoCAD 经历了三个版本，并开始逐步由 DOS 平台转向 Windows 平台。1996 年 6 月，AutoCAD R13 版本问世，这个版本首次将高级造型扩展功能（Advanced Modeling Extension，简称 AME）纳入 AutoCAD 之中，同时，这个版本也是最后一个同时在 UNIX、MS-DOS 和 Windows 3.1 上共同发布的版本。1998 年 1 月，推出了划时代的 AutoCAD R14 版本，该版本适应当时最先进的 Pentium 机型及 Windows95/NT 操作环境，并实现了与 Internet 的网络连接，操作更方便，运行更快捷。值得一提的是，这是第一个包含中文语言包的 AutoCAD 版本，实现了基于中文的操作；1999 年 1 月，Autodesk 公司推出了 AutoCAD 2000 版本（AutoCAD R15），提供了更开放的二次开发环境，出现了 Vlisp 独立编程环境，同时，3D 绘图及编辑更方便。

5. 进一步完善阶段

自 2001 年起，AutoCAD 的发展进入了进一步完善阶段，在这一阶段，AutoCAD 几乎每一年推出一个新的版本，无论从功能上还是易用性上都在不断地改进和加强。

AutoCAD 2002 版本于 2001 年 9 月正式发布，这一版本提供了以设计为中心的合作工具和标准以及展开管理功能，使用户可以与设计组密切而高效地共享信息。

AutoCAD 2004 版本于 2003 年 5 月推出，与它的前一版本 AutoCAD 2002 相比，AutoCAD 2004 在速度、数据共享和软件管理方面有显著的改进和提高。AutoCAD 2004 拥有轻松的设计环境，它有助于用户将注意力从键盘、鼠标和其他输入设备转移到设计上来。在完成任务的自动化方面，AutoCAD 2004 还向用户提供实时的信息和数据访问功能，帮助用户进行设计。

AutoCAD 2006 版本于 2005 年 3 月发布，该版本对用户界面进行了很大的改进，它让用户能更简单地与软件交互，使用户能更专注于自己的设计。同时，在 AutoCAD 2006 版本中，大多数的绘图和编辑命令都被增强，使绘图和编辑任务变得更加流畅。AutoCAD 2006 凭借其强大的功能、新颖的界面，一经推出就得到广大工程设计人员的广泛欢迎。

AutoCAD 2009 版本首次采用了与微软 Office 2007 类似的 Ribbon 界面，AutoCAD 2010 和 AutoCAD 2011 则在 3D 建模上达到了新高度，引入了多种新特性，并同时在 32 和 64 位平台上与 Windows 7 兼容。在 AutoCAD 2010 和 AutoCAD 2011 这两个版本的开发过程中，Autodesk 也在同步研发 Mac 平台上的 AutoCAD，努力让 AutoCAD 的忠实用户们能更自由地选择操作平台。

AutoCAD 2013 版本进一步简化了设计和文档编制工作流程，并且可通过新的工具连接 Autodesk 360 云支持服务，可以从几乎任何地点访问和协作处理设计。

AutoCAD 2015 版本完全支持 32 位和 64 位操作系统，具有更加广泛的适应性，可以在各种操作系统支持的微型计算机和工作站上运行，但从这个版本开始，经典工作空间不再作为默认工作空间被包含在 AutoCAD 工作空间内，Ribbon 界面成为了 AutoCAD 的主流界面。

AutoCAD 2016 版本添加了许多新功能，使 2D 和 3D 设计、文档编制和协同工作流程更加迅捷，同时赋予了用户更为丰富的屏幕体验，能够创造出想象中的任何图形。此外，用户可利用独创的精准的设计数据存储和交换技术——TrustedDWG 与他人分享自己的作品。

AutoCAD 2017 版本提供了一个新的三维图形子系统，在交互式显示操作期间系统可以自动关闭视觉特征，以便维持帧速率在人肉眼可接受的范围内，避免了早期版本在使用视觉样式查看和动态观察大型三维模型时自适应降级的情况，系统的稳定性和性能都得到了改善。

AutoCAD 2018 版本于 2017 年 3 月正式发布，这一次，AutoCAD 2018 简体中文版第一次与英文版本全球同步发布。

AutoCAD 2019 于 2018 年 3 月正式发布，该版本的图标得到了全新设计，视觉效果更清晰。在功能方面，引入了全新的共享视图功能和 DWG 文件比较功能，在打开及保存图形文件时可以实现跨设备访问。此外，修复了诸多潜在的安全漏洞，软件二维和二维图形增强功能也有显著提高。

AutoCAD 2020 版本于 2019 年 3 月 27 日正式发布。该版本不仅拥有全新的用户界面、直观的多文档设计环境，还支持 GUI 定制，即自定义用户界面以改善可访问性并减少频繁任务的步骤数。同时，该版本还支持在执行"保存""另存为"和"打开"命令时，连接和存储到多个云服务提供商。

40 多年来，Autodesk 公司一直坚持不断对 AutoCAD 进行创新，在绘图、三维设计、工作效率、可用性和设计方面不断演进，使 AutoCAD 从简单的绘图平台发展成为综合端到端设计平台，从单一的设计软件发展到软件家族，包括：面向土木工程行业的测绘、设计、分析和文档编制解决方案，如面向土地开发、运输和环境项目的 AutoCAD Civil 3D；专为设计电气控制系统并为其建档而创建的 Autodesk 数字样机制造解决方案系列 AutoCAD Electrical；二维绘图与详图绘制产品 AutoCAD LT；用于创建和管理空间数据的 GIS 平台 AutoCAD Map 3D 以及用于数字样机制造解决方案系列的 AutoCAD Mechanical 等。

本书将基于 AutoCAD 2020 向大家介绍使用 AutoCAD 绘制公路工程图样的方法和技巧。

二、AutoCAD 的基本功能

AutoCAD 具有良好的用户界面、强大的绘图功能，通过交互菜单或命令行方式便可以进行各种操作，让非计算机专业人员也能很快地学会使用并能在不断实践的过程中更好地掌握它的各种应用和开发技巧，从而不断提高工作效率。目前，AutoCAD 的基本功能主要体现在以下方面。

1. 绘制二维图形

绘图功能是 AutoCAD 的核心功能，尤其以二维绘图功能最为强大。AutoCAD 提供了一系列二维图形绘制命令，用于绘制直线、多段线、样条曲线、圆、椭圆、矩形、正多边形等基本图形，也可以将绘制的图形转换成面域，或直接使用渐变色、标准图样等对图形对象进行填充。

AutoCAD 提供了正交、对象捕捉、极轴追踪、捕捉追踪等绘图辅助工具。正交功能使用户可以很方便地绘制水平、竖直直线；对象捕捉可帮助拾取几何对象上的特殊点；而追踪功能使画斜线及沿不同方向定位点变得更加容易。

2. 创建三维实体

AutoCAD 具有强大的三维建模功能，可以完成三维实体的创建、观察、渲染和展示等工作。AutoCAD 不但能直接创建长方体、圆柱体、圆锥体、球体等三维实体，还可以绘制三维曲面、三维网格等模型，甚至可以将二维平面通过拉伸、旋转、平移等方式转换为三维实体。

同时，AutoCAD 可以为三维模型设置光源和材质，通过渲染处理，得到逼真的三维实感图像。

3. 编辑修改图形

在提供绘图和建模等命令的同时，AutoCAD 提供了丰富的图形编辑和修改功能，这也是 AutoCAD 强大功能的重要体现。用户可以通过移动、复制、旋转、阵列、拉伸、延长、修剪、镜像、比例缩放等方式方便灵活地对图形对象进行编辑修改。

4. 控制图形显示

AutoCAD 提供了图形的重画与重生成、图形的缩放与平移、视图切换、动态观察等命令控制图形的显示。

在 AutoCAD 中，可以很方便地以各种方式显示、观看、放大和缩小图形。对于三维图形，可以利用"缩放"及"鹰眼"功能改变当前视口的视觉尺寸，以便更清晰地观察图形的全部和某一部分的细节。三维视图控制功能允许选择视点和投影方向，显示轴测图、透视图或各个方向的投影图，还可以消除三维显示中的隐藏线，实现三维动态显示等。

视口功能则能将屏幕分成多个观察窗口，每个窗口可以单独进行各种显示并定义独立的用户坐标系。

5. 图形标注

AutoCAD 的图形标注分为尺寸标注、文字标注和表格标注等不同类型。尺寸标注是整个工程图样绘制过程中十分重要的步骤，也是工程图样的重要组成部分。AutoCAD 提供了线型、半径、角度等基本标注和引线标注、公差标注及自定义粗糙度标注等，可以自动完成对二维和三维图形的距离、角度或特征的测量，并根据用户设置在适当位置完成标注。

文字标注和表格标注不仅对图形起到注释、说明作用，还能表达一些图形无法表达的内容，是施工图信息的重要组成部分。AutoCAD 提供了类似 Word 和 Excel 的文字、表格创建编辑工具，完全能够满足用户需求。

6. 输出与打印图形

AutoCAD 不仅允许将所绘图形以不同样式通过绘图仪或打印机输出，还能够将不同格式的图形导入 AutoCAD 或将 AutoCAD 图形以其他格式输出。因此，当图形绘制完成之后可以使用多种方法将其输出。例如，可以将图形打印在图纸上，或创建成文件以供其他应用程序使用。

7. 用户定制与二次开发

AutoCAD 本身是一个通用绘图软件平台，它并不针对某一个具体的行业或领域，但是它提供了多种自由定制开发的途径和工具，允许用户将其改造成专门服务于某一行业、领域或者满足特定用户习惯的专用设计软件。

AutoCAD 提供的 AutoLISP 语言就是在普通的 LISP 语言基础上扩充了许多适用于 CAD 应用的功能而形成的一种程序设计语言。由于 AutoLISP 简单，所以易于用户上手操作。利用 AutoLISP 编写程序后，可以大大提高设计效率。

8. 数据交换与链接功能

AutoCAD 提供了很多种图形、图像数据交换格式和相应的命令，可以将图形对象与外部数据库中的数据进行关联，可以通过 DXF、IGES 等规范的图形数据转换接口，与其他 CAD 系统或应用程序进行数据交换。

AutoCAD 还可以利用 Windows 系统的剪贴板和对象链接嵌入技术，方便地与其他 Windows 应用程序交换数据。通过链接对象到外部数据库中实现图形智能化，帮助用户在设计中管理和实时提供更新的信息。除此之外，AutoCAD 还可以直接对光栅图像进行编辑操作。

9. Internet 功能

随着互联网技术和信息技术的不断发展，AutoCAD 的 Internet 工具也越来越强大。用户可以方便地在网络上发布、访问和存取图形，设计者可以通过互联网相互共享设计资源和信息，同步进行设计、讨论、演示等。

AutoCAD 的联机会议功能可以实现用户间的图形共享，当一个用户在计算机上编辑图形时，其他用户也可以在自己的计算机上观看、修改；工程设计人员可以联机修改设计、联机解答问题，设计人员的协作完全不受参与者工作地点的限制。

电子传递功能可以把 AutoCAD 图形及其相关文件进行打包或制成可执行文件，然后将其以单个数据包的形式传递给客户或其他工作组成员。

AutoCAD 的超级链接功能可以将图形对象与其他诸如图形、文档、数据表格、动画、声音等文件建立链接关系。这些功能给设计者提供了极大的帮助。

项目二
ITEM TWO
认识工作界面和学习基本操作

　　熟悉 AutoCAD 2020 工作界面中每一部分的功能是学习使用 AutoCAD 的第一步，在此基础上，学会如何与软件进行对话，即如何向软件下达指令以及产生问题后如何进行处理，这将为后面的学习奠定基础。

学习目标

◎ 认识并熟悉 AutoCAD 2020 的工作界面。
◎ 掌握创建新图形文件和保存图形文件的方法。
◎ 掌握在 AutoCAD 中调用命令的方法。
◎ 学会设置图层、线型、线宽和颜色的方法。
◎ 掌握视图缩放及平移的方法。

任务一　布置工作界面

　　AutoCAD 作为被广泛使用了 40 多年的全球知名的绘图软件，已经形成了一套为设计者所熟知的工作界面，这一工作界面从其 R14 版本至 2014 版本，未发生较大变化，称其为 AutoCAD "经典模式"，如图 2.1 所示，众多设计人员常常习惯于使用经典模式开展各种绘图工作。

　　2008 年 5 月发布的 AutoCAD 2009 首次引入了 Ribbon 界面（即功能区界面），把工具栏的命令，用一组组的"标签"进行组织分类，每一组均包含相关的命令，每一个应用程序都有一个不同的标签组，在每个标签里，各种相关选项被组合在一起。在之后的新开发版本中，默认工作界面都采用 Ribbon 界面，如图 2.2 所示。

　　自 AutoCAD 2015 版之后，AutoCAD 不再单独提供"经典模式"工作空间，如果需要使用"经典模式",需要使用者自行进行定义。AutoCAD 2020 提供的内置工作空间主要包括"草图与注释""三维基础"及"三维建模"。当成功安装 AutoCAD 2020 并启动程序后,首先进入的是"开始"界面,如图 2.3 所示。单击"开始绘制"后可默认进入"草图与注释"工作空间,本书将以"草图与注释"中的操作来进行介绍。

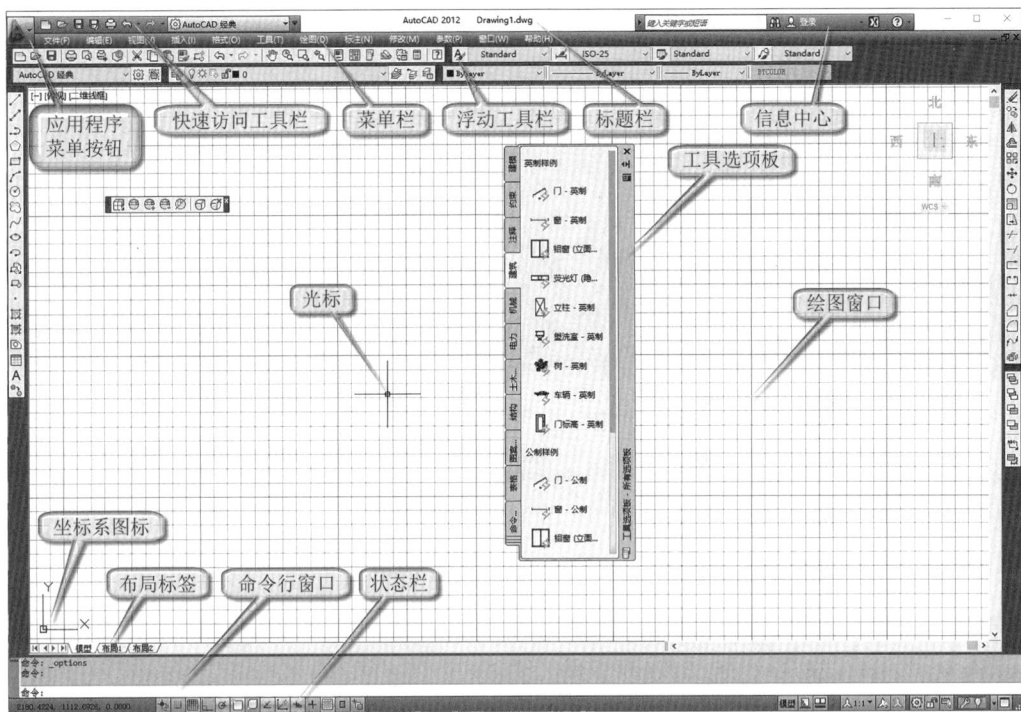

图 2.1　AutoCAD 经典工作界面

图 2.2　AutoCAD 2020 的默认工作界面(Ribbon)

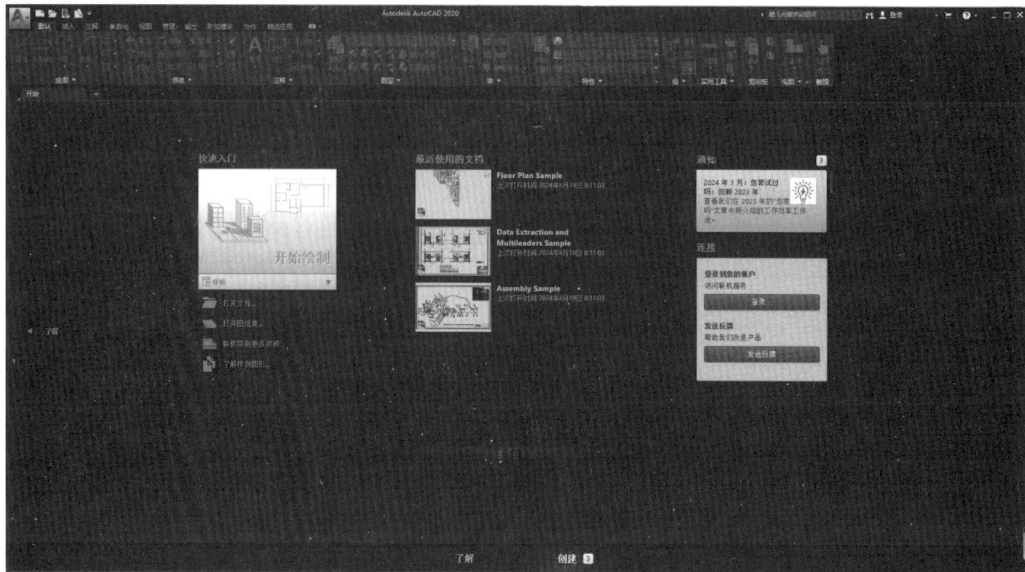

图 2.3　AutoCAD 2020 的"开始"界面

　　AutoCAD 2020 的界面主要由应用程序菜单按钮、快速访问工具栏、功能区选项卡、菜单栏、标题栏、信息中心、View Cude 工具、导航栏、绘图窗口、命令行窗口、状态栏等组成，其中，在绘图窗口中还包含十字光标、坐标系统图标等辅助工具，如图 2.4 所示。

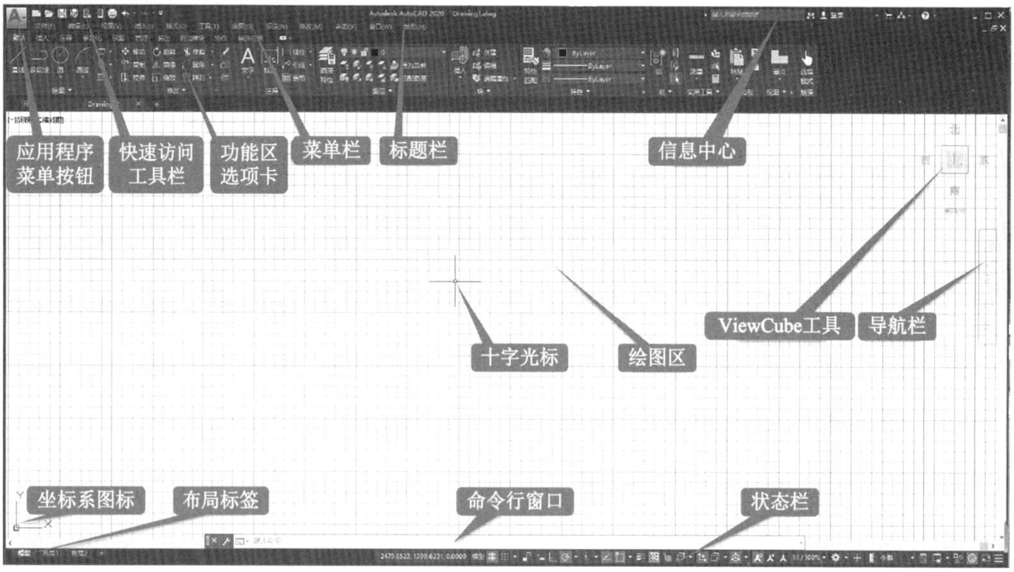

图 2.4　AutoCAD 2020 默认"草图与注释"工作界面

一、AutoCAD 2020 工作界面各部分功能简介

1.应用程序菜单按钮

应用程序菜单按钮位于 AutoCAD 2020 工作界面的左上角，单击后可以打开下拉菜单，

如图 2.5 所示。其中包含"新建""打开""保存"等常用命令，也可以查看"最近使用的文档"。

2. 快速访问工具栏

快速访问工具栏位于工作界面顶端左侧。通过它可以直接调用用户定义的命令和控件。在默认状态下，快速访问工具栏提供了包括"新建""打开""保存""另存为""打印""放弃""重做"等命令。打开下拉菜单也可以自定义快速访问工具栏，如图 2.6 所示。

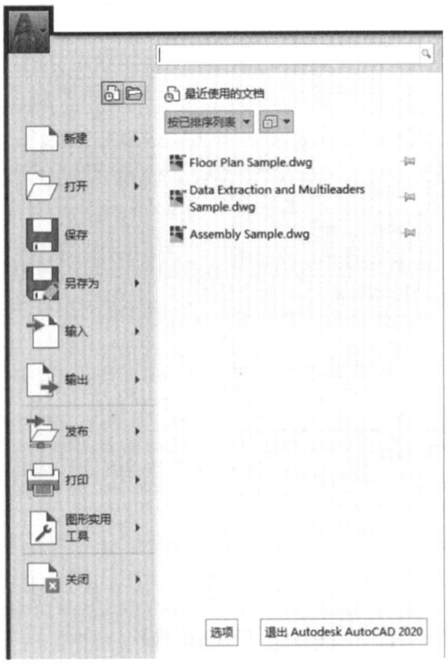

图 2.5　应用程序菜单按钮 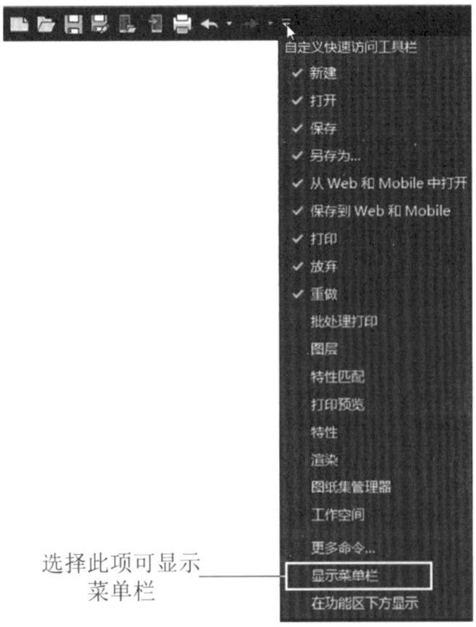　　　　图 2.6　快速访问工具栏

3. 标题栏与信息中心

标题栏位于工作界面的正上方，主要显示软件的版本以及当前图形的文件名称，右端的按钮用于控制整个工作界面的最小化、最大化或者关闭 AutoCAD 的工作界面。信息中心位于标题栏的右侧，用户可以通过输入关键字或问题搜索相关资讯。标题栏与信息中心的组成元素如图 2.7 所示。

软件版本　　当前文件名及保存路径　　信息中心　　窗口控制按钮

图 2.7　标题栏与信息中心

4. 菜单栏

菜单栏位于标题栏的下方，包括"文件""编辑""视图""插入""格式""工具""绘图""标注""修改""参数""窗口"和"帮助"12 个主菜单选项，如图 2.8 所示。

图 2.8　菜单栏

单击任意主菜单项，屏幕将弹出其下拉菜单。通过下拉菜单可以执行 AutoCAD 绝大部

分命令。下拉菜单所包含的菜单选项功能和作用如图 2.9 所示。

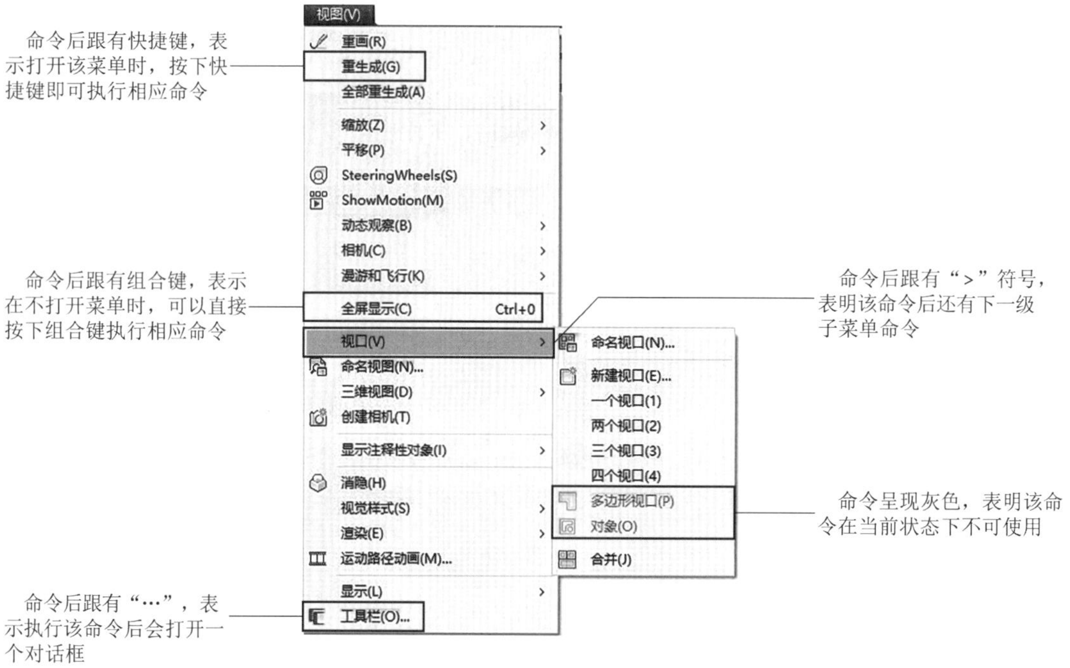

命令后跟有快捷键，表示打开该菜单时，按下快捷键即可执行相应命令

命令后跟有组合键，表示在不打开菜单时，可以直接按下组合键执行相应命令

命令后跟有"＞"符号，表明该命令后还有下一级子菜单命令

命令呈现灰色，表明该命令在当前状态下不可使用

命令后跟有"…"，表示执行该命令后会打开一个对话框

图 2.9　下拉菜单的选项功能和作用（以"视图"菜单为例）

特别提示

AutoCAD 2020 的"菜单栏"并不是默认打开，需要打开"快速访问工具栏"下拉选项菜单，并选择"显示菜单栏"才能在工作界面中打开，如图 2.6 所示。

5. 功能区选项卡

AutoCAD 2020 的功能区是当前工作空间放置命令图标的区域，它以选项卡的形式排列，其中包含设计绘图的大部分命令。以"草图与注释"空间为例，它包括"默认""插入""注释""参数化""视图""管理""输出""附加模块""精选应用"等十个选项卡，如图 2.10 所示。在不同的工作空间中，功能区选项卡的内容组合是不相同的，图 2.11 和图 2.12 分别展示的是"三维基础"空间和"三维建模"空间的选项卡情况。

图 2.10　"草图与注释"空间功能区选项卡

图 2.11　"三维基础"空间功能区选项卡

图 2.12 "三维建模"空间功能区选项卡

使用鼠标点击选项卡工具栏上的命令图标按钮即可调用相关命令。将光标移动到工具栏图标上停留片刻，图标旁边会出现相应的命令提示，同时在工作界面的底部将显示该命令的功能介绍，如图 2.13 所示。

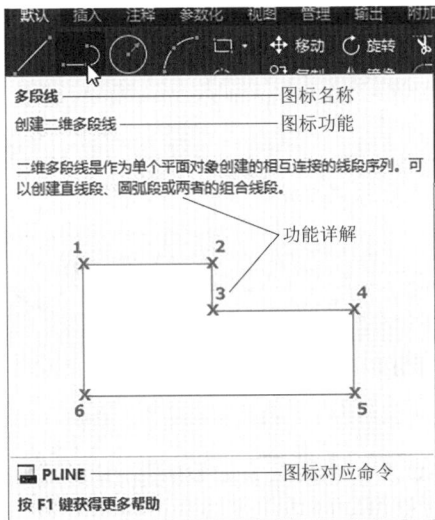

图 2.13 工具栏图标的命令提示

选项卡中的工具栏并非是固定的，使用时可以根据实际需要进行组合，也可以通过鼠标拖动至任意位置，因此，AutoCAD 中的工具栏又称为"浮动工具栏"，如图 2.14 所示。AutoCAD 2020 提供了 50 多个分类详细的工具栏，如果需要，可以单独调用。

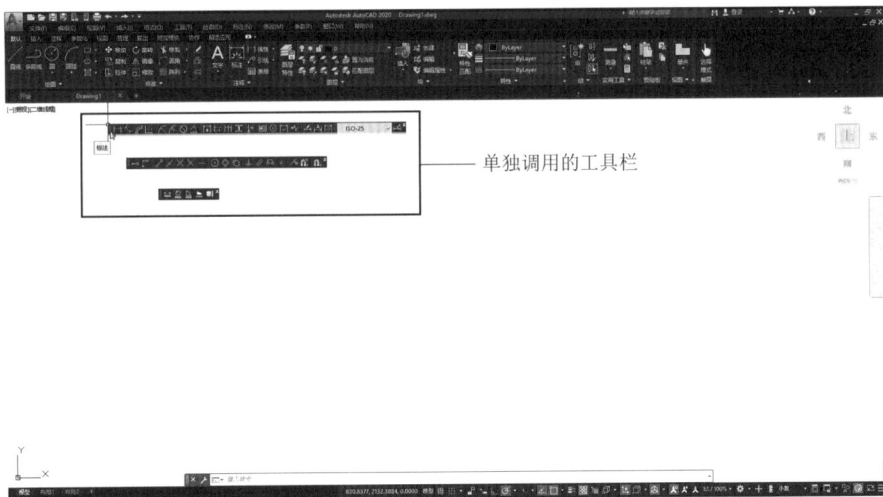

图 2.14 单独调用的"浮动工具栏"

6. 绘图窗口

绘图窗口是创建和编辑图形对象的主要工作区域，也是整个工作界面中占据范围最大的区域，它类似于手工绘图时所使用的图纸。在该区域，用户可以直观观察设计效果，并且可以通过"缩放"和"平移"等命令控制图形的显示大小与位置。在系统默认状态下，绘图窗口的背景颜色显示为黑色，但这并不是固定的，用户可以对其自由进行设置。绘图窗口中还包括十字光标和坐标系图标等元素。

鼠标箭头在绘图窗口中以十字光标的形式出现，十字光标会跟随鼠标移动，并且会因为位置的不同或当前操作的步骤不同而呈现不同形状，如图 2.15 所示。十字光标的大小可以自行设置，在系统默认状态下，十字光标的大小为屏幕大小的 5%。

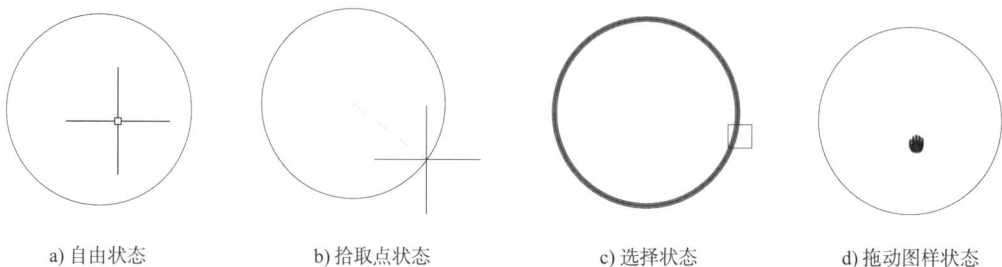

a) 自由状态　　　　b) 拾取点状态　　　　c) 选择状态　　　　d) 拖动图样状态

图 2.15　十字光标的不同形式

在绘图窗口的右上角，AutoCAD 提供了半透明状态的"ViewCube 工具"，如图 2.16 所示。这是一个方便用户在二维模型空间或三维视觉样式中处理图形时显示的导航工具。通过单击或拖动 ViewCube 工具，用户可以在标准视图和等轴测视图间切换。

在 ViewCube 工具下方，AutoCAD 预置了导航工具栏，如图 2.17 所示。用户可以通过它访问通用导航工具和特定产品的导航工具，如"平移""缩放""动态观察"等。它也呈半透明状态，当鼠标移动到导航工具栏上时，会自动高亮显示，单击相应图标可调用工具。

绘图窗口的左下角是坐标系图标，如图 2.18 所示。它主要用来显示当前使用的坐标系及坐标的方向。在不同的视图下，坐标系图标所指的方向也有所不同。坐标系图标可以通过"**UCSICON**"命令来控制其大小、颜色、形式、位置以及是否显示等。

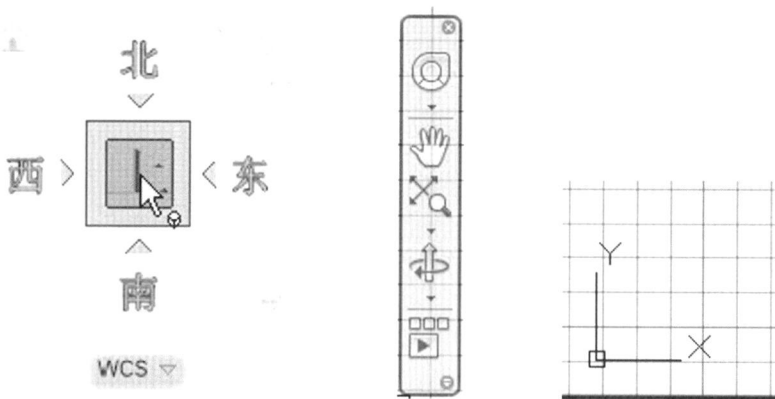

图 2.16　ViewCube 工具　　　图 2.17　导航工具栏　　图 2.18　坐标系图标

7. 布局标签

布局标签位于绘图窗口的左下角，如图 2.19 所示。AutoCAD 为用户提供了"模型"和"布局"两种空间模式。AutoCAD 系统默认设定一个"模型"空间和"布局 1""布局 2"两个图纸空间。其中"模型"空间是绘制图形的空间，也是系统默认使用空间，用户也可以点击"+"标签卡设置符合自己要求的新布局。

图 2.19 "模型"和"布局"标签

在"模型"空间模式下，用户可以制定不同大小的三维坐标系的绘图空间，并按照自己的需求在其中创建各种图形对象，也可以以不同比例打印输出图形。

"布局"空间模式是系统设置的一种绘图环境，包括图纸大小、尺寸单位、角度设定、数值精度等设置信息，主要用于对图形最后输出的效果进行打印设置。由于它只能完成二维图形操作，因此又称为"图纸空间"。通过单击选项卡控制栏中的选项卡标签，可以方便地实现模型空间与布局空间的切换。

8. 命令行窗口

命令行窗口主要用来接受用户输入的命令、参数和显示 AutoCAD 系统的提示信息。默认情况下 AutoCAD 2020 的命令窗口悬浮于绘图窗口的下方，相关提示内容同样以悬浮方式在命令行右上方逐行显示，且显示最后三行所执行的命令或提示信息，如图 2.20 所示。

图 2.20 悬浮于绘图区下方的命令行

用户也可以通过鼠标拖动的方式将命令行窗口固定于绘图区下方，这时，命令行窗口将自动分为上、下两个部分，上半部分是命令行记录窗口，下半部分是命令行输入窗口，如图 2.21 所示。

图 2.21 固定于绘图区下方的命令行

默认情况下，命令行记录窗口也只显示最后三行所执行的命令或提示信息。若想查看以前输入的命令或提示信息，可以将鼠标移动至命令窗口的上边缘，当鼠标指针的形状变成"⇕"时，按住鼠标左键并上下拖动，可以将命令窗口放大或缩小。

命令输入窗又称为命令行窗口。执行某一命令的过程中，AutoCAD 会在此行给出提示信息，以提示用户当前应进行的操作，用户向 AutoCAD 输入参数、坐标等工作也主要是在这里进行。当命令行上只有"命令:"提示时，可通过键盘输入新的命令。

📖 **特别提示**

在命令行窗口中输入文本内容后，可以按下【F2】键，此时屏幕上会弹出"AutoCAD 文本窗口"对话框，该对话框可以最大化地显示命令行窗口中执行过的命令。该窗口具有与命令行窗口一样的功能，也可以在其中输入需要执行的命令。

9. 状态栏

状态栏位于绘图窗口的下方，包括坐标显示窗口和辅助工具栏两部分，主要用来显示当前的绘图状态。其中坐标显示窗口用于实时显示当前十字光标所在的位置（坐标），在坐标显示栏上单击鼠标左键可以打开或关闭坐标的实时显示。辅助工具栏中集成的工具按钮是精准绘图时不可或缺的好帮手，绘图时的相关设置都可以通过这些按钮来实现，如设置捕捉模式、切换工作空间、控制全屏显示等。状态栏各组成元素如图 2.22 所示。

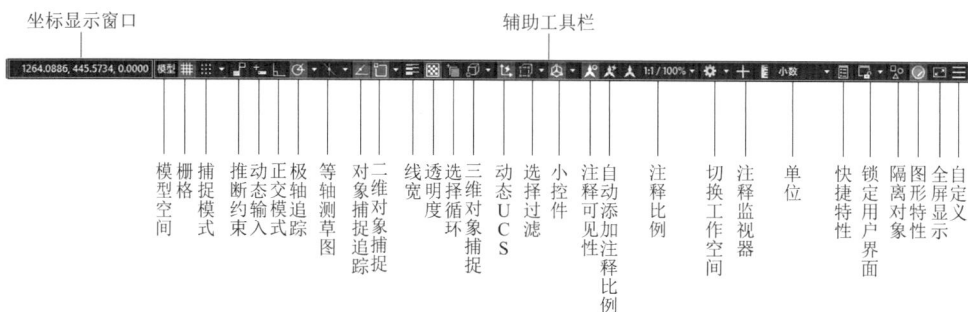

图 2.22　状态栏

二、设置绘图窗口颜色和十字光标

AutoCAD 系统默认的绘图窗口颜色为黑色，十字光标的大小为屏幕大小的 5%，实际使用过程中，用户可以根据自己的习惯对绘图窗口的颜色和十字光标的大小进行设置。

【操作步骤】

（1）使用鼠标选择菜单命令〖工具〗→〖选项〗或在绘图窗口单击鼠标右键，打开快捷菜单，选择"选项（O）…"，打开"选项"对话框，如图 2.23 所示。

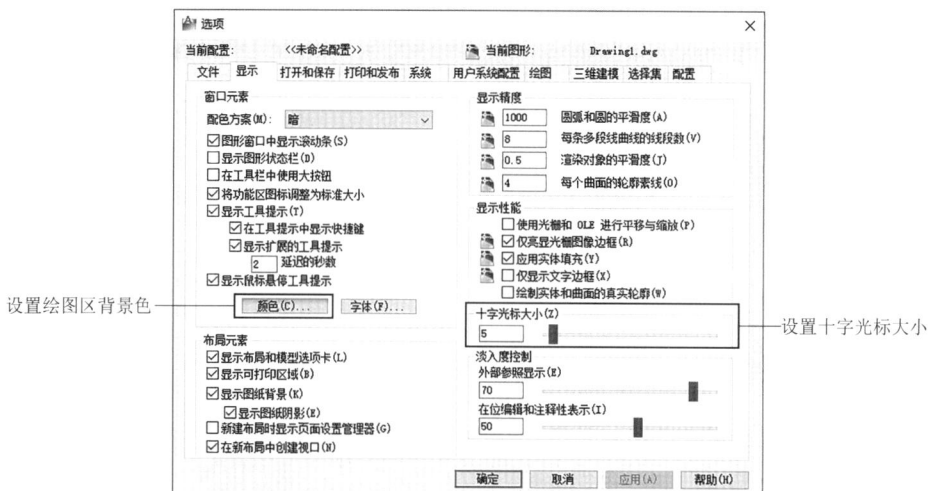

图 2.23　"选项"对话框

（2）点击 颜色(C)... 按钮，打开"图形窗口颜色"对话框，如图 2.24 所示。选中需要调整颜色的区域和界面元素后，在"颜色"下拉列表框中选择自己习惯的颜色，选择完成后点击 应用并关闭(A) 按钮，返回"选项"对话框。

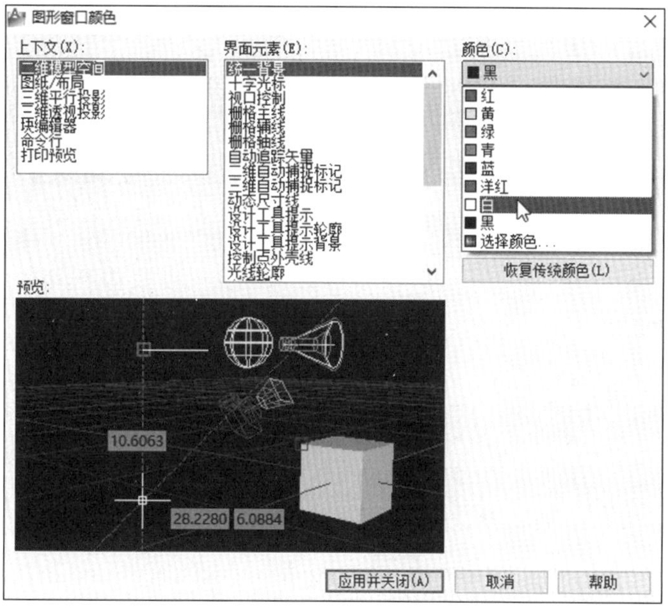

图 2.24　"图形窗口颜色"对话框

📖 **特别提示**

如果想恢复默认的颜色，可以先单击"恢复传统颜色"按钮，再单击"应用并关闭"按钮即可。

（3）在"十字光标大小"设置区（图 2.23）的文本框中输入数字，或直接拖动文本框右侧的滑块到适合位置，单击 确定 按钮，保存设置并关闭对话框。

设置绘图窗口和十字光标

📖 **特别提示**

十字光标的大小取值范围为"1～100"，数值越大，则十字光标越大。数值"100"表示十字光标将全屏幕显示。

三、调用及布置工具栏

AutoCAD 2020 版本虽然通过功能区选项卡的形式将各种命令分类集成，但还是允许用户像早期版本一样自行调用和布置工具栏，单击工具栏中的某个按钮，AutoCAD 就可以快速执行相应的命令。AutoCAD 的工具栏又称为浮动工具栏，用户除了可以根据需要打开或关闭某个工具栏外，还可以随意移动工具栏或改变工具栏的形状。

【操作步骤】

（1）选择菜单栏中的〖工具〗→〖工具栏〗→〖AutoCAD〗，弹出快捷菜单，如图 2.25 所示。该菜单列出了 AutoCAD 2020 所提供的全部工具栏的名称。如果名称前面带有"√"标记，则表明该工具栏已经打开。使用鼠标单击快捷菜单中的某一个选项，就可以打开或关闭相应的工具栏。

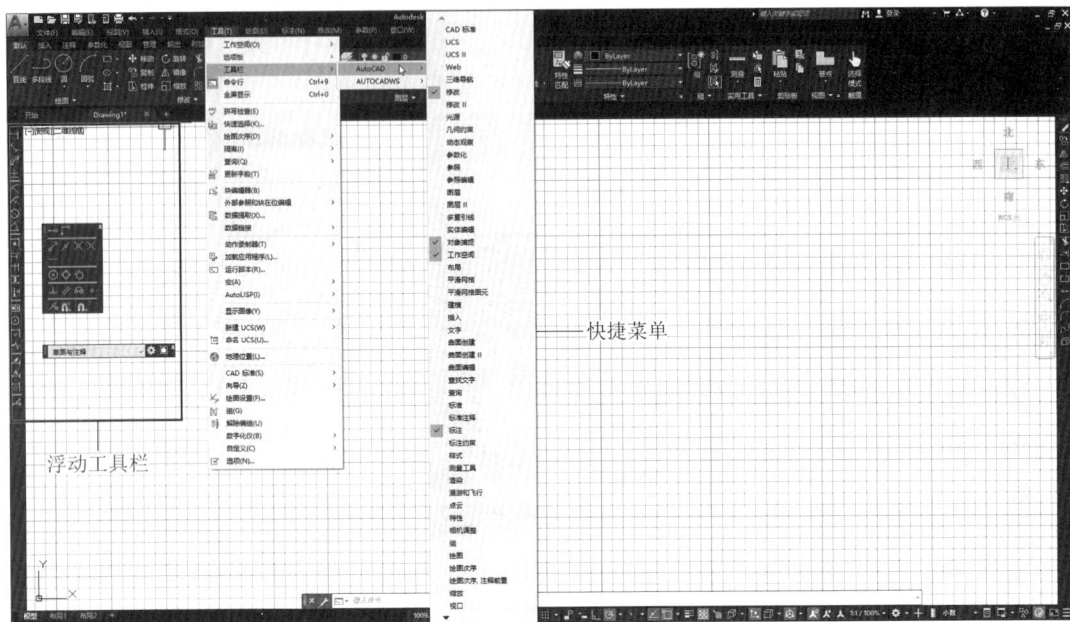

图 2.25　调用浮动工具栏

（2）将鼠标光标移动至工具栏深色边缘处，如图 2.26 所示，按住鼠标左键并拖动，工具栏即可随着鼠标移动；将鼠标光标移至拖出的工具栏边缘，光标变成双向箭头，如图 2.27 所示，按住鼠标左键并拖动鼠标，工具栏的形状会发生相应变化。鼠标单击工具栏右上角的"✕"可以将不用的工具栏关闭。

图 2.26　工具栏边缘　　　　　　　图 2.27　双向箭头

四、切换工作空间

工作空间是 AutoCAD 为用户提供的经过分组和组织的菜单、工具栏、选项板和面板的集合。AutoCAD 2020 为工作空间的使用和管理提供了多种方式。当用户需要处理不同任务时，可以在"二维草图与注释""三维基础"和"三维建模"三种工作空间中切换，也可以依据自己的使用习惯将自己所熟悉的自定义工作界面保存为自定义工作空间，以便于调用，不用时也可以将其删除。

【操作步骤】

方法一　使用鼠标选择菜单命令〖工具〗→〖工作空间〗，在〖工作空间〗子菜单中选择要切换的工作空间，或自定义工作空间，如图 2.28 所示。

方法二　使用鼠标单击快速访问工具栏右侧的""按钮，在下拉列表中选择"工作空间"，然后用鼠标单击打开的"工作空间"工具栏窗口右侧的""按钮，在其中选择要切换的工作空间；或点击"自定义"选项，打开"用户自定义界面"对话框，完成工作空间的自定义设置，如图 2.29 所示。

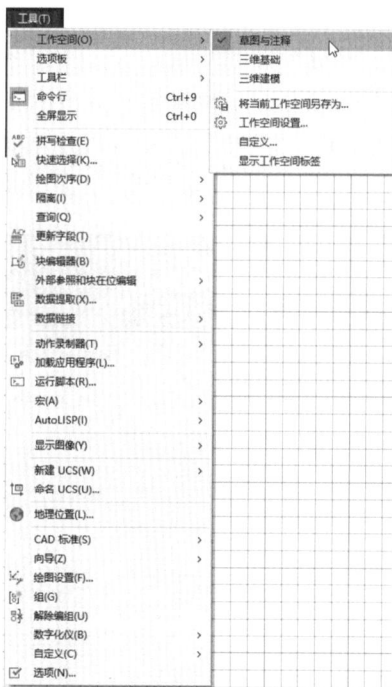

图 2.28　使用菜单方式切换工作空间　图 2.29　使用快速访问工具栏切换工作空间

方法三　用鼠标单击状态栏右下角"切换工作空间"按钮，打开菜单列表，在其中选择要切换的工作空间，或点击"自定义"选项，打开"用户自定义界面"对话框，完成工作空间的自定义设置，如图 2.30 所示。

方法四　通过菜单打开"工作空间"工具栏，用鼠标单击"工作空间"工具栏窗口右侧的""按钮，打开下拉列表，在其中选择要切换的工作空间，或点击"自定义"选项，打开"用户自定义界面"对话框，完成工作空间的自定义设置，如图 2.31 所示。

图 2.30　使用状态栏按钮方式
切换工作空间

图 2.31　使用浮动工具栏按钮方式
切换工作空间

五、多文档设计环境

AutoCAD 从 2000 版开始支持多文档环境。在此环境下，用户可以同时打开多个图形文件。多文档设计环境具有 Windows 的剪切、复制及粘贴等功能，用户可以快捷地在各个图形文件中复制及移动文件。此外，还可以直接选择图形对象，然后按住鼠标左键将其拖放到其他图形文件中使用。AutoCAD 2020 版的多文档设计环境更加简洁清晰，已经打开的多个设计文件会以标签的形式依次排列在绘图区顶端，如图 2.32 所示，使用鼠标单击标签就可以激活对应的文件，并将其在绘图区显示，然后即可在该图形文件中完成绘图和编辑修改等工作。点击标签最右侧的"+"还可以新建一个设计文件。

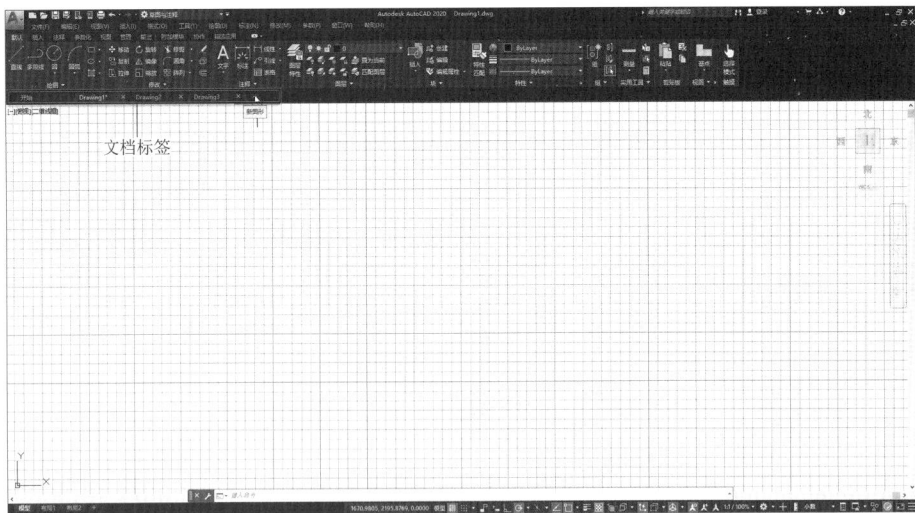

图 2.32　多文档设计环境

如果考虑到复制对象需要在其他图形文件中准确定位，可以事先指定复制对象的基准点，这样在执行粘贴操作时就可以根据基准点将图形对象准确复制到指定位置。

利用〖窗口〗菜单，还可以控制多个图形文件的显示方式，例如可以将文件以层叠、水平平铺、垂直平铺等方式布置在绘图窗口中，如图 2.33 所示。

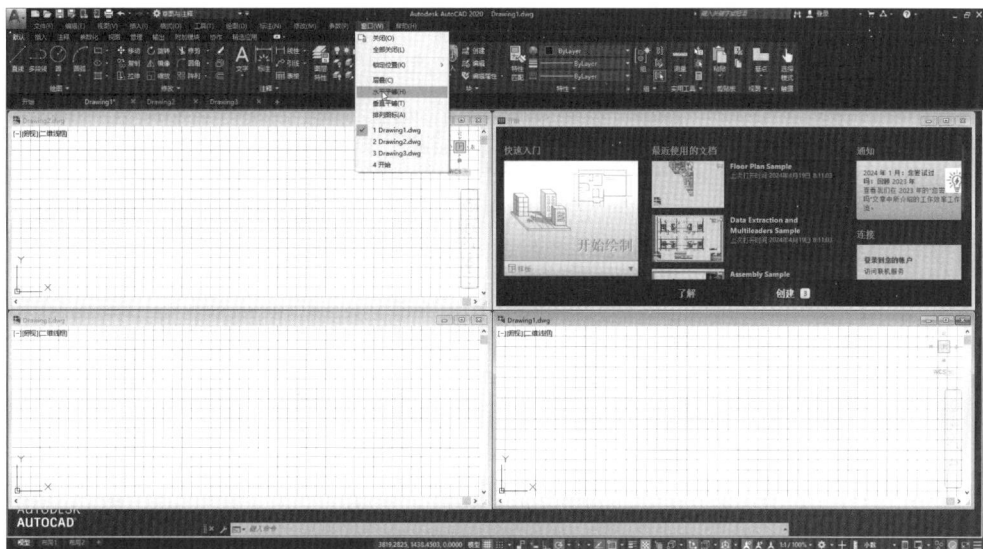

图 2.33　多文档窗口操作

特别提示

连续按下【Ctrl】+【F6】键，可以依次在所有打开的图形文件中进行切换。

任务二　绘制简单平面图形

绘制图形对象是 AutoCAD 最基本的功能，但要想快速、准确地完成图形对象的绘制工作，事先必须要做好相应的准备工作。本任务就是通过完成一组简单图形的绘制工作来介绍 AutoCAD 绘制图形的基本过程和常用的操作方法。

一、AutoCAD 中调用命令的方式

命令是 AutoCAD 中人机交互的重要手段，在绘图之前，首先应该掌握在 AutoCAD 中调用命令的方式，因为大多数图形对象的创建和编辑工作都需要用户向 AutoCAD 发出指令后才能执行。在绘图过程中，灵活使用各种命令调用方式，可以有效地提高绘图效率。AutoCAD 提供了多种调用命令的方式，用户可以通过练习掌握最快捷、最适合自己的操作方式，以提高绘图效率。

1. 单击功能区中的按钮

单击功能区中的按钮，调用相应的命令是最为简单、直观的命令调用方式。使鼠标指针在按钮处稍作停留，会显示该按钮对应的命令名称和基本功能介绍，如图 2.34 所示，非常适合初学者。

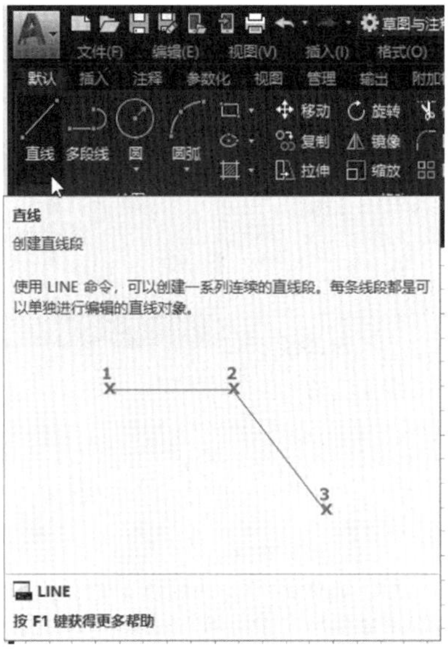

图 2.34 单击功能区按钮调用命令

2. 单击浮动工具栏按钮

AutoCAD 的浮动工具栏已经展示了绝大部分命令，使用工具栏图标按钮绘图是最常用、最方便的命令执行方式之一。其操作方法与单击功能区中的按钮调用命令完全相同，只是需要先参照前述调用及布置工具栏的方法打开相应的浮动工具栏，再进行单击操作，如图 2.35 所示。

图 2.35 单击工具栏图标按钮调用命令

3. 选择菜单选项

如果在工具栏中找不到命令对应的图标按钮，可以使用菜单选项来完成执行命令的工作。AutoCAD 2020 为用户提供了 12 个菜单，每个菜单都由不同的命令选项组成，并且这些命令选项具有某些共性，所以操作起来较为方便直观。例如，在"绘图"菜单中集中了可用于执行绘制各种基本图形对象的命令，包括"直线""射线""圆""正多边形"等；而在"修改"菜单中，则集中了用于对图形对象进行编辑修改的命令，包括"删除""复制""镜像""移动""旋转"等。

4. 在命令行窗口输入命令

通过在命令提示窗口中输入命令完成绘图也是 AutoCAD 中使用频率较高的一种操作方式。AutoCAD 2006 版以后，引入了动态命令输入的方式，其实质与在命令行窗口中进行的工作是相同的。当需要对图形对象进行绘制或编辑修改时，只需要在命令行窗口或动态输入窗口中输入该项工作对应的命令，然后按下【Enter】键或【空格】键进行确认，再根据命令提示窗口中的提示进行相应的操作就可以完成绘图或编辑修改任务，如图 2.36 所示。

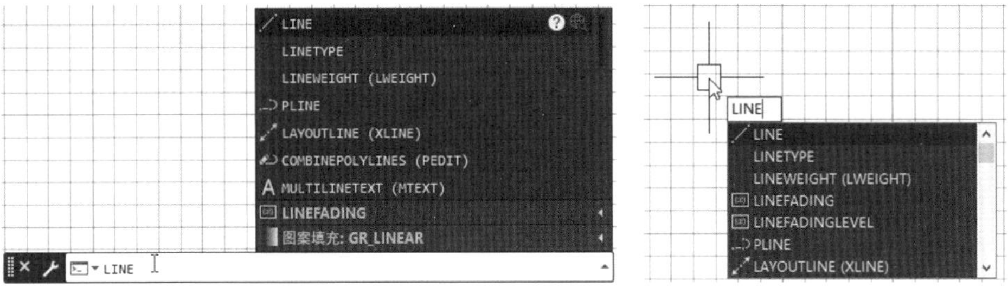

a) 在命令行窗口输入命令　　　　　　　b) 在动态输入窗口输入命令

图 2.36　输入命令方式调用命令

使用命令绘图的前提条件是熟悉各项工作的命令形式，比如"**LINE**"是绘制直线的命令，而"**TRIM**"是修剪图形对象的命令等。在命令行窗口中输入命令时，还需要注意以下几点。

● 中括号中的选项：在命令行窗口中输入命令并确认后，很多时候会出现用中括号"[ ]"注释的内容，其中有一个或多个用"/"分隔开的选项，这些选项大多是执行命令时可选用的不同参数或命令执行方式，若要选择某个选项，只需要输入选项后"( )"内的字母，并按【Enter】键或【空格】键确认即可。

● 尖括号中的数值：在执行某些命令时，会遇到命令行窗口后面有一个尖括号"<>"，其中的数值表示执行该命令的当前值，此时如果按下【Enter】键或【空格】键表示直接使用当前值，如果需要重新赋值，只需要在尖括号后输入新的数值，再按【Enter】键或【空格】键确认即可。

● 命令的简化输入法：在 AutoCAD 中，为了方便用户记忆命令和提高工作效率，大部分的命令都有其对应缩写形式，一般会使用完整命令的前 1 到 3 个字母来替代完整命令以简化命令输入方式，如绘制直线命令"**LINE**"可以直接输入字母"**L**"来简化，进行图层管理的命令"**LAYER**"可以用"**LA**"来简化，而调整对象长度的"拉长"命令"**LENGTHEN**"则用命令缩写"**LEN**"来简化。本书附录提供了 AutoCAD 快捷命令对照表，便于用户查阅使用。

📖 **特别提示** ....

在 AutoCAD 中使用键盘输入命令和选择选项时，可以不区分英文字母的大小写。

5. 使用右键快捷菜单调用命令

在自由状态下单击鼠标右键，可以在打开的快捷菜单中选择相应的命令，如图 2.37 所示。

6. 使用键盘快捷键调用命令

AutoCAD 中的多数命令都有对应的键盘快捷键，例如【Ctrl】+【N】是新建文件、【Ctrl】+【S】是保存文件、【Alt】+【D】是打开"绘图"菜单等。熟练掌握这些快捷键可以大幅提高绘图的效率。本书附录提供了 AutoCAD 常用键盘快捷键命令对照表，便于用户查阅使用。

图 2.37 使用右键快捷菜单调用命令

【知识链接】

在使用 AutoCAD 绘图的过程中，除了能熟练使用各种方式的命令帮助用户完成各种绘图或编辑修改工作外，还需要掌握一些常用的绘图技巧，比如如何退出正在执行的命令，如何快速重复执行上一次使用的命令等。

● 用户在绘图过程中如果需要退出正在执行的命令，可以通过按【Esc】键、【Enter】键或【空格】键来实现，其中【Enter】键或【空格】键主要用于正常结束命令，命令执行的结果将被保存下来，而【Esc】键则用于取消当前正在进行的操作。

● 在绘图过程中，某一些命令可能会多次使用，如果需要重复执行前一次操作的命令，可以在命令行窗口显示"命令:"状态下直接按【Enter】键或【空格】键，系统将自动执行前一次操作的命令；如果需要选择前面已经执行过的某一命令，可以连续按【↑】键，此时命令行窗口中将依次显示前面已经执行过的命令或参数，当出现需要执行的某一命令时，按【Enter】键或【空格】键即可。

● 若要取消前一次或前几次所执行的操作，可以单击"标准"或"标准注释"工具栏中的 按钮，依次取消前面所执行的操作，直到最后一次保存图形时为止。也可以紧接前一次操作在命令行窗口中执行"**UNDO**"命令，取消前一次或前几次操作执行的结果。

● 若要取消前一次或前几次已撤消的操作，可以在执行了"**UNDO**"命令后，紧接着执行"**REDO**"命令来恢复已撤消的前一步操作，也可以在"标准"或"标准注释"工具栏中单击 按钮。

二、启动 AutoCAD

启动 AutoCAD 2020 的方法很多，常用的启动方法有如下三种。

方法 1 在 Windows 操作系统桌面上使用鼠标双击 AutoCAD 2020 的快捷方式图标 。

方法 2 单击 Windows 操作系统桌面左下位置的"开始"按钮，在开始菜单中依次选择"程序"→"Autodesk"→"AutoCAD 2020"，启动 AutoCAD 2020。

方法 3 使用鼠标左键单击任意一个 AutoCAD 图形文件（*.dwg 文件），可以在启动 AutoCAD 2020 的同时打开该图形文件。

三、利用样板创建新的图形文件

启动 AutoCAD 2020 后，将直接进入一个默认文件名为 Drawing1.dwg 的图形文件，用户可以在该图形文件中完成各项图形对象的创建、编辑、修改和保存工作。但在具体的设计工作中，为了使图纸风格、样式统一，许多项目都需要设置统一的标准，如字体样式、标注样式、图层、标题栏等。为了免去每次绘图都需要重复设置上述一系列标准的麻烦，最有效的方法是使用样板文件。用户可以使用已保存在样板文件中的各种标准设置，这样，每当建立一个新的图形文件时，就可以以此样板文件为原型，将它的设置直接应用到新的图形文件中，使新图形文件具有与样板相同的绘图环境。用户可以使用 AutoCAD 提供的样板文件，也可以自定义样板后将其保存为样板文件。

【操作步骤】

（1）启动 AutoCAD 2020，进入工作界面。

（2）输入命令"**NEW**"，打开"选择样板"对话框，如图 2.38 所示。

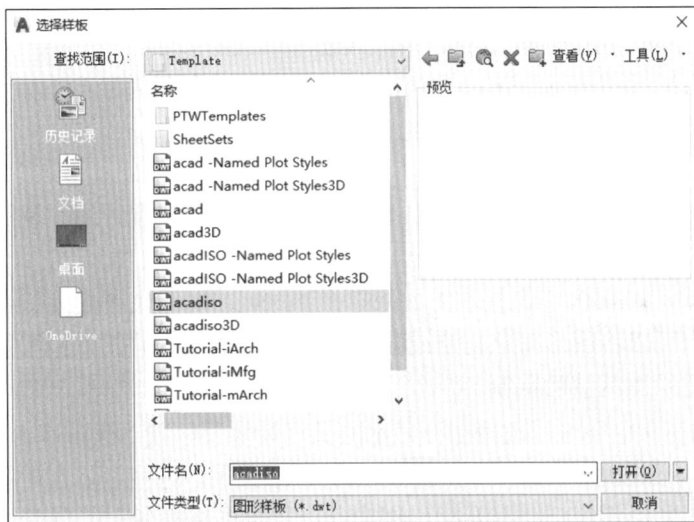

图 2.38 "选择样板"对话框

（3）在对话框中选择所需要的用于创建新图形的样板文件，单击 打开(O) 按钮，进入相应的样板，开始绘制新图形。AutoCAD 系统默认的样板文件是"acadiso.dwt"。

📖 **特别提示** --

单击快速访问工具栏上的"🔲"按钮，通过按【Ctrl】+【N】键，或者选择菜单命令〖文件〗→〖新建〗，都可以打开"选择样板"对话框。

四、设定绘图区域的大小

AutoCAD 所能提供的绘图空间是无限大的，但允许用户自行设定在绘图窗口中显示的绘图区的大小。为了使用户充分了解图形分布的范围和布局情况，绘图前，应先对绘图区域的大小进行设定。绘图区域设定完成并不意味着用户只能使用或观察设定的区域，在绘图过程中，可以随时根据需要缩放图形，以控制其在屏幕上的显示效果。

【操作步骤】

（1）在命令行窗口输入命令"**LIMITS**"后按【Enter】键，或者使用鼠标选择菜单命令〖格式〗→〖图形界限〗，AutoCAD 提示：

命令：LIMITS	←输入设置绘图界限命令，按【Enter】键
重新设置模型空间界限：	
指定左下角点或 [开(ON)/关(OFF)] <0.0000，0.0000>：	←输入绘图界限的左下角坐标或选择参数
指定右上角点<12.0000，9.0000>：	←输入绘图界限的右上角坐标，此处输入"420，297"是设置了一个 A3 图幅大小的绘图区域，输入完成后按【Enter】键完成设置

（2）使用鼠标选择菜单命令〖视图〗→〖缩放〗→〖全部〗，或者单击标准工具栏上的 🔍 按钮，或是在命令行窗口输入命令"**ZOOM**"（命令缩写"**Z**"）后按【Enter】键，根据提示再输入"A"，选择"全部"命令选项，可以将所设置的绘图区域以最大的方式显示在绘图窗口中。

【知识链接】

设定绘图区域的大小

• 绘图界限命令"**LIMITS**"除了可以设置绘图区域的大小外，还可以通过选项开关控制是否允许图形绘制超出所设置的绘图区域。在"指定左下角点或[开(ON)/关 (OFF)] <0.0000，0.0000>："提示下如果选择"ON"，则不允许直接在绘图区域以外创建新的图形对象，但可以将图形对象复制或移动到绘图区域之外；如果选择"OFF"，则图形对象的创建位置不受绘图区域的限制。

• "**LIMITS**"命令还可以改变栅格显示的长宽尺寸及位置。栅格是 AutoCAD 所提供的辅助绘图的点阵，可以通过状态栏中的 ▦ 按钮打开或关闭。这些点阵在矩形区域中按行、列形式排列，当栅格在绘图窗口中显示后，用户就可以根据栅格分布的范围估算出当前绘图区域的大小。

• 视图缩放命令"**ZOOM**"可以用来增大或减小当前视口中图形对象的比例。使用"**ZOOM**"命令不会更改图形中对象的绝对大小，它仅更改视图的显示比例。各选项功能如下。

◆ "全部"：自动缩放以显示当前图形文件中所有可见对象和视觉辅助工具。

◆ "中心点"：缩放以显示由中心点和比例值（高度值）所定义的视图。高度值较小时增加放大比例，高度值较大时缩小放大比例。

◆ "动态"：使用矩形视图框进行平移和缩放。视图框表示视图，可以更改它的大小或在图形中移动。移动视图框或调整它的大小，将其中的视图平移或缩放，以充满整个视口。

◆ "范围"：可以自动缩放以显示所有对象的最大范围。

◆ "上一个"：用以缩放显示上一个视图。最多可恢复此前的 10 个视图。

◆ "比例"：使用比例因子缩放视图以更改其比例。输入的值后附加输入"x"，以根据当前视图指定比例；输入值后附加输入"xp"，指定相对于图纸空间单位的比例。

◆ "窗口"：缩放显示矩形窗口指定的区域。

◆ "对象"：缩放以便尽可能大地显示一个或多个选定的对象并使其位于视图的中心。

◆ "实时"：交互缩放以更改视图的比例。光标将变为带有加号（＋）和减号（－）的放大镜样式，如 ⌕⁺ 。在窗口的中点按住拾取键并垂直移动到窗口顶部则放大 100%。反之，在窗口的中点按住拾取键并垂直向下移动到窗口底部则缩小 100%。达到放大极限时，光标上的加号将消失，表示无法继续放大；达到缩小极限时，光标上的减号将消失，表示无法继续缩小。松开拾取键时缩放终止。若要退出缩放，可以按【Esc】或【Enter】键。

五、设置绘图单位

对于任何图形而言，都有其绘制时所使用的单位、精度和数值表示方式。在使用 AutoCAD 绘图时，屏幕上显示的长度只是屏幕单位，屏幕单位应该对应一个真实的单位。不同单位的显示格式可能是不同的。针对这些问题，在使用 AutoCAD 绘制工程图样之前，应该设定绘图单位并选择长度值、角度值的表示方式（类型）、精度和方向等。

【操作步骤】

（1）在命令提示窗口输入命令"UNITS"（命令缩写"UN"）后按【Enter】键，或者使用鼠标选择菜单命令〖格式〗→〖单位〗，打开"图形单位"对话框，如图 2.39 所示。

（2）使用鼠标点击"长度"设置区的"▼"按钮，分别打开"类型"和"精度"下拉列表，将长度类型设置为"小数"，将精度设置为"0.000"；点击"角度"设置区的"▼"按钮分别打开"类型"和"精度"下拉列表，将角度类型设置为"度/分/秒"，将精度设置为"0d00′00″"。

（3）点击 ［确定］ 按钮，将设置的单位格式保存后退出"图形单位"对话框。

图 2.39　"图形单位"对话框

【知识链接】

● "角度"选项区中的"顺时针"选项用于控制角度方向的正负。AutoCAD 默认角度方向沿逆时针方向为正，如果勾选"顺时针"选项，则设置角度方向沿顺时针方向为正，通常不选择该选项。

设置绘图单位

● "插入比例"选项区用于控制从 AutoCAD 设计中心插入一个块时，其单位如何换算。单位可以通过下拉菜单选择。

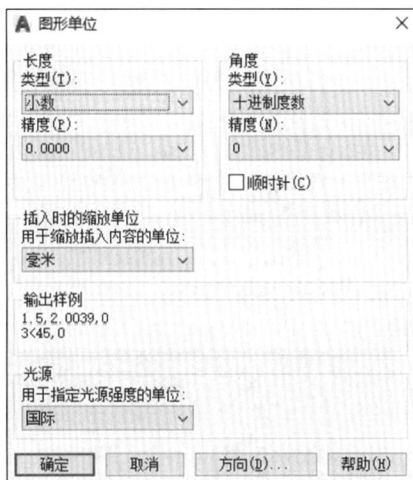

图 2.40　"方向控制"对话框

- "输出样例"区用于预览完成单位设置后的长度和角度单位格式。
- 使用鼠标点击 方向(D)... 按钮后，会打开图 2.40 所示的"方向控制"对话框。该对话框用于设定基准角度方向。设计者可以根据实际需要通过菜单选项将北、西、南等方向设置为正方向。例如，在测量坐标系中，通常是以正北方向为 0°方向，在直接使用测量坐标数据绘图时，就可以先将 0°方向设置为"北"。如果要设定除东、南、西、北以外的其他方向为正方向，可以选择"其他"选项，并在激活的文本框中输入角度值。AutoCAD 默认 0°方向为正东方向。

六、设置图层、线型、线宽和颜色

分层绘图和分层管理是 AutoCAD 绘图的一个重要思想。在 AutoCAD 中，图形对象是绘制在被称为图层的某一层面上的，一个图层就像一张透明的图纸，用户可以在不同的图纸上绘制不同的图形对象，然后将这些透明图纸叠加起来，得到最终的图形，也可以去掉其中一些透明图纸，组成另外一幅图形。

在 AutoCAD 中，把正在使用的图层称为当前层。AutoCAD 的默认当前图层为"0"层，其余图层由用户使用图层命令创建。绘图前可以根据需要建立若干个图层，并为每一个图层设置不同的名称、线型和颜色等属性以示区别。当在某一图层上绘图时，生成图形对象的颜色、线型、线宽等属性就与其所在图层的设置完全一致。图形对象的颜色有助于辨识图样中相似的实体，而线型、线宽等特性有助于表达不同类型的图形对象，熟练地应用图层设置可以大大提高绘图效率和图形的清晰度。

【操作步骤】

（1）单击"默认"选项卡"图层"功能区的 按钮，打开图 2.41 所示"图层特性管理器"对话框。列表框中显示图层名称为"0"，状态为"√"，表明该图层是当前图层。

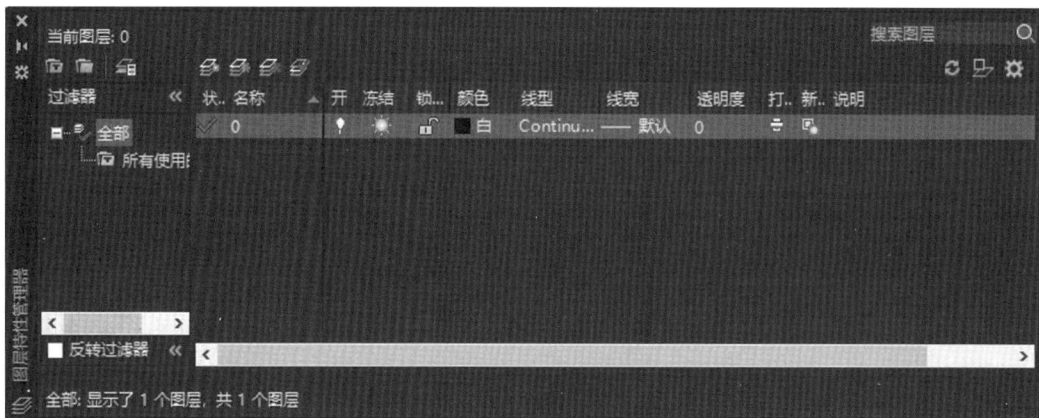

图 2.41　"图层特性管理器"对话框

（2）单击对话框上部的"新建图层"按钮 ，创建一个新图层，此时在图层列表框中会添加一个名称为"图层 1"的新图层。使用鼠标左键单击"名称"列中的"图层 1"名称，激活文本框，并在其中输入"轮廓线"，修改新建图层的名称，按【Enter】键完成设置并结束。重复以上操作，分别创建名称为"点划线"和"虚线"的两个图层。

📖 **特别提示** -

在"图层特性管理器"对话框的列表框中先选择某一已有图层，再点击 📖 按钮或按下【Enter】键，则新建图层将会与被选中的图层具有相同的颜色、线型和线宽等特性。

（3）在"图层特性管理器"对话框的列表栏中选中某一个图层，单击图层特性列表中"颜色"列的"■白"图标，打开"选择颜色"对话框，如图 2.42 所示。通过此对话框可以选择所需的颜色。本例中，将"轮廓线"层设置为白色，"点划线"层设置为红色，"虚线"层设置为蓝色。

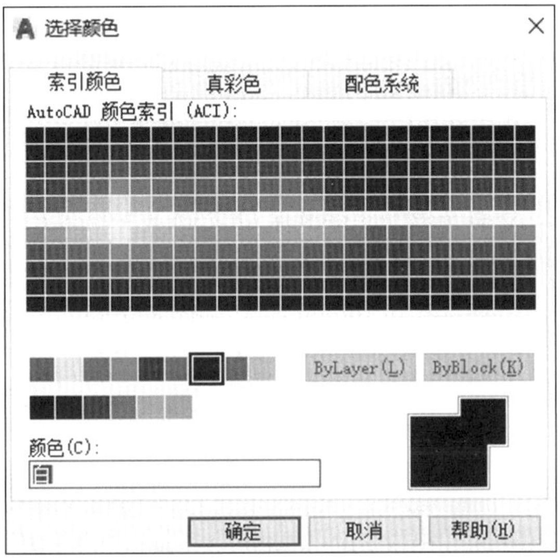

图 2.42 "选择颜色"对话框

📖 **特别提示** -

AutoCAD 的颜色选项卡中没有白色，当工作区的背景颜色设置为黑色时，选择黑色色块，系统会自动将其设置为白色。

（4）图层特性列表中的"线型"列中显示了与图层相关联的线型。在默认情况下，图层的线型是"Continuous"，即"实线"。单击线型名称，可以打开"选择线型"对话框，如图 2.43 所示。单击 加载(L)... 按钮，打开"加载或重载线型"对话框，如图 2.44 所示。该对话框列出了 AutoCAD 所能提供的所有线型，用户可以在其中选择所要使用的一种或多种线型，再单击 确定 按钮，选择的线型就被加载到系统中。本例中的线型设置为：轮廓线层为

"Continuous"，点划线层为"ACAD_ISO04W100"，虚线层为"ACAD_ISO02W100"。

（5）单击图层列表中"线宽"列中的"—— 默认 "项，可以打开如图 2.45 所示的"线宽"对话框。此对话框中，用户可以设置线宽。本例中，"轮廓线"层的线宽为 0.6mm，"点划线"层的线宽为 0.3mm，"虚线"层采用默认线宽。

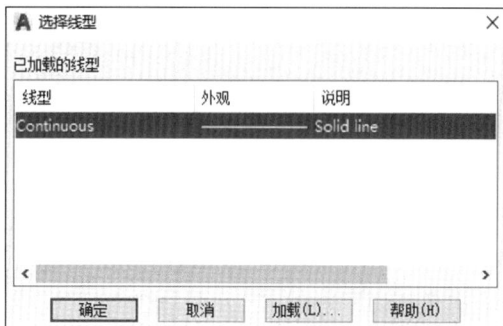

图 2.43 "选择线型"对话框

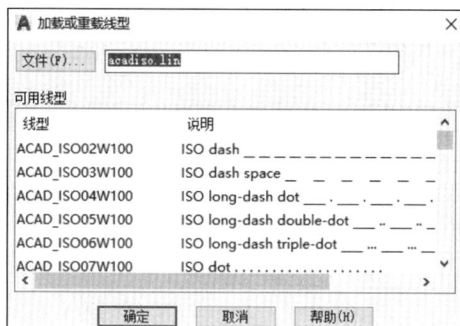

图 2.44 "加载或重载线型"对话框

图 2.45 "线宽"对话框

特别提示

线宽设置完成后，如果需要观察绘制图线的实际宽度，需要打开状态栏中的显示/隐藏线宽按钮 ，否则所有对象都按默认线宽显示。

设置图层、线型、线宽和颜色

【知识链接】

● "图层特性管理器"对话框中各选项按钮的功能如下：

点击" "按钮可以新建一个图层，图层的各项设置可以在右侧的图层状态窗口中完成。

点击" "按钮可以新建一个图层，然后在现有布局视口中将其冻结。

点击" "按钮可以将选中的图层删除。"0 层""当前图层"和已经使用的图层不能被删除。

点击"　"按钮可以将选中的图层设置为当前图层。

● 图层特性的设置工作均在图层列表中完成，各列的设置和显示情况如下：

"状态"列显示图层的当前工作状态，如果显示为"　"图标，则表示该图层并非当前正在使用的图层；如果显示为"　"则表示该图层为当前图层。

"名称"列显示图层的名称。在选中的图层名称上单击鼠标左键可以激活文本窗口以修改图层名称。

"开"列用于显示图层的开关状态。如果图标显示为"　"，则表示该图层为打开状态，在该状态下该图层上的所有图形对象均可以显示在绘图窗口并可以编辑修改；如果图标显示为"　"，则表示该图层处于关闭状态，图层上的所有图形对象无法在绘图窗口显示出来，也不能被打印，但仍然可以在该图层上完成创建新对象和编辑已有对象等操作。

"冻结"列用于显示图层的冻结与解冻状态。如果图标显示为"　"，则表示图层处于解冻状态，图层上的所有对象均可以显示并可以被编辑修改；如果图标显示为"　"，则表示该图层处于冻结状态，此时该图层上的所有对象均不可见，也不能编辑修改和打印输出。冻结的图层不能被设置为当前图层。由于在重新生成图形对象时，系统不再重新生成被冻结图层上的对象，因此，冻结一些图层后，可以加快一些命令和操作的运行速度。需要注意的是当前图层不能被冻结。

"锁定"该列用于显示图层的锁定与解锁状态。如果图标显示为"　"，则表示图层处于解锁状态，图层上的所有对象均可以显示并可以被编辑修改；如果图标显示为"　"，则表示该图层处于锁定状态，此时该图层上的所有对象可以在绘图窗口显示，也可以创建新对象，但不能对该层上的图形对象进行编辑修改。

"打印"列用于设置选中图层是否可以被打印输出。如果图标显示为"　"，则表示该图层可以被正常打印输出；如果图标显示为"　"，则表示该图层不能被打印输出。通常将用于绘制辅助线的图层设置为不打印的图层。

● 如果要使图形对象的线宽在模型空间中显示得更宽或更窄一些，可以调整线宽比例。在状态栏中辅助工具栏的显示/隐藏线宽按钮　上单击鼠标右键，弹出快捷菜单，选择"设置"命令选项，打开"线宽设置"对话框，如图 2.46 所示。使用鼠标在"调整显示比例"区中移动滑块，可以改变显示的比例值。

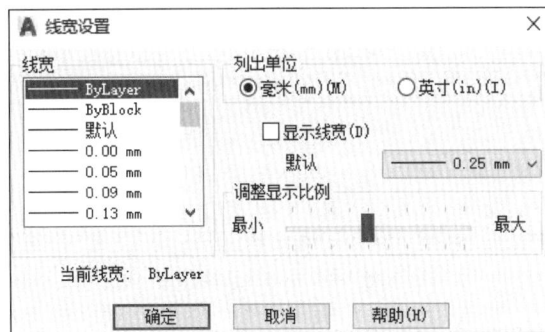

图 2.46 "线宽设置"对话框

七、在不同图层上绘制简单图形

图层设置完成后，在绘图过程中可以点击"默认"选项卡"图层"功能区中图层选择窗口右侧的✓按钮，打开下拉选择菜单，如图 2.47 所示，通过鼠标点击可以在已经设置好的图层中进行切换。选中的图层会显示在选择窗口中，成为当前图层，接下来的绘图工作就在该图层中进行。

图 2.47　使用"图层"功能区切换图层

【操作步骤】

（1）单击"默认"选项卡"图层"功能区中图层选择窗口✓，在选项菜单中选择"轮廓线层"作为当前图层。

（2）关闭状态栏上的动态输入按钮▭，单击"默认"选项卡"绘图"功能区中的／按钮，或者输入命令"**LINE**"，AutoCAD 命令窗口提示：

命令:_line 指定第一点: 100, 100	←此处输入 100, 100 为第一点的坐标值，按【Enter】键确认
指定下一点或 [放弃(U)]: 100, 400	←输入第二点的坐标值，按【Enter】键确认
指定下一点或 [放弃(U)]: 500, 400	←输入第三点的坐标值，按【Enter】键确认
指定下一点或 [闭合(C)/放弃(U)]: c	←输入选项"C"，使直线围成闭合图形，按【Enter】键结束命令

结果如图 2.48 所示。

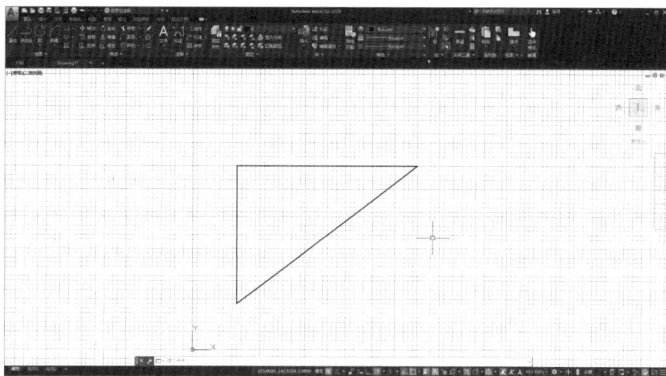

图 2.48　绘制三角形

（3）在"图层"功能区中图层选择窗口单击✓按钮选择"点划线层"作为当前图层。按【Enter】键重复绘制直线命令，使用鼠标在绘图窗口点击绘制线段，如图 2.49 所示。

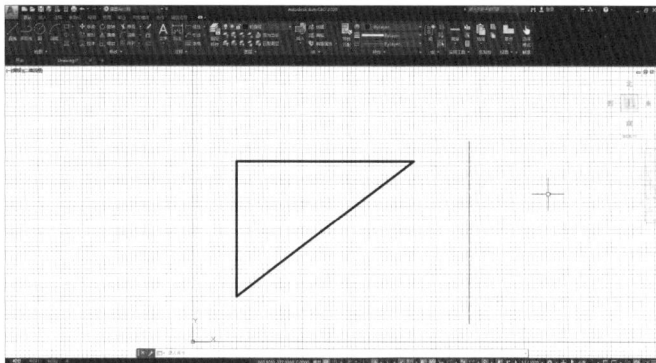

图 2.49 绘制线段

（4）在"图层"功能区中图层选择窗口单击 ✓ 按钮选择"虚线"层作为当前图层。在命令提示窗口输入圆的绘制命令 **"CIRCLE"**（命令缩写 **"C"**），AutoCAD 提示：

命令: CIRCLE	←输入命令，按【Enter】键确认
指定圆的圆心或 [三点(3P)/两点(2P)/相切、相切、半径(T)]: 500，200	←输入圆心的坐标值，指定圆心位置，按【Enter】键确认
指定圆的半径或 [直径(D)]: 50	←输入圆的半径值，按【Enter】键确认并结束命令

结果如图 2.50 所示。

图 2.50 绘制圆

八、选择对象和删除对象

在使用 AutoCAD 编辑图形对象时，命令窗口常会提示"选择对象"，此时，用户可以选择某一个图形对象进行编辑修改，也可以同时选择多个对象构成一个选择集。AutoCAD 提供了多种构造选择集的方法，在默认情况下，用户可以使用鼠标逐个点击拾取图形对象，构成选择集，也可以使用窗口或交叉窗口一次选取多个对象构成选择集。

在绘图过程中会经常使用删除一个已有图形对象的操作。要执行删除操作，用户可以先选择一个或多个图形对象，然后单击"默认"选项卡"修改"功能区中的 ✎ 按钮，或是在命

在不同图层上绘制
简单图形

令行窗口输入"**ERASE**"（命令缩写"**E**"）后按【Enter】键，即可将其删除。用户也可以先执行删除命令，再根据命令窗口提示选择需要删除的对象。

选择对象和删除对象

【操作步骤】

单击"默认"选项卡"修改"功能区中的 按钮，AutoCAD 命令窗口提示：

命令: _erase	←输入命令，按【Enter】键确认
选择对象: 指定对角点: 找到 3 个	←使用交叉窗口方式选择三角形，如图 2.51 所示
选择对象:	←按【Enter】键删除构成三角形的三条直线
命令:	←按【Enter】键重复执行删除命令
ERASE	
选择对象: 指定对角点: 找到 1 个	←使用窗口方式选择圆形，如图 2.52 所示
选择对象:	←按【Enter】键删除圆形
命令:	←按【Enter】键重复执行删除命令
ERASE	
选择对象: 找到 1 个	←使用鼠标单击选择直线
选择对象:	←按【Enter】键删除直线

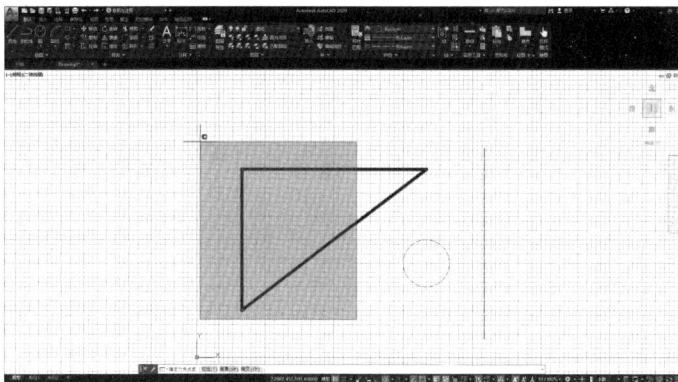

图 2.51　交叉窗口方式选择三角形

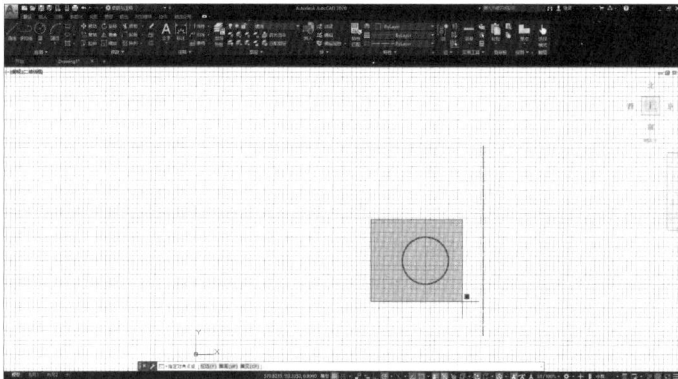

图 2.52　窗口方式选择圆形

【知识链接】

1. 对象选择的方式

AutoCAD 提供了多种对象选择的方式，除了使用鼠标点击选择单个图形对象外，如果需要同时选中多个对象，也可以采用窗口选择方式。选择窗口是一个矩形，以鼠标第一次单击的拾取点作为窗口的第一个对角点，移动鼠标再次单击的拾取点为第二个对角点。根据第二点相对第一点的方向不同，窗口选择又可分为包容窗口和交叉窗口两种工作方式，如图 2.53 所示。

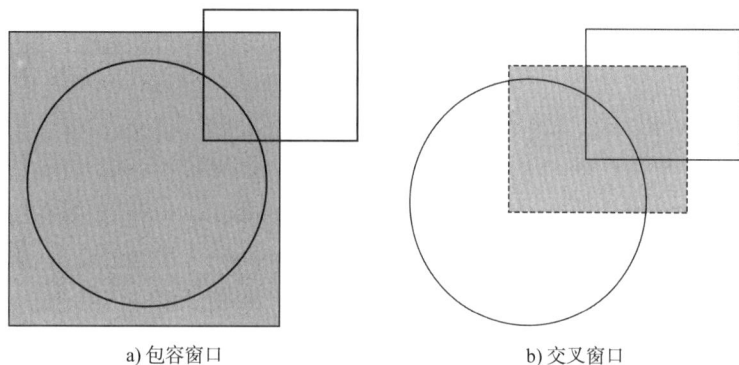

a) 包容窗口   b) 交叉窗口

图 2.53　使用选择窗口方式选择对象

- 包容窗口：包容窗口选择即通常所说的窗口选择。如果单击鼠标左键后从左向右拖出选择窗口，则窗口为包容窗口。包容窗口的边界为实线。它要求被选中的对象必须完全包含在窗口内。被选中对象将会用虚线高亮显示。
- 交叉窗口：交叉窗口选择即通常所说的窗交选择。如果单击鼠标左键后从右向左拖出选择窗口，则窗口为交叉窗口。交叉窗口的边界为虚线，凡是包含于窗口中或与窗口范围有相交关系的对象均会被选中。

特别提示

在使用窗口方式选择对象时，如果按住鼠标左键拖动鼠标，则会根据鼠标运动轨迹围出一个不规则的区域作为选择区域。从左向右拖出的区域，其作用与包容窗口相同；从右向左拖出的区域，其作用与交叉窗口相同。

2. 删除对象命令调用方式及功能说明

（1）命令调用方式

- 命令行："**ERASE**"。
- 命令快捷方式："**E**"。
- 菜单：〖编辑〗→〖清除〗。
- 功能区按钮："默认"选项卡→"修改"功能区→🖉。
- 工具栏按钮：修改工具栏→🖉。

- 键盘快捷方式：【Del】。

（2）命令功能说明

- 删除的对象可以通过 **"OOPS"** 命令恢复，但只能恢复最后一次删除的对象。
- 当删除对象的操作是通过按下键盘上的【Del】键完成时，必须先选择要删除的图形，而使用其他方式进行删除操作时，可以先执行命令，再根据提示选择要删除的图形对象。

九、取消已经执行的操作

在使用 AutoCAD 绘图的过程中，不可避免地会出现一些操作失误，对于初学者而言，这种情况可能更加普遍。用户若要改正这些错误操作，可以使用 **"UNDO"**（命令缩写 **"U"**）命令，或者单击快速访问工具栏上的 ← 按钮。如果想要取消已经执行的多个操作，可以重复执行 **"UNDO"** 命令或连续点击 ← 按钮。此外，还可以连续按下【Ctrl】+【Z】键或者打开快速访问工具栏上的"放弃"下拉列表，选择要放弃的操作步骤，如图 2.54 所示。

当取消一个或多个操作后，如果又想恢复原来的操作，可以使用 **"REDO"** 命令或单击快速访问工具栏上的 → 按钮。此外，也可以按下【Ctrl】+【Y】键或者单击快速访问工具栏上的"重做"下拉列表，然后选择要恢复的操作步骤，如图 2.55 所示。

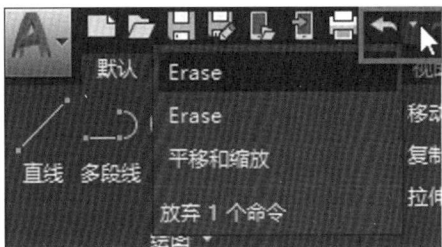

图 2.54　"放弃"下拉列表　　　　　　图 2.55　"重做"下拉列表

【操作步骤】

单击快速访问工具栏上的 ← 按钮，可使前面删除的点划线显示出来，再单击该按钮，可使前面删除的圆显示出来，继续单击按钮，可使最先删除的三角形也重新显示出来，最终回复到图 2.50 所示状态。

十、平移和缩放图形

AutoCAD 提供了便捷完善的图形平移和缩放功能，方便用户快速将需要观察的图形对象移动到醒目的位置，绘图时可以通过绘图区右侧导航栏上的 ✋ 和鼠标滚轮来实现。

【操作步骤】

（1）单击导航栏上的 ✋ 按钮，绘图窗口中的鼠标变成 ✋ 形状，按住鼠标左键并拖动鼠标，工作区中的图形对象将按照鼠标移动的方向运动，直至在绘图窗口中不可见。按【Esc】键或【Enter】键退出。

平移和缩放图形　　　　（2）单击快速访问工具栏上的 ← 按钮，使图形对象重新显示在绘图窗口。

（3）在绘图区任意位置转动鼠标滚轮，观察图形的视觉放大和缩小状态。向上滚动滚轮可以放大图形对象，向下滚动为缩小图形对象。图形的缩放均是以十字光标为中心进行的。

📖 **特别提示** -

　　按住鼠标滚轮，可以实现与 ✋ 按钮同样的平移图形功能。松开滚轮，则自动退出平移功能。

十一、保存图形

　　图形文件创建或编辑修改完成后，应及时对其进行保存，以便下一次调用或查看。将图形文件存入指定位置一般有两种方式，一种是以当前文件名和路径直接保存，另一种是为图形文件指定新的文件名称和保存路径。另外，为了保护图形文件不被其他人擅自使用和修改，AutoCAD 还允许用户在保存文件时，根据需要设置打开图形文件的密码。

　　【操作步骤】

　　（1）使用鼠标选择菜单命令〖文件〗→〖保存〗，打开"图形另存为"对话框，如图 2.56 所示。

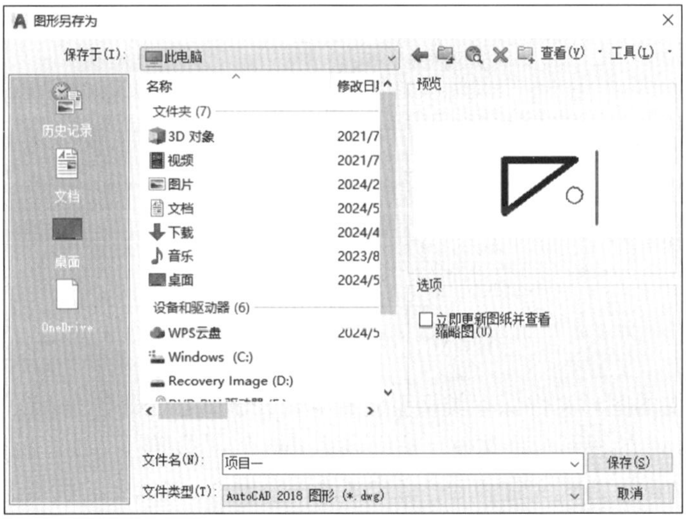

图 2.56 "图形另存为"对话框

　　（2）选择文件保存位置，在"文件名称"文本框中输入新文件名称"项目一.dwg"，点击 保存(S) 按钮完成保存工作。

　　【知识链接】

　　1.快速保存图形文件的命令执行方式

- 菜单命令：〖文件〗→〖保存〗。
- 快速访问工具栏按钮：💾。
- 工具栏按钮："标准工具栏"上的按钮💾。

- 命令："**QSAVE**"。
- 键盘快捷键：【Ctrl】+【S】。

执行快速保存命令后，AutoCAD 系统会将当前图形文件以原文件名称直接存入原来的位置，不会向用户做任何提示。如果当前图形文件名是默认文件名（即"Drawing#.dwg"，此处#代表数字 1、2、3…），并且是第一次储存图形文件，系统会弹出"图形另存为"对话框，如图 2.56 所示。在此对话框中，用户可以设置文件的储存位置、文件名称和文件类型等。

2. 换名保存图形文件的命令执行方式

- 菜单命令：〖文件〗→〖另存为〗。
- 快速访问工具栏按钮： 。
- 命令："**SAVEAS**"。
- 键盘快捷键：【Ctrl】+【Shift】+【S】。

换名保存图形文件主要用于对图形文件进行编辑修改后，在保存时改变原图形文件的名称、保存位置或是文件类型。执行命令后，系统会弹出"图形另存为"对话框，如图 2.56 所示。

3. AutoCAD 图形文件的类型

在"图形另存为"对话框中，允许用户设置保存文件的类型。在"图形另存为"对话框中点击"文件类型"选择框右侧的 按钮，可以打开文件类型选择列表，如图 2.57 所示。

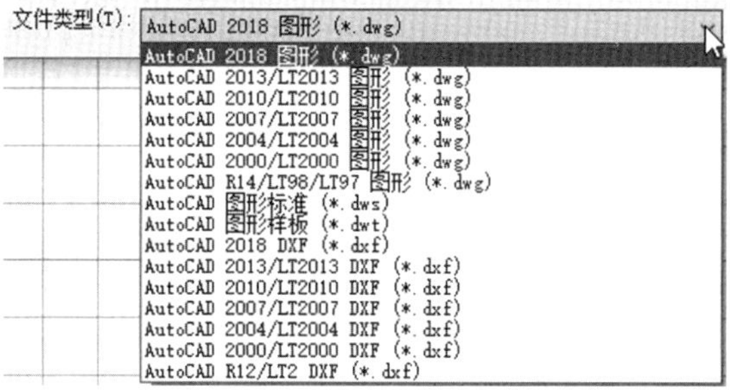

图 2.57 "文件类型"选择列表

AutoCAD 提供的图形文件保存类型主要有 4 种，分别是后缀名为 dwg 的 AutoCAD 图形文件、后缀名为 dws 的图形标准文件、后缀名为 dwt 的图形样板文件和后缀名为 dxf 的二进制格式文件。其中 dwg 格式文件和 dxf 格式文件又根据 AutoCAD 的版本进行了细分。

📖 **特别提示**

采用较新版本格式保存的图形文件是无法使用较低版本 AutoCAD 软件打开的。例如，在保存图形文件时选择的文件类型是"AutoCAD 2018 图形（*.dwg）"，则该文件只能通过较 AutoCAD 2018 更新版本的软件才能打开，使用 AutoCAD 2016 甚至更早的版本是无法打开该图形文件的。

4. 自动保存图形文件

自动保存图形文件即通过设置定时保存图形文件的时间后，由系统对所正在进行的图形绘制和编辑修改工作自动完成保存操作，这样做不仅可以保证图形文件不会因为意外情况完全丢失，还可以免去随时进行手动保存的麻烦。但需要注意的是，系统自动保存的图形文件只是一个临时文件，其作用是避免数据丢失以及检测错误，并不能替代人工保存图形对象的操作。自动保存图形文件的具体操作步骤如下。

【操作步骤】

（1）单击鼠标右键，在打开的快捷菜单中选择"选项"，打开"选项"对话框，如图 2.58 所示。

（2）点击"打开和保存"选项卡，在"文件安全措施"栏中选中"自动保存"，然后在下面的文本框中输入自动保存的时间间隔，单位为分钟，如图 2.59 所示。

图 2.58　鼠标右键快捷菜单　　　　　图 2.59　设置定时保存图形文件的时间

（3）点击 确定 按钮，保存设置并关闭"选项"对话框。

项目拓展

本部分介绍如何设置 AutoCAD 经典工作空间界面、修改非连续性线型外观的方法和如何在 AutoCAD 中启用帮助。

一、设置 AutoCAD 经典工作空间

"AutoCAD 经典"工作空间是 AutoCAD 2015 版发布之前，系统预制的一个工作空间样板，其工作界面延续了自 AutoCAD R14 版本以来的设计，因其涵盖了二维平面设计常用的所有工具且界面简洁而为广大 AutoCAD 老用户所熟悉。在 AutoCAD 2015 版以后，这种"经典"工作空间不再随附于系统中，但可以通过自定义方式进行设置和调用。

设置"AutoCAD 经典"工作空间的步骤如下：

（1）单击快速访问工具栏下拉菜单按钮■，在菜单选项中选择"显示菜单栏"，如图 2.60 所示。

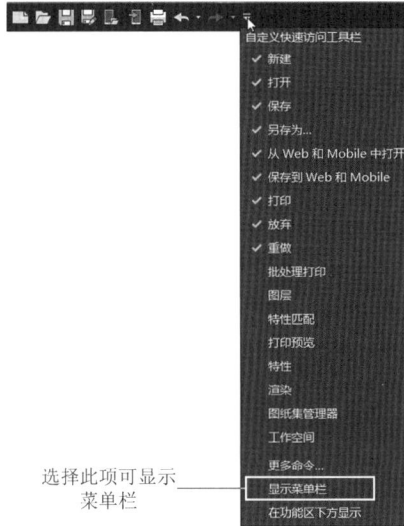

图 2.60　设置"显示菜单栏"

（2）在显示的菜单栏中选择〖工具〗→〖选项版〗→〖功能区〗，关闭所有功能区选项卡，如图 2.61 所示。

（3）在显示的菜单栏中打开〖工具〗→〖工具栏〗→〖AutoCAD〗，选择打开"标准""样式""特性""绘图""修改""图层""工作空间""绘图次序""平滑网格"工具栏，如图 2.62 所示。

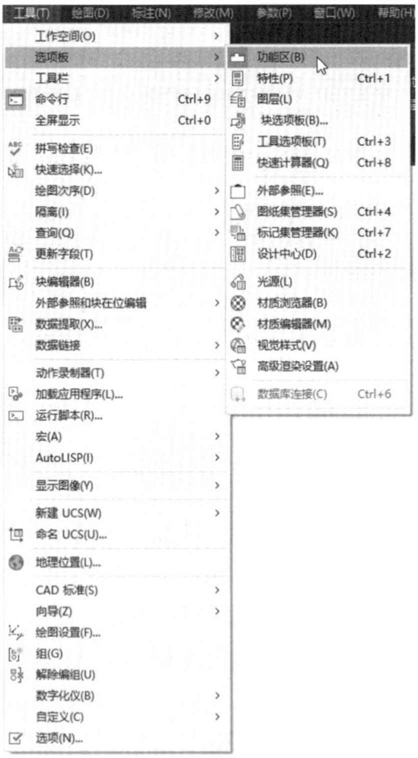

图 2.61　关闭"功能区选项卡"

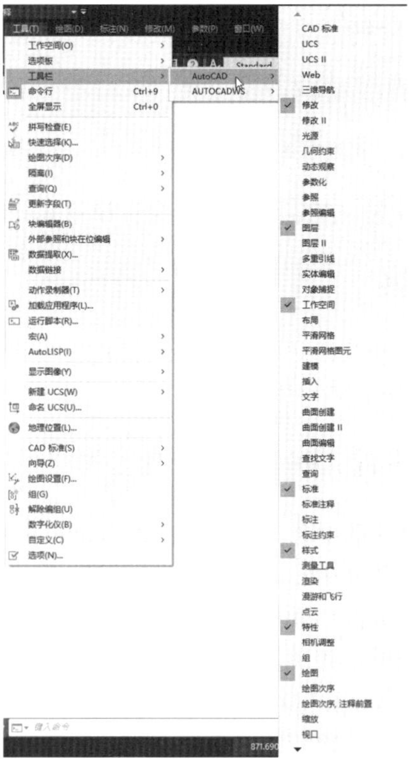

图 2.62　打开工具栏

（4）调整打开工具栏位置，使其与"AutoCAD 经典"工作空间布局保持一致，如图 2.63 所示。

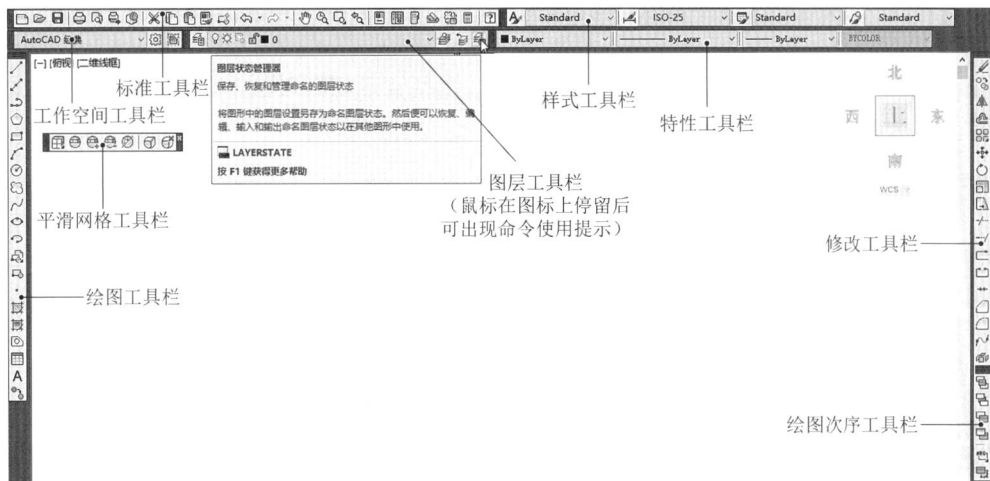

图 2.63 "AutoCAD 经典"工作空间工具栏布局

（5）单击状态栏"切换工作空间"按钮，如图 2.64 所示，在打开的选项菜单中选择"将当前工作空间另存为…"选项，打开图 2.65 所示"保存工作空间"对话框，将其命名为"AutoCAD 经典"并保存。

（6）单击状态栏"切换工作空间"按钮或者单击快速访问工具栏中"工作空间"窗口，即可选中"AutoCAD 经典"进行工作空间切换，如图 2.66 所示。

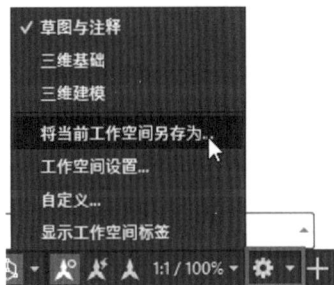

图 2.64 状态栏"切换工作空间"选项

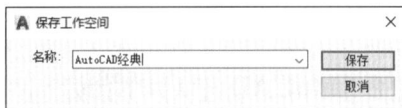

图 2.65 "保存工作空间"对话框

图 2.66 切换"AutoCAD 经典"工作空间

二、修改非连续性线型外观

非连续性线型是指由短横线、空格和小点等构成的重复图线，如虚线、单点划线、双点划线等，这些线型中的短线长度和空格大小是由线型比例来控制的。用户在使用非连续性线型绘图时往往会遇到这样的情况，预先已设置绘制虚线或单点划线，但绘制的结果看上去却是和实线一样。出现这种情况的原因并非系统出错或是用户设置错误，而是线型比例设置得太大或太小。

改变线型比例的步骤如下。

【操作步骤】

（1）打开"默认"功能区选项卡"特性"区工具栏上的"线型"下拉列表，如图 2.67 所示。

（2）在下拉列表中选择"其他"选项，打开"线型管理器"对话框，再点击 显示细节(D) 按钮，对话框的底部将显示"详细信息"设置区，如图 2.68 所示。

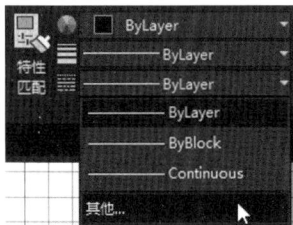

图 2.67　"线型"下拉列表　　　　图 2.68　"线型管理器"对话框

（3）在"详细信息"区中的"全局比例因子"文本框中输入新的比例值，可以改变所有非连续性线型的线型比例，如果需要以不同的比例使用同一个线型，可以修改"当前对象缩放比例"文本框中的比例值。

（4）设置完成后，点击 确定 按钮保存设置并返回。

修改非连续线型外观

三、在 AutoCAD 中启用帮助

在学习和使用 AutoCAD 的过程中，难免会遇到一系列的问题和困难，AutoCAD 各中文版本均提供了详细的中文帮助，用好这些帮助可以快速地解决设计中遇到的各种问题。

AutoCAD 给用户提供了多种方式调用如图 2.69 所示的帮助系统。帮助系统中提供了 AutoCAD 的所有命令使用参考、教学视频、相关驱动程序等。

用户可以通过以下方式调用 AutoCAD 帮助系统：

- 信息中心按钮：❓▾。
- 菜单命令：〖帮助〗→〖帮助〗。
- 工具栏按钮："标准工具栏"上的 ❓ 按钮。
- 命令："**HELP**"。
- 键盘快捷键：【F1】。

图 2.69　AutoCAD 帮助

　　需要注意的是，自 AutoCAD 2011 起，联机帮助是 AutoCAD 默认的帮助系统，即使对于本地帮助系统，CHM 文件也已替换为 HTML 文件，使用以上方式调用帮助系统时，可能会出现出错信息或空白显示。因此，需要调用本地帮助系统时，需要对系统参数进行相应调整，步骤如下：

　　（1）在绘图区单击鼠标右键，通过选项菜单打开"选项"对话框并选择"系统"选项卡。

　　（2）在"Autodesk Exchange"区中，去掉"访问联机内容（包括帮助）（如果可用）"复选框前的"√"，如图 2.70 所示。

图 2.70　通过"选项"对话框设置帮助系统访问方式

（3）点击 应用(A) 按钮，保存设置，并点击 确定 退出。

此后，即可通过 Windows 系统的浏览器打开 AutoCAD 帮助系统了。

在 AutoCAD 中启用帮助

项目小结

本项目主要内容总结如下：

◆ AutoCAD 经典的工作界面主要由标题栏、菜单栏、工具栏、绘图窗口、面板、状态栏和命令窗口组成。在进行图形对象的绘制、编辑修改时，用户可以通过选择菜单命令选项、点击工具栏图标按钮或在命令行窗口输入命令等方式向 AutoCAD 发出指令，并根据提示在绘图窗口完成相应的操作。状态栏为用户提供了各种辅助工具，掌握并熟悉这些辅助工具可以大大提高设计工作的效率和绘图的精准度。

◆ AutoCAD 2020 为用户提供了多文档设计环境，方便用户在使用过程中同时打开多个图形文件，并能随时在不同文件间切换，以及在不同文件之间完成图形元素、对象特性的复制等操作，给设计工作带来了很大便利。

◆ 使用"样板"可以方便用户创建具有统一标准和绘图环境的图形文件。

◆ 选择对象在设计过程中会频繁使用，AutoCAD 提供了多种方法方便用户选取图形对象，熟悉各种选取对象的方法可以帮助用户快速、准确地完成对象的编辑修改工作。

实训

1. 布置工作界面并设置绘图环境

要求：

（1）将 AutoCAD 2020 的工作空间布置为"AutoCAD 经典"，打开"标注"工具栏。

（2）将绘图窗口的背景颜色设置为白色，将十字光标的大小设置为"20"。

（3）将绘图区域的大小设置为"420×297"，打开栅格查看绘图区的范围。

项目二实训1

（4）将长度类型设置为"小数"，精度为"0.00"；将角度类型设置为"度/分/秒"，精度为"0d00′00″"。

（5）按表 2.1 设置图层。

实训 1　设置图层列表　　　　　　　　　　　　　　　表 2.1

名称	颜色	线型	线宽	打印状态
轮廓线	黑色	Continuous	0.6mm	打印
轴线	红色	ACAD_ISO04W100	默认	打印
标注	蓝色	Continuous	默认	打印
辅助线	绿色	DASHED2	0.2mm	不打印

2. 绘制简单图形

要求：

（1）利用实训一所建立的绘图环境，分别使用菜单、工具栏图标和命令方式绘制直线 *AB*、*CD*、*EF*、*GH* 和圆 *O*，如图 2.71 所示。其中直线 *AB*、*CD* 绘制在"轴线"层上，直线 *EF* 绘制在"标注"层，直线 *GH* 绘制在"辅助线"层，圆 *O* 绘制在"轮廓线"层，半径为 30。各点坐标见表 2.2。

实训 2　各点坐标表　　　　　　　　　　　　　　　　　　表 2.2

点	*X* 坐标	*Y* 坐标	点	*X* 坐标	*Y* 坐标
A	100	100	*B*	200	100
C	150	150	*D*	150	50
E	100	50	*F*	200	150
G	100	150	*H*	200	50
O	150	100			

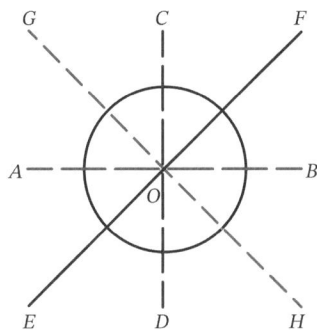

图 2.71　实训 2 图　　　　　　　　　　　图 2.71　项目二实训 2

（2）绘制完成后，将"轴线"层锁定，将"辅助线"层冻结，将"标注"层关闭，体会图层状态控制的不同效果。

项目三
ITEM THREE

绘制点、直线及直线几何图形

点和直线是构成平面图形的主要元素，学会这些图形元素的创建和编辑方法并掌握相应的绘图技巧，可以为今后高效地完成设计工作奠定基础。本项目将介绍绘制点和直线类图形元素的相关内容。

学习目标

◎ 掌握坐标输入的方法。
◎ 掌握点和直线类元素绘制命令的使用方法。
◎ 学会如何使用对象捕捉、对象追踪、极轴、正交等功能画线。
◎ 学会绘制矩形的方法。
◎ 学会根据已知条件绘制正多边形。

任务一　使用坐标和辅助工具精确绘制直线

本任务将学习如何通过输入点的坐标来精确画线以及怎样使用对象捕捉、极轴、对象追踪等辅助工具高效绘制直线。

一、通过输入点的坐标绘制直线

直线是构成图形对象的基本几何元素之一。"两点确定一条直线"是一个基本公理，要准确表达一条直线/线段的位置，可以通过指定该直线段的起点坐标和终点坐标来实现。

如图 3.1 所示，如果已知 A 点的坐标和图形其他各段的尺寸关系，可以使用绘制直线命令"**LINE**"，通过指定各线段起点和终点坐标的方式来绘制此图形。

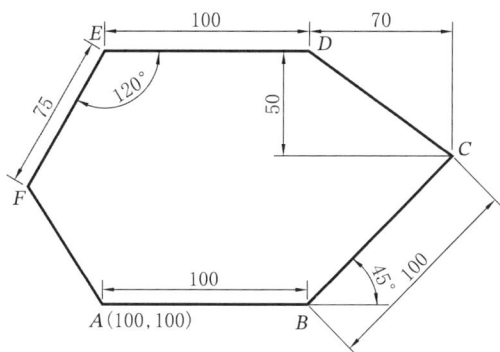

图 3.1 使用坐标绘制直线图形对象

【操作步骤】

关闭状态拦上的动态输入按钮■，在命令行窗口输入命令"**LINE**"（命令缩写"**L**"）后按【Enter】键，AutoCAD 提示：

命令: LINE	←输入直线绘制命令，按【Enter】键确认
指定第一点: 100, 100	←输入 A 点的绝对直角坐标，按【Enter】键确认
指定下一点或 [放弃(U)]: 200, 100	←输入 B 点的绝对直角坐标，按【Enter】键确认
指定下一点或 [放弃(U)]: @100<45	←输入 C 点的相对极坐标，按【Enter】键确认
指定下一点或 [闭合(C)/放弃(U)]: @−70, 50	←输入 D 点的相对直角坐标，按【Enter】键确认
指定下一点或 [闭合(C)/放弃(U)]: @−100, 0	←输入 E 点的相对直角坐标，按【Enter】键确认
指定下一点或 [闭合(C)/放弃(U)]: @75< −120	←输入 F 点的相对极坐标，按【Enter】键确认
指定下一点或 [闭合(C)/放弃(U)]: c	←输入选项参数"C"，按【Enter】键确认，使直线闭合

【知识链接】

1. AutoCAD 的坐标输入

执行绘制直线命令"**LINE**"后，AutoCAD 提示用户指定线段的端点。指定端点最直接的方法是使用鼠标在绘图窗口点击以确定位置，但这样指定的端点具有一定的随意性。若要指定准确的端点位置，就需要通过输入该点的坐标来完成。AutoCAD 提供的点坐标表示方式有 4 种：绝对直角坐标、绝对极坐标、相对直角坐标、相对极坐标。

图 3.1 使用坐标绘制
直线图形对象

● 绝对直角坐标和绝对极坐标

绝对直角坐标是指某一点相对于坐标原点的坐标值。绝对直角坐标的输入格式为"**X, Y**"。"**X**"表示点的 x 坐标值，"**Y**"表示点的 y 坐标值。两坐标值之间用","分隔，例如（50，20），（−30，60）分别表示图 3.2 中的 A、B 两点。

绝对极坐标的输入格式为"**L < α**"。"**L**"表示点到坐标原点之间的距离，"**α**"表示点与坐标原点的连线方向与 X 轴正方向之间的夹角。若从 X 轴正方逆时针旋转到点与坐标原点的连线方向，**α** 角为正，否则为负。例如（80 < 150），（40 < −60）分别表示图 3.2 中的 C、D 两点。

● 相对直角坐标和相对极坐标

相对直角坐标是指某一点相对于另一个非原点几何点的坐标值。当能确定某点与其他点的相对位置关系时，用户可以使用相对坐标来完成该点的坐标定位。通常是以某一点为基点输入相对坐标。相对直角坐标的输入格式为"@X, Y"，例如（@50, 20）表示图 3.3 中的 B 点。

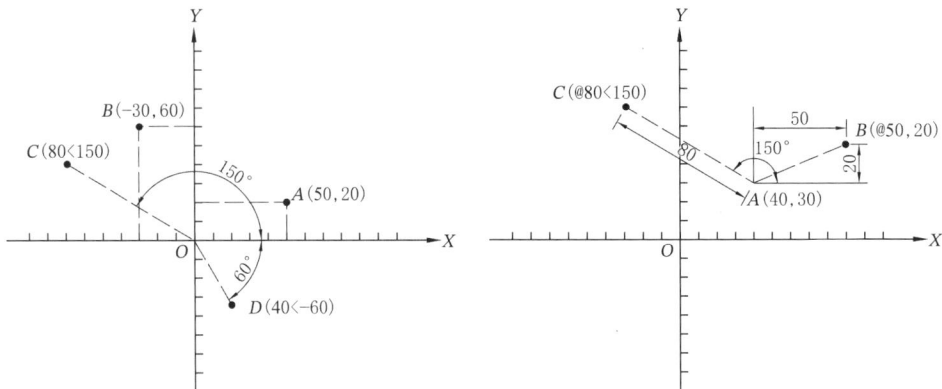

图 3.2 点的绝对直角坐标和绝对极坐标输入   图 3.3 点的相对直角坐标和相对极坐标输入

相对极坐标的输入格式为"@$L < α$"。"L"表示点到另一点之间的距离，"$α$"表示两点连线方向与过已知点水平正方向之间的夹角。例如（@80 < 150）表示图 3.3 中的 C 点。

📖 **特别提示** -

输入坐标值时，数字之间的逗号必须是用西文逗号而不是中文逗号，即在半角状态下或英文状态下输入的逗号，否则命令行窗口会提示"点无效"。

2. 直线命令调用方式及相关功能

（1）命令调用方式

● 命令行："**LINE**"。

● 命令快捷方式："**L**"。

a)

b)

c)

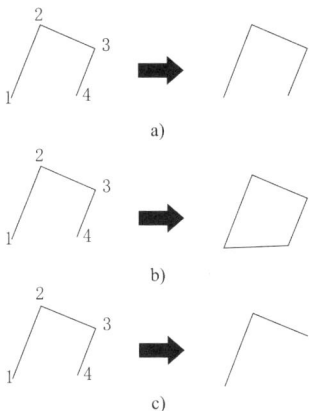

图 3.4 直线绘制功能说明

● 功能区按钮："默认"选项卡→"绘图"功能区→⬛。

● 菜单：〖绘图〗→〖直线〗。

● 工具栏按钮：绘图工具栏→⬛。

（2）命令功能说明

● 利用直线命令绘制如图 3.4 所示 1～4 点间线段，绘至第 4 点时，选用不同功能，会有不同结果。单击右键，在菜单选项下选择"确定"，"取消"或直接按【Enter】键结束画线，会得到如图 3.4a）所示结果；单击右键，在菜单选项下选择"闭合"或在命令行窗口输入参数"C"，封闭线段，会得到如图 3.4b）所示结果；单击右键，在菜单选项下选择"放弃"或在命令行窗口输入参数"U"，退回到上一点，会得到如图 3.4c）

所示结果。

● 如果在绘制圆弧命令后调用直线绘制命令，则在第一点处可以直接按【Enter】键产生圆弧的切线。

● 绘制任意方向上指定长度的线段，可以在指定第一点后，先利用光标确定线段方向，然后输入线段长度，再按【Enter】键即可，与状态栏中的"正交"和"极轴"辅助功能配合可以快速绘制某一特定方向上规定长度的直线段。

二、使用对象捕捉功能精确绘制直线

在绘图过程中，用户常常需要将一些特殊位置点作为直线的起点或终止点，例如直线的端点、中点，两直线的交点以及圆心等。在这种情况下，如果不借助辅助工具，很难直接通过计算输入坐标值或是直接使用鼠标准确拾取到这些点的位置。为了帮助用户快速准确地拾取这些特殊点，AutoCAD 提供了一系列辅助工具，这些工具可以通过打开如图 3.5 所示的"对象捕捉"工具栏调用，也可以通过状态栏上的"对象捕捉"工具 进行设置，自动完成捕捉。

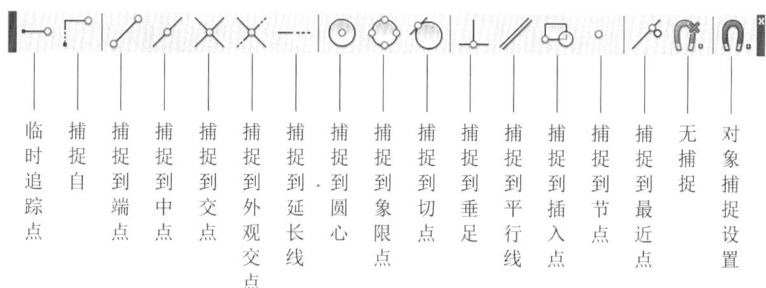

图 3.5 "对象捕捉"工具栏

如图 3.6 所示，使用"**LINE**"命令配合对象捕捉功能，在 a）图基础上完成 b）图的绘制。

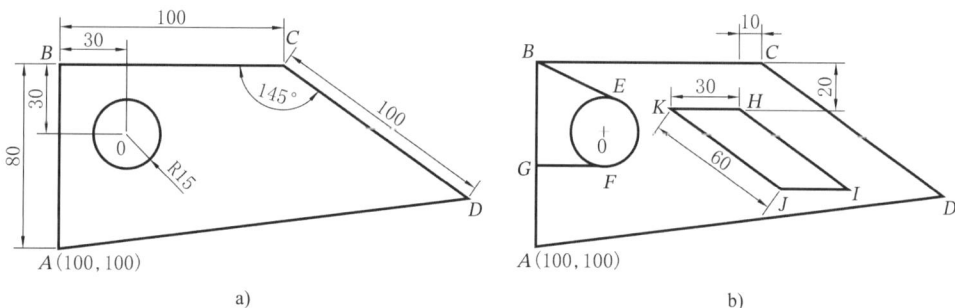

图 3.6 使用对象捕捉精确绘制直线

【操作步骤】

完成图 3.6a）图后，在命令行窗口输入命令"**LINE**"（命令缩写"**L**"）后按【Enter】键，AutoCAD 提示：

命令: line	←输入直线绘制命令，按【Enter】键
指定第一点: int	←输入捕捉交点命令"INT"并按【Enter】键
于	←移动光标至 B 点附近，出现交点捕捉标记后单击鼠标左键，自动从 B 点开始绘制直线
指定下一点或 [放弃(U)]: tan	←输入捕捉切点命令"TAN"并按【Enter】键
到	←移动光标至圆 O 附近，出现切点捕捉标记后单击鼠标左键，完成线段 BE 的绘制
指定下一点或 [放弃(U)]:	←按【Enter】键结束
命令:	←按【Enter】键重复执行直线绘制命令 LINE
LINE 指定第一点: qua	←输入捕捉象限点命令"QUA"并按【Enter】键
于	←移动光标至圆 O 下方的象限点附近，出现象限点捕捉标记后单击鼠标左键，自动从 F 点开始绘制直线
指定下一点或 [放弃(U)]: per	←输入捕捉垂足命令"PER"并按【Enter】键
到	←移动光标靠近直线 AB 与 FG 的垂足附近，出现垂足点捕捉标记后单击鼠标左键，完成线段 FG 的绘制
指定下一点或 [放弃(U)]:	←按【Enter】键结束
命令:	←按【Enter】键重复执行直线绘制命令"LINE"
LINE 指定第一点: fro	←输入偏移捕捉命令"FRO"并按【Enter】键
基点: int	←输入捕捉交点命令"INT"并按【Enter】键
于 <偏移>: @−10, −20	←移动光标捕捉到 C 点，输入 H 点相对于 C 点的相对坐标值
指定下一点或 [放弃(U)]: par	←输入平行偏移捕捉命令"PAR"并按【Enter】键
到 60	←移动光标与直线 CD 重合，出现平行偏移捕捉标记后，再向下移动光标至出现平行偏移轴，输入线段 HI 的长度 60，后按【Enter】键
指定下一点或 [放弃(U)]: 30	←沿水平方向向左移动光标，出现水平方向极轴后输入线段 IJ 的长度 30 后，按【Enter】键
指定下一点或 [闭合(C)/放弃(U)]: par	←输入平行偏移捕捉命令"PAR"并按【Enter】键
到 60	←移动光标与直线 HI 重合，出现平行偏移捕捉标记后，再向上移动光标至出现平行偏移轴，输入线段 JK 的长度 60，后按【Enter】键
指定下一点或 [闭合(C)/放弃(U)]: c	←使线框闭合，完成平行四边形 HIJK 的绘制

结果如图 3.6b）所示。

【知识链接】

1. AutoCAD 的对象捕捉功能

图 3.6 使用对象捕捉精确绘制直线

对象捕捉功能不能直接使用，仅能在 AutoCAD 命令执行过程中才有效。在执行某些绘图或编辑命令后，当 AutoCAD 提示输入点时，用户可以使用对象捕捉功能指定某一个特殊点。如果直接在命令行窗口输入对象捕捉命令，系统将报错。AutoCAD 提供的常用对象捕捉功能如下。

- ⊶：设置临时追踪点。
- ⊡：偏移捕捉，用于基于一个已知点定位另一点，调用命令为"**FROM**"（命令缩写"**FRO**"）。该捕捉方式可以建立一个临时参照点作为偏移后续点的基准点。
- ⟋：捕捉直线和圆弧等图形对象的端点，调用命令为"**ENDP**"（命令缩写"**END**"）。启动端点捕捉后，只要将光标移动至图形对象端点附近，AutoCAD 系统会出现端点标记"□"并自动捕捉该点，此时单击鼠标左键确认即可。
- ⟋：捕捉直线和圆弧等图形对象的中点，调用命令为"**MID**"。启动端点捕捉后，只要将光标移动至图形对象中点附近，AutoCAD 系统会出现端点标记"△"并自动捕捉该点，此时单击鼠标左键确认即可。
- ✕：捕捉图形对象间的交点，包括真实交点和延伸交点，调用命令为"**INT**"。启动端点捕捉后，只要将光标移动至图形对象交点附近，AutoCAD 系统会出现端点标记"✕"并自动捕捉该点，此时单击鼠标左键确认即可。若两图形对象没有直接相交，可以先将光标移至其中一个对象处，在出现拾取框后，单击鼠标左键，然后再将光标移至另一个对象上，待出现拾取框后，单击鼠标左键，此时 AutoCAD 会自动捕捉到图形对象延伸后的交点。
- ✕：捕捉外观交点，调用命令"**APPINT**"（命令缩写"**APP**"）。该捕捉功能在二维空间中与交点捕捉✕功能相同；在三维空间中，可用以捕捉两个对象的视图交点，即在投影图中显示为相交，但实际上并不一定相交的情况。
- ⸺：捕捉延伸点，调用命令为"**EXT**"。使用延伸点捕捉时，当用户将光标从直线或圆弧端点开始移动，此时会沿该对象显示出捕捉辅助线和捕捉点的相对极坐标，输入捕捉距离后，就定位了一个新点。
- ◎：中心点捕捉，用于捕捉圆、圆弧以及椭圆和椭圆弧的圆心，调用命令为"**CEN**"。启用中心点捕捉后，将光标移动至与圆、圆弧以及椭圆和椭圆弧等图形对象相交的位置，AutoCAD 系统会出现中心点标记"◌"并自动捕捉该点，此时单击鼠标左键确认即可。
- ◈：象限点捕捉，用以捕捉圆、圆弧、椭圆和椭圆弧的 0°、90°、180°或 270°角处的象限点，调用命令为"**QUA**"。启动象限点捕捉后，当光标靠近圆、圆弧、椭圆或椭圆弧时，AutoCAD 就会在光标最近的象限点上显示"◇"标记，此时单击鼠标左键确认即可。
- ⟲：切点捕捉，用于在绘制相切的几何对象时，准确捕捉到切点，调用命令为"**TAN**"。启动切点捕捉后，当光标靠近圆、圆弧、椭圆或椭圆弧时，AutoCAD 就会在切点上显示"○"标记，此时单击鼠标左键确认即可。
- ⊥：垂足捕捉，用于在绘制相互垂直的几何图形对象时，能使用户快速准确地捕捉到垂足，调用命令为"**PER**"。启动垂足捕捉后，当光标移动到直线、圆弧等对象附近时，AutoCAD 就会在垂足上显示"ㄴ"标记，此时单击鼠标左键确认即可。
- ⟋：平行捕捉，用于绘制平行线，调用命令为"**PAR**"。如要绘制某直线的平行线，在调用直线绘制命令"**LINE**"后，首先指定直线的起点，然后调用平行捕捉命令，将光标移动到原有直线上，在出现"⫽"标记后，移动光标至出现辅助轴线，此时输入直线长度或单击鼠标左键确定点，即可绘制原有直线的平行线。

● ⊞：插入点捕捉，用于捕捉块、文字、光栅图形等对象的插入点位置，调用命令为"**INS**"。启动插入点捕捉后，当光标靠近块、文字、光栅图像、外部参照等对象时，AutoCAD就会在插入点上显示"⊡"标记，此时单击鼠标左键确认即可。

● ⊡：节点捕捉，用于捕捉由"**POINT**"等命令创建的点对象，调用命令为"**NOD**"。启动点捕捉后，当光标靠近点对象时，AutoCAD就会在插入点上显示"⊗"标记，此时单击鼠标左键确认即可。

● ✏：最近点捕捉，用于捕捉距离光标中心最近的几何对象上的点，调用命令为"**NEA**"。启动点捕捉后，当光标靠近点对象时，AutoCAD就会在距离光标中心最近的位置上显示"⊠"标记，此时单击鼠标左键确认即可。

2. 调用对象捕捉功能的方法

调用对象捕捉功能的方法一般有三种：

● 在绘图过程中，当 AutoCAD 提示指定一个点的位置时，用户可以打开图 3.5 所示的"对象捕捉"工具栏并单击所需使用的对象捕捉按钮或输入捕捉命令来启动对象捕捉功能，然后将光标移动到要捕捉的特征点附近，系统就可以自动捕捉该点。

● 在执行 AutoCAD 命令过程中，按下【Shift】或【Ctrl】键并同时单击鼠标右键，可以弹出图 3.7 所示的快捷菜单，通过此菜单用户可以选择捕捉何种类型的特征点。

● 在状态栏的对象捕捉按钮🔲上单击鼠标右键或直接按下【F3】，弹出快捷菜单，选择"设置"命令选项，打开如图 3.8 所示的"草图设置"对话框，在对话框的"对象捕捉"选项卡中设置对象捕捉的类型，完成后单击 确定 按钮，关闭对话框，然后再点击对象捕捉按钮🔲，打开自动捕捉方式。

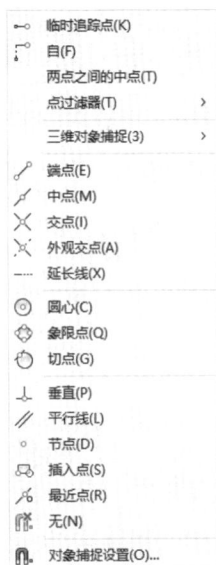

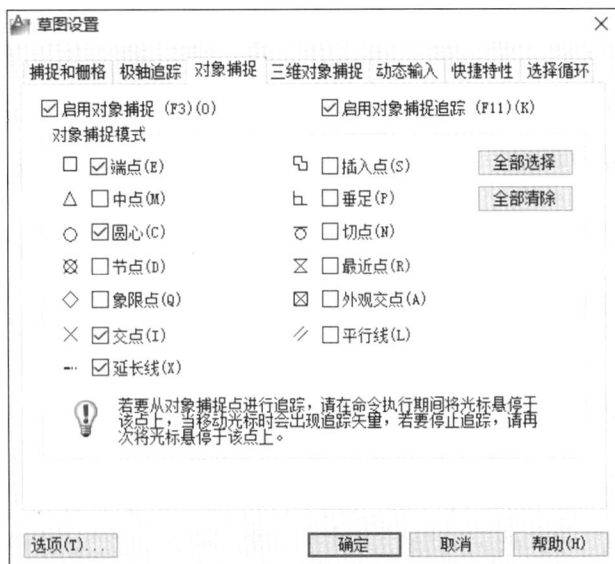

图 3.7　快捷菜单设置　　　图 3.8　"草图设置"对话框中设置自动对象捕捉
　　　　　对象捕捉

特别提示

"对象捕捉"工具栏调用方式、命令调用方式和右键快捷菜单调用方式（即上述前两种调用方式）仅对当前操作有效，命令结束后，捕捉模式会自动关闭，这种捕捉方式也称为覆盖捕捉方式。以自动捕捉方式（上述第三种方式）调用的自动捕捉功能不会随着当前操作完成而关闭。

三、使用极轴、对象追踪、对象捕捉等功能精确绘制直线

使用 AutoCAD 绘制图形对象时，除了可以使用的状态栏中的"对象捕捉"按钮精确捕到捉特征点外，还可以结合极轴、对象追踪等辅助功能快速、准确地完成直线的绘制。图 3.9 所示的平面图形就是使用直线绘制命令"**LINE**"配合极轴、对象追踪、对象捕捉等功能完成绘制的。

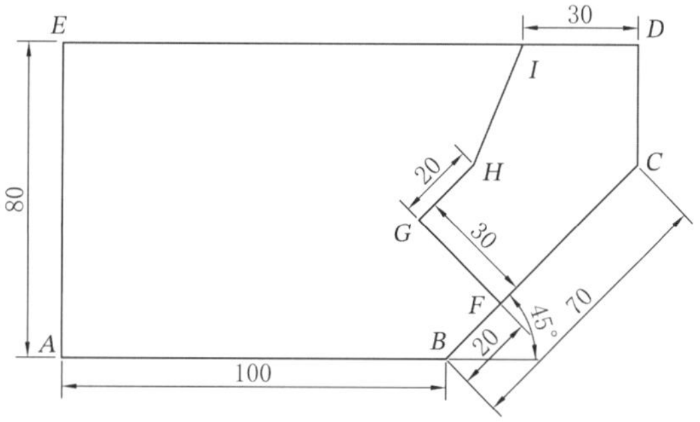

图 3.9　使用对象追踪功能绘制平面图形

【操作步骤】

（1）在状态栏的极轴追踪按钮 ⟳ 上单击鼠标右键，弹出快捷菜单，选择"正在追踪设置…"选项，打开"草图设置"对话框，选择"极轴追踪"选项卡，如图 3.10 所示。

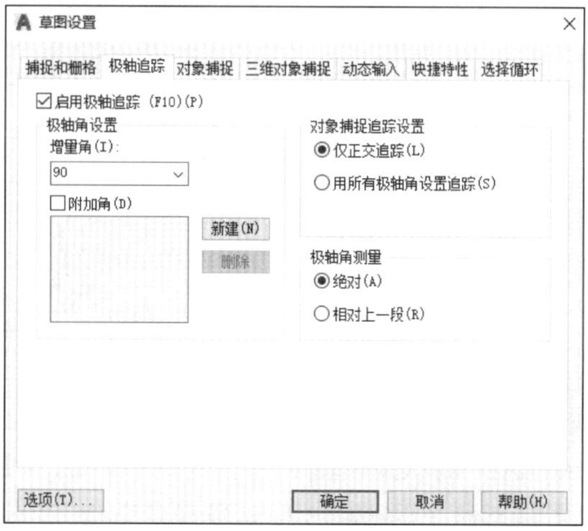

图 3.10　"草图设置"对话框设置极轴追踪

（2）在"极轴追踪"选项卡的"增量角"下拉列表中设置极轴增量角为45°，在"对象捕捉追踪设置"区中选择"用所有极轴角设置追踪"选项。

（3）在"对象捕捉"选项卡（图 3.8）中设置对象捕捉方式"端点""交点"。

（4）单击 确定 按钮，关闭"草图设置"对话框。打开状态栏上的极轴追踪按钮 、对象捕捉按钮 和对象捕捉追踪按钮 ，启动极轴追踪、对象捕捉和对象捕捉追踪功能。

（5）单击"默认"选项卡"绘图"功能区中的直线按钮 ，AutoCAD 提示：

命令:_line 指定第一点:	←使用鼠标单击，在绘图区指定 A 点
指定下一点或 [放弃(U)]: 100	←向 A 点右侧移动鼠标，在出现水平方向极轴后输入线段 AB 的长度 100，按【Enter】键
指定下一点或 [放弃(U)]: 70	←向上移动鼠标，在出现45°方向极轴后输入线段 BC 的长度 70，按【Enter】键
指定下一点或 [闭合(C)/放弃(U)]:	←按【Enter】键结束
命令:	←按【Enter】键重复执行直线绘制命令
LINE 指定第一点:	←移动光标捕捉到 A 点，单击鼠标从 A 点开始画线
指定下一点或[放弃(U)]: 80	←沿竖直方向向上移动鼠标，在出现竖直方向极轴后输入线段 AE 的长度 80，按【Enter】键
指定下一点或 [放弃(U)]:	←移动光标追踪到 C 点，移动光标至出现水平方向和竖直方向两条轴线，单击鼠标，完成线段 ED 的绘制
指定下一点或 [闭合(C)/放弃(U)]:	←移动光标捕捉到 C 点，单击鼠标绘制线段 CB
指定下一点或 [闭合(C)/放弃(U)]:	←按【Enter】键结束
命令:	←按【Enter】键重复执行直线绘制命令
LINE 指定第一点: 20	←移动光标捕捉到 B 点，然后沿 BC 方向移动光标至出现45°方向极轴，输入追踪值 20，指定 F 点，按【Enter】键
指定下一点或 [放弃(U)]: 30	←移动光标至出现与水平方向成135°极轴，输入线段 FG 长度值 30，按【Enter】键
指定下一点或 [放弃(U)]: 20	←移动光标至出现与水平方向成 45°极轴，输入线段 GH 长度值 20，按【Enter】键
指定下一点或 [闭合(C)/放弃(U)]: 30	←移动光标追踪到 D 点，然后沿 DE 方向移动光标至出现水平方向极轴，输入追踪值 30，按【Enter】键，完成线段 HI 绘制
指定下一点或 [闭合(C)/放弃(U)]:	←按【Enter】键结束

结果如图 3.9 所示。

图 3.9　对象追踪绘制平面图形

【知识链接】

AutoCAD 的状态栏辅助工具为用户精确、快速绘图提供了极大的便利。单击状态栏中的按钮，使其呈现高亮状态，表示该功能开启；再次单击该按钮，则相应功能关闭。

1. 栅格显示功能

栅格功能开启后，在绘图窗口所设置的绘图区域中会显示一些均匀分布的网格，这些网格被称为栅格。栅格在绘图窗口中只起到辅助绘图的作用，打印纸样时不会显示。栅格功能可以通过单击状态栏中的栅格显示按钮▦或按【F7】键打开或关闭。

2. 捕捉栅格功能

捕捉功能开启后，十字光标在绘图窗口中会按一定的间距移动，使用该功能可以通过捕捉点的方式绘制直线、斜线等。如果将移动间距与栅格间距设置为相同值，此时光标就会自动捕捉到相应的栅格点上。因此，栅格功能常常与捕捉功能配套使用。捕捉功能可以通过单击状态栏中的捕捉模式按钮▦或按【F9】键打开或关闭。

3. 正交限制功能

启用正交限制功能后，用户可以在绘图窗口中绘制水平方向或竖直方向上的直线。正交功能可以通过单击状态栏中的正交光标限制按钮▙或按【F8】键打开或关闭。

4. 极轴追踪功能

启用极轴追踪功能后，可以在系统要求指定一个点时，按预先设置的角度增量显示一条无限延长的辅助轴线，沿着这条轴线，用户可以快速、方便地追踪到所需的特征点。系统默认的极轴追踪角度为90°，用户可以根据需要打开图3.10所示对话框自行设置极轴追踪角度。极轴追踪功能可以通过单击状态栏中的极轴追踪按钮◷或按【F10】键打开或关闭。

5. 对象捕捉功能

使用对象捕捉功能可以快速指定图形对象上一些特征点的精确位置。在"草图设置"对话框的"对象捕捉"选项卡中可以设定自动捕捉到图形对象上的某一种或多种特征点，如图3.8所示。单击状态栏上的对象捕捉按钮▫或按【F3】键来打开和关闭执行对象捕捉功能。

6. 对象捕捉追踪功能

启用对象追踪功能后，当自动捕捉到图形中的某个特征点时，系统将以该点为基准点沿正交方向或某个设定的极坐标方向搜寻另外一个特征点，与此同时在追踪方向上显示一条辅助轴线。单击状态栏上的对象捕捉追踪按钮∠或按【F11】键来打开和关闭执行对象追踪功能。

7. 动态输入功能

动态输入功能是AutoCAD在光标附近提供的一个命令交互工具。利用动态输入窗口执行命令或输入参数与命令提示中的操作类似。启用动态输入后，工具栏提示将在光标附近显示信息，该信息会随着光标移动而动态更新。当某条命令为活动状态时，工具栏提示将为用户提供输入的位置。单击状态栏上的动态输入按钮▛或按【F12】键执行关闭对象追踪功能。

📖 **特别提示** ┄┄┄┄┄┄┄┄┄┄┄┄┄┄┄┄┄┄┄┄┄┄┄┄┄┄┄┄┄┄┄┄┄┄┄┄┄┄┄

启用动态输入功能后，使用坐标指定点的位置时，系统将默认所有输入的直角坐标和极坐标为相对坐标。

8. 线宽显示/隐藏功能

在 AutoCAD 中可以根据需要设置所绘制图形对象的线宽，但为了避免显示线宽后影响绘图者对图形对象之间关系的观察与判断，绘图时往往不显示对象的实际线宽。状态控制栏中的显示/隐藏线宽按钮 就是用于控制是否在绘图窗口显示对象的实际线宽，如图 3.11 所示。

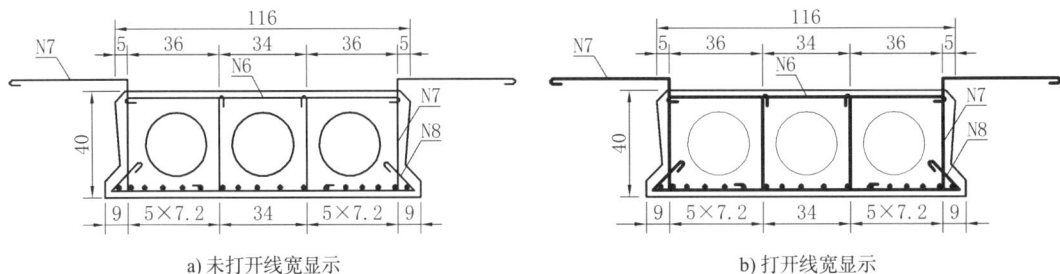

图 3.11　线宽显示示例

任务二　绘制由多线和多段线构成的平面图形

本任务将学习如何使用多线和多段线相关命令绘制平面图形等。

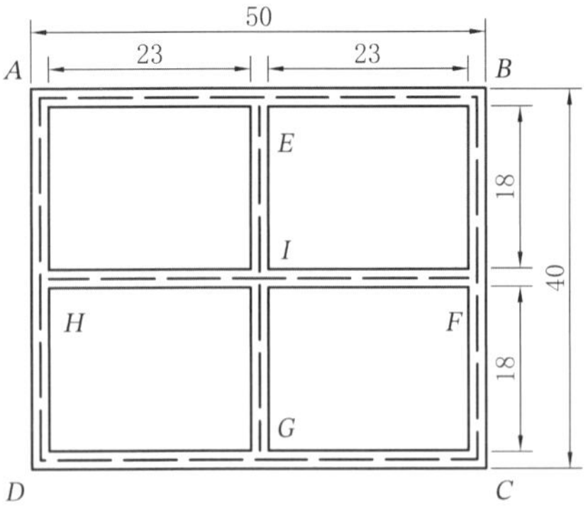

图 3.12　使用多线功能创建图形对象

一、绘制多线构成的平面图形

在交通土建工程制图工作中，常常需要使用平行直线来表达一些具有一定厚度或宽度的实体对象，如建筑平面图中表示墙体的双线，在道路工程制图中用来示意道路的标线等。正是由于制图工作中的这些需求，AutoCAD 为用户提供了一个称之为"多线"的功能，它能同时绘制多达 16 条平行直线，并且可以自行设置直线间的间距、直线的颜色及线型等属性，并且提供了完善的多线编辑修改的工具。综合使用相关工具，可以完成图 3.12 所示的图形对象。

【操作步骤】

（1）设置所需要的多线样式。

①点击〖格式〗菜单，选择〖多线样式…〗菜单选项或者在命令行窗口执行多线样式命令"**MLSTYLE**"，打开图 3.13 所示的"多线样式"对话框。

②点击 新建(N)... 按钮，打开图 3.14 所示的"创建新的多线样式"对话框，在"新样式名"文本框中输入新建多线样式的名称"样式 1"，在"基础样式"下拉列表中选择"STANDARD"选项，将该样式作为新建样式的样板。

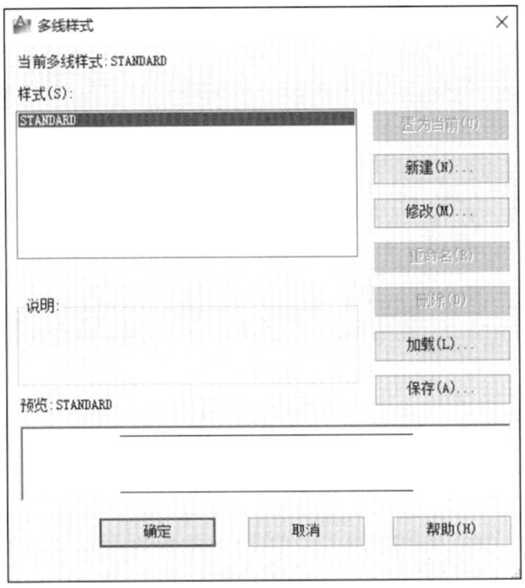

图 3.13 "多线样式"对话框   图 3.14 "创建新的多线样式"对话框

③点击 继续 按钮，弹出图 3.15 所示的"新建多线样式"对话框，在对话框中完成如下操作。

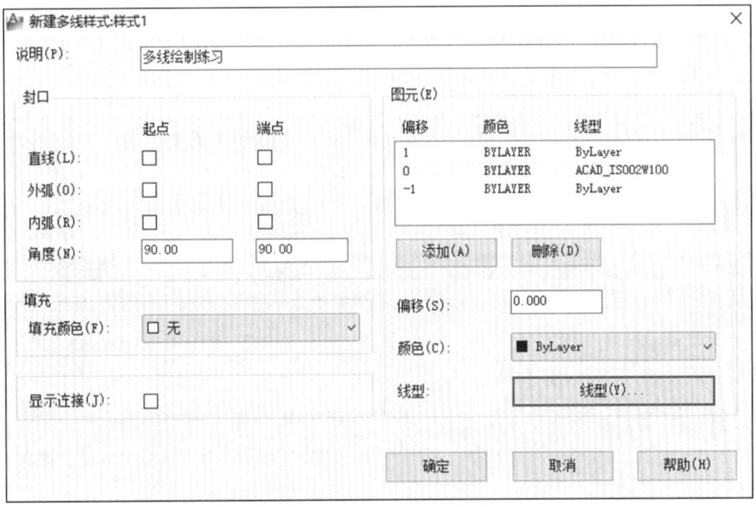

图 3.15 "编辑多线样式"对话框

- 在"说明"文本框中输入关于多线样式的说明文字。
- 在"图元"设置区点击 添加(A) 按钮，新增加一条线，然后在"偏移"文本框中输入数值 0；在"线型"设置栏中点击 线型(Y)... 按钮，打开图 3.16 所示的"选择线型"对话框，点击 加载(L)... 按钮，打开图 3.17 所示的"加载或重载线型"对话框，选择"ACAD_ISO02W100"线型，再点击 确定 按钮关闭"加载或重载线型"对话框并返回"选择线型"对话框；在"选择线型"对话框的已加载线型列表中选中"ACAD_ISO02W100"线型，再点击 确定 按钮完成对该图元的设置。
- 在"图元"列表框中选中偏移值为 0.5 的图元，然后在"偏移"文本框中将其偏移值设置为 1。

● 在"图元"列表框中选中偏移值为 −0.5 的图元，然后在"偏移"文本框中将其偏移值设置为 −1。

④点击 确定 按钮，返回"多线样式"对话框，单击 置为当前(U) 按钮，将新样式设置为当前使用的样式。

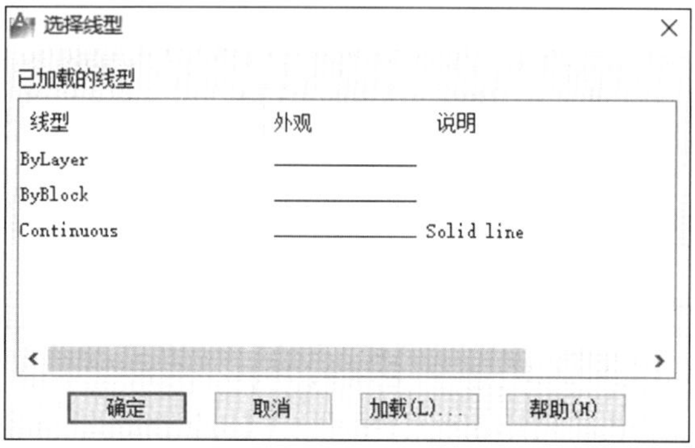

图 3.16 "选择线型"对话框 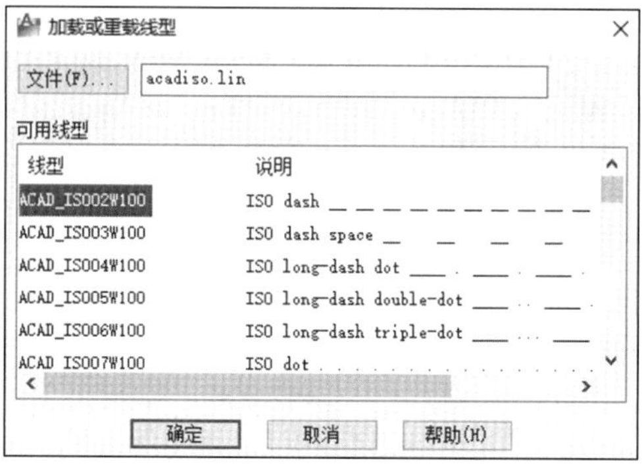　　　　　图 3.17 "加载或重载线型"对话框

（2）创建多线。

在命令行窗口输入命令 **"MLINE"**（命令缩写 **"ML"**）后按【Enter】键，或者使用鼠标选择菜单命令〖绘图〗→〖多线〗，AutoCAD 提示：

命令: mline	←输入多线绘制命令，按【Enter】键，开始绘制多线
当前设置: 对正 = 上, 比例 = 20.00, 样式 = 样式 1	←输入选项"S"，按【Enter】键，设置多线绘制比例
指定起点或 [对正(J)/比例(S)/样式(ST)]: s	
输入多线比例 <20.00>: 1	←输入数值 1，将设多线绘制比例设置为 1，按【Enter】键
当前设置: 对正 = 上, 比例 = 1.00, 样式 = 样式 1	←使用鼠标在绘图窗口点击确定第一点的位置
指定起点或 [对正(J)/比例(S)/样式(ST)]:	
指定下一点: 50	←将用光标沿水平方向向右移动至出现水平方向极轴，输入数值 50，按【Enter】键，确定 AB 段多线
指定下一点或 [放弃(U)]: 40	←将用光标沿竖直方向向下移动至出现垂直方向极轴，输入数值 40，按【Enter】键，确定 BC 段多线
指定下一点或 [闭合(C)/放弃(U)]: 50	←将用光标沿水平方向向左移动至出现水平方向极轴，输入数值 50，按【Enter】键，确定 CD 段多线
指定下一点或 [闭合(C)/放弃(U)]: c	←输入选项"C"，按【Enter】键，使多线框闭合
命令:	←按【Enter】键，重复执行多线命令
MLINE	←输入选项"J"，按【Enter】键，设置多线对正方式
当前设置: 对正 = 上, 比例 = 1.00, 样式 = 样式 1	
指定起点或 [对正(J)/比例(S)/样式(ST)]: j	
输入对正类型 [上(T)/无(Z)/下(B)] <上>: z	←输入选项"Z"，将多线对正方式设置为"无"，按【Enter】键

当前设置: 对正 = 无, 比例 = 20.00, 样式 = 样式 1	←移动光标捕捉到 AB 段中点, 单击鼠标左键, 从 AB
指定起点或 [对正(J)/比例(S)/样式(ST)]:	段中点开始绘制多线 EG
指定下一点:	←移动光标捕捉到 CD 段中点, 单击鼠标左键, 完成
	多线 EG
指定下一点或 [放弃(U)]:	←按【Enter】键结束
命令:	←按【Enter】键, 重复执行多线命令
MLINE	←移动光标捕捉到 AD 段中点, 单击鼠标左键, 从 AD
当前设置: 对正 = 无, 比例 = 1.00, 样式 = 样式 1	段中点开始绘制多线 HF
指定起点或 [对正(J)/比例(S)/样式(ST)]:	
指定下一点:	←移动光标捕捉到 BC 段中点, 单击鼠标左键, 完成
	多线 HF
指定下一点或 [放弃(U)]:	←按【Enter】键结束

（3）编辑多线。

在命令行窗口输入命令"**MLEDIT**"后按【Enter】键，或者使用鼠标选择菜单命令〖修改〗→〖对象〗→〖多线…〗，打开图 3.18 所示的"多线编辑"对话框。对话框中的小图标形象地表明了各种多线编辑功能。

图 3.18 "多线编辑工具"对话框

①使用鼠标点击"十字合并"选项图标，AutoCAD 提示：

命令: mledit	
选择第一条多线:	←使用鼠标点击选择 HF 段多线
选择第二条多线:	←使用鼠标点击选择 EG 段多线
选择第一条多线 或 [放弃(U)]:	←按【Enter】键结束

②使用鼠标点击"T 型打开"选项图标，AutoCAD 提示：

命令: mledit	
选择第一条多线：	←使用鼠标点击选择 *EI* 段多线
选择第二条多线：	←使用鼠标点击选择 *AB* 段多线
选择第一条多线 或 [放弃(U)]:	←使用鼠标点击选择 *IF* 段多线
选择第二条多线：	←使用鼠标点击选择 *BC* 段多线
选择第一条多线 或 [放弃(U)]:	←使用鼠标点击选择 *IG* 段多线
选择第二条多线：	←使用鼠标点击选择 *CD* 段多线
选择第一条多线 或 [放弃(U)]:	←使用鼠标点击选择 *HI* 段多线
选择第二条多线：	←使用鼠标点击选择 *AD* 段多线
选择第一条多线 或 [放弃(U)]:	←按【Enter】键结束

结果如图 3.12 所示。

图 3.12　多线创建图形对象

【知识链接】

1. 多线命令调用方式及相关功能

（1）命令调用方式

- 命令："**MLINE**"。

- 命令快捷方式："**ML**"。

- 菜单：〖绘图〗→〖多线〗。

（2）命令选项功能

- 对正（J）：该选项用于设置基准对正位置，即多线中哪条线段的端点与十字光标的中心重合并随光标移动。键入"J"后，会提示三种对正类型："[上（**T**）/无（**Z**）/下（**B**）] <上>:"，其中"上（**T**）:"选项表示以多线的外侧线为基准绘制多线；"无（**Z**）:"选项表示以多线中偏移量为 0 的位置为基准；"下（**B**）:"选项以多线的内侧为基准绘制多线，分别如图 3.19a）～c）所示。

- 比例（S）：该选项用于设定多线的宽度比例，即两条平行线之间的距离大小，其初始比例与样式设置有关，如图 3.19d）、e）所示。

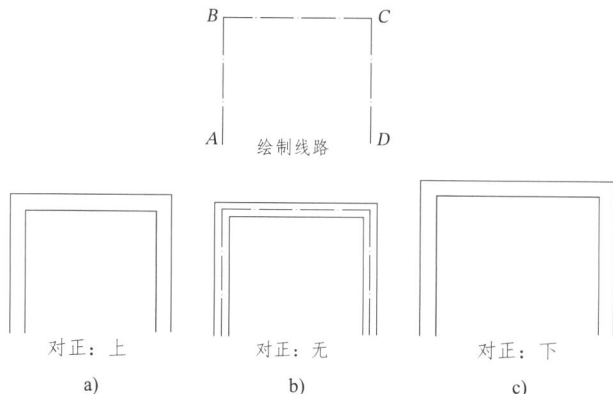

　　绘制线路

对正：上　　　　　　对正：无　　　　　　对正：下

a)　　　　　　　　　　b)　　　　　　　　　　c)

图　3.19

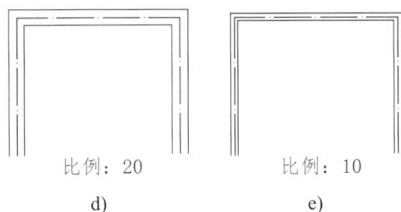

比例：20   比例：10

d)   e)

图 3.19 多线绘制功能说明

● 样式（ST）：该选项用于选择由"**MLSTYLE**"命令定义的多线样式，缺省为"standard"。样式名称需要手动输入，如想查询已经存在的多线样式，可以在"**输入多线样式名或［？]:**"提示下键入"？"查询。

● 多线绘制过程中出现的"闭和（C）"及"放弃（U）"选项功能与绘制直线时相同。

2. 多线样式命令调用方式及相关功能

（1）命令调用方式。

● 命令："**MLSTYLE**"。

● 菜单:〖格式〗→〖多线样式〗。

（2）"新建多线样式"对话框中常用选项功能。

● "说明"文本框：可以为创建的多线样式添加简要说明。

● "直线"复选框：用于在多线两端形成直线段封口形式，如图 3.20a）所示。

● "外弧"复选框：用于在多线两端形成外圆弧封口形式，如图 3.20b）所示。

● "内弧"复选框：用于在多线两端形成内圆弧封口形式，如图 3.20c）所示。

● "角度"复选框：用于在多线某一端的端口连线与多线的夹角，如图 3.20d）所示。

● "填充颜色"下拉列表：用于设置在多线之间用不同颜色进行填充。

● "显示连接"复选框：选中该选项，则系统在多线的转角处显示连接线，如图 3.20e）所示。

● 添加(A) 按钮：单击此按钮，系统可以在多线中添加一条新线，该线的偏移量可以在"偏移"文本框中设置。

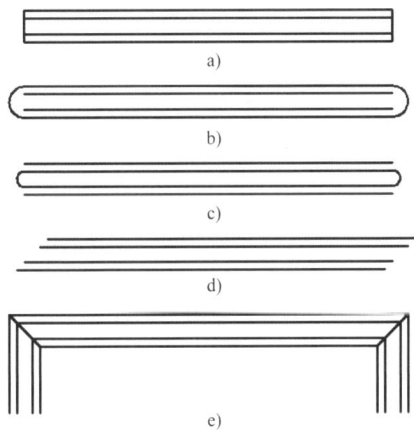

a)

b)

c)

d)

e)

图 3.20 多线的各种特性

● 删除(D) 按钮：在图元列表中选中某个图元后，单击该按钮，可以删除多线中对应的线元素。

● "颜色"下拉列表：用于设置在多线中选定线元素的颜色。

● 线型(Y)… 按钮：用于指定图元列表中选定线元素的线型。

（3）若要对某种样式的多线样式进行修改，首先在"多线样式"对话框的"样式"栏中选中需要修改的样式，再单击 修改(M)… 按钮，进入到图 3.15 所示的对话框中，对选中样式进行编辑修改。

（4）"多线样式"对话框中的 保存(A)… 按钮用于将当前多线样式保存为"*.mln"文件，加载(L)… 按钮用于加载外部的多线样式"*.mln"文件。若未对当前设置的样式进行保存，则在关闭软件后，设置的样式会丢失。

3. 多线编辑命令调用方式及相关功能

多线的编辑修改需要使用特定的命令"**MLEDIT**"来打开"多线编辑"对话框完成，使用"多线编辑"可以改变两条多线的相交形式，可以在多线中加入控制顶点或删除顶点，还可以将多线中的线条切断或接合。

（1）命令调用方式

● 命令："**MLEDIT**"。

● 菜单：〖修改〗→〖对象〗→〖多线〗。

（2）功能说明

● 多线编辑中，不论是十字工具、T形工具、角点结合还是剪切等，实质上都是将修改的部分隐藏，因此，大多数情况下可以通过"全部结合"方式进行恢复。

● 在使用十字工具、T形工具、角点结合等编辑方式时，要特别注意选择多线的次序和位置，否则可能无法达到修剪的目的。

📖 **特别提示** -

在已经创建完成的多线对象上双击鼠标左键，也可以打开"多线编辑工具"对话框，通过对话框可以完成对多线的编辑修改操作。

二、绘制多段线构成的平面图形

AutoCAD 允许用户使用多段线一次性绘制由一系列具有一定宽度的线段和圆弧段组成的单一对象。下面使用多段线命令，完成图 3.21 所示的图形对象。

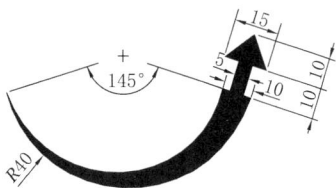

图 3.21　多段线创建图形对象

【操作步骤】

单击"默认"选项卡"绘图"功能区中的多段线按钮，或者在命令行窗口输入命令"**PLINE**"（命令缩写"**PL**"）后按【Enter】键，AutoCAD 提示：

命令: pline	←输入多线绘制命令，按【Enter】键，开始绘制多线
指定起点:	←使用鼠标在绘图窗口任意位置单击指定第一点
当前线宽为 0.0000	
指定下一个点或 [圆弧(A)/半宽(H)/长度(L)/放弃(U)/宽度(W)]: a	←输入参数"A"，按【Enter】键开始绘制第一段圆弧
指定圆弧的端点或[角度(A)/圆心(CE)/方向(D)/半宽(H)/直线(L)/半径(R)/第二个点(S)/放弃(U)/宽度(W)]: w	←输入参数"W"，按【Enter】键设置第一段圆弧的线宽
指定起点宽度 <10.0000>: 0	←输入数值0，按【Enter】键设置圆弧的起点宽度
指定端点宽度 <0.0000>: 10	←输入数值10，按【Enter】键设置圆弧的终点宽度

指定圆弧的端点或 [角度(A)/圆心(CE)/方向(D)/半宽(H)/直线(L)/半径 (R)/第二个点(S)/放弃(U)/宽度(W)]: a	←输入参数"A"，按【Enter】键通过设置圆心角方式 确定圆弧的形状
指定包含角: 145	←输入数值145，按【Enter】键设置圆弧的圆心角度
指定圆弧的端点或 [圆心(CE)/半径(R)]: r	←输入参数"R"，按【Enter】键通过设置半径的方式 确定圆弧的大小
指定圆弧的半径: 40	←输入数值40，按【Enter】键设置圆弧的半径
指定圆弧的弦方向 <73>: 0	←输入数值0，按【Enter】键设置圆弧的方向
指定圆弧的端点或 [角度(A)/圆心(CE)/闭合(CL)/方向(D)/半宽(H)/直线 (L)/半径(R)/第二个点(S)/放弃(U)/宽度(W)]: l	←输入参数"L"，按【Enter】键切换回绘制直线方式
指定下一点或 [圆弧(A)/闭合(C)/半宽(H)/长度(L)/放 弃(U)/宽度(W)]: w	←输入参数"W"，按【Enter】键设置第二段直线的 线宽
指定起点宽度 <10.0000>: 5	←输入数值5，按【Enter】键设置直线的起点宽度
指定端点宽度 <5.0000>: 5	←输入数值5，按【Enter】键设置直线的终点宽度
指定下一点或 [圆弧(A)/闭合(C)/半宽(H)/长度(L)/放 弃(U)/宽度(W)]: l	←输入参数"L"，按【Enter】键使直线沿圆弧切线方 向绘制
指定直线的长度: 10	←输入数值10，按【Enter】键设置线段的长度
指定下一点或 [圆弧(A)/闭合(C)/半宽(H)/长度(L)/放 弃(U)/宽度(W)]: w	←输入参数"W"，按【Enter】键设置第三段直线的 线宽
指定起点宽度 <5.0000>: 15	←输入数值15，按【Enter】键设置直线的起点宽度
指定端点宽度 <15.0000>: 0	←输入数值0，按【Enter】键设置直线的终点宽度
指定下一点或 [圆弧(A)/闭合(C)/半宽(H)/长度(L)/放 弃(U)/宽度(W)]: l	←输入参数"L"，按【Enter】键使直线沿前一段线段 方向绘制
指定直线的长度: 10	←输入数值10，按【Enter】键设置线段的长度
指定下一点或 [圆弧(A)/闭合(C)/半宽(H)/长度(L)/放 弃(U)/宽度(W)]:	←按【Enter】键结束多段线的绘制

结果如图 3.21 所示。

【知识链接】

1. 多段线命令调用方式及相关说明

（1）命令调用方式

- 命令："**PLINE**"。
- 命令快捷方式："**PL**"。
- 功能区按钮："默认"选项卡→"绘图"功能区→。
- 菜单：〖绘图〗→〖多段线〗。
- 工具栏按钮：绘图工具栏→。

（2）多段线命令选项说明

- 圆弧（A）：切换至圆弧绘制模式；

图 3.21 多段线创建图形对象

- 角度（A）：通过输入圆心角度值控制圆弧的绘制；
- 圆心（CE）：通过指定圆心方式控制圆弧的绘制；
- 方向（D）：通过确定圆弧的切线方向控制圆弧绘制；
- 直线（L）：由圆弧绘制切换至直线绘制；
- 半径（R）：通过输入半径控制圆弧绘制；
- 第二个点（S）：通过三点方式控制圆弧绘制；
- 半宽（H）：设置多段线一半的宽度；
- 闭合（C）：用于封闭起点和最后一个绘线点，并结束命令；
- 放弃（U）：退回至上一点；
- 宽度（D）：设置多段线绘制的起始与结束的宽度值；
- 长度（L）：绘制与前一段直线角度相同或与前一段圆弧相切的指定长度线段。

（3）命令功能说明

- 多段线可用于绘制具有一定宽度的直线或圆弧。若需要绘制有宽度的部分，需要先行进行设置，在绘制过程中宽度若有变化，仍需先修改宽度，再绘制宽度线。

- 在绘制多段线命令下选择"长度（L）"选项可以绘制与前一段直线角度相同的指定长度线段，若前一段为圆弧，则在选择"长度（L）"选项后可以绘制与前一段圆弧止点相切的指定长度线段。

- 多段线的宽度填充是否显示可以通过"**FILLMODE**"命令进行设置。系统默认变量值为"1"，如果将变量值设置为"0"，则所绘制的多段线会以线框的形式显示。

- 多段线的属性修改可以通过多段线的专用编辑命令"**PEDIT**"来完成。

任务三　使用点等分对象

本任务将学习如何创建点，并使用点完成等分对象的工作等。

一、设置点样式并绘制指定坐标的点

点在 AutoCAD 图形中有多种不同的表示方式，它的默认样式是细小的圆点，如果不进行设置，在绘图过程中几乎无法看到。使用时应该根据需要对点的样式和显示方式进行设置。

【操作步骤】

（1）点击〖格式〗菜单，选择〖点样式〗选项或者在命令行窗口执行点样式命令"**DDPTYPE**"，打开图 3.22 所示的"点样式"对话框。

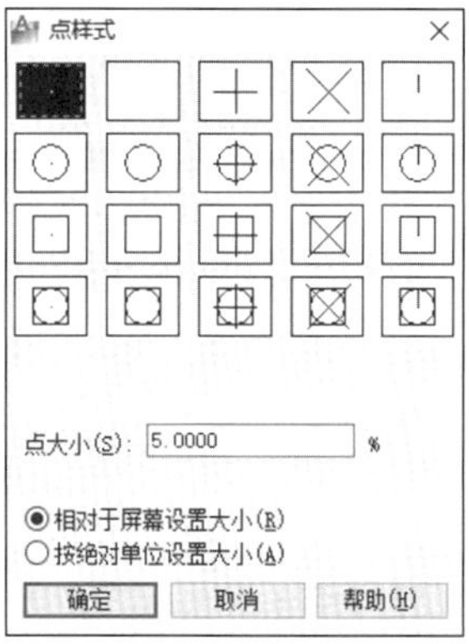

图 3.22　"点样式"对话框

（2）使用鼠标选中第二行第四列的点样式，再选中"按绝对单位设置大小"单选框，并

在"点大小"文本框中输入数值5，将每次绘制的点的大小设置为5个单位。

（3）点击 确定 按钮，完成点样式的设置。

（4）在命令行窗口输入命令"**POINT**"（命令缩写"**PO**"）后按【Enter】键，AutoCAD
提示：

命令: point	←输入命令，按【Enter】键
当前点模式: PDMODE=35 PDSIZE=5.0000	
指定点: 100, 100	←输入点坐标值（100，100），按【Enter】键结束绘制

在绘图窗口坐标为（100，100）位置会出现一个按步骤2设置的点。

【知识链接】

1. 点样式命令调用方式及相关说明

（1）命令调用方式

● 命令行："**DDPTYPE**"。

● 菜单：〖格式〗→〖点样式〗。

（2）对话框选项说明

● "相对于屏幕设置大小"选项：是指按屏幕尺寸的百分比设置点的显示大小。使用这
种方式创建点对象后，进行视图缩放时，点的显示大小并不改变。

● "按绝对单位设置大小"选项：是指按指定的实际单位设置点显示的大小。在这种方
式下创建点对象后，进行视图缩放时，显示的点大小随之改变。

2. 点绘制命令调用方式及相关功能

（1）命令调用方式

● 命令："**POINT**"。

● 命令快捷方式："**PO**"。

● 功能区按钮："默认"选项卡→"绘图"功能区→🔳。

● 菜单：〖绘图〗→〖点〗→〖单点〗/〖多点〗。

● 工具栏按钮：绘图工具栏→🔳。

（2）命令功能说明

● 通过菜单方式操作时，"单点"选项表示只输入一个点，"多点"选项表示可输入多个点。

● 通过命令方式（"**POINT**"或"**PO**"）绘制点，系统默认采用单点绘制方式，使用工
具栏按钮调用点绘制命令时采用的是多点方式。

● 打开状态栏中的"对象捕捉"开关并选中"节点"捕捉模式，可以帮助用户在绘图过
程中准确拾取点对象。

● 改变系统变量值"**PDMODE**"和"**POSIZE**"后，只影响以后绘制的点，而已画好的
点不会发生变化，只有在用重生成命令或重新打开图形时才会改变。

● 连续绘点命令执行过程实际是单点命令的重复，按【Esc】键可以终止执行。

● 点绘制命令通常与其他命令组合使用，通过与对象捕捉结合使用作为其他绘图命令的
控制点或参考点。

二、使用点等分直线对象

在 AutoCAD 中使用点来等分对象时，根据其等分方式的不同，可分为定数等分和定距等分两种类型。定数等分即通常所说的绘制等分点，它是根据需要等分的数目在图形对象上绘置等分点，这些点并不分割对象，只是标明等分点的位置。定距等分又称为绘制测量点，它是用于在图形对象上按指定的距离绘置等分点。

本操作介绍定距等分点和定数等分点的画法。

【**操作步骤**】

（1）绘制直线 *AB*、*BC*。

在命令行窗口输入直线绘制命令"**LINE**"后按【Enter】键，AutoCAD 提示：

命令: line	←输入命令，按【Enter】键
指定第一点: 200，100	←输入 *A* 点坐标值（200，100）按【Enter】键
指定下一点或 [放弃(U)]: 100，0	←输入 *B* 点坐标值（100，0）按【Enter】键
指定下一点或 [放弃(U)]: 200，20	←输入 *C* 点坐标值（200，20）按【Enter】键
指定下一点或 [闭合(C)/放弃(U)]:	←按【Enter】键结束直线段绘制

结果如图 3.23a）所示。

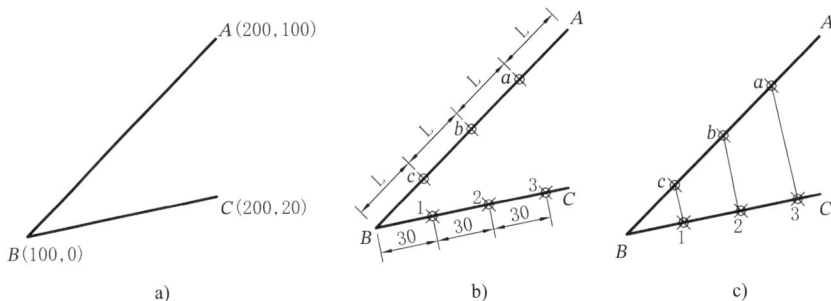

图 3.23　使用点等分直线对象

（2）设置点的样式。

使用"**DDPTYPE**"命令打开图 3.22 所示的"点样式"对话框，将点的样式设置为其中任意一个可以明显辨识的样式（本例中选择的是第二行第四列所示样式）。

（3）将线段 *AB* 等分为四段。

在命令行窗口输入定数等分命令"**DIVIDE**"（命令缩写"**DIV**"）后按【Enter】键，AutoCAD 提示：

命令: divide	←输入命令，按【Enter】键
选择要定数等分的对象:	←使用鼠标点击选择线段 *AB*
输入线段数目或 [块(B)]: 4	←输入等分数量4，按【Enter】键完成

（4）将线段 *BC* 从 *B* 端按长度 30 进行等分。

在命令行窗口输入定数等分命令"**MEASURE**"（命令缩写"**ME**"）后按【Enter】键，

AutoCAD 提示：

命令：measure	←输入命令，按【Enter】键
选择要定距等分的对象：	←使用鼠标点击选择线段 BC
指定线段长度或 [块(B)]：30	←输入等分长度 30，按【Enter】键完成

结果如图 3.23b）所示。

（5）连接各等分点。

在状态栏中打开如前图 3.8 所示的"草图设置"对话框，设置自动对象捕捉模式为"节点"，打开对象捕捉工具，使用直线绘制命令"**LINE**"依次连接各点，连接顺序如图 3.23c）所示。

图 3.23 使用点等分直线对象

【知识链接】

1. 定数等分命令调用方式及相关说明

定数等分命令的作用是创建沿对象的长度或周长等间隔排列的点对象或块。

（1）命令调用方式

● 命令行："**DIVIDE**"。

● 命令快捷方式："**DIV**"。

● 功能区按钮："默认"选项卡→"绘图"功能区→ [图标]。

● 菜单：〖绘图〗→〖点〗→〖定数等分〗。

（2）对话框选项说明

● "选择要定数等分的对象"选项：通过鼠标单击选择的方式指定单个几何对象，例如直线、多段线、圆弧、圆、椭圆或样条曲线等，矩形和正多边形也可以进行定数等分。

● "线段数目"选项：通过键盘输入需要等分选中对象的数量，设置完成按【Enter】键后，系统会沿选定对象等间距放置点对象。创建的点对象数比指定的线段数少 1 个。

● "块"选项：用于沿选定对象等间距放置指定的块。块将插入到最初创建选定对象的平面中。关于"块"的使用，将在项目十的任务三中详细介绍。

● "输入要插入的块名"选项：如果选择了"块"选项，则需要在此处输入要插入的"块"名称。如果事先没有定义"块"，则无法操作。

● "是否对齐块和对象？〔是（Y）/否（N）〕"选项：一旦选择插入"块"并给出正确的"块"名称后，该选项将决定插入的"块"的放置方式，如果选择"是"，则会根据选定对象的曲率对齐块。插入块的 X 轴方向与选定的对象在等分位置相切或对齐；如果选择"否"，则会根据用户坐标系的当前方向对齐块，插入块的 X 轴将平行于等分位置所处坐标系的 X 轴。

2. 定距等分命令调用方式及相关说明

定距等分命令的作用是沿对象的长度或周长按测定间隔创建点对象或块。

（1）命令调用方式

● 命令行："**MEASURE**"。

● 命令快捷方式："**ME**"。

● 功能区按钮："默认"选项卡→"绘图"功能区→ [图标]。

● 菜单：〖绘图〗→〖点〗→〖定距等分〗。

（2）对话框选项说明

● "要测量的对象"选项：通过鼠标单击选择要沿其添加点的对象或块的参照对象，包括直线、多段线、圆弧、圆、椭圆、样条曲线、矩形和正多边形等。

● "线段长度"选项：通过键盘输入沿选中等分对象放置点的间距，设置完成按下【Enter】键后，将从最靠近用于选择对象的点的端点处开始放置。闭合多段线的定距等分从它们的初始顶点（绘制的第一个点）处开始。

● "块"选项：用于沿选定对象指定间距放置指定的块。块将插入到最初创建选定对象的平面中。

● "输入要插入的块名"选项：如果选择了"块"选项，则需要在此处输入要插入的"块"名称。如果事先没有定义"块"，则无法操作。

● "是否对齐块和对象？［是（Y）/否（N）］"选项：一旦选择插入"块"并给出正确的"块"名称后，该选项将决定所插入"块"的放置方式，如果选择"是"，块将围绕其插入点旋转，这样其水平线就会与测量的对象对齐并相切绘制；如果选择"否"，则会始终使用 0 旋转角度插入块。

📖 **特别提示** --

使用定距等分命令"**MEASURE**"时，选择对象的位置决定了等分的方向，即在选择对象时，鼠标点击靠近等分对象的哪一端，等分工作就从哪一端开始，等分到最后剩余部分不足以达到等分长度时，该段长度保持不变。

任务四　绘制多边形

本任务将学习如何创建矩形和正多边形对象。

一、绘制矩形

矩形是工程设计中经常使用的平面几何图形之一。除了可以直接使用直线命令完成矩形的绘制外，AutoCAD 还为用户提供了更加直接的方法来绘制已知尺寸的特定矩形。使用"矩形"命令可以完成图 3.24 所示的一组矩形的绘制。

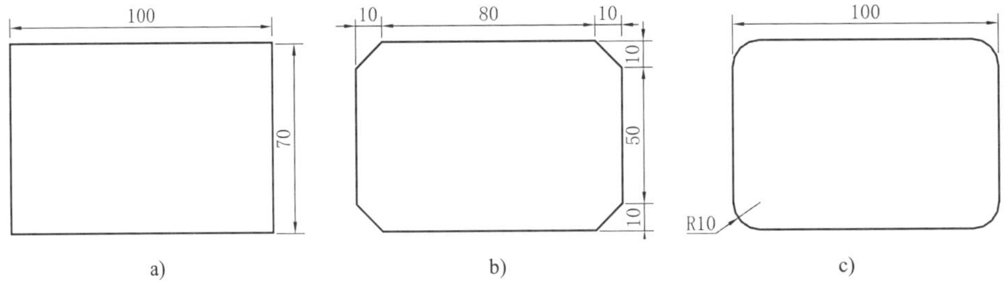

图 3.24　绘制不同样式的矩形

【操作步骤】

（1）绘制图3.24a）所示的长100、宽70的标准矩形。

在命令行窗口输入矩形绘制命令"**RECTANG**"（命令缩写"**REC**"）后按【Enter】键，AutoCAD提示：

命令: rectang	←输入命令，按【Enter】键
指定第一个角点或 [倒角(C)/高程(E)/圆角(F)/厚度(T)/宽度(W)]: 0, 0	←输入矩形一个角点坐标值（0，0），按【Enter】键
指定另一个角点或 [面积(A)/尺寸(D)/旋转(R)]: 100, 70	←输入矩形一个角点坐标值（100，70），按【Enter】键完成矩形绘制

结果如图3.24a）所示。

（2）绘制图3.24b）所示总长100、总宽70、倒角长度为10的切角矩形。

在命令行窗口输入矩形绘制命令"**RECTANG**"后按【Enter】键，AutoCAD提示：

图3.24a)　绘制不同样式的矩形

命令: rectang	
指定第一个角点或 [倒角(C)/高程(E)/圆角(F)/厚度(T)/宽度(W)]: c	←输入选项参数"C"，按【Enter】键，绘制切角矩形
指定矩形的第一个倒角距离 <0.0000>: 10	←输入第一个倒角距离，按【Enter】键
指定矩形的第二个倒角距离 <10.0000>: 10	←输入第二个倒角距离，按【Enter】键（如果第二个倒角距离与第一个相同，也可以直接按【Enter】键确认）
指定第一个角点或 [倒角(C)/高程(E)/圆角(F)/厚度(T)/宽度(W)]: 140, 0	←输入坐标（140，0），按【Enter】键确定第一个角点位置
指定另一个角点或 [面积(A)/尺寸(D)/旋转(R)]: d	←输入选项参数"D"，按【Enter】键，使用尺寸关系绘制矩形
指定矩形的长度 <10.0000>: 100	←输入矩形长度值100，按【Enter】键（此处应输入未倒角的长度值）
指定矩形的宽度 <10.0000>: 70	←输入矩形宽度值70，按【Enter】键（此处应输入未倒角的宽度值）
指定另一个角点或 [面积(A)/尺寸(D)/旋转(R)]:	←移动鼠标确定矩形的放置方向，单击左键确认

结果如图3.24b）所示。

（3）绘制图3.24c）所示总长100、总宽70、圆角半径为10的圆角矩形。

在命令行窗口输入矩形绘制命令"**RECTANG**"后按【Enter】键，AutoCAD提示：

图3.24b)　绘制不同样式的矩形

命令: rectang	
当前矩形模式: 倒角=10.0000 × 10.0000	←提示当前矩形绘制的模式
指定第一个角点或 [倒角(C)/标高(E)/圆角(F)/厚度(T)/宽度(W)]: f	←输入选项参数"F"，按【Enter】键，绘制圆角矩形

指定矩形的圆角半径 <10.0000>: 10	←输入圆角半径值10，按【Enter】键
指定第一个角点或 [倒角(C)/高程(E)/圆角(F)/厚度(T)/宽度(W)]: 280, 0	←输入坐标（280，0），按【Enter】键确定第一个角点位置
指定另一个角点或 [面积(A)/尺寸(D)/旋转(R)]: d	←输入选项参数"D"，按【Enter】键，使用尺寸关系绘制矩形
指定矩形的长度 <100.0000>: 100	←输入矩形长度值100，按【Enter】键（此处应输入未倒角的长度值，尖括号内为系统记录的前一次绘制矩形的长度）
指定矩形的宽度 <70.0000>: 70	←输入矩形宽度值70，按【Enter】键（此处应输入未倒角的宽度值）
指定另一个角点或 [面积(A)/尺寸(D)/旋转(R)]:	←移动鼠标确定矩形的放置方向，单击左键确认

结果如图 3.24c）所示。

【知识链接】

1. 矩形命令调用方式及相关功能

- 命令行："**RECTANGE**"。
- 命令快捷方式："**REC**"。

图 3.24c) 绘制不同样式的矩形

- 功能区按钮："默认"选项卡→"绘图"功能区→■。
- 菜单：〖绘图〗→〖矩形〗。
- 工具栏按钮：绘图工具栏→■。

（1）命令选项说明

- 倒角（C）：用于绘制设置倒角的矩形；
- 高程（E）：用于绘制具有一定高程的矩形；
- 圆角（F）：用于绘制设置圆角的矩形；
- 厚度（T）：用于绘制具有一定厚度的矩形；
- 线宽（W）：用于绘制具有一定线宽的矩形；
- 面积（A）：用于绘制确定面积的矩形；
- 尺寸（D）：用于绘制确定尺寸的矩形；
- 旋转（R）：用于绘制指定旋转角度的矩形。

（2）命令功能说明

- 使用"**RECTANG**"命令可以绘制一些特殊的矩形，如带圆角的矩形、带倒角的矩形以及具有一定宽度的矩形等，但绘制这些特殊的矩形需要先确定相应的参数，再通过指定对角点或指定尺寸等方式来绘制矩形。

- 在执行矩形绘制命令后，相应的参数，如倒角距离、倒圆半径、线宽等将被系统记录，作为下一次绘制矩形的默认参数，若需要重新绘制矩形，则需要调整对应参数。

- 用"面积（A）"选项通过指定面积和长或宽度创建矩形时，指定长度或宽度后，系统自动计算宽度或长度后绘制出矩形。如果矩形存在倒角或圆角，则长度或宽度计算中会考虑此设置。

- 用"高程（E）"选项绘制矩形时，可以指定矩形高程（Z 坐标），即把矩形画在高程为 z，和 *XOY* 坐标面平行的平面上，绘制完成后，在 *XY* 投影面上，无法直接观察出高程变化，可以通过变换视图进行观察。

- "旋转（R）"选项可以与"面积""尺寸"选项配合，根据需要绘制任意角度的矩形。
- 绘制矩形时，以上各参数可以任意组合使用。
- 绘制完成的矩形是以整体形式出现，类似于多段线，若需要单独对某一条边进行编辑修改，需要使用分解命令"**EXPLODE**"将矩形分解为单个的线段再进行编辑修改。矩形分解后，设置的线宽特性将丢失。

二、绘制正多边形

AutoCAD 可以让用户根据已知正多边形的参数，选择指定中心点绘制正多边形或者指定边长绘制正多边形。下面将分别使用这两种方式完成图 3.25 所示的一组正多边形的绘制。

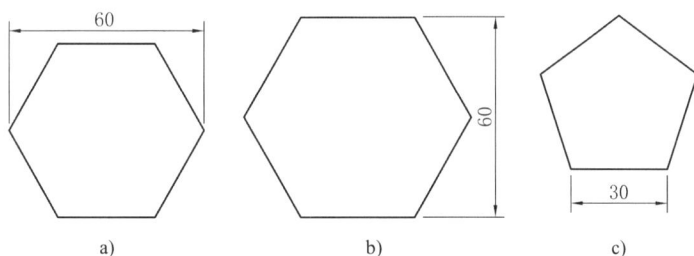

图 3.25　绘制正多边形

【操作步骤】

（1）绘制图 3.25a）所示的正六边形。

在命令行窗口输入矩形绘制命令"**POLYGON**"（命令缩写"**POL**"）后按【Enter】键，AutoCAD 提示：

```
命令: polygon
输入边的数目 <4>: 6                    ←输入需要绘制的正多边形边数，按【Enter】键
指定正多边形的中心点或 [边(E)]:        ←输入正多边形中心坐标按【Enter】键或使用鼠标在
                                      绘图区单击指定正多边形中心位置
输入选项 [内接于圆(I)/外切于圆(C)] <I>: I   ←输入选项参数"I"，按【Enter】键，用内接于圆方
                                      式绘制正多边形
指定圆的半径: 30                       ←输入正多边形外接圆半径值30，按【Enter】键完成
                                      正六边形绘制
```

结果如图 3.25a）所示。

分析：图 3.25a）所示正六边形的已知尺寸参数为两对顶角之间的距离，AutoCAD 中的"**PLOYGON**"命令提供的绘制正多边形的方式有指定中心点方式和指定边长两种方式，显然，在本图中如果采用指定边长的方式绘制，那就必须先计算出边长，虽然正六边形在已知对顶角距离时计算边长比较容易，但如果是正八边形、正十边形等其他边数较多的正多边

图 3.25a）　绘制正多边形

形，边长的计算工作就很复杂了，因此，采用指定中心点的方式绘制该图形是较为方便的。同时，根据几何知识可以知道，以正多边形中心为圆心的圆和正多边形之间会存在外接和内切两种情况，并且圆的半径与正多边形的尺寸参数之间会存在一定的关系，如图 3.26 所示，因此，在绘制本图时采用指定该正六边形外接圆半径的方式确定其尺寸。

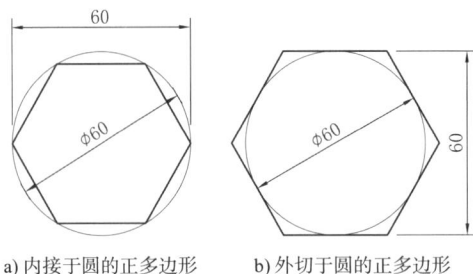

a) 内接于圆的正多边形   b) 外切于圆的正多边形

图 3.26　正多边形与圆的关系

（2）绘制图 3.25b）所示正六边形。

在命令行窗口输入矩形绘制命令"**POLYGON**"后按【Enter】键，AutoCAD 提示：

命令: polygon	
输入边的数目 <6>: 6	←输入需要绘制的正多边形边数，按【Enter】键
指定正多边形的中心点或 [边(E)]:	←输入正多边形中心坐标按【Enter】键或使用鼠标在绘图区单击指定正多边形中心位置
输入选项 [内接于圆(I)/外切于圆(C)] <I>: C	←输入选项参数"C"，按【Enter】键，用外切于圆的方式绘制正多边形
指定圆的半径: 30	←输入正多边形内切接圆半径值30，按【Enter】键完成正六边形绘制

图 3.25b)　绘制正多边形

结果如图 3.25b）所示。

（3）绘制图 3.25c）所示正五边形。

在命令行窗口输入矩形绘制命令"**POLYGON**"后按【Enter】，AutoCAD 提示：

命令: polygon	
输入边的数目 <6>: 5	←输入需要绘制的正多边形边数，按【Enter】键
指定正多边形的中心点或 [边(E)]: E	←输入选项参数"E"，按【Enter】键，采用指定边长方式绘制正五边形
指定边的第一个端点:	←在绘图区单击鼠标左键，指定正五边形第一个端点的位置
指定边的第二个端点: 30	←移动鼠标指定边长方向，输入边长值30，按【Enter】键，完成正五边形的绘制

结果如图 3.25c）所示。

分析： 图 3.25c）所示正五边形的已知尺寸参数为边长，此时如果还是像绘制前面两个正六边形那样采用指定中心点,给出内切(外接)圆半径的方式绘制正多边形,势必要先计算圆的半径值。在已知正多边形的边长的情况下,可以直接采用指定边长的方式绘制正多边形。

图3.25c) 绘制正多边形

【知识链接】

1. 正多边形命令调用方式及相关功能

(1)命令调用方式

- 命令行:"**POLYGON**"。
- 命令快捷方式:"**POL**"。
- 功能区按钮:"默认"选项卡→"绘图"功能区→⬠。
- 菜单:〖绘图〗→〖正多边形〗。
- 工具栏按钮:绘图工具栏→⬠。

(2)命令功能说明

- 正多边形命令可以绘制边数最小为3,最大为1024的正多边形。
- 如果选择"边"选项,则只要指定多边形的一个顶点和边长,系统就会以指定的顶点为基点创建正多边形。
- 选择内接于圆还是外切于圆绘制正多边形,主要与已知正多边形的尺寸参数有关,具体绘制时需加以分析。
- 绘制完成的正多边形同样是以整体形式出现,类似于多段线,若需要单独对某一条边进行编辑修改,需要先将其分解为单个的线段。

项目拓展

本部分介绍构造线绘制功能的使用方法。

构造线是指通过两点或通过一点,确定了方向且向两端无限延长的直线。在使用AutoCAD绘图时,构造线一般用作辅助线。在绘制三面投影图时,通常有"长对正,高平齐,宽相等"的要求,当绘制的图形比较大且复杂时,利用目测很难达到这样的要求,这时就可以先画一些构造线作为辅助线,借此帮助就可以比较方便快捷地绘出需要的图形。

1. 构造线命令调用方式及相关功能

(1)命令调用方式

- 命令行:"**XLINE**"。
- 命令快捷方式:"**XL**"。
- 功能区按钮:"默认"选项卡→"绘图"功能区→⤢。
- 菜单:〖绘图〗→〖构造线〗。
- 按钮:绘图工具栏→⤢。

(2)命令功能说明

调用构造先绘制命令"**XLINE**"后,AutoCAD提示:

```
命令: xline
指定点或 [水平(H)/垂直(V)/角度(A)/二等分(B)/偏移(O)]:
```

①"指定点"选项可以让用户用两个点绘制一条或一组穿过起点和各通过点的无限长直线。操作过程为：在"指定点："提示下，选一个点，在"指定通过点："提示下，再指明另一个点，如图 3.27a）所示。

②使用"水平（H）"选项可以画出一条或一组穿过指定点并与当前用户坐标系 X 轴平行的无限长直线。输入选项参数"H"选择水平选项后，AutoCAD 提示"指定通过点"，此时在绘图窗口指定一个点，就可以绘制一条通过该点且与 X 轴平行的构造线，如图 3.27b）所示。

③使用"垂直（V）"选项可以画出一条或一组穿过指定点并与当前用户坐标系 Y 轴平行的无限长直线。输入选项参数"V"选择垂直选项后，AutoCAD 提示"指定通过点"，此时在绘图窗口指定一个点，就可以绘制一条通过该点且与 Y 轴平行的构造线，如图 3.27c）所示。

④使用"角度（A）"选项可以画出一条或一组与当前坐标系 X 轴成任意指定角度的无限长直线。输入选项参数"A"选择角度选项后，若在"输入构造线的角度（0）或［参照（R）］:"提示下直接输入一个角度值，AutoCAD 会要求确定一个经过点，确定后会绘制一条通过该点与当前用户坐标系 X 轴成输入角度值的构造线；若输入选项参数"R"选择参照选项，AutoCAD 会要求用户选择一条直线作为参考对象，然后指定角度和经过点，此时绘制的构造线将会是以选择参照直线的方向为 0 度方向，再旋转指定角度后所得的直线，如图 3.27d）所示。

⑤使用"二等分（B）"选项可以通过给定的三点画一条或一组无穷长直线，该直线穿过"1"点，并平分"1"点（顶点）与"2"点和"3"点构成的夹角，如图 3.27e）所示。因此，二等分选项常用于绘制角平分线类的辅助线。

⑥使用"偏移（O）"选项可以选择一条任意方向的直线来画一条或一组与所选直线平行的无限长直线。输入选项参数"O"选择偏移选项后，用户可通过输入平移距离来确定构造线与原直线对象之间的位置关系，也可以利用"［通过（T）］"选项确定构造线所要经过的点来确定构造线与原直线对象之间的位置关系。不管使用何种方法，下一步都是选择直线，若指定偏移距离，AutoCAD 会再次给出"指定向哪侧偏移："提示，此时，用户在希望构造线出现在所选的直线的那一侧单击鼠标左键拾取一点即可，如图 3.27f）所示。

图 3.27   构造线绘制

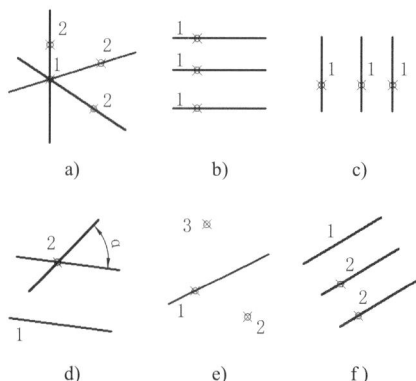

图 3.27   构造线绘制功能说明

项目小结

本项目主要内容总结如下：

◆ 在 AutoCAD 中精确绘制图形对象主要依靠输入点坐标的方式完成。坐标可以是直角坐标也可以是极坐标，输入的方式分为绝对坐标和相对坐标两种。

◆ AutoCAD 为用户提供了多种辅助工具，如正交、对象捕捉、极轴追踪等，掌握并灵活使用辅助工具可以帮助用户迅速、准确地完成图形对象的绘制。

◆ 创建直线类对象的命令很多："**LINE**"命令主要用于在两点之间绘制线段；"**MLINE**"命令用于同时绘制多条平行线；"**PLINE**"命令主要用于绘制直线和圆弧组合线段和具有宽度变化的线段，另外，还可以使用"**XLINE**"命令绘制两端无限延长的构造线，使用"**RAY**"命令绘制射线等，在开展绘图工作时，可以根据需要选择使用。

◆ 矩形命令"**RECTANG**"可以绘制确定长度和宽度的矩形，并可以完成切角、圆角等工作。

◆ 正多边形命令"**POLIGON**"提供了指定边长或指定内切（外接）圆圆心与半径两种方式精确绘制边数最小为 3、最大为 1024 的正多边形。

实训

1. 结合输入点的坐标及对象捕捉等辅助功能绘制如图 3.28 所示的直线图形。

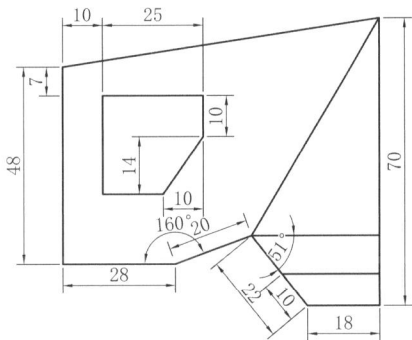

图 3.28 项目三实训 1

图 3.28 实训 1 图形

2. 结合矩形命令和多段线命令绘制图 3.29 所示的交通标志牌。

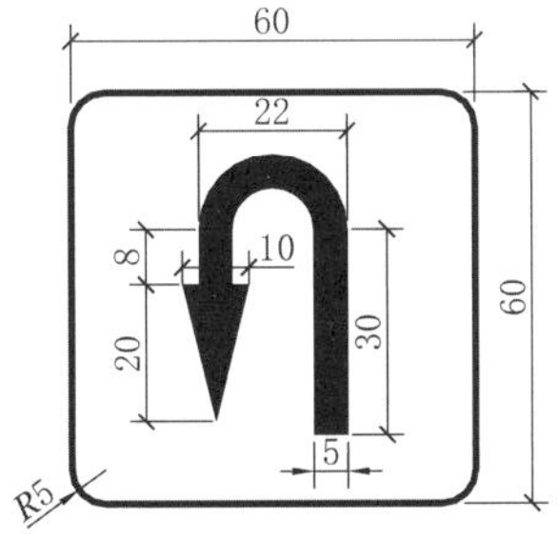

图 3.29 实训 2 图形

要求：图中圆角矩形框的宽度为1。

3.绘制图3.30所示的小箱梁边跨中梁断面图。

图 3.29　项目三实训 2

图 3.30　项目三实训 3

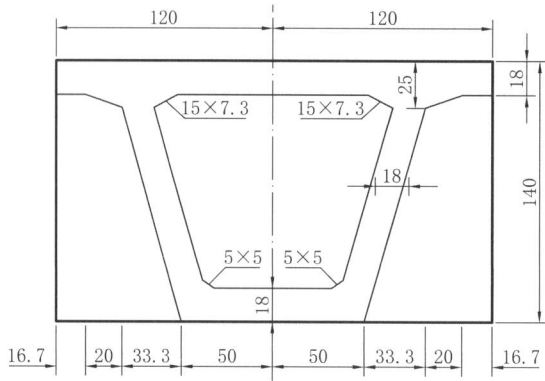

图 3.30　实训 3 图形

项目四
ITEM FOUR
绘制曲线平面图形

建筑物和构造物并不会只是由直线构成，各种曲线要素，如圆弧、圆、椭圆甚至不规则的曲线等也是常用的几何元素，如何创建这些图形元素并掌握相应的绘图技巧，是本项目将要介绍的内容。

学习目标

◎ 掌握圆的绘制方法。
◎ 掌握圆弧绘制的不同方法。
◎ 学会绘制椭圆和椭圆弧的方法。
◎ 学会绘制样条曲线的方法。
◎ 掌握绘制圆环、圆点的方法。

任务一　圆和圆弧的绘制

本任务将学习如何根据不同的已知条件来准确绘制所需要的圆和圆弧。

一、已知圆心、半径或直径绘制圆

圆在公路工程设计中使用的频率非常高，如圆管涵设计、桥梁的桩基础设计等都会用到圆的绘制。最常见的圆绘制方法是已知圆心，根据给定的半径或直径绘制圆。如图 4.1 所示为某钢筋混凝土梁桥的预制空心板梁中板断面图，当梁体的外形尺寸确定后，其中心圆孔的圆心就确定了，此时只要给

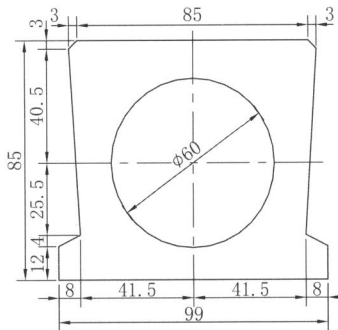

图 4.1　空心板梁中板断面图

定圆孔的直径或半径，就可以完成圆孔的绘制。

【操作步骤】

（1）使用直线命令"**LINE**"绘制空心板梁的外轮廓（步骤略）。

（2）绘制图 4.1 中空心板梁中的圆孔。

在命令行窗口输入圆的绘制命令"**CIRCLE**"（命令缩写"**C**"）后

图 4.1 空心板梁中板断面图　按【Enter】键，AutoCAD 提示：

命令: circle	←输入命令，按【Enter】键
指定圆的圆心或 [三点(3P)/两点(2P)/相切、相切、半径(T)]:	←打开对象捕捉中的"交点"捕捉工具，使用鼠标捕捉到点划线交点位置，单击鼠标左键，确定圆心位置
指定圆的半径或 [直径(D)]: d	←输入选项参数"D"，按【Enter】键，使用"圆心-直径"方式绘制圆
指定圆的直径: 60	←输入圆的直径 60，按【Enter】键，完成圆的绘制

结果如图 4.1 所示。

> 📖 **特别提示** --

如果已知圆心的坐标，也可以在"**指定圆的圆心或 [三点（3P）/两点（2P）/相切、相切、半径（T）]:**"提示下直接输入圆心的坐标值，按【Enter】键确定圆心的位置。

二、利用两点、三点以及相切方式绘制圆

绘制圆的过程中并不一定能在所有的情况下都能明确地知道圆心位置和圆的直径、半径等尺寸信息，此时就需要借助 AutoCAD 提供的一些特殊方式来准确绘制圆，如图 4.2 所示三角形的外接圆与内切圆，就无法直接通过"圆心-半径（直径）"的方式来绘制，此时需要用到一些特殊的方式来绘制圆。

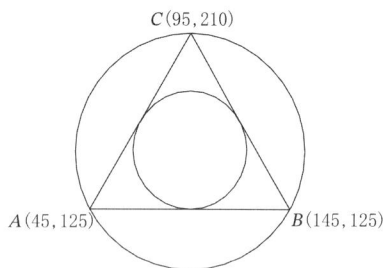

图 4.2　绘制三角形的外接圆和内切圆

【操作步骤】

（1）使用直线命令"**LINE**"绘制三角形 ABC。

关闭状态拦上的动态输入按钮■，在命令行窗口输入命令"**LINE**"（命令缩写"**L**"）后按【Enter】键，AutoCAD 提示：

命令: LINE	←输入命令，按【Enter】键
指定第一点: 45，125	←输入 A 点的绝对直角坐标
指定下一点或 [放弃(U)]: 145，125	←输入 B 点的绝对直角坐标
指定下一点或 [放弃(U)]: 95，210	←输入 C 点的相对极坐标
指定下一点或 [闭合(C)/放弃(U)]: C	←输入选项参数"C"，按【Enter】键，使三角形闭合

（2）绘制图三角形 ABC 的外接圆。

在命令行窗口输入命令"**CIRCLE**"（命令缩写"**C**"）后按【Enter】键，AutoCAD 提示：

命令: CIRCLE	←输入命令，按【Enter】键
指定圆的圆心或 [三点(3P)/两点(2P)/相切、相切、半径(T)]: 3p	←输入选项参数 "3P"，按【Enter】键，选择使用三点方式绘制圆
指定圆上的第一个点: 95，210	←输入第一点的绝对直角坐标，按【Enter】键
指定圆上的第二个点: 45，125	←输入第二点的绝对直角坐标，按【Enter】键
指定圆上的第三个点: 145，125	←输入第三点的绝对直角坐标，按【Enter】键，完成外接圆的绘制

（3）绘制图三角形 *ABC* 的内切圆。

● 使用鼠标选择功能区按钮："默认"选项卡→"绘图"功能区→![icon]→![icon 相切, 相切, 相切]，AutoCAD 提示：

命令: _circle 指定圆的圆心或 [三点(3P)/两点(2P)/相切、相切、半径(T)]: _3p 指定圆上的第一个点: _tan 到	←使用鼠标单击选择三角形的一条边作为与之相切的第一个对象
指定圆上的第二个点: _tan 到	←使用鼠标单击选择三角形的第二条边作为与之相切的第二个对象
指定圆上的第三个点: _tan 到	←使用鼠标单击选择三角形的第三条边作为与之相切的第三个对象

结果如图 4.2 所示。

📖 **特别提示**

以"相切、相切、相切"方式绘制圆无法通过命令选项调用参数，只能通过功能区命令图标或者菜单方式选择。

【知识链接】

图 4.2　绘制三角形的外接圆和内切圆

1.圆绘制命令调用方式及相关说明

（1）命令调用方式

● 命令行："**CIRCLE**"。

● 命令快捷方式："**C**"。

● 功能区按钮："默认"选项卡→"绘图"功能区→![icon]。

● 菜单:〖绘图〗→〖圆〗。

● 工具栏按钮: 绘图工具栏→![icon]。

（2）命令选项说明

● 圆心、半径: 已知圆心、半径绘制圆；

● 圆心、直径（D）: 已知圆心、直径绘制圆；

● 两点（2P）: 通过确定圆上两点绘制圆；

● 三点（3P）: 通过确定圆上任意三点绘制圆；

● 相切、相切、半径（T）: 已知两相切对象及半径值绘制圆；

● 相切、相切、相切: 已知三个相切对象绘制圆。

（3）命令功能说明

● 使用"两点（2P）"选项绘制圆时所指定的两点将作为圆直径的两个端点，如图 4.3a）所示。

● 使用"三点（3P）"选项所指定的 3 个点可以是圆周上的任意点，通过 3 个点只能确定唯一圆，如图 4.3b）所示。

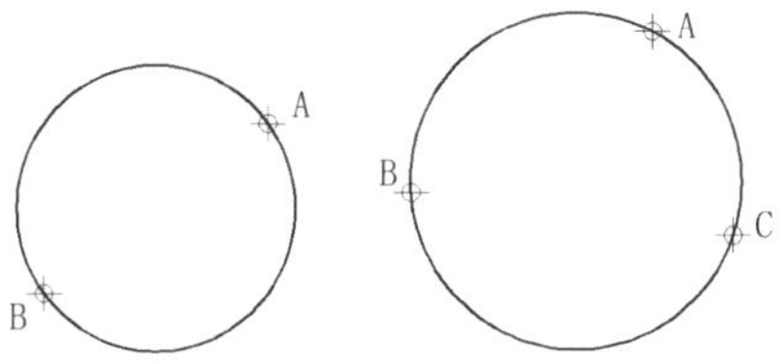

a) 两点绘圆   b) 三点绘圆

图 4.3　圆绘制功能说明

● 使用"相切、相切、半径（T）"选项绘制圆时，只需要确定相切对象即可，选择对象的位置并不一定就是切点所在位置。但选择位置可能会影响到相切的方式是内切还是外切。图 4.4 给出了以"相切、相切、半径"方式绘制圆的各种情形（其中加粗的圆为最后绘制的圆）。

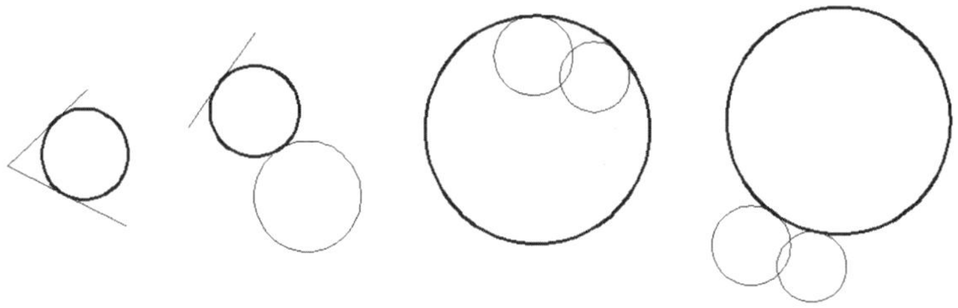

a)   b)   c)   d)

图 4.4　以"相切、相切、半径"方式绘制圆的功能说明

● 使用"相切、相切、相切"方式绘制圆时同样只需要确定相切的对象而不一定指定切点的具体位置，系统会自动完成计算，绘制出与选定任意 3 个对象均相切的唯一圆。

三、绘制圆弧

圆弧是圆的一部分，在工程图样中，它常会被用来作为直线间的连接部分，例如公路路线平面图中的单圆曲线就是典型的直线与圆弧的连接。与圆相比，圆弧的绘制就比较灵活多样，根据不同的控制条件和已知要素，用户可以选择不同的方法来绘制圆弧。图 4.5 所示就是由圆弧和直线围成的平面图形。

【操作步骤】

在命令行窗口输入命令"**LINE**"（命令缩写"**L**"）后按【Enter】键，AutoCAD 提示：

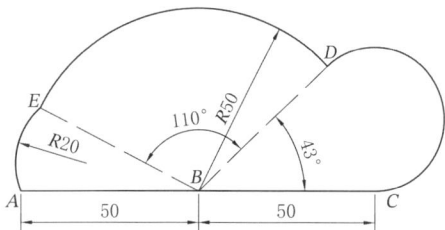

图 4.5　圆弧绘制示例

命令: LINE	←输入直线绘制命令，按【Enter】键
指定第一点:	←在绘图区任意点单击鼠标左键，指定 A 点
指定下一点或 [放弃(U)]: @50, 0	←输入 B 点相对坐标 "@50, 0"，按【Enter】键
指定下一点或 [放弃(U)]:	←按【Enter】键，完成直线 AB 的绘制
命令: ARC	←输入圆弧绘制命令，按【Enter】键
指定圆弧的起点或 [圆心(C)]: c	←输入选项参数 "C"，按【Enter】键
指定圆弧的圆心:	←配合对象捕捉工具捕捉到 B 点，单击鼠标左键
指定圆弧的起点: @50<43	←输入相对坐标值，按【Enter】键，确定 D 点
指定圆弧的端点或 [角度(A)/弦长(L)]: a	←输入选项参数 "A"，按【Enter】键
指定包含角: 110	←输入圆弧的包含角度值，按【Enter】键，完成 DE 段圆弧的绘制
命令:	←按【Enter】键，重复调用圆弧绘制命令 "ARC"
ARC 指定圆弧的起点或 [圆心(C)]:	←配合对象捕捉工具捕捉到 E 点，单击鼠标左键
指定圆弧的第二个点或 [圆心(C)/端点(E)]: e	←输入选项参数 "E"，按【Enter】键，调用指定端点选项
指定圆弧的端点:	←配合对象捕捉工具捕捉到 A 点，单击鼠标左键
指定圆弧的圆心或 [角度(A)/方向(D)/半径(R)]: r	←输入选项参数 "R"，按【Enter】键，
指定圆弧的半径: 20	←输入 AE 段圆弧半径值 20，按【Enter】键，完成 DE 段圆弧绘制
命令:line	←输入直线绘制命令，按【Enter】键
指定第一点:	←配合对象捕捉工具捕捉到 B 点，单击鼠标左键
指定下一点或 [放弃(U)]: @50, 0	←输入 C 点相对坐标 "@50, 0"，按【Enter】键
指定下一点或 [放弃(U)]:	←按【Enter】键，完成直线 BC 的绘制
命令: arc	←输入圆弧绘制命令，按【Enter】键
指定圆弧的起点或 [圆心(C)]:	←按【Enter】键，直接以 C 点作为圆弧起点开始绘制圆弧
指定圆弧的端点:	←配合对象捕捉工具捕捉到 D 点，单击鼠标左键完成 CD 段圆弧绘制

结果如图 4.5 所示。

【知识链接】

1. 圆弧绘制命令调用方式及相关功能

（1）命令调用方式

- 命令行："**ARC**"。

- 命令快捷方式："**A**"。

图 4.5 圆弧绘制

- 功能区按钮："默认"选项卡→"绘图"功能区→ 。

- 菜单：〖绘图〗→〖圆弧〗。

- 工具栏按钮：绘图工具栏→ 。

（2）命令功能说明

- 调用命令画圆弧时，可以根据系统提示选择不同的选项，具体功能和用"绘制"菜单的"圆弧"子菜单提供的 11 种方式相似。这 11 种圆弧的绘制方式如图 4.6 所示。

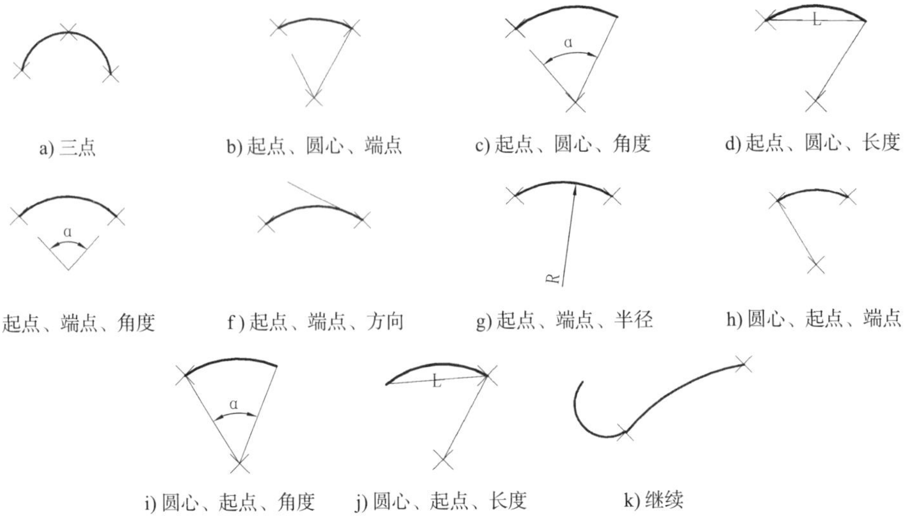

a) 三点　　　　b) 起点、圆心、端点　　　c) 起点、圆心、角度　　　d) 起点、圆心、长度

e) 起点、端点、角度　　f) 起点、端点、方向　　g) 起点、端点、半径　　h) 圆心、起点、端点

i) 圆心、起点、角度　　j) 圆心、起点、长度　　　k) 继续

图 4.6　圆弧绘制功能说明

特别提示

AutoCAD 中默认绘制圆弧的旋转方向为逆时针方向，因此，在指定圆弧的起点和端点的顺序时要特别注意，否则可能无法得到所需要的圆弧。

● 采用"继续"方式绘制圆弧时，圆弧与上一线段或圆弧相切，此时只要指定端点即可确定圆弧。

● 圆弧绘制菜单选项中的"长度"所指的均为圆弧对应弦长而非弧长。

● 如果是在使用直线绘制命令后接着绘制圆弧，则可以在**"指定圆弧的起点或［圆心（C）]:"**提示下直接按下【Enter】键绘制与最后一条直线相切的圆弧。

任务二　椭圆和椭圆弧的绘制

本任务将学习如何准确绘制所需的椭圆和椭圆弧。

一、绘制椭圆

手工绘制椭圆是比较麻烦的一项工作，虽然绘图工作者在长期的实践中总结出了诸如"四心圆弧法"、"同心圆法"、"共轭轴法"等多种方法，但这些方法都只能绘制近似椭圆。AutoCAD 利用其强大的计算和绘图功能，可以帮助用户准确绘制椭圆和椭圆弧。如图 4.7 所示的一组椭圆，根据已知条件，可以使用椭圆绘制命令**"ELLIPSE"**迅速准确地绘制该椭圆。

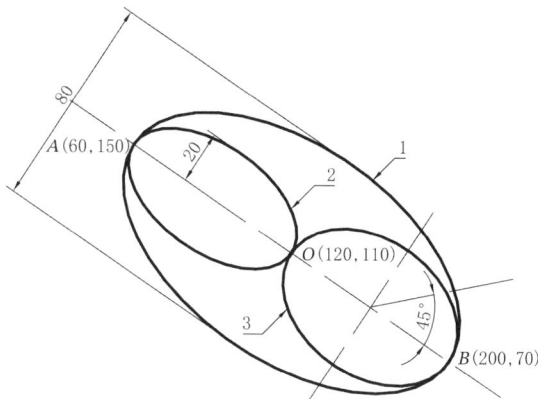

图 4.7 绘制椭圆

【操作步骤】

（1）绘制椭圆 1。

在命令行窗口输入椭圆绘制命令"**ELLIPSE**"（命令缩写"**EL**"）后按【Enter】，AutoCAD 提示：

命令: ellipse	←输入命令，按【Enter】键
指定椭圆的轴端点或 [圆弧(A)/中心点(C)]: c	←输入选项参数"C"按【Enter】键，调用指定椭圆圆心选项
指定椭圆的中心点: 120, 110	←输入椭圆心坐标，按【Enter】键
指定轴的端点: 60, 150	←输入椭圆一端的轴端点坐标，按【Enter】键
指定另一条半轴长度或 [旋转(R)]: 40	←输入椭圆另一半轴长度，按【Enter】键，完成椭圆1的绘制

（2）绘制椭圆 2。

打开对象捕捉辅助功能选项，选择"圆心"、"象限点"捕捉方式。在命令行窗口输入椭圆绘制命令"**ELLIPSE**"（命令缩写"**EL**"）后按【Enter】键，AutoCAD 提示：

命令: ellipse	←输入命令，按【Enter】键
指定椭圆的轴端点或 [圆弧(A)/中心点(C)]:	←配合对象捕捉功能，使用鼠标捕捉到椭圆1的圆心，单击鼠标左键确定
指定轴的另一个端点:	←配合对象捕捉功能，使用鼠标捕捉到椭圆1上的象限点A，单击鼠标左键确定
指定另一条半轴长度或 [旋转(R)]: 20	←输入椭圆另一半轴长度，按【Enter】键，完成椭圆2的绘制

（3）绘制椭圆 3。

在命令行窗口输入椭圆绘制命令"**ELLIPSE**"（命令缩写"**EL**"）后按【Enter】键，AutoCAD 提示：

命令: ellipse	←输入命令，按【Enter】键
指定椭圆的轴端点或 [圆弧(A)/中心点(C)]:	←配合对象捕捉功能，使用鼠标捕捉到椭圆1的圆心，单击鼠标左键确定

指定轴的另一个端点：	←配合对象捕捉功能，使用鼠标捕捉到椭圆 1 上的象限点 B，单击鼠标左键确定
指定另一条半轴长度或 [旋转(R)]：r	←输入选项参数 "R"，按【Enter】键，调用旋转方式绘制椭圆选项
指定绕长轴旋转的角度：45	←输入旋转角度，按【Enter】键，完成椭圆 3 的绘制

结果如图 4.7 所示。

【知识链接】

1. 椭圆绘制命令调用方式及相关功能

（1）命令调用方式

- 命令行："**ELLIPSE**"。

图 4.7　绘制椭圆

- 命令快捷方式："**EL**"。
- 功能区按钮："默认"选项卡→"绘图"功能区→ ◐ 。
- 菜单：〖绘图〗→〖椭圆〗。
- 工具栏按钮：绘图工具栏→ ◐ 。

（2）命令功能说明

- 在"**指定椭圆的轴端点或**［圆弧（A）/中心点（C）］："提示下，可根据两个端点定义椭圆的第一轴。第一条轴的方向确定了整个椭圆的角度方向。第一条轴既可定义椭圆的长轴也可定义短轴。

- 使用"旋转（R）"选项可以通过绕第一条轴旋转圆来创建椭圆。这种创建椭圆的方式是将一个圆绕其直径旋转一定角度后再进行正投影，此时得到的圆的投影图就成了一个椭圆。指定绕长轴旋转的角度时可以移动鼠标指定旋转角度，也可以输入一个角度值来确定旋转角度，输入角度值越大，椭圆的离心率就越大；如果输入角度值为 "0" 或者 "180"，将绘制一个圆；如果输入角度值为 "90" 或 "270"，此时，AutoCAD 将会提示 "***无效***"

- "圆弧（A）"选项用于创建一段椭圆弧。

二、绘制椭圆弧

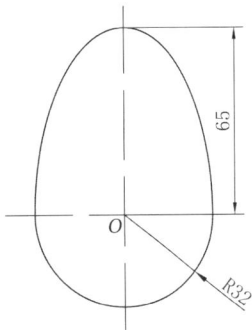

AutoCAD 中绘制椭圆弧的方式与绘制圆弧不太一样，需要先输入必要的参数确定椭圆弧所在的母圆，再通过确定椭圆弧的起始位置和终止位置，从完整椭圆中截取椭圆弧。下面通过绘制图 4.8 所示的圆弧与椭圆弧的组合图形来介绍椭圆弧的绘制。

【操作步骤】

（1）绘制圆弧。

使用直线命令 "**LINE**" 绘制轴线（略）后在命令行窗口输入圆弧绘制命令 "**ARC**"（命令缩写 "**A**"）后按【Enter】键，

图 4.8　圆弧和椭圆弧组合图形

AutoCAD 提示：

命令: arc	←输入命令，按【Enter】键
指定圆弧的起点或 [圆心(C)]: c	←输入选项参数"C"，按【Enter】键，调用先指定圆心方式绘制圆弧
指定圆弧的圆心:	←配合对象捕捉功能，使用鼠标捕捉到轴线交点 O，作为圆弧的圆心位置
指定圆弧的起点: @-32, 0	←输入相对坐标值，按【Enter】键，确定圆弧起点位置
指定圆弧的端点或 [角度(A)/弦长(L)]: a	←输入选项参数"A"，按【Enter】键，调用指定圆心角式绘制圆弧
指定包含角: 180	←输入角度值，按【Enter】键，完成圆弧绘制

（2）绘制椭圆弧。

在命令行窗口输入椭圆弧绘制命令"**ELLIPSE**"（命令缩写"**EL**"）后按【Enter】键，AutoCAD 提示：

命令: ellipse	←输入命令，按【Enter】键
指定椭圆的轴端点或 [圆弧(A)/中心点(C)]: a	←输入选项参数"A"，按【Enter】键，调用绘制椭圆弧选项
指定椭圆弧的轴端点或 [中心点(C)]: c	←输入选项参数"C"，按【Enter】键，调用先指定圆心方式绘制椭圆弧
指定椭圆弧的中心点:	←配合对象捕捉功能，使用鼠标捕捉到轴线交点 O，作为椭圆弧的圆心位置
指定轴的端点: @0, 65	←输入相对坐标值，按【Enter】键，确定椭圆长轴端点位置
指定另一条半轴长度或 [旋转(R)]:	←配合对象捕捉功能，使用鼠标捕捉到先前完成圆弧的任意端点，确定椭圆短轴长度
指定起始角度或 [参数(P)]:	←配合对象捕捉功能，使用鼠标捕捉到先前完成圆弧的右侧端点，确定椭圆弧的起点
指定终止角度或 [参数(P)/包含角度(I)]:	·配合对象捕捉功能，使用鼠标捕捉到先前完成圆弧的左侧端点，确定椭圆弧的终点，单击鼠标左键后，绘图工作完成

结果如图 4.8 所示。

📖 **特别提示** ------------------------------------

AutoCAD 中椭圆绘制和椭圆弧绘制的命令是完全一样的，不同的是，如果需要绘制椭圆弧，需要在调用椭圆命令"**ELLIPSE**"后，输入"圆弧（A）"对应的选项参数"A"开启椭圆弧绘制功能。当然，也可以点击绘图工具拦上的椭圆弧绘制工具按钮"⟳"直接开始椭圆弧绘制。

图 4.8 圆弧和椭圆弧组合图形

【知识链接】

1. 椭圆弧绘制命令调用方式及相关功能

（1）命令调用方式

- 命令行："**ELLIPSE**"。
- 命令快捷方式："**EL**"。
- 功能区按钮："默认"选项卡→"绘图"功能区→ ⊙ → ⬚椭圆弧 。
- 菜单：〖绘图〗→〖椭圆〗→〖圆弧〗。
- 工具栏按钮：绘图工具栏→ ⊙ 。

（2）命令功能说明

- 椭圆弧实质为所绘制椭圆的一部分，绘制思路为先指定椭圆弧所在椭圆的尺寸和方向，再确定所要绘制的椭圆弧。绘制所需椭圆的步骤见本任务前序部分。
- "指定起始角度："和"指定终止角度："选项所需要指定的角度是指椭圆弧起点（或终点）与椭圆中心点连线与水平方向的夹角，角度正方向是以水平方向为起始方向逆时针旋转。
- "包含角度（I）:"选项用以定义椭圆弧所对应的圆心角，其角度值为从起始点开始逆时针旋转的角度。

三、绘制等轴测圆

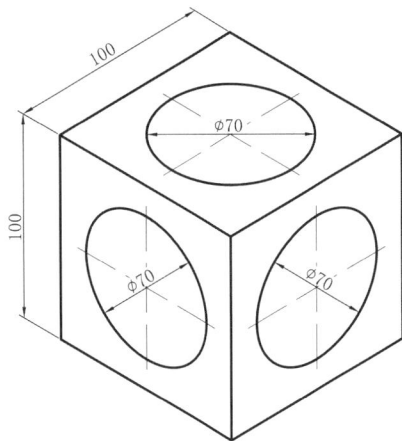

图 4.9　绘制等轴测圆

轴测投影图是用平行投影的方法绘制的一种富有立体感的图形，在工程上常把轴测图作为辅助图样，来说明建造物的结构、安装、使用等情况，在设计中，也常使用轴测图帮助构思、想象物体的形状，以弥补正投影图的不足。但是轴测图一般不能反映出物体各表面的实形，特别是在表示圆形的时候，由于投影方式的原因，正平圆、水平圆、侧平圆的正等测投影形状是椭圆。与绘制一般的椭圆相比，往往在绘制等轴测圆时仅知道圆心和半径，这为准确绘制投影后的椭圆带来一定的困难，如图 4.9 所示。如果使用 AutoCAD 提供的辅助工具结合椭圆命令，这项工作将变得非常方便。

【操作步骤】

（1）设置等轴测作图模式。

在状态栏栅格显示按钮 ⊞ 上单击鼠标右键，在打开的快捷菜单中选择"网格设置…"选项，打开"草图设置"对话框。在"捕捉类型和样式"区选中"等轴测捕捉"，如图 4.10 所示。为了使作图方便，还可以将"捕捉 Y 轴间距"和"栅格 Y 轴间距"均设置为 10，并将"栅格行为"区中的"自适应栅格"选项取消，这样，可以在绘图窗口清晰显示等轴测栅格。设置完成后，点击 确定 按钮，返回绘图窗口。

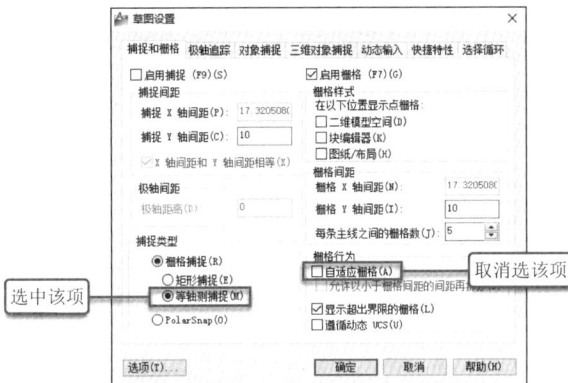

图 4.10 "草图设置"对话框

点击栅格显示按钮 ⊞，打开栅格显示，此时绘图窗口中的栅格将会按照正等测投影的轴间角方向（120°）自动调整为矩形，并且十字光标也会发生显著变化，如图 4.11 所示。

（2）绘制正六面体的等轴测投影。

图 4.9 绘制等轴测图

点击状态栏捕捉模式按钮 ⊞，打开栅格捕捉辅助功能。此时，十字光标将只能在每一个栅格点上移动。此时使用直线命令"LINE"沿对应栅格点方向绘制正六面体轮廓线（本操作具体步骤略），得到图 4.11 所示图样。

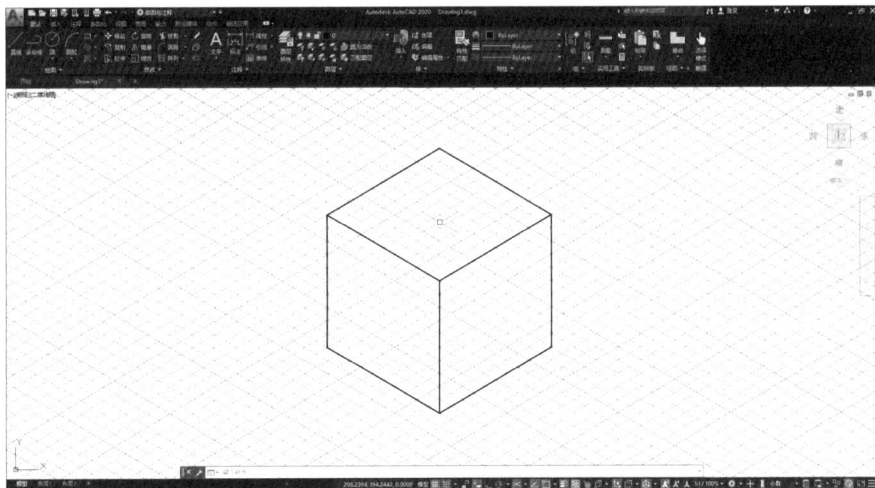

图 4.11 等轴测作图模式

（3）绘制水平圆的轴测投影。

在命令行窗口输入椭圆弧绘制命令"**ELLIPSE**"（命令缩写"**EL**"）后按【Enter】键，AutoCAD 提示：

命令：ellipse	←输入椭圆绘制命令，按【Enter】键
指定椭圆轴的端点或 [圆弧(A)/中心点(C)/等轴测圆 (I)]: I	←输入选项参数"I"，按【Enter】键，调用绘制等轴测圆选项

指定等轴测圆的圆心：	←配合对象捕捉功能和对象追踪功能，使用鼠标单击确定正六面体顶面形心为之为圆心位置
指定等轴测圆的半径或 [直径(D)]: d	←输入选项参数"D"，按【Enter】键，调用直径选项确定椭圆参数
指定等轴测圆的直径: 70	←输入轴测圆直径数值70，按【Enter】键，完成正六面体顶面水平轴测圆绘制

📖 **特别提示** ··

　　椭圆绘制命令中的"等轴测圆（I）"选项只有在将栅格捕捉方式设置为"等轴测捕捉"时才会出现。而在"等轴测圆（I）"方式下绘制椭圆，只需要像绘制圆一样，确定圆心和半径（直径）即可。

　　（4）绘制正平圆的轴测投影。

　　按下【F5】键或使用键盘快捷方式【Ctrl】+【E】，将等轴测平面切换为正平面等轴测平面模式，如图 4.12 所示（注意十字光标和栅格的变化）。重复步骤 3 的绘制过程，完成正六面体正面上正平圆的轴测投影。

　　（5）绘制侧平圆的轴测投影。

　　按下【F5】键或使用键盘快捷方式【Ctrl】+【E】，将等轴测平面切换为侧平面等轴测平面模式，如图 4.13 所示。重复步骤 3 的绘制过程，完成正六面体正面上侧平圆的轴测投影。完成结果如图 4.9 所示。

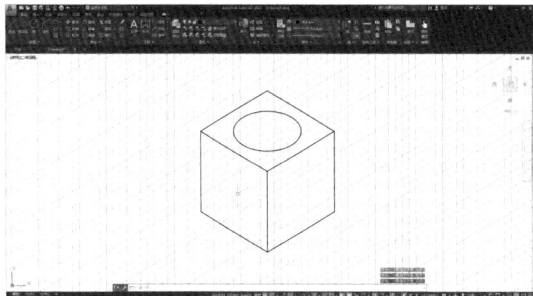

绘制等轴测圆

图 4.12　正平面等轴测模式　　　　　图 4.13　侧平面等轴测模式

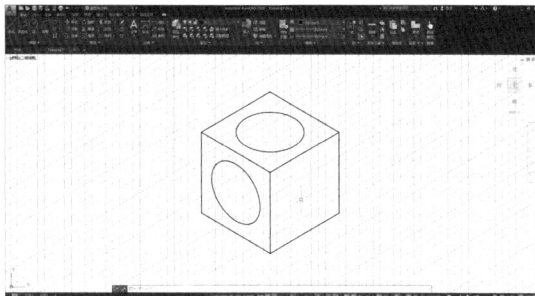

任务三　绘制不规则曲线图形

　　工程图样中除了有圆、圆弧、椭圆、椭圆弧这样的规则曲线外，很多时候还会使用到一些不规则的曲线，例如地形图中的等高线就是典型的不规则曲线。另外，用来表达圆柱结构断开界线的波浪线以及反映局部剖面图中剖切位置的波浪线等，都是不规则曲线，这些曲线都无法使用圆弧或椭圆弧来准确描绘，此时，AutoCAD 提供的样条曲线和徒手线就会派上很大的用场。本任务将学习如何绘制这两种不规则曲线。

一、使用样条曲线绘制波浪线

在工程图样中需要表达柱状构件的断开界限时，常会用到波浪线，如图 4.14 所示的某桩柱式桥墩立面图，其桩柱部分的断开界限就是用波浪线来表示的，在使用 AutoCAD 绘图时，该处的波浪线可以使用样条曲线来完成。

下面以图 4.14 桥墩的桩基础部分断开界面截断线绘制为例来说明样条曲线命令"**SPLINE**"的使用方法。

【操作步骤】

（1）使用直线命令"**LINE**"绘制桥墩桩基础部分轮廓线，如图 4.15a）所示。

（2）使用直线命令"**LINE**"分别绘制辅助线段 *AB*、*BC*、*DE*、*EF*、*GH*、*HI*，如图 4.15b）所示，桩基础下半部分辅助线按同样方式绘制。

（3）使用样条曲线绘制波浪线。

打开对象捕捉辅助功能选项，选择"端点""中点"捕捉方式。在命令行窗口输入样条曲线绘制命令"**SPLINE**"（命令缩写"**SPL**"）后按【Enter】键，AutoCAD 提示：

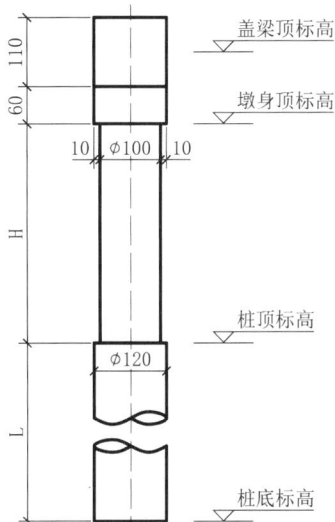

图 4.14　桩柱式桥墩立面图

命令: spline	←输入样条曲线绘制命令，按【Enter】键
指定第一个点或 [对象(O)]:	←配合对象捕捉功能，使用鼠标捕捉到 *D* 点，单击鼠标左键确认
指定下一点:	←配合对象捕捉功能，使用鼠标捕捉到 *GH* 段线段的中点，单击鼠标左键确认
指定下一点或 [闭合(C)/拟合公差(F)] <起点切向>:	←配合对象捕捉功能，使用鼠标捕捉到 *E* 点，单击鼠标左键确认
指定下一点或 [闭合(C)/拟合公差(F)] <起点切向>:	←配合对象捕捉功能，使用鼠标捕捉到 *BC* 段线段的中点，单击鼠标左键确认
指定下一点或 [闭合(C)/拟合公差(F)] <起点切向>:	←配合对象捕捉功能，使用鼠标捕捉到 *F* 点，单击鼠标左键确认
指定下一点或 [闭合(C)/拟合公差(F)] <起点切向>:	←配合对象捕捉功能，使用鼠标捕捉到 *HI* 段线段的中点，单击鼠标左键确认
指定下一点或 [闭合(C)/拟合公差(F)] <起点切向>:	←配合对象捕捉功能，使用鼠标捕捉到 *E* 点，单击鼠标左键确认
指定下一点或 [闭合(C)/拟合公差(F)] <起点切向>:	←按【Enter】键，完成点的指定
指定起点切向:	←直接按【Enter】键，完成起点切向的指定
指定端点切向:	←直接按【Enter】键，完成端点切向的指定并结束波浪线的绘制

结果如图 4.15c）所示。

（4）重复步骤 3 工作，绘制桩基础下半部分的波浪线，注意指定点的顺序。完成后将辅助线删除，得到图 4.15d）所示结果。

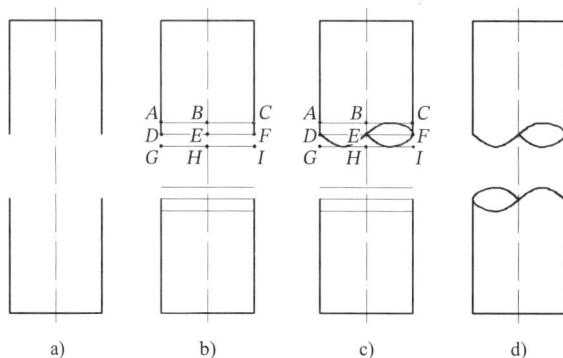

图 4.15　绘制柱体截断线的步骤

图 4.14　桩柱式桥墩立面图

【知识链接】

1. 样条曲线绘制命令调用方式及相关功能

（1）命令调用方式

- 命令行："SPLINE"。
- 命令快捷方式："SPL"。
- 功能区按钮："默认"选项卡→"绘图"功能区→▧（样条曲线拟合方式）。
- "默认"选项卡→"绘图"功能区→▧（样条曲线控制点方式）。
- 菜单：〖绘图〗→〖样条曲线〗。
- 工具栏按钮：绘图工具栏→▧。

（2）命令功能说明

- 样条曲线是由 AutoCAD 通过拟合给定一系列数据点形成的一条曲线。
- "方式（M）:"是选择使用拟合点还是使用控制点来创建样条曲线。其中"拟合"方式是通过指定样条曲线必须经过的拟合点来创建 3 阶（三次）B 样条曲线。在公差值大于 0（零）时，样条曲线必须在各个点的限定公差距离内；"控制点"方式则是通过指定控制点来创建样条曲线。使用此方法可创建 1 阶（线性）、2 阶（二次）、3 阶（三次）直到最高为 10 阶的样条曲线。通过移动控制点调整样条曲线的形状通常能够比移动拟合点取得更好的效果。
- "阶数（D）:"选项用以设置所生成样条曲线的多项式阶数。使用此选项可以创建 1 阶（线性）、2 阶（二次）、3 阶（三次）直到最高 10 阶的样条曲线。
- "对象（O）:"选项可以将已存在的拟合样条曲线多段线转换为等价的样条曲线。
- "节点（K）:"选项用来确定样条曲线中连续拟合点之间的零部件曲线如何过渡，其中"弦"（弦长方法）方法可均匀隔开连接每个部件曲线的节点，使每个关联的拟合点对之间的距离成正比；"平方根"（向心方法）方法可均匀隔开连接每个部件曲线的节点，使每个关联的拟合点对之间的距离的平方根成正比。此方法通常会产生更"柔和"的曲线；"统一"（等间距分布方法）方法可均匀隔开每个零部件曲线的节点，使其间距相等，而不指定拟合点的间距，此方法通常可生成泛光化拟合点的曲线。

● 在指定样条曲线通过的第三点后会在命令行窗口中出现"闭合（C）"选项，选择该项可以使曲线首尾闭合。与直线闭合不同的是，选择"闭合"选项后，命令行窗口会继续提示用户指定终点的切线方向。

● "拟合公差（F）"选项用于修改拟合当前样条曲线的公差。拟合公差决定了所画曲线与制定点的接近程度。绘制样条曲线过程中，当在"指定下一点或［闭合（C）/拟合公差（F）］<起点切向>："提示下选择了"拟合公差"后，系统会提示："指定拟合公差<0.0000>:"，此时输入需要的公差值即可。当输入拟合公差为 0 时，样条曲线将通过指定点；若输入的公差值不为 0,则绘制的样条曲线将偏离指定点,公差值越大,样条曲线偏离指定点越远,如图 4.16 所示。

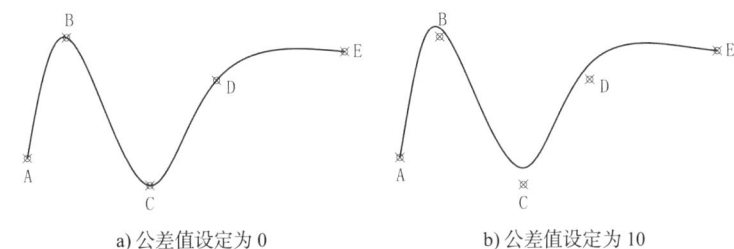

a) 公差值设定为 0　　　　　　　　　b) 公差值设定为 10

图 4.16　不同拟合公差下样条曲线绘制示例

特别提示

输入公差值只能为正。

二、徒手线绘制

在工程制图中并不是所有的图形对象都能严格得按照既定尺寸或某种规律准确绘制，如图 4.17 所示的某城市道路的标准横断面图中的绿化树木，其没有任何尺寸或者线型的构成规律可言，对于这样需徒手绘制的图样，AutoCAD 为用户提供了徒手线命令"**SKETCH**"，以方便完成此类绘图工作。

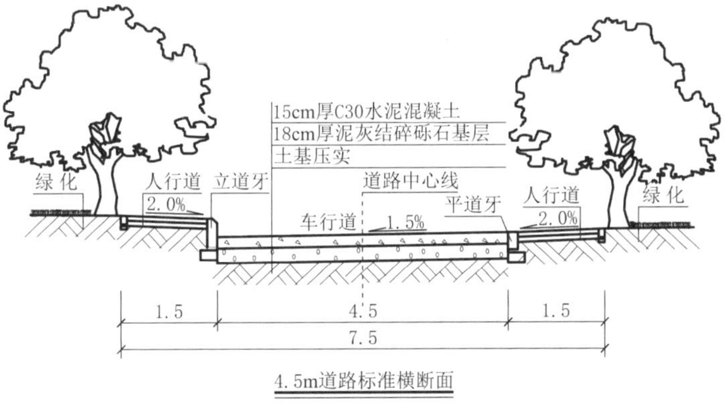

图 4.17　某城市道路标准横断面图

【操作步骤】

（1）调整系统变量，设置徒手画线为一个单一对象

在命令行窗口输入系统变量设置命令"**SKPOLY**"后按【Enter】键，AutoCAD 提示：

命令: skpoly	←输入命令，按【Enter】键
输入 SKPOLY 的新值 <0>: 1	←输入变量参数"1"，按【Enter】键，将徒手线设置为一条单独的多段线

（2）徒手绘制绿化树木

在命令行窗口输入徒手画线命令"**SKETCH**"后按【Enter】键，AutoCAD 提示：

命令: sketch	←输入命令，按【Enter】键
记录增量 <1.0000>: 1.5	←输入所需要的记录增量值，按【Enter】键
徒手画. 画笔(P)/退出(X)/结束(Q)/记录(R)/删除(E)/连接(C)。p	←输入选项参数"P"，按【Enter】键，落下画笔，开始绘制徒手线
<笔 落>	←移动鼠标.将鼠标作为画笔开始勾画树木轮廓
<笔 提>	←输入选项参数"P"，抬起画笔，移动鼠标到要画线的位置
<笔落>	←输入选项参数"P"，落下画笔，继续画线
<笔提>	←按【Enter】键完成绘图

重复以上步骤，直至完成绘图工作，结果如图 4.18 所示。

图 4.18　徒手线绘制绿化树

图 4.18　使用徒手线功能绘制绿化树

【知识链接】

1. 徒手线命令调用方式及相关说明

（1）命令调用方式

● 命令行："**SKETCH**"。

📖 **特别提示** -

徒手画线只能通过命令方式调用。

（2）命令参数说明

● 记录增量：用于控制绘制徒手线时的记录步长，值越小，记录越精确。

● 画笔（P）：其本质是，用于控制画笔起落的开关，决定移动鼠标时是否在图面上留下轨迹。

● 退出（X）：退出徒手画线模式，将鼠标轨迹转换成记录并回到命令行状态。功能等同于按下键盘上的空格键或【Enter】键。

● 结束（Q）：选择该项将结束徒手画线，但对鼠标的轨迹不做记录。其效果等同于按下键盘上的【Esc】键。

● 记录（R）：将画笔的轨迹转变成记录，并退出"SKETCH"命令。此时在图形文件中将保存生成的轨迹，并且该轨迹不可以通过"删除（E）"选项删除轨迹。

● 删除（E）：删除所有未记录的轨迹。

● 连接（C）：将光标位置用一条线与最近绘制的端点连起来。

（3）命令功能说明

● 徒手线实质上是由较短的线段连接模拟而成的。在执行徒手线绘制命令"SKETCH"后，用户通过移动鼠标光标就能绘制出曲线，鼠标光标移动到哪里，线就画到哪里。用户可以根据需要自行设置线段的最小长度（即记录增量）。当鼠标从某一端点开始移动一段距离，而这段距离又超过了设定的最小长度值时，系统就产生新的线段。因此，如果设定的最小长度值较小，那么所绘曲线中就会包含大量的微小线段，从而增加图样的大小，反之，如果设定了较大的最小长度值，则绘制的曲线看起来就像连续折线。

● 系统变量"SKPOLY"用于控制徒手画线是否是一个单一对象，当设置"SKPOLY"值为"1"时，"SKETCH"命令绘制的曲线是一条单独的多段线。

● 单击鼠标也可以改变画笔状态（抬笔/落笔）。

● 徒手线对于一些使用数字化仪输入已有图纸的工作比较适用，同时大量应用于地理、气象、天文等专业图形的绘制。

项目拓展

本项目拓展介绍圆环的绘制方法。

"DONUT"命令可创建填充圆环或圆点。执行该命令后，根据提示依次输入圆环内径、外径及圆心，AutoCAD 就可以生成圆环。若要画圆点，则指定内径为"0"即可，如图 4.19 所示的圆环和实心圆点，就可以使用圆环命令"DONUT"来绘制。

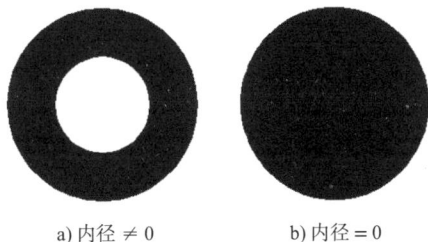

a) 内径 ≠ 0　　　　　b) 内径 = 0

图 4.19　使用"DONUT"命令绘制圆环

【操作步骤】

在命令行窗口输入圆环绘制命令"**DONUT**"（命令缩写"**DO**"）后按【Enter】键，AutoCAD提示：

```
命令: donut                           ←输入命令，按【Enter】键
指定圆环的内径 <0.0000>: 3            ←输入新的圆环内径值，按【Enter】键确认
指定圆环的外径 <6.0000>: 6            ←输入新的圆环外径值，按【Enter】键确认
指定圆环的中心点或 <退出>:            ←移动鼠标到需要绘制圆环的位置上，单击鼠标左
                                       键，完成一个圆环的绘制
指定圆环的中心点或 <退出>:            ←按【Enter】键，结束圆环绘制
命令:                                 ←按【Enter】键，再次调用圆环绘制命令
DONUT
指定圆环的内径 <3.0000>: 0            ←输入新的圆环内径值，按【Enter】键确认
指定圆环的外径 <6.0000>:              ←按【Enter】键确认继续使用上一次的外径值
指定圆环的中心点或 <退出>:            ←移动鼠标到需要绘制圆环的位置，单击鼠标左键，
                                       完成一个圆环的绘制
指定圆环的中心点或 <退出>:            ←按【Enter】键，结束圆环绘制
```

图 4.19、图 4.20　绘制圆环

【知识链接】

1. 圆环绘制命令调用方式及相关功能

（1）命令调用方式

● 命令行："**DONUT**"。

● 命令快捷方式："**DO**"。

● 功能区按钮："默认"选项卡→"绘图"功能区→◉。

● 菜单：〖绘图〗→〖圆环〗。

（2）命令功能说明

● 使用"**DONUT**"命令绘制的圆环实际上是具有一定宽度的多段线，用户可用多段线编辑命令"**PEDIT**"对其进行编辑修改。

● 系统变量"**FILL**"可以控制是否填充圆环。在命令行窗口输入系统变量设置命令"**FILL**"后按【Enter】键，AutoCAD提示：

```
命令: fill
输入模式 [开(ON)/关(OFF)] <开>:
```

输入"ON"表示填充，输入"OFF"表示不填充。当选择不填充时，圆环间实质上是用射线填充而非完全不填充，如图 4.20 所示。

● 在"指定圆环的中心点或<退出>:"提示下继续指定圆环的中心点，则继续绘制相同内外径的圆环，直至按【Enter】键、空格键或单击鼠标右键结束命令。

● 当绘制圆环时若选择内外径相等，则绘制的圆环是以圆的形式出现，但这个圆和使用圆绘制命令"**CIRCLE**"绘制的圆在特性上有很大差别。

圆环命令在公路工程制图中使用的频率是比较高的，如图 4.21 所示的钢筋混凝土桥墩立柱的钢筋断面图中，用来表达纵向钢筋投影的小黑点，就可以使用圆环命令来绘制。

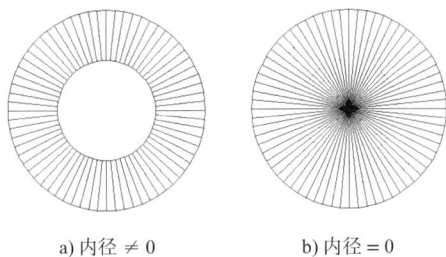

a) 内径 ≠ 0   b) 内径 = 0

图 4.20   不填充状态下绘制的圆环

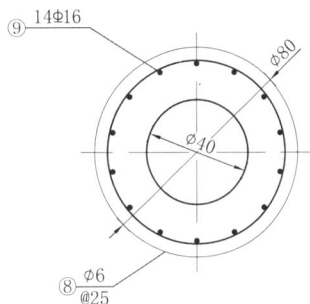

图 4.21   桥墩立柱钢筋断面图

项目小结

本项目主要内容总结如下：

◆ AutoCAD 提供了多种方式用以精确绘制圆、圆弧和椭圆等具有一定规律的曲线图形，用户可以根据已知条件的不同，灵活选择绘图方式。由于 AutoCAD 绘制圆弧和椭圆弧时默认的绘图方向为逆时针方向，因此，绘制绘制圆弧和椭圆弧时一定要注意指定起点和端点的顺序。

◆ 对于不规则的曲线图形，用户可以根据需要选择使用样条曲线或者徒手线。样条曲线主要用来将各已知点用光滑曲线连接，而徒手线则是用鼠标模拟传统意义上的徒手画笔来绘制任意线段。

◆ 圆环命令"DONUT"可以绘制实心或者空心圆环，用户还可以通过设置系统变量"FILL"来确定是否对圆环进行填充。

实训

1. 按照图中尺寸要求，绘制图 4.22 所示的图形。

2. 按照图中尺寸要求，使用圆弧命令绘制图 4.23 所示的吊钩图。

图 4.22   项目四实训 1

图 4.22   实训 1 图形

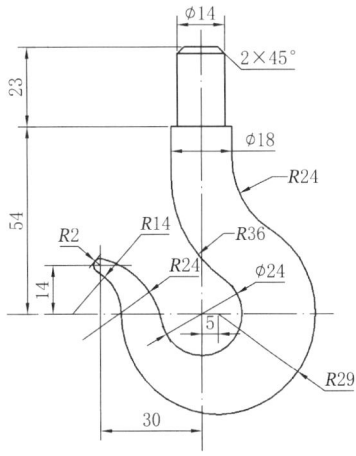

图 4.23   实训 2 图形

　　提示：可以先在辅助线图层将所有圆弧所在的完整圆绘制出来，作为绘制圆弧的辅助圆，然后在轮廓线层使用圆弧命令将所需要圆弧部分描绘出来。

图 4.23　项目四实训 2

图 4.24　项目四实训 3

　　3. 按照图 4.24 中的尺寸要求，绘制轴测图。

图 4.24　实训 3 图形

项目五
ITEM FIVE
填充图案

道路桥梁工程制图中常常会用到剖面图和断面图来表达建造物、构造物的内部结构或使用的材质，比较典型的如桥梁、涵洞的结构断面图，公路设计中的路面结构图等。一般来说，剖面图和断面图在剖切面上应该画上剖面线或表示材料类型的图例，这就需要进行图案填充。如何使用 AutoCAD 完成图案填充工作是本项目要介绍的内容。

学习目标

◎ 学会使用图案填充。
◎ 学会如何编辑修填充图案。
◎ 学会分析图案填充失败的原因。
◎ 了解图案填充的注意事项。

任务一　完成简单图案填充工作

本任务将通过绘制如图 5.1 所示的某 30 米 T 梁桥主梁构造断面图学习如何完成简单的图案填充工作。

【操作步骤】

（1）按照图 5.1 中尺寸要求完成 T 梁断面轮廓线的绘制，如图 5.2a）所示。

（2）单击"默认"选项卡"绘图"功能区上的 ▦ 按钮，在功能区会打开图 5.3 所示的"图案填充创建"选项卡。

（3）在"图案"功能区选择剖面线"ANSI31"作为填充使用的图形，如图 5.4 所示。

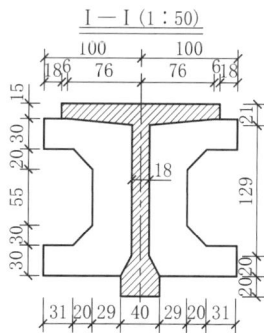

图 5.1　T 梁断面图

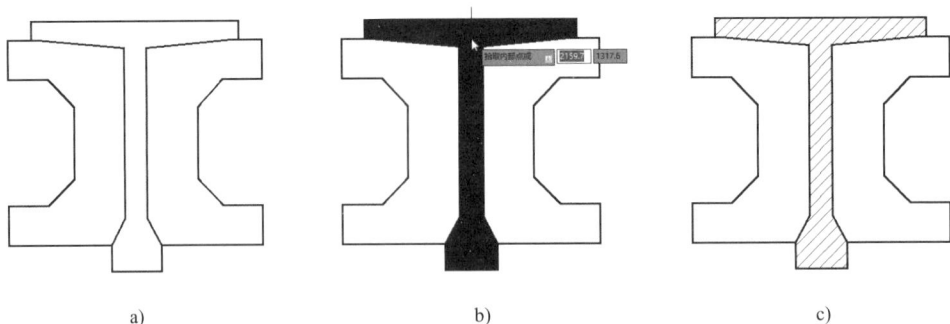

图 5.2　T 梁断面图填充过程

图 5.3　"图案填充创建"选项卡

（4）移动光标至需要填充的区域内任意位置，选中该区域，此时被选中区域将会显示填充的效果，如图 5.2b）所示。

（5）观察填充图案的预览图。观察发现，填充图案非常密集，根本无法辨认填充内容。导致该问题的原因是填充图案的比例不合适。移动光标至"特性"功能区的"填充图案调整比例"窗口，输入所需要调整的比例值（本例将比例设置为 50），如图 5.5 所示。

图 5.4　选择"ANSI31"图案

图 5.5　调整填充图案比例

（6）重复步骤 4 的预览工作，如果觉得填充效果满意，在填充区域直接单击鼠标左键完成图案填充工作。结果如图 5.2c）所示。

图 5.2　T 梁断面填充过程

【知识链接】

1. 图案填充命令调用方式及相关说明

（1）命令调用方式

● 命令行："**BHATCH**"。

● 命令快捷方式："**BH**"。

● 功能区按钮："默认"选项卡→"绘图"功能区→。

● 菜单：〖绘图〗→〖图案填充〗。

● 工具栏按钮：绘图工具栏→。

（2）对话框使用说明

调用"图案填充"命令后，在功能区会打开图 5.3 所示的"图案填充创建"选项卡。对图案填充的操作均通过该选项卡来完成。

①"边界"功能区

"边界"功能区主要用于选择和控制填充区域，如图 5.6 所示。其中各选项含义如下。

图 5.6 "边界"功能区

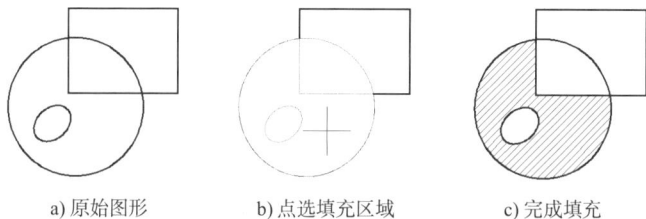

● "拾取点"按钮 ：点击按钮后返回绘图窗口，用户可以通过在需要填充的范围内单击鼠标左键的方式让系统自动确定填充区域的边界，如图 5.7 所示。

a) 原始图形　　　　b) 点选填充区域　　　　c) 完成填充

图 5.7 以"拾取点"方式选择填充区域

特别提示

采用"拾取点"方式填充，应尽量保证所点选的区域是完全封闭的平面区域，否则，会出现如图 5.8 所示的"边界定义错误"警告对话框。但 AutoCAD 允许使用"拾取点"方式选择填充在允许的间隙范围内的不封闭图形，允许的间隙大小可以通过在图 5.9 所示的"允许的间隙"功能区中指定。"允许的间隙"范围为 0-5000，当默认值为 0 时，无法填充不封闭的图形。

图 5.8 "边界定义错误"警告对话框

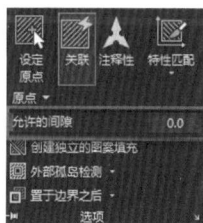

图 5.9 设置填充不封闭图形的允许间隙

● "选择边界对象"按钮 ：点击按钮后，用户可以通过选择对象的方式确定填充区域的边界，如图 5.10 所示。

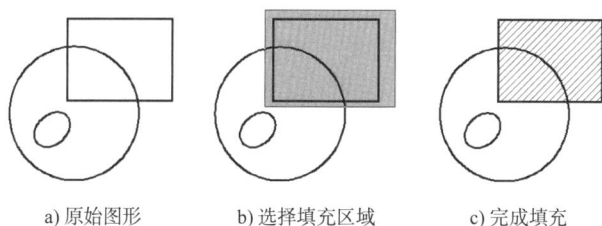

a) 原始图形　　　　b) 选择填充区域　　　　c) 完成填充

图 5.10 以"选择对象"方式确定填充区域

📖 **特别提示** -

采用"选择边界对象"方式填充指定区域时，不强调所选择区域应完全封闭，但对于不封闭区域的填充，可能无法达到预想填充效果，使用时应特别注意。

● "删除边界"按钮 🔳 删除：点击此按钮后，用户可以从已定义的边界中删除以前添加的任何对象，如图 5.11 所示。该选项只有在已经定义边界后才能使用。

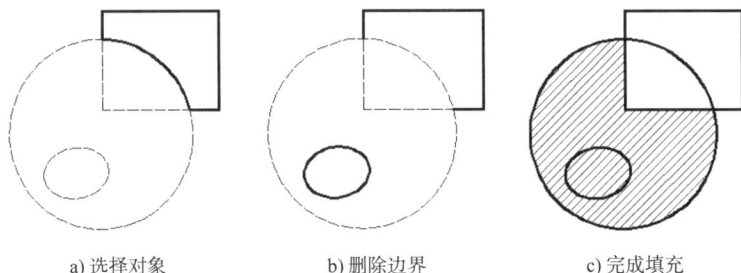

a) 选择对象　　　　　　　b) 删除边界　　　　　　　c) 完成填充

图 5.11　删除边界说明

● "重新创建边界"按钮 🔳 重新创建：该按钮只有在选中填充图案时才能激活，点击此按钮后，用户可以围绕选定的图案填充对象为其创建多段线或面域。

● "显示边界对象"按钮 🔳 显示边界对象：点击该按钮后将显示边界夹点，用户可以通过夹点编辑边界对象和选定的图案填充对象。当选择非关联图案填充时，将自动显示图案填充边界夹点。选择关联图案填充时，除非选择"显示边界对象"选项，否则会默认显示单个图案填充夹点。

● "保留边界对象"选项按钮 🔳：该选项仅在图案填充创建期间可用，用于确定如何处理图案填充边界对象，包含三个选项，"不保留边界"选项即不创建独立的图案填充边界对象；"保留边界-多段线"选项用于创建封闭图案填充对象的多段线；"保留边界-面域"选项用于创建封闭图案填充对象的面域对象。

● "选择新边界集"选项按钮 🔳：该选项仅在图案填充创建期间可用，用于指定对象的有限集（也称为边界集），以便系统通过创建图案填充时的拾取点进行计算。该选项包含两个子选项，"使用当前视口"从当前视口范围内的所有对象定义边界集；"指定边界集"从使用"定义边界集"选定的对象定义边界集。

图 5.12　"图案"功能区

②"图案"功能区

"图案"功能区用于显示和选择所有预定义和自定义的填充内容，包括图案填充和渐变色填充，如图 5.12 所示。"图案"功能区与"特性"功能区是联动的，选中某个想要填充的内容后，"特性"功能区会相应出现设置选项。

③"特性"功能区

"特性"功能区与"图案"功能区关联，用于精确设定填充效果，如图 5.13 所示。

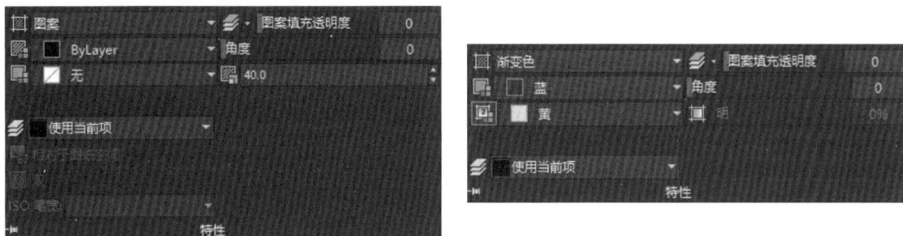

a) 填充内容为"实体""图案"和"用户定义"　　　　　b) 填充内容为"渐变色"

图 5.13　"特性"功能区

- "图案填充类型"选项 实体 ：此选项是用于确定使用纯色、渐变色、图案还是用户定义的填充，其中用户定义的图案须基于图形中的当前线型。自定义图案需要通过用户自定义一个后缀名为".PAT"的文件才能通过相应设置进行调用。
- "图案填充颜色"选项 ByLayer ：此选项在图案填充类型为"实体"、"图案"或"用户定义"时，设定填充内容的当前颜色。
- "背景色"选项 无 ：此选项在图案填充类型为"实体"、"图案"或"用户定义"时，设定填充图案背景的颜色。
- "图案填充透明度"选项 图案填充透明度 0 ：此选项用于设定新图案填充对象的透明度级别。设置时可以直接在文本框中输入数值，也可以在中间设置条中拖动鼠标来设置透明度。使用下拉列表可以将透明度设定为"ByLayer"、"ByBlock"或是"按对象"（透明度值）。
- "图案填充角度"选项 角度 0 ：此选项用于指定渐变色和图案填充对象相对于当前坐标系 X 轴的角度值。设置时可以直接在文本框中输入 0 到 359 度间数值，或者使用鼠标拖动滑块来设定图案填充角度。
- "图案填充比例"选项 1 ：此选项用于放大或缩小预定义或自定义填充图案，只能用在图案填充类型为"图案"时。
- "相对于图纸空间"选项 相对于图纸空间 ：此选项仅在布局中可用，用于相对于图纸空间单位缩放填充图案。使用此选项，可轻松地做到以适合于布局的比例显示填充图案。
- "双向"选项 双 ：此选项在图案填充类型为"用户定义"时，可以绘制第二组直线，与原始直线成 90 度角，从而构成交叉线。
- "ISO 笔宽"选项 ISO 笔宽 1.00 毫米 ：此选项在图案填充类型为预定义的 ISO 图案时用于设定填充图案的线条宽度。
- "渐变明暗"选项 明 100% ：此选项在图案填充类型为"渐变色"时，指定用于单色渐变填充的是明色（与白色混合的选定颜色）还是暗色（与黑色混合的选定颜色）。

④"原点"功能区

"原点"功能区主要用于控制填充图案生成的起始位置，如图 5.14 所示。

默认情况下，所有图案填充原点都对应于当前的用户定义坐标系（UCS）原点。只有在某些图案的填充（例如砖块图案）需要与图案填充边界上的一点对齐时才会使用到原点设定功能。

图 5.14　"原点"功能区

- "设定原点"按钮 ：用于直接指定新的图案填充原点。
- "左下"按钮 ：点击后可将图案填充原点设定在图案填充边界矩形范围的左下角。
- "右下"按钮 ：点击后可将图案填充原点设定在图案填充边界矩形范围的右下角。
- "左上"按钮 ：点击后可将图案填充原点设定在图案填充边界矩形范围的左上角。
- "右上"按钮 ：点击后可将图案填充原点设定在图案填充边界矩形范围的右上角。
- "中心"按钮 ：点击后可将图案填充原点设定在图案填充边界矩形范围的中心。
- "使用当前原点"按钮 ：点击后可将图案填充原点设定在系统的默认位置。
- "存储为默认原点"按钮 ：点击后可将新图案填充原点的值存储在系统变量中。

⑤ "选项"功能区

"选项"功能区主要用于控制几个常用的图案填充或填充选项，如图 5.15 所示。

- "关联边界"按钮 ：该按钮用于确定填充图案与边界的关系。当选择关联边界时，填充的图案在用户修改其边界对象时将会更新，如果选择不关联，则在用户修改其边界对象时，已经填充的图案不会发生任何变化。选择关联与否的填充效果如图 5.16 所示。

- "注释性比例"按钮 ：该按钮用于指定图案填充为注释性。此特性会自动完成缩放注释过程，从而使注释能够以正确的大小在图纸上打印或显示。

图 5.15　"选项"功能区

- "使用当前原点"按钮 ：选择该选项后，将需要先设定选定图案填充对象（除图案填充原点外）的特性（包括图案、角度、比例等）。完成设定后返回绘图窗口，选择某个已经完成的图案填充对象，再点击需要填充的区域，则选中区域将会按照开始选择的图案填充对象特性完成填充。

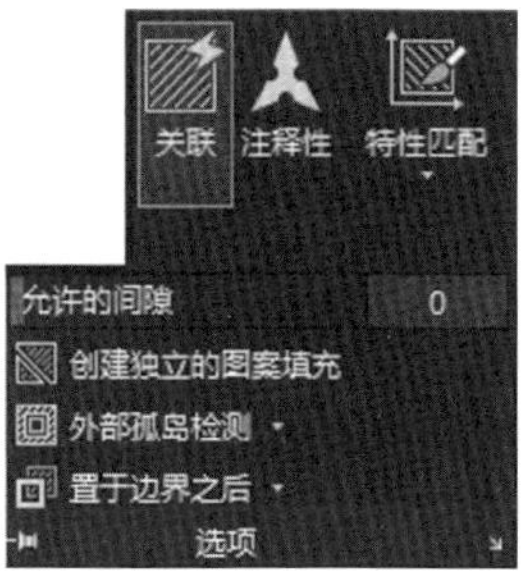

关联填充图案　　移动文字位置　　移动圆心位置　　移动多边形面点

a)

非关联填充图案　　移动文字位置　　移动圆心位置　　移动多边形面点

b)

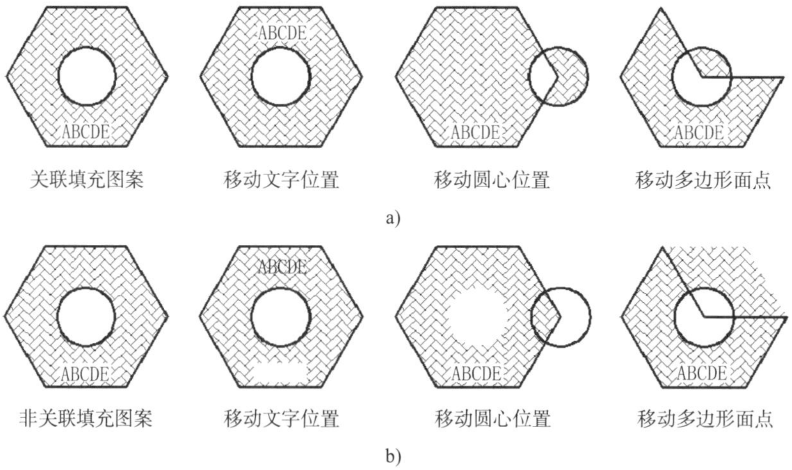

图 5.16　关联填充与非关联填充

● "使用源图案填充的原点"按钮 [用源图案填充原点]：选择该选项后，将使用选定图案填充对象（包括图案填充原点）设定图案填充的特性。

● "允许的间隙"设置框 [允许的间隙 ← 0]：用于设定将对象用作图案填充边界时可以忽略的最大间隙。默认值为 0，此值指定对象必须为封闭区域，没有间隙。使用鼠标移动滑块或按图形单位输入 0 到 5000 之间的一个值，可以设定将对象用作图案填充边界时可以忽略的最大间隙。任何小于等于指定值的间隙都将被忽略，并将边界视为封闭。

● "创建独立的图案填充"按钮 [创建独立的图案填充]：用于控制当指定了几个独立的闭合边界时，是将其创建为一个图案填充对象，还是创建为多个独立的图案填充对象。若为非独立对象，则在选择填充对象时会将所有填充部分选中；若为独立对象，则只选中单一对象。选择创建独立的图案填充与否的填充效果如图 5.17 所示。

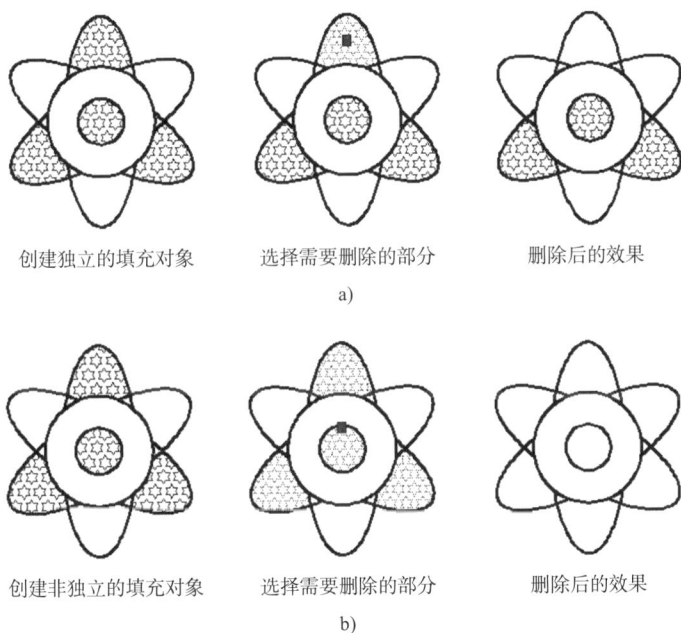

创建独立的填充对象　　　选择需要删除的部分　　　删除后的效果

a)

创建非独立的填充对象　　　选择需要删除的部分　　　删除后的效果

b)

图 5.17　创建独立的图案填充与创建非独立的图案填充

● "孤岛检测"下拉选项按钮：孤岛检测的作用主要是确定当填充的图形对象存在多重封闭区域时，如何处理各填充区域之间的关系。该选项各自的功能，将在本项目任务二中详细介绍。

● "绘图次序"下拉选项：该选项用于指定图案填充的绘图顺序。其中：[不指定]按钮将为填充图案保持默认绘图次序；[后置]按钮用于将选定图案的填充置于所有其他图案之后；[前置]按钮用于将选定图案的填充置于所有其他图案之前；[置于边界之后]按钮用于将图案填充置于图案填充边界之后；[置于边界之前]按钮用于将图案填充置于图案填充边界之前。

📖 **特别提示**

点击"选项"功能区右下角的斜向箭头 ⬃ ，会打开图 5.18 所示的"图案填充与渐变色"对话框，图案填充工作也可以在此对话框中完成。

图 5.18 "图案填充与渐变色"对话框

⑥"关闭"功能区

"关闭"功能区只有一个选项按钮，如图 5.19 所示。单击后可以退出图案填充命令并关闭上下文选项卡。也可以按【Enter】键或【Esc】键退出图案填充命令。

图 5.19 "关闭"功能区

任务二　完成复杂图案填充工作

本任务将通过绘制如图 5.20 所示的双孔圆管涵的涵身断面图来学习如何完成复杂图案填充工作。

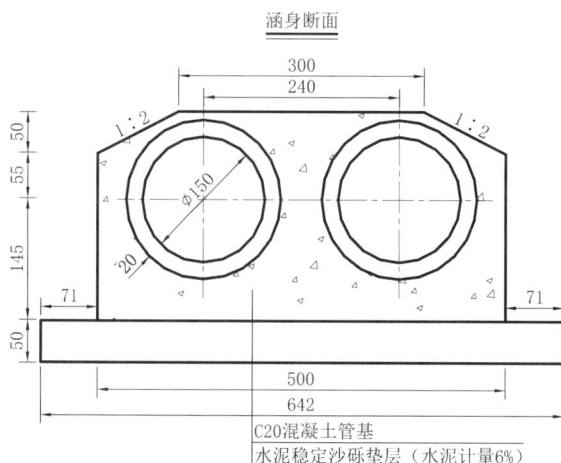

图 5.20　双孔圆管涵涵身断面图

【操作步骤】

（1）按照图 5.20 中的尺寸要求完成双孔圆管涵涵身断面轮廓线的绘制，如图 5.23a）所示。

（2）单击"绘图"选项区上的 ▦ 按钮，打开"图案填充创建"选项卡。

（3）在"图案"功能区选择图案"AR-CONC"作为填充使用的图形，如图 5.21 所示。

（4）在"选项"功能区打开"孤岛检测"选项菜单并选择"外部孤岛检测"，如图 5.22 所示。

图 5.21　选择图案"AR-CONC" 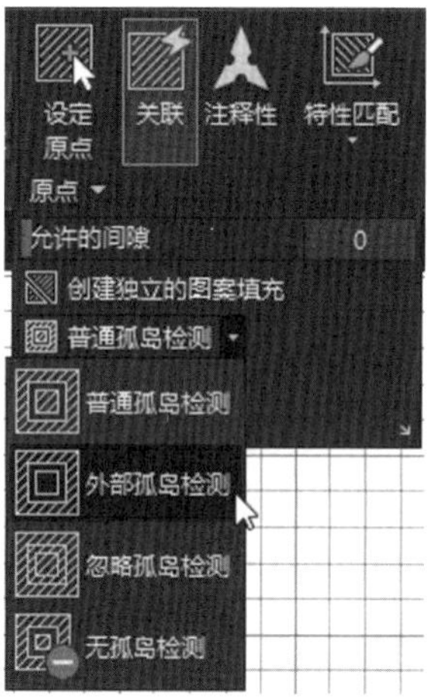　　图 5.22　选择"外部孤岛检测"选项

（5）移动光标至图中"C20 混凝土管基"部分，此时被选中区域将会高亮显示，并预览填充效果，如图 5.23b）和图 5.23c）所示。

（6）观察填充图案的预览图。根据观察效果，在"特性"功能区的"图案填充比例"窗口将填充图案比例设置为 0.5，移动光标至图中"C20 混凝土管基"部分，单击鼠标左键完成本部分填充工作，结果如图 5.23c）所示。

（7）"绘图"选项区上的 ▦ 按钮，再次打开"图案填充创建"选项卡。

（8）重复步骤 3 工作，选择图案"AR-SAND"作为填充使用的图形。

（9）返回绘图窗口。移动光标至图中"水泥稳定沙砾垫层"部分，观察填充图案的预览图，如图 5.23d）和图 5.23e），若填充效果满意，单击鼠标左键完成填充工作，结果如图 5.23e）所示。

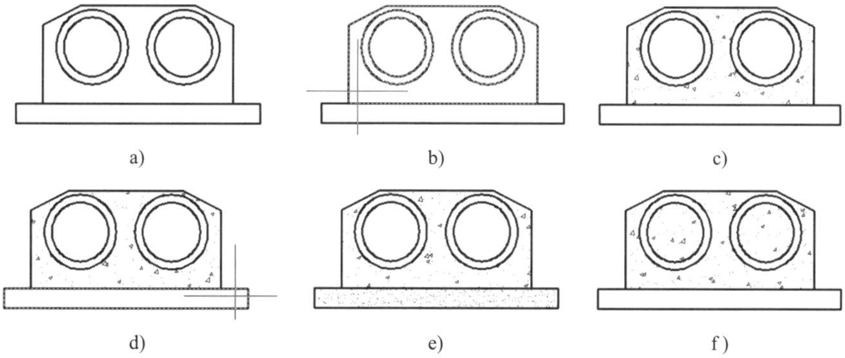

图 5.23　双孔圆管涵断面图填充过程

【知识链接】

孤岛的概念

图 5.20　双孔圆管涵涵身断面图

本任务与任务一的不同之处在于进行第一次填充（填充混凝土管基部分）之前，将"孤岛检测"设置为"外部孤岛检测"（默认设置为"普通"），如果没有进行这一步骤，那么填充的效果将会如图 5.23f）所示，无法达到预期效果。出现这种情况的原因是 AutoCAD 在进行图案填充工作时，会检测所选择的填充范围内部是否还有闭合边界，该边界称为孤岛。如图 5.24 所示。

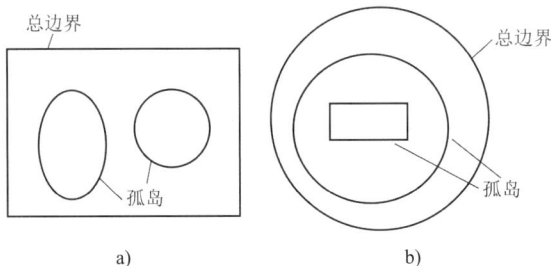

图 5.24　孤岛说明

在对包含孤岛的区域进行图案填充时，AutoCAD 系统为用户设置了以下三种填充方式以实现对填充范围的控制：

● 普通方式。该方式将从外部边界向内填充，如果遇到一个内部的封闭边界，将关闭填充，直到遇到另外一个封闭区域为止。即普通填充方式从填充区域的最外部起交替填充各个封闭区域，如图 5.25a）所示。该方式为系统的默认填充方式。

● 外部方式。该方式也是从外向内进行填充，但遇到下一个封闭边界填充就自动停止，封闭边界内部的封闭区域均不再填充，如图 5.25b）所示。

● 忽略方式。该方式忽略边界内的所有对象，填充外部边界所围成的整个区域，如图 5.25c）所示。

a) 普通方式　　　b) 外部方式　　　c) 忽略方式

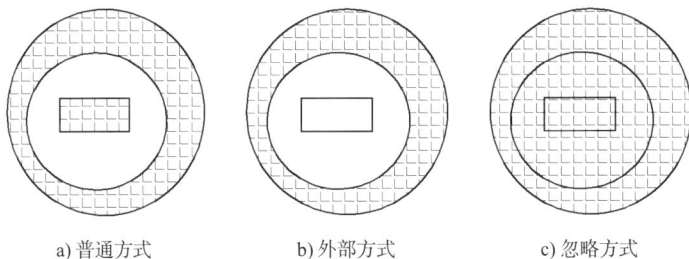

图 5.25　填充方式说明

特别提示

上述三种填充方式，只有通过拾取点方式选择填充范围时才会有效。如果图案填充遇到了文字或其他实体填充对象，这些对象将自动被选作为边界的一部分，从而不对其进行填充。

项目拓展

本项目拓展将介绍编辑图案填充的方法。

图案填充完成后，如果需要对填充的内容进行修改，可以通过编辑图案填充命令"**HATCHEDIT**"完成。例如，若需要将图 5.26a）中填充的 45°方向剖面线改变为竖直方向，并改变填充比例，可以通过以下操作完成。

a) 修改前　　　　　　　　　　　b) 修改后

图 5.26　修改图案填充的角度和比例

【操作步骤】

（1）在命令行窗口输入命令"**HATCHEDIT**"（命令缩写"**HE**"）后按【Enter】键，AutoCAD提示：

命令: hatchedit
选择图案填充对象:

（2）使用鼠标单击选中需要编辑修改的案填充对象，打开"图案填充编辑"对话框，如图 5.27 所示。该对话框与"图案填充和渐变色"对话框内容完全相同，通过此对话框，用户可以修改填充图案的样式、比例和角度等参数以及其他相关设置。

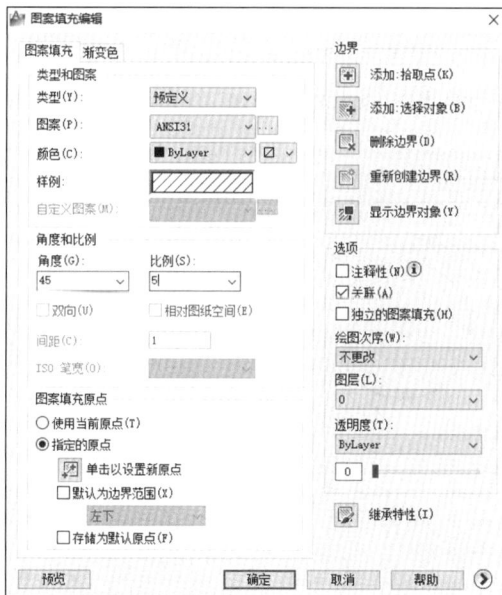

图 5.27　"图案填充编辑"对话框

图 5.26　修改图案填充的
角度和比例

（3）在"角度"窗口中输入数值"90"，在"比例"窗口中输入数值"5"，单击 ▢ 确定 ▢ 按钮，结果如图 5.26b）所示。

【知识链接】

编辑图案填充方式命令调用方式

- 命令行："**HATCHEDIT**"。
- 命令快捷方式："**HE**"。
- 菜单：〖修改〗→〖对象〗→〖图案填充〗。
- 选中需要编辑的填充图案，单击鼠标右键后在快捷菜单中选择"图案填充编辑"。
- 选中需要编辑的填充图案，单击鼠标左键打开"图案填充编辑器"选项卡进行修改。

项目小结

本项目主要内容总结如下：

◆ 使用"**BHATCH**"命令可以打开"图案填充和渐变色"对话框，根据需要在对话框中设置相应的参数和选项可以方便地完成图案填充工作。

◆ 选择图案填充的范围有两种方式，分别为"拾取点"方式和"选择对象"方式。在使用拾取点方式选择填充范围时，要求所选点所在的区域是完全封闭的，否则系统会提示出错。

◆ "孤岛样式"设置在填充有多重封闭区域的图形对象时可以帮助用户准确完成填充工作。

◆ 填充工作完成后，可以使用"**HATCHEDIT**"命令打开"图案填充编辑"对话框，对填充内容进行编辑和修改。

实训

1. 按照图 5.28 中的尺寸要求，绘制空心板桥边板断面图。

项目五实训 1

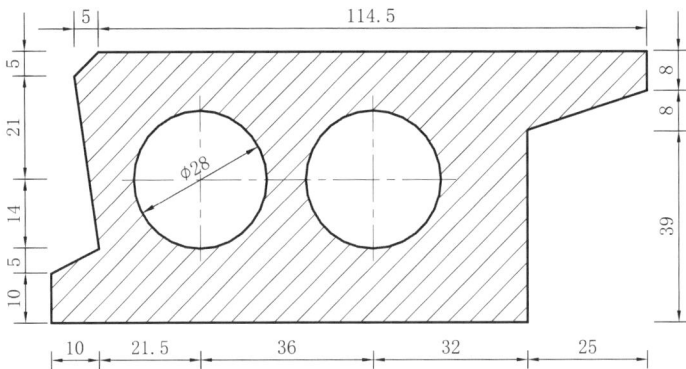

图 5.28　实训 1 图形

2. 按照图 5.29 中的尺寸要求，绘制盖板涵涵身断面图。

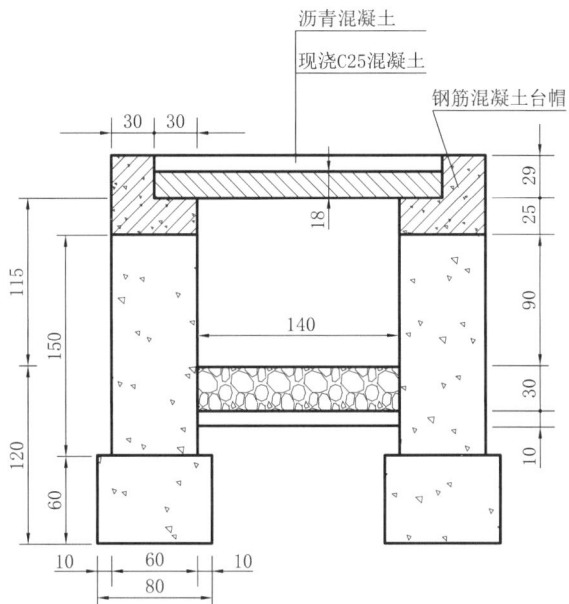

图 5.29 实训 2 图形

项目六
ITEM SIX
绘制具有重复特征的平面图形

绘制工程图样的过程中不可避免地会遇到需要重复绘制某一些图形对象的情况，例如，梁式桥的上部构造大多是由多个尺寸结构相同的梁、板组合形成；桩柱式桥墩两侧的立柱可能完全相同等。手工绘图时，哪怕同样的图形对象再多，也只能依次绘制。同样的工作，在使用 AutoCAD 绘图时就无需重复进行了。用户可以使用 AutoCAD 提供的编辑修改功能，方便快捷地完成具有重复特性的对象创建和排列工作。本项目将学习如何根据图形的特征选择适当的命令完成图样的绘制工作。

学习目标

◎ 学会复制图形对象。
◎ 学会移动图形对象。
◎ 学会快速完成对称图形绘制。
◎ 学会使用阵列命令按照要求复制并排列对象。

任务一　绘制空心板桥上部结构横断面图

图 6.1 为某钢筋混凝土空心板桥上部结构横断面图，其中的空心板结构部分是由 3 块中板和 2 块边板组合而成，本任务将通过绘制图中的空心板组合部分来学习如何使用相关命令迅速完成这样具有重复特性对象的复制和组合工作。

【操作步骤】

（1）按照图 6.2 中的尺寸要求分别完成空心板桥的一个中板和边板的绘制。

（2）复制中板。

在命令行窗口输入复制命令"**COPY**"（命令缩写"**CO**"）后按【Enter】键，AutoCAD 提示：

```
命令: copy
选择对象:
```

图 6.1　钢筋混凝土空心板桥上部结构横断面图

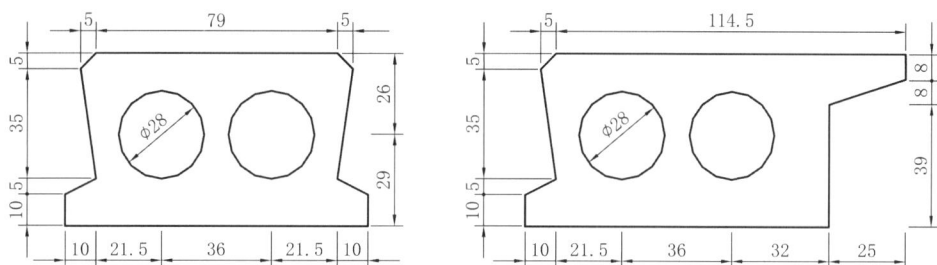

图 6.2　空心板桥的中板和边板及其尺寸

根据提示, 选择步骤 1 绘制完成的中板作为需要复制的对象, 如图 6.3a)所示, 按【 Enter 】键或单击鼠标右键确认。AutoCAD 继续提示:

```
指定基点或 [位移(D)/模式(O)] <位移>:
```

借助对象捕捉辅助工具, 移动鼠标捕捉到中板右下角 A 点 [图 6.3b)], 单击鼠标左键, 将该点作为复制基点。AutoCAD 继续提示:

```
指定第二个点或 <使用第一个点作为位移>:
```

借助对象捕捉辅助工具, 移动鼠标捕捉到中板左下角 B 点 [图 6.3c)], 单击鼠标左键, 完成第一块板的复制工作。AutoCAD 继续提示:

```
指定第二个点或 [退出(E)/放弃(U)] <退出>:
```

重复前一个操作过程, 移动鼠标捕捉到复制完成的第一块中板左下角点, 单击鼠标左键, 完成第二块板的复制工作。AutoCAD 继续提示:

```
指定第二个点或 [退出(E)/放弃(U)] <退出>:
```

按【Enter】键结束复制工作，结果如图 6.3d）所示。

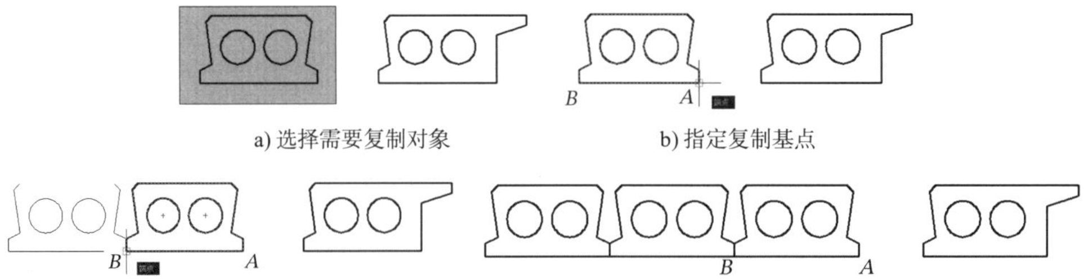

a) 选择需要复制对象   b) 指定复制基点

c) 复制第一块板   d) 完成中板复制

图 6.3 复制中板操作过程

（3）移动边板与中板完成拼接。

在命令行窗口输入移动命令"**MOVE**"（命令缩写"**M**"）后按【Enter】键，AutoCAD 提示：

```
命令: move
选择对象:
```

根据提示，选择步骤 1 绘制完成的边板作为需要移动的对象，如图 6.4a）所示，按【Enter】键或单击鼠标右键确认。AutoCAD 继续提示：

```
指定基点或 [位移(D)] <位移>:
```

借助对象捕捉辅助工具，移动鼠标捕捉到边板左下角 C 点，如图 6.4b）所示，单击鼠标左键，将该点作为移动基点。AutoCAD 继续提示：

```
指定第二个点或 <使用第一个点作为位移>:
```

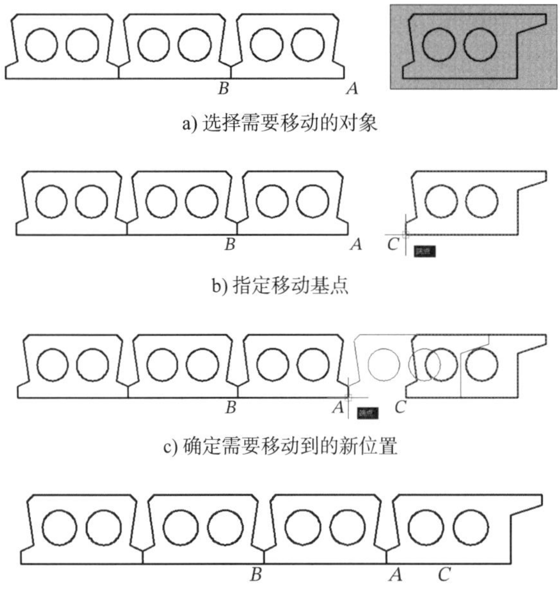

a) 选择需要移动的对象

b) 指定移动基点

c) 确定需要移动到的新位置

d) 完成边板的移动和拼接

图 6.4 移动边板操作过程

借助对象捕捉辅助工具，移动鼠标捕捉到第一块中板右下角 *A* 点，如图 6.4c）所示，单击鼠标左键，完成边板的移动和拼接工作。结果如图 6.4d）所示。

（4）完成左侧边板的镜像复制。

在命令行窗口输入镜像命令"**MIRROR**"（命令缩写"**MI**"）后按【Enter】键，AutoCAD提示：

```
命令: mirror
选择对象:
```

根据提示，选择右侧边板作为需要镜像复制的对象，如图 6.5a）所示，按【Enter】键或单击鼠标右键确认。AutoCAD 继续提示：

```
指定镜像线的第一点:
```

借助对象捕捉辅助工具，移动鼠标捕捉到第二块中板下底边中点位置 1，如图 6.5b）所示，单击鼠标左键，将该点作为镜像线的第一点。AutoCAD 继续提示：

```
指定镜像线的第二点:
```

借助对象捕捉辅助工具，移动鼠标捕捉到第二块中板上顶边中点位置 2，如图 6.5c）所示，单击鼠标左键，将该点作为镜像线的第二点。AutoCAD 继续提示：

```
要删除源对象吗? [是(Y)/否(N)] <N>:
```

输入选项参数"N"，选择不删除源对象，按【Enter】键完成边板的镜像复制操作，结果如图 6.5d）所示。

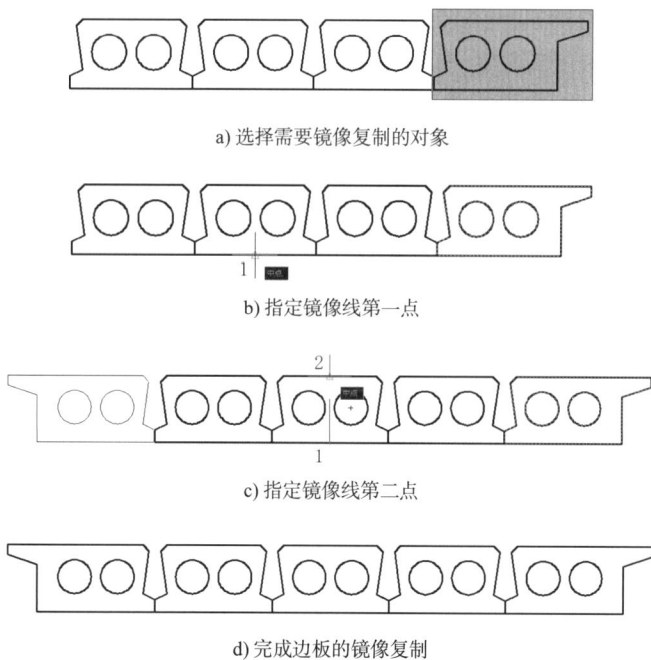

a) 选择需要镜像复制的对象

b) 指定镜像线第一点

c) 指定镜像线第二点

d) 完成边板的镜像复制

图 6.5　镜像边板操作过程

图 6.2　绘制混凝土空心
板桥上部构造

【知识链接】

1. 复制命令调用方式及功能说明

（1）命令调用方式

- 命令行："**COPY**"。
- 命令快捷方式："**CO**"。
- 功能区按钮："默认"选项卡→"修改"功能区→〔复制〕。
- 菜单：〖修改〗→〖复制〗。
- 工具栏按钮：修改工具栏→〔〕。

（2）命令功能说明

- 复制命令可以在新的位置生成若干个与已有对象形状相同的图形，从而减少大量的重复劳动。

- 基点是复制对象的参考点。基点选择完成后，可以结合对象捕捉将复制出的新对象放置在准确位置上。

- AutoCAD 2020 中的复制命令采用了多重复制的方式，即用户可以连续点击鼠标左键完成对所选对象在多个位置上的复制。复制完成需要退出时，可以直接在"**指定第二个点或〔退出（E）/放弃（U）〕<退出>:**"提示下按【Enter】键退出，也可以单击鼠标右键打开快捷菜单，选择"确认"退出。

- 对象的复制也可以在选择对象后在绘图窗口单击鼠标右键打开快捷菜单，选择"复制选择"选项完成。

📖 **特别提示**

使用"**COPY**"命令只能在当前绘图区中复制图形。而点击"剪贴板"功能区中的"复制"按钮〔〕或使用键盘快捷方式【CTRL】+【C】进行复制则是将选中图形对象复制到Windows 的剪贴板上，然后粘贴（键盘快捷方式【CTRL】+【V】）到其他文件或软件中。

2. 移动命令调用方式及功能说明

（1）命令调用方式

- 命令行："**MOVE**"。
- 命令快捷方式："**M**"。
- 功能区按钮："默认"选项卡→"修改"功能区→〔移动〕。
- 菜单：〖修改〗→〖移动〗。
- 工具栏按钮：修改工具栏→〔〕。

（2）命令功能说明

- 对于由简单对象构成的组合形体，可以先分别绘制构成组合体的简单形体对象，再利用移动命令完成组合。

- 移动命令"**MOVE**"与复制命令"**COPY**"的使用方式非常相似，但图形对象移动后，原位置的图形对象将消失，在新的位置上出现该图形对象。

● 选择恰当的基点和第二点决定了图形移动距离和位置的准确性。配合键盘输入数值（坐标值或位移值），或用鼠标配合对象追踪、对象捕捉等辅助工具可以使对象移动更加准确和快捷。

3.镜像命令调用方式及功能说明

（1）命令调用方式

● 命令行："**MIRROR**"。

● 命令快捷方式："**MI**"。

● 功能区按钮："默认"选项卡→"修改"功能区→⚠ 镜像。

● 菜单：〖修改〗→〖镜像〗。

● 工具栏按钮：修改工具栏→⚠。

（2）命令功能说明

● 镜像线（对称轴）的方向可以是任意的，镜像线的方向不同，对称图形的位置也不同。

● 在默认状态下，文字是不做镜像处理的，若要对文字作镜像处理，则需要通过命令"**MIRRTEXT**"将系统变量设置为1，如图 6.6 所示。

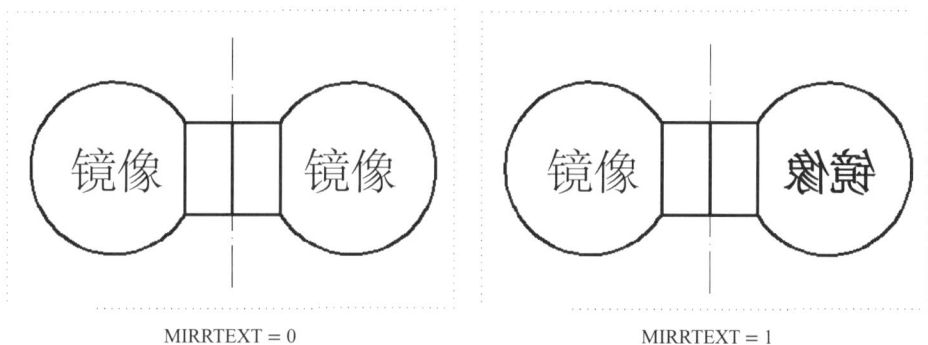

图 6.6　文字的镜像处理

任务二　绘制桥墩群桩基础构造图

某些由多个相同元素构成的工程图样虽然可以通过使用复制功能来完成绘图，但由于相同元素的数量太多，复制时需要先确定位置，直接使用"**COPY**"命令并不一定能减少绘图的工作量。如图 6.7 所示的某桥墩群桩基础构造示意图，其水平投影图中的群桩部分就是由数个大小相同的圆组成的。显然，要使用复制命令"**COPY**"绘制这些圆，必须先确定其位置。仔细观察，这些圆的排列实际上是有一定规律的，针对这样一些具有排列规律的对象，AutoCAD 提供了更加方便的方法以完成图形对象的绘制。本任务将通过绘制图 6.8 所示的两种群桩基础断面图来学习如何快速创建具有一定排列规律的图形对象。

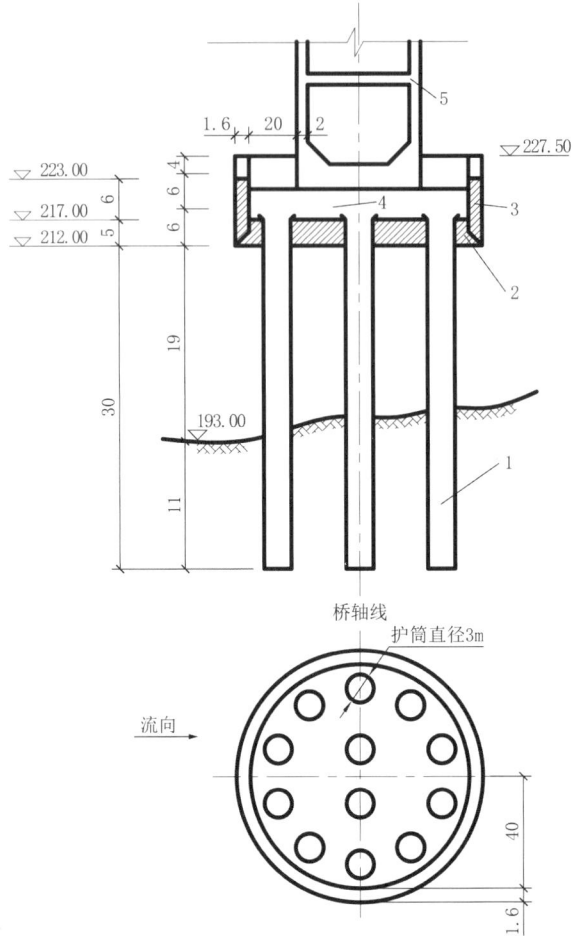

图 6.7　桥梁桩基础构造示意图（尺寸单位：m）

1-钻孔桩；2-封底混凝土；3-壁仓混凝土；4-承台混凝土；5-墩身混凝土

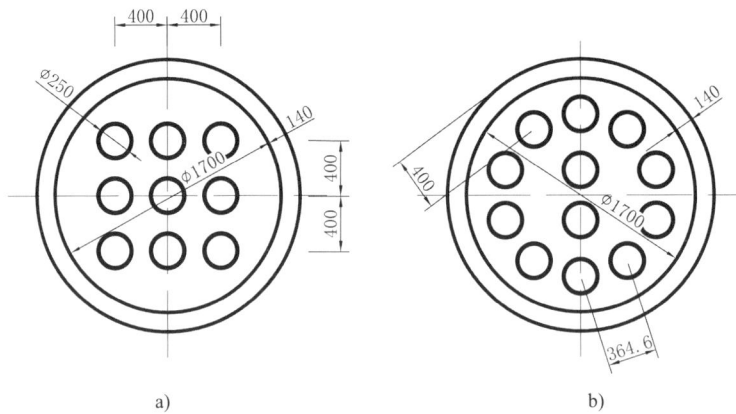

a)　　　　　　　　　　　　　　　　b)

图 6.8　桩基础断面图（尺寸单位：cm）

【操作步骤】

（1）使用圆绘制命令"**CIRCLE**"完成直径为 1700cm 的圆的绘制，如图 6.9a）所示。

（2）绘制与步骤 1 所绘圆间距为 140cm 的圆。

在命令行窗口输入偏移命令"**OFFSET**"（命令缩写"**O**"）后按【Enter】，AutoCAD 提示：

命令: offset	←输入命令，按【Enter】键
当前设置: 删除源=否　图层=源 OFFSETGAPTYPE=0	
指定偏移距离或 [通过(T)/删除(E)/图层(L)] <通过>: 140	←输入偏移距离，按【Enter】键
选择要偏移的对象，或 [退出(E)/放弃(U)] <退出>:	←使用鼠标选中前一步骤绘制的圆
指定要偏移的那一侧上的点，或 [退出(E)/多个(M)/放弃(U)] <退出>:	←移动鼠标至选中圆的外侧，点击鼠标左键
选择要偏移的对象，或 [退出(E)/放弃(U)] <退出>:	←按【Enter】键，结束偏移操作

结果如图 6.9b）所示。

（3）根据尺寸关系绘制一个直径为 250cm 的圆，如图 6.9c）所示。

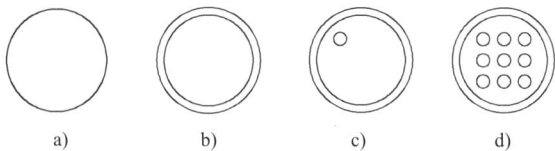

a)　　　　　b)　　　　　c)　　　　　d)

图 6.9　矩形排列群桩基础绘图过程

图 6.9　矩形排列群桩基础

（4）使用阵列命令复制圆。

在命令行窗口输入阵列命令"**ARRAY**"（命令缩写"**AR**"）后按【Enter】，AutoCAD 提示：

命令: array	←输入命令，按【Enter】键
选择对象:	←使用鼠标单击选择已完成小圆
选择对象: 找到 1 个	←按【Enter】键，确认已选中对象
输入阵列类型 [矩形(R)/路径(PA)/极轴(PO)] <路径>: r:	←输入"r"选择矩形阵列类型
类型 = 矩形　关联 = 是　　　　　　　　选择夹	←输入"cou"选择计数方式，按【Enter】键
点以编辑阵列或 [关联(AS)/基点(B)/计数(COU)/间距(S)/	
列数(COL)/行数(R)/层数(L)/退出(X)] <退出>: cou	
输入行数数或 [表达式(E)] <4>:3	←输入 3，按【Enter】键，表示有 3 行
输入列数数或 [表达式(E)] <3>:3	←输入 3，按【Enter】键，表示有 3 列
选择夹点以编辑阵列或 [关联(AS)/基点(B)/计数(COU)/间	←输入"S"选择间距，按【Enter】键
距(S)/列数(COL)/行数(R)/层数(L)/退出(X)] <退出>: s	
指定列之间的距离或 [单位单元(U)] <10>: 400	←输入 400，按【Enter】键，表示行间距 400，且从左向右排列
指定行之间的距离 <10>: −400	←输入−400，按【Enter】键，表示行间距 400，且且从上向下排列
选择夹点以编辑阵列或 [关联(AS)/基点(B)/计数(COU)/间	←按【Enter】键，完成阵列
距(S)/列数(COL)/行数(R)/层数(L)/退出(X)] <退出>:	

阵列完成效果如图 6.9d）所示。

（5）重复步骤 1、2，绘制同心圆，结果如图 6.10a）所示。

（6）根据尺寸关系绘制一个直径为 250cm 的圆，如图 6.10b）所示。

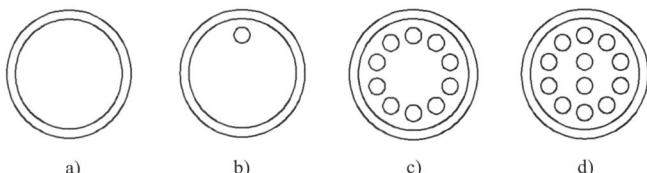

图 6.10 环形排列群桩基础绘图过程

（7）点击"修改"工具栏上的 ⊞ 按钮，AutoCAD 提示：

命令: _arraypolar	
选择对象:	←使用鼠标单击选择已完成小圆
选择对象: 找到 1 个	←按【Enter】键，确认已选中对象
类型 = 极轴 关联 = 是	
指定阵列的中心点或 [基点(B)/旋转轴(A)]:	←使用鼠标单击选中外侧两同心圆圆心
选择夹点以编辑阵列或 [关联(AS)/基点(B)/项目(I)/项目间角度(A)/填充角度(F)/行(ROW)/层(L)/旋转项目(ROT)/退出(X)] <退出>: i	←输入"i"选择项目，按【Enter】键
输入项目数或 [项目间角度(A)/表达式(E)] <4>: 10	←输入 10，按【Enter】键，表示阵列为 10 个圆
选择夹点以编辑阵列或 [关联(AS)/基点(B)/项目(I)/项目间角度(A)/填充角度(F)/行(ROW)/层(L)/旋转项目(ROT)/退出(X)] <退出>: f	←输入"f"选择填充角度，按【Enter】键
指定填充角度(+=逆时针、−=顺时针)或 [表达式(EX)] <360>:	←按【Enter】键，表示填充角度为 360 度
选择夹点以编辑阵列或 [关联(AS)/基点(B)/项目(I)/项目间角度(A)/填充角度(F)/行(ROW)/层(L)/旋转项目(ROT)/退出(X)] <退出>: as	←输入"as"选择关联，按【Enter】键，表示进入关联设置
创建关联阵列 [是(Y)/否(N)] <是>: n	←输入"n"选择否，按【Enter】键，表示不关联
选择夹点以编辑阵列或 [关联(AS)/基点(B)/项目(I)/项目间角度(A)/填充角度(F)/行(ROW)/层(L)/旋转项目(ROT)/退出(X)] <退出>:	←按【Enter】键，完成阵列

阵列完成效果如图 6.10c）所示。

（8）使用复制命令"**COPY**"完成中间两个圆环的绘制工作，结果如图 6.10d）所示。

图 6.10 绘制环形排列群桩基础

【知识链接】

1.偏移命令调用方式及功能说明

（1）命令调用方式

- 命令行："**OFFSET**"。
- 命令快捷方式："**O**"。
- 功能区按钮："默认"选项卡→"修改"功能区→ ⊂。
- 菜单：〖修改〗→〖偏移〗。
- 工具栏按钮：修改工具栏→ ⊂。

（2）命令功能说明

● 偏移命令是将已有图形对象朝某一方向偏移一定距离，并在新的位置生成形状相似的图形。

● 在指定偏移距离时，既可以直接在命令行窗口输入距离值，也可用鼠标在屏幕上拾取两点，并将两点间的距离作为偏移距离。

● "通过（T）:"选项可以使偏移后生成的新对象或其延长线通过某一指定点。

● "删除（E）:"选项可以控制偏移生成新对象后是否删除源对象。

● "图层（L）:"选项可以指定新生成对象所在的图层。

● 偏移命令一次只能偏移一个对象，但可以将多条线连成多段线后进行偏移。

● 偏移只适用单一对象，如直线、样条曲线、圆、圆弧、椭圆、正多边形等，如图 6.11 所示（图中加粗部分为源对象）。由几个对象构成的组合图形不能同时完成偏移。

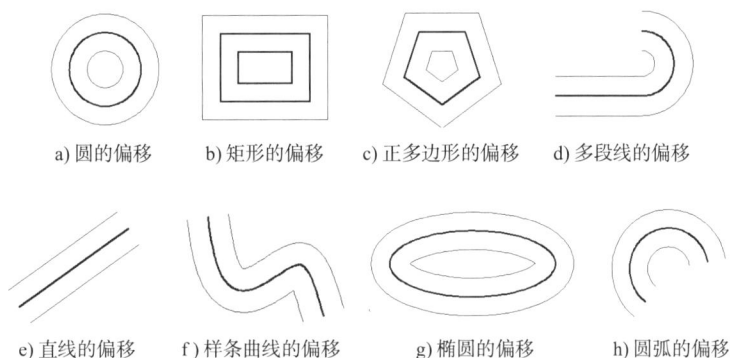

a) 圆的偏移 b) 矩形的偏移 c) 正多边形的偏移 d) 多段线的偏移

e) 直线的偏移 f) 样条曲线的偏移 g) 椭圆的偏移 h) 圆弧的偏移

图 6.11 不同对象的偏移效果

📖 **特别提示** -

所有绘制的点不能使用偏移命令。

● 偏移命令常用于绘制具有相同间距的多条平行直线或同心圆。如图 6.12 所示钢筋混凝土板的钢筋结构平面图，在已知间距的情况下，使用偏移命令"**OFFSET**"比使用复制命令"**COPY**"绘图要更加方便快捷一些。

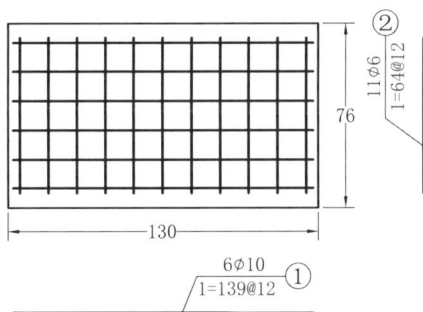

图 6.12 偏移命令绘图实例

2. 阵列命令调用方式及功能说明

（1）命令调用方式

- 命令行："**ARRAY**"。
- 命令快捷方式："**AR**"。
- 功能区按钮："默认"选项卡→"修改"功能区→ [阵列] → [矩形阵列] 、 [路径阵列] 、 [环形阵列] 。
- 菜单：〖修改〗→〖阵列〗→〖矩形阵列〗|〖路径阵列〗|〖环形阵列〗。
- 工具栏按钮：修改工具栏→ [图标] 。

（2）命令功能说明

- 阵列命令可以快速完成具有一定排列规律的多个对象的复制。
- "矩形阵列"可以将对象复制后分布到行、列和标高的任意组合。通过设置对象排列的行数、列数、行间距、列间距和阵列角度等相关参数来控制复制对象的数量和排列效果。矩形阵列允许用户创建最多 32767 行、32767 列的阵列图形。
- 矩形阵列的方向可以通过行间距、列间距的正负数来控制，行间距设置为正值，阵列对象在水平方向的排列方式为从左向右；行间距设置为负值，则阵列对象在水平方向从右向左排列；列间距设置为正值，阵列对象在竖直方向的排列方式为从上至下；列间距设置为负值，则阵列对象在竖直方向从下至上排列；阵列角度为正值将使对象沿逆时针方向阵列，负值则相反。矩形阵列的方向也可以通过移动鼠标来确定。
- "环形阵列"又称为极轴阵列，它可以围绕一个中心点或旋转轴在环形或扇形区域中均匀分布对象副本。
- "环形阵列"可以通过选择"项目总数"和"项目间的角度"两种方式完成。在选择"项目总数"后，可以通过设置填充角度来确定陈列对象在圆周上的分布角度；选择"项目间的角度"后，可以通过设置阵列对象的总数来确定陈列对象在圆周上的分布范围。
- 在环形阵列时，不同的图形有不同的参照点（对象基点）。通过设置"基点"可以根据需要调整环形阵列的旋转方式，也可以直接选择将质心作为基点。
- "路径阵列"可以沿路径或部分路径均匀分布对象副本。路径可以是直线、多段线、三维多段线、样条曲线、螺旋、圆弧、圆或椭圆。
- 在阵列完成后，AutoCAD 提示"**按 Enter 键接受或 [关联（AS）/基点（B）/项目（I）/项目间角度（A）/填充角度（F）/行（ROW）/层（L）/旋转项目（ROT）/退出（X）]**"，其中如果在"关联"参数中设置"是"，则阵列后所用对象将构成一个整体，不能单独编辑修改；如果设置为"否"，则阵列后各对象将作为独立对象。更改其中一个对象不会影响其他对象。

📖 **特别提示** -

　　无论是矩形阵列还是环形阵列、路径阵列，均可以直接通过鼠标移动来控制行列数、间距、角度、对象数量等参数，以简化参数设置步骤。

项目拓展

本项目拓展将介绍利用偏移命令绘制圆的定位线的方法。

定位线主要用于定义圆的中心位置。在工程图样中，一般涉及圆或圆弧的定位时，往往会标注圆心距离某个边界的位置，如图 6.13 中所示的圆就是通过标注其距离右侧和顶端的距离来完成定位，下面以此为例介绍如何完成定位线的绘制。

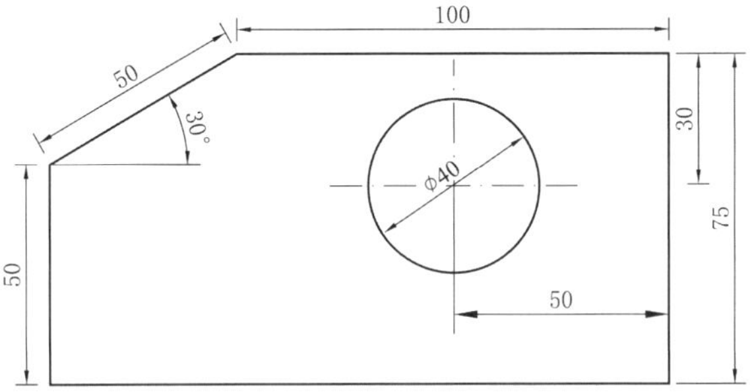

图 6.13 绘制圆的定位线

【操作步骤】

（1）使用直线命令"**LINE**"按照图 6.13 中的尺寸完成多边形的绘制，如图 6.14a）所示。

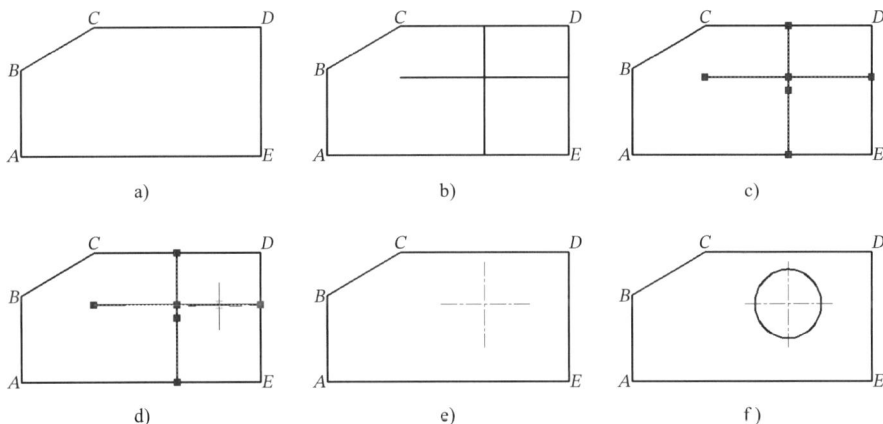

图 6.14 圆的定位线绘制过程

（2）在命令行窗口输入偏移命令"**OFFSET**"（命令缩写"**O**"）后按【Enter】键，AutoCAD提示：

```
命令: offset                              ←输入命令，按【Enter】键
当前设置: 删除源=否  图层=源  OFFSETGAPTYPE=0
指定偏移距离或 [通过(T)/删除(E)/图层(L)] <通过>: ←输入偏移距离，按【Enter】键
30
选择要偏移的对象，或 [退出(E)/放弃(U)] <退出>: ←使用鼠标选中多边形的 CD 段直线段
指定要偏移的那一侧上的点，或 [退出(E)/多个(M)/ ←移动鼠标至选线段的下方，点击鼠标左键确认
```

```
放弃(U)] <退出>:
选择要偏移的对象，或 [退出(E)/放弃(U)] <退出>:    ←按【Enter】键，结束偏移操作
命令:                                           ←按【Enter】键，重复调用偏移命令
OFFSET
当前设置: 删除源=否    图层=源    OFFSETGAPTYPE=0
指定偏移距离或 [通过(T)/删除(E)/图层(L)]        ←输入偏移距离，按【Enter】键
<30.0000>: 50
选择要偏移的对象，或 [退出(E)/放弃(U)] <退出>:   ←使用鼠标选中多边形的 DE 段直线段
指定要偏移的那一侧上的点，或 [退出(E)/多个(M)/    ←移动鼠标至选线段的左侧，点击鼠标左键确认
放弃(U)] <退出>:
选择要偏移的对象，或 [退出(E)/放弃(U)] <退出>:   ←按【Enter】键，结束偏移操作
```

结果如图 6.14b）所示。

（3）选择通过偏移命令创建的两条直线，选中对象后，在每条线段上会出现三个被称之为"夹点"的蓝色小方块，如图 6.14c）所示，在任一直线端点处的夹点上单击鼠标左键，此时夹点被选中，且变成红色，如图 6.14d）所示。移动鼠标，调整直线长度至合适位置，按【Esc】键退出夹点编辑，完成调整。

图 6.14　圆的定位线绘制过程

（4）依次对偏移命令创建的新直线对象两端夹点进行调整至适当长度，调整其线型和线宽，完成圆的定位线的绘制，结果如图 6.14e）所示。

（5）打开对象捕捉工具，设置对象捕捉模式为"交点"，在命令行窗口输入圆绘制命令"**CIRCLE**"（命令缩写"**C**"）后按【Enter】键，AutoCAD 提示：

```
命令: circle                              ←输入命令，按【Enter】键
指定圆的圆心或 [三点(3P)/两点(2P)/相切、相切、半  ←移动鼠标捕捉到两条定位线的交点位置，单击鼠标
径(T)]:                                    左键确定
指定圆的半径或 [直径(D)] <0.0000>: 20       ←输入圆的半径值，按【Enter】键结束绘制工作
```

结果如图 6.14f）所示。

【知识链接】

1. 夹点的概念及设置

夹点是指图形对象上可以控制对象位置、大小的关键点。在不调用任何命令的状态下选择图形对象时，会在图形对象上显示出一些小方框，这些小方框就是所选中对象的夹点。不同类型的对象，其夹点的位置是不同的，如图 6.15 所示。利用夹点可以完成对当前对象的一些简单编辑修改工作。

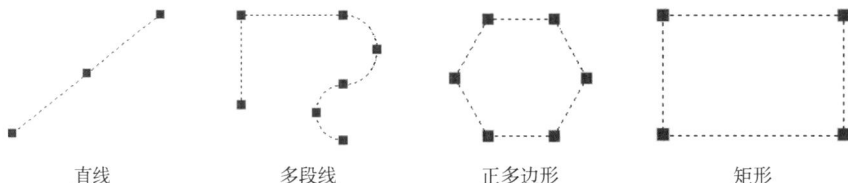

直线　　　　　　多段线　　　　　正多边形　　　　　矩形

图　6.15

图 6.15　常见对象的夹点

夹点显示的大小、颜色、选中后的颜色等可以通过调用"**DDSELECT**"命令或打开菜单选项：〖工具〗→〖选项〗，打开"选项"对话框，在"选择集"选项卡中进行相应设置，如图 6.16 所示。

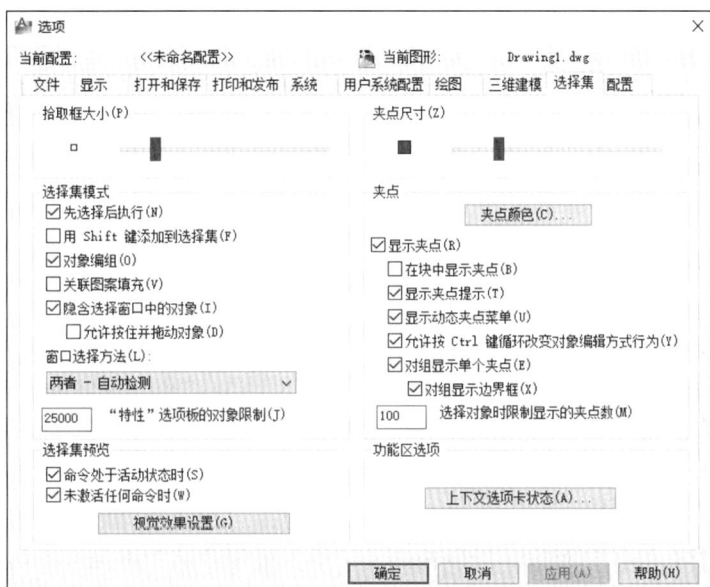

图 6.16　"选项"对话框-"选择集"选项卡

2.夹点的编辑功能

（1）使用夹点移动对象

使用夹点移动对象，只需要将光标放置在移动夹点上，点击鼠标左键，此时，所选对象会随着鼠标移动。当移动到需要位置上，单击鼠标左键，对象就被放置在新位置上固定。需要注意的是，不是所有的对象都可以直接使用夹点移动，各种对象通过夹点移动的方式如图 6.17 所示。

直线　　　　　圆　　　　　圆弧　　　　　块

椭圆　　　　　填充图案　　　　　文字　　　　　点

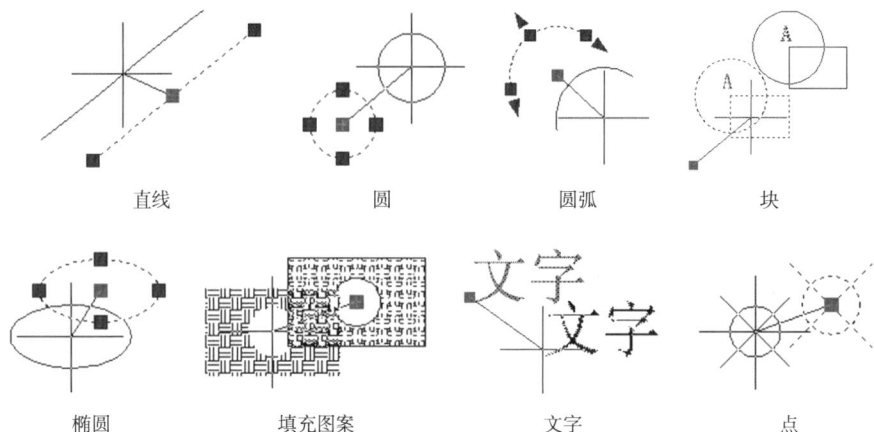

图 6.17　使用夹点移动对象

（2）利用夹点拉伸对象

使用夹点拉伸对象，只需要将光标放置在需要拉伸一侧的夹点上，单击鼠标左键，此时该夹点会和光标一起移动，在新位置上点击鼠标左键后，选中的夹点就会变换到新的位置，从而完成对原对象的拉伸，如图 6.18 所示。

直线　　　　　矩形　　　　　正多边形　　　　　多段线

圆　　　　　椭圆　　　　　圆弧　　　　　样条曲线

图 6.18　利用夹点拉伸对象示例

如果需要同时更改多个对象，可以使用【Shift】键配合选中不同对象的多个夹点，然后再完成移动或拉伸。

AutoCAD 2012 的夹点编辑功能与以前版本相比更加强大，可以使用多功能夹点修改直线、圆弧、多段线、样条曲线和非关联多段线、填充图案等对象。这些夹点提供了一种可以替代编辑多段线命令"PEDIT"和编辑样条曲线命令"SPLINEDIT"的更简洁的编辑方式。

项目小结

本项目主要内容总结如下：

◆ 使用复制命令"COPY"可以快速完成重复对象的创建，通过选择适当的复制基点，可以将复制的对象准确地放置在指定位置上。

◆ 镜像命令"**MIRROR**"在创建具有对称特性的图像对象上可以起到事半功倍的效果。

◆ 对于数量比较多且具有一定排列规律的图形对象，可以使用阵列命令"**ARRAY**"来快速完成对象的复制和排列。

◆ 夹点编辑功能在某些时候可以方便用户快速完成图形对象的调整工作。

实训

1. 按照图 6.19 中的尺寸要求，绘制钢筋混凝土桥墩立面图。

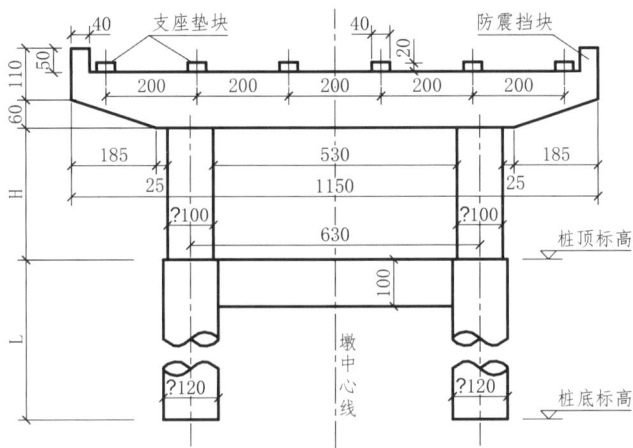

图 6.19　项目六实训 1

图 6.19　实训 1 图形

2. 按照图 6.20 中的尺寸要求，绘制交通标志牌底座加劲法兰盘结构图。

图 6.20　项目六实训 2

图 6.20　实训 2 图形

项目七
ITEM SEVEN
编辑修改平面图形

在绘图过程中，用户不仅要创建新的图形对象，而且也会不断地修改已有的图形对象。AutoCAD 的设计优势在很大程度上表现在其强大的图形编辑功能上，这些功能不仅能使用户方便、快捷地改变图形对象的大小和形状，而且可以通过编辑现有图形生成新对象。本项目将介绍修剪、圆角、旋转、对齐、拉伸等编辑功能。通过本项目的学习，可以掌握 AutoCAD 常用编辑的编辑命令和一些编辑技巧。

学习目标

◎ 学会如何修剪和延伸对象。
◎ 学会如何调整图形对象的位置和倾斜方向。
◎ 学会如何按比例缩放对象。
◎ 掌握如何通过调整对象特性编辑修改图形对象。

任务一　形成圆弧连接关系

道路桥梁工程制图中的道路工程图经常需要将圆弧与直线连接或与其他圆弧连接。如道路的平面曲线、涵洞的洞口、隧道的洞门等。图 7.1 所示的道路平面交叉口，就是用圆弧与直线连接绘制而成的。

一、采用修剪方式完成圆弧连接

在绘制和编辑图形的过程中，经常会使用修剪方式去除图形的多余部分。例如在绘制圆弧连接的时候，可以先将完整的圆作出来，再根据需要修剪掉多余的部分即可。下面通过绘制图 7.1 所示的道路平面交叉口来学习如何使用修剪命令迅速完成圆弧连接。

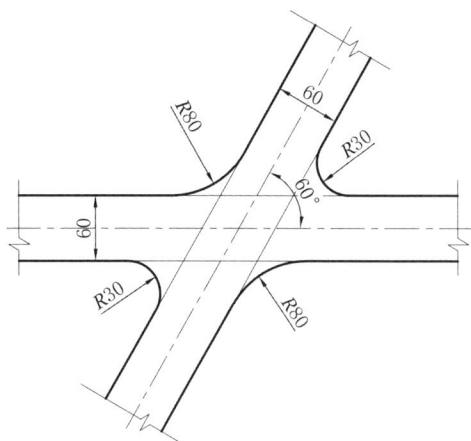

图 7.1 道路平面交叉口

【操作步骤】

（1）使用直线命令"**LINE**"绘制交叉角度为 60°的两条直线，如图 7.2a）所示。

（2）使用偏移命令"**OFFSET**"将步骤 1 绘制的线段分别向上下和左右两侧偏移 30°，结果如图 7.2b）所示。

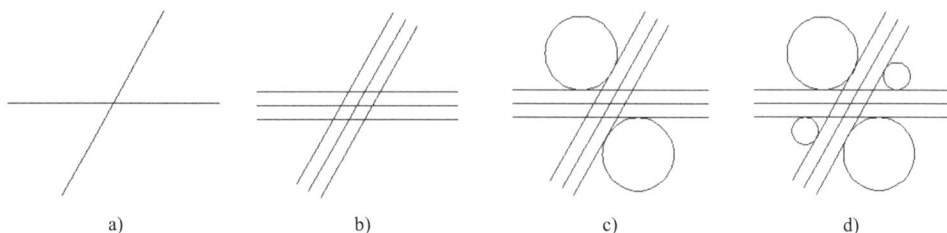

图 7.2 圆弧连接准备工作

（3）使用"相切、相切、半径"方式绘制半径为 80 的圆，如图 7.2c）所示。

（4）使用"相切、相切、半径"方式绘制半径为 30 的圆，如图 7.2d）所示。

（5）在命令行窗口输入修剪命令"**TRIM**"（命令缩写"**TR**"）后按【Enter】键，AutoCAD 提示：

命令: trim	←输入命令，按【Enter】键
当前设置:投影=UCS, 边=无	
选择剪切边...	
选择对象或 <全部选择>: 找到 1 个	←移动鼠标，选择前一步完成图形中的直线 1，单击鼠标左键确定
选择对象: 找到 1 个，总计 2 个	←移动鼠标，选择前一步完成图形中的直线 4，单击鼠标左键确定
选择对象:	←按【Enter】键，完成剪切边的选择，如图 6.3a）所示

| 选择要修剪的对象，或按住 Shift 键选择要延伸的对象，或 [栏选(F)/窗交(C)/投影(P)/边(E)/删除(R)/放弃(U)]: | ←移动鼠标,选择与直线1、4相切的圆需要修剪掉的部分,如图7.3b）所示 |
| 选择要修剪的对象，或按住 Shift 键选择要延伸的对象，或 [栏选(F)/窗交(C)/投影(P)/边(E)/删除(R)/放弃(U)]: | ←按【Enter】键，完成修剪 |

结果如图 7.3c）所示。

a)　　　　　　　b)　　　　　　　c)　　　　　　　d)

图 7.3　采用修剪方式形成圆弧连接的过程

（6）重复步骤 5 的操作过程，分别选择直线 3、6，直线 1、6，直线 3、4 作为剪切边，完成其余 3 个圆的修剪，结果如图 7.3d）所示。

（7）点击"修改"功能区上的 按钮，调用"打断于点"命令，AutoCAD 提示：

命令: _break 选择对象:	←移动鼠标,选中直线1,单击鼠标左键确认
指定第二个打断点 或 [第一点(F)]: _f	
指定第一个打断点:	←配合对象捕捉工具选中圆弧与直线1的连接点（切点），单击鼠标左键确认
指定第二个打断点:@	

完成该步骤后，直线 1 自打断点被分割成 2 段，每段各成为一个独立对象。

（8）重复步骤 7 的操作，将每段圆弧与直线的连接位置打断。

（9）选中直线 2、5，将其线型调整为点划线，选中圆弧以及与其相连的各直线段，将其线宽调整为"0.30 毫米"（具体操作参见项目二：项目拓展），点击状态栏上的显示/隐藏线宽按钮 ，显示线宽，得到如图 7.1 所示的道路平面交叉口图。

图 7.1　道路平面交叉口

【知识链接】

1. 修剪命令调用方式及相关说明

（1）命令调用方式

- 命令行："**TRIM**"。
- 命令快捷方式："**TR**"。
- 功能区按钮："默认"选项卡→"绘图"功能区→ 修剪 。
- 菜单：〖修改〗→〖修剪〗。
- 工具栏按钮：修改工具栏→ 。

（2）命令选项说明

- 栏选（F）：通过绘制连续折线的方式选择需要修剪的对象，与折线相交的所有对象将被修剪。

● 窗交（C）：以交叉窗口方式选择修剪对象，与窗口具有交叉关系和包容关系的所有对象将被修剪。

● 投影（P）：用于设置执行修剪的空间。例如，三维空间中两条线段呈交叉关系，用户可利用该选项假想将这两条线段投影到某一平面上执行修剪操作。

● 边（E）：设定裁剪边界是否延伸。选择给选项后，AutoCAD 提示：

输入隐含边延伸模式[延伸（E）/不延伸（N）]<不延伸>:

如果选择"延伸（E）"方式修剪，则在此方式下，即使剪切边没有与要修剪的对象相交，系统也会自动延伸边直至与对象相交，然后再进行修剪。否则将只能修剪与剪切边相交的对象，如图 7.4 所示。

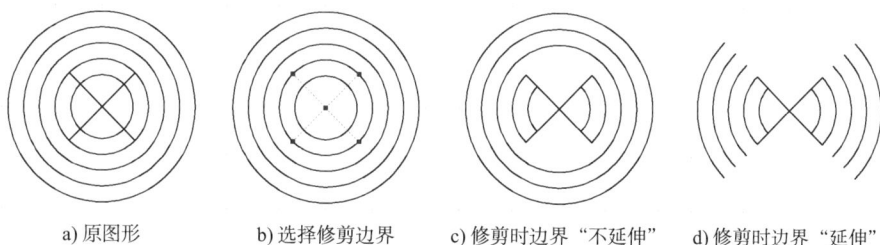

a) 原图形　　　　b) 选择修剪边界　　　c) 修剪时边界"不延伸"　　d) 修剪时边界"延伸"

图 7.4　修剪时边界延伸与否的区别

● 删除（R）：在不退出"**TRIM**"命令的情况下删除选定的对象。

（3）命令功能说明

● 若在"**选择对象或<全部选择>:**"提示下直接按下空格键或【Enter】键，则绘图窗口中所有的对象可以互相作为控制边界和被修剪对象，系统会在选择的对象中自动判断边界，这样一来，图形元素之间就能进行相互修剪，用户接下来的工作仅仅是仔细地选择被修剪的部分。

● 修剪图形时最后一段或单独的一段是无法修剪掉的，如果需要删除可以用删除命令完成。

● 修剪命令除了可以修剪线性对象外，还可以修剪填充图案，如图 7.5 所示。

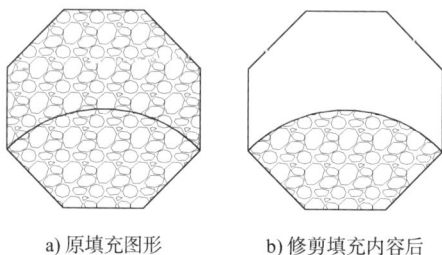

a) 原填充图形　　　　b) 修剪填充内容后

图 7.5　利用修剪命令修剪填充图案

● 利用鼠标拾取需要裁剪的部分时，如果按住【Shift】键，系统就自动将"修剪"命令转换成"延伸"命令。

2. 打断命令调用方式及相关说明

（1）命令调用方式

- 命令行："**BREAK**"。
- 命令快捷方式："**BR**"。
- 功能区按钮："默认"选项卡→"绘图"功能区→▨、▨。
- 菜单:〖修改〗→〖打断〗。
- 工具栏按钮: 修改工具栏→▨或▨。

（2）命令选项说明

- 打断命令对应有两个按钮来实现不同的打断方式，其中"打断"按钮▨主要用于将对象中间某一部分截去，而"打断于点"按钮▨主要用于将对象从中间某处断开。

- 打断命令中的"选择对象"提示在不进行相关操作的情况下是将拾取对象的位置作为断开的第一点；如果要重新指定第一点，可在"指定第二个打断点或 [第一点（F）]:"提示下输入参数"F"来重新选择。

- 指定第一个打断点后，在"**指定第二个打断点或 [第一点（F）]:**"或"**指定第二个打断点:**"提示下直接输入"**@**"，则表示第二个断开点与第一个断开点是同一点，即采用"打断于点"方式。在这种方式下虽然无法直接观察打断情况，但是实际上对象已被无缝隙断开，如图 7.6 所示。

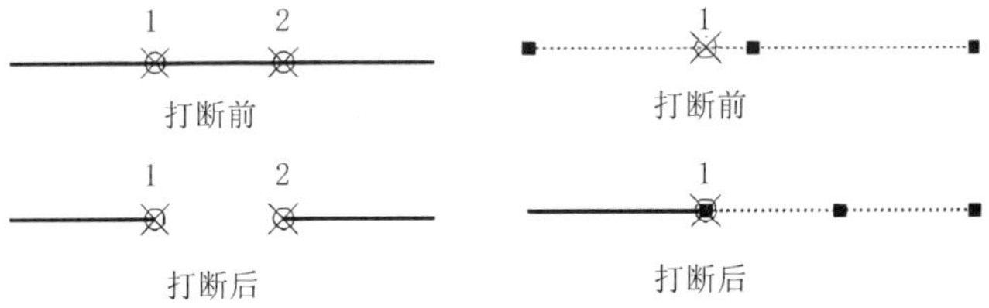

a) 两点间打断   b) 打断于点

图 7.6   直线的打断

- 对圆或圆弧进行断开操作时，AutoCAD 默认将自第一向第二两点间顺逆时针方向延伸的圆弧断开，操作时一定要注意第一、二两点的拾取顺序和两点间的位置关系，否则可能会截去需保留的部分，如图 7.7 所示。

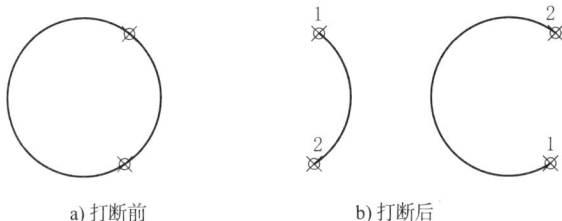

a) 打断前   b) 打断后

图 7.7   圆的打断

1、2 点-选择的顺序

- 一个完整的圆不能在同一点被打断，也就是说，圆不能使用"打断于点"方式编辑修改。
- 被打断成两段或两段以上的对象可以通过合并命令"**JOIN**"完成连接，合并命令还可以将一段圆弧闭合为完整的圆。

📖 **特别提示** ┄┄

如果要删除线段或圆弧的一端，可在选择被打断的对象后，将第二打断点指定在要删除部分那端的外侧。

二、采用圆角方式完成圆弧连接

如果已知圆弧的半径，圆弧连接还可以通过圆角命令完成。下面通过绘制图 7.1 所示图中道路平面交叉口来学习如何使用圆角命令完成圆弧连接。

【操作步骤】

（1）使用直线命令"**LINE**"绘制交叉角度为 60°的两条直线，如图 7.8a）所示。

（2）使用偏移命令"**OFFSET**"将步骤 1 绘制直线段分别向上下和左右两侧偏移 30，结果如图 7.8b）所示。

（3）在命令行窗口输入圆角命令"**FILLET**"（命令缩写"**F**"）后按【Enter】键，AutoCAD提示：

命令: fillet	←输入命令，按【Enter】键
当前设置: 模式 = 修剪，半径 = 0.0000	
选择第一个对象或 [放弃(U)/多段线(P)/半径(R)/修剪(T)/多个(M)]: t	←输入选项参数"T"，按【Enter】键，打开修剪模式选择选项
输入修剪模式选项 [修剪(T)/不修剪(N)] <修剪>: N	←输入选项参数"N"，按【Enter】键，设置修剪模式为"修剪"
选择第一个对象或 [放弃(U)/多段线(P)/半径(R)/修剪(T)/多个(M)]: r	←输入选项参数"R"，按【Enter】键，设置圆角半径
指定圆角半径 <0.0000>: 80	←输入半径值 80，按【Enter】键
选择第一个对象或［放弃（U）/多段线（P）/半径（R）/修剪（T）/多个（M）]:	←移动鼠标，选中直线 1，单击鼠标左键确认
选择第二个对象，或按住 Shift 键选择要应用角点的对象:	←移动鼠标，选中直线 4，单击鼠标左键，完成直线 1 和直线 4 的圆弧连接
命令:	←按【Enter】键，再次调用圆角命令
FILLET	
当前设置: 模式 = 不修剪，半径 = 80.0000	
选择第一个对象或 [放弃(U)/多段线(P)/半径(R)/修剪(T)/多个(M)]:	←移动鼠标，选中直线 3，单击鼠标左键确认
选择第二个对象，或按住 Shift 键选择要应用角点的对象:	移动鼠标，选中直线 6，单击鼠标左键，完成直线 3 和直线 6 的圆弧连接
命令:	按【Enter】键，重复调用圆角命令
FILLET	

当前设置: 模式 = 不修剪，半径 = 80.0000	
选择第一个对象或［放弃（U）/多段线（P）/半径（R）/修剪（T）/多个（M）］: r	←输入选项参数"R"，按【Enter】键，修改圆角半径
指定圆角半径 <80.0000>: 30	←输入新半径值30，按【Enter】键
选择第一个对象或 [放弃(U)/多段线(P)/半径(R)/修剪(T)/多个(M)]:	←移动鼠标，选中直线1，单击鼠标左键确认
选择第二个对象，或按住 Shift 键选择要应用角点的对象:	←移动鼠标，选中直线6，单击鼠标左键，完成直线1和直线6的圆弧连接
命令:	←按【Enter】键，重复调用圆角命令
FILLET	
当前设置: 模式 = 不修剪，半径 = 30.0000	
选择第一个对象或 [放弃(U)/多段线(P)/半径(R)/修剪(T)/多个(M)]:	←移动鼠标，选中直线3，单击鼠标左键确认
选择第二个对象，或按住 Shift 键选择要应用角点的对象:	←移动鼠标，选中直线4，单击鼠标左键，完成直线3和直线4的圆弧连接

结果如图 7.8c）所示。

（4）点击"修改"功能区上的■按钮，调用"打断于点"命令，依次将每段圆弧与直线的连接位置打断。

（5）选中直线 2、5，将其线型调整为点划线，选中圆弧以及与其相连的各直线段，将其线宽调整为"0.30 毫米"（具体操作参见项目一的"项目拓展"部分），点击状态栏上的显示/隐藏线宽按钮■，显示线宽，得到如图 7.8d）所示的道路平面交叉口图。

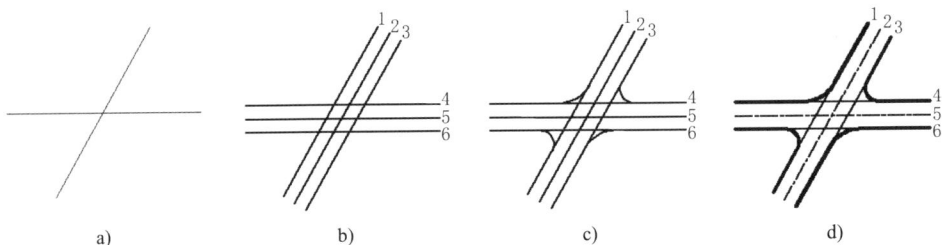

图 7.8　圆角方式形成圆弧连接过程

图 7.8　采用圆角方式形成圆弧连接的过程

【知识链接】
圆角命令调用方式及相关说明
（1）命令调用方式
- 命令行："FILLET"。
- 命令快捷方式："F"。
- 功能区按钮："默认"选项卡→"修改"功能区→圆角。
- 菜单:〖修改〗→〖圆角〗。
- 工具栏按钮：修改工具栏→。
（2）命令选项说明
- 多段线（F）：用于在对多段线进行圆角操作时对每个线段间的顶点进行圆角操作。

- 半径（R）：用于设定圆角半径。
- 修剪（T）：用于设定完成圆角操作后是否修剪对象。选择该选项后，AutoCAD 提示：

输入修剪模式选项 [修剪(T)/不修剪(N)] <不修剪>:

如果选择"修剪（T）"方式进行圆角操作，则完成操作后，圆弧连接多余的部分将被修剪掉。选择"不修剪（N）"方式则会在圆弧连接完成后保留原对象状态，如图 7.9 所示。

a) 原图形　　　　b) 圆角操作选择　　　c) 圆角操作选择
　　　　　　　　　 "不修剪"方式　　　　 "修剪"方式

图 7.9　进行圆角操作时选择修剪与否的区别

- 多个（M）：该选项可以一次创建多个圆角。
- 按住【Shift】键选择要应用角点的对象：选择第二个圆角对象时按住【Shift】键，系统将以 0 值替代当前的圆角半径。

（3）命令功能说明

- 圆角命令"**FILLET**"不仅可以在直线对象间完成圆角操作，还可以在圆和圆弧以及直线之间完成圆弧连接，如图 7.10 所示，但对多段线的操作只能在线段之间完成。

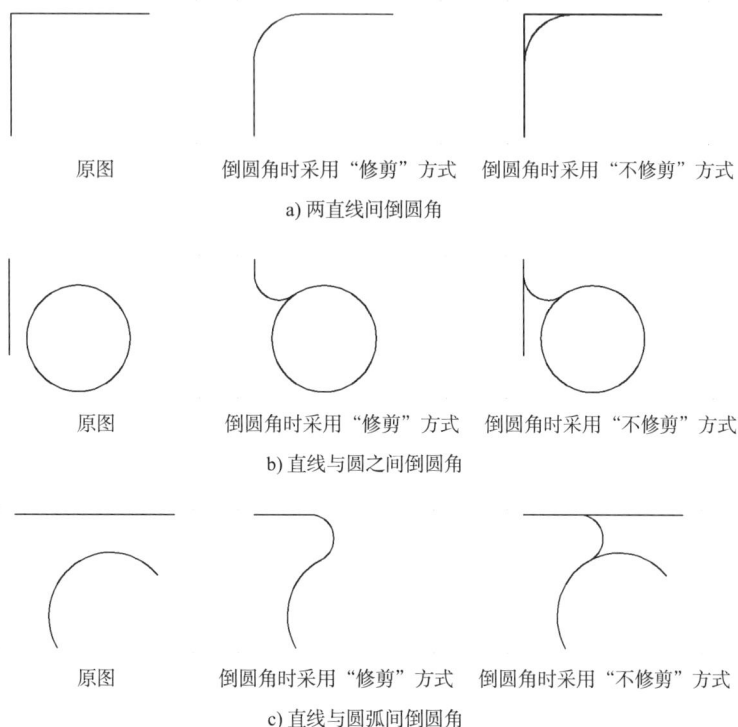

原图　　　　　　倒圆角时采用"修剪"方式　　　倒圆角时采用"不修剪"方式
a) 两直线间倒圆角

原图　　　　　　倒圆角时采用"修剪"方式　　　倒圆角时采用"不修剪"方式
b) 直线与圆之间倒圆角

原图　　　　　　倒圆角时采用"修剪"方式　　　倒圆角时采用"不修剪"方式
c) 直线与圆弧间倒圆角

图 7.10　圆角命令示例

图 7.11 圆角半径设置为 0 时
操作效果

● 在使用"多段线"选项对多段线进行圆角操作时，如果多段线本身是通过"封闭（C）"选项完成首尾封闭连接，则在多段线的线段之间会自动倒出圆角。如果多段线最后一段的终点和起点是通过手动相连，则该多段线的起终点之间不会进行圆角操作。

● 如果将圆角半径设定为 0，则在修剪模式下，无论两条非平行直线间相互关系如何，都将会自动准确相交，如图 7.11 所示。

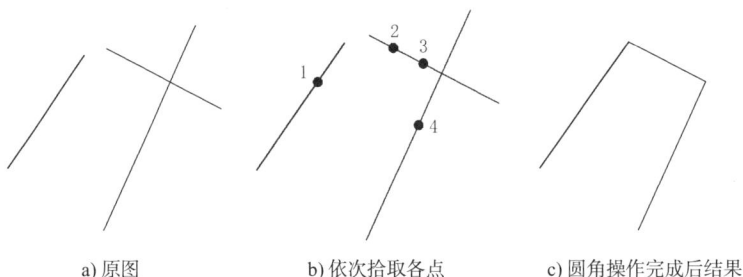

a) 原图   b) 依次拾取各点   c) 圆角操作完成后结果

图 7.11 圆角半径设置为 0 时操作效果

任务二 调整图形的位置及倾斜方向

一、使用旋转命令改变对象的倾斜方向

工程图样中很多图形对象的方向并不是水平方向、竖直方向或者某些特殊方向，如果绘图时直接按照图形对象的原始方向绘制，在图形对象的定位、定向上可能会耗费很多时间。使用 AutoCAD 绘图时，可以先按照容易辨识的方向将图形对象绘制完成，再根据其放置的方向进行一定角度的旋转，这样可以大大节省绘图时间。如图 7.12 所示的图形，使用旋转命令"**ROTATE**"可以快速准确完成图像对象的绘制。

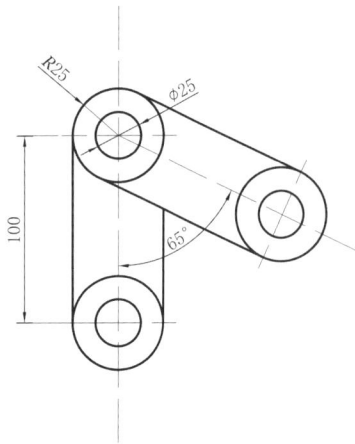

【操作步骤】

（1）根据图中尺寸关系，使用直线命令"**LINE**"和圆绘制命令"**CIRCLE**"绘制竖直方向上的图形对象，如图 7.13a）所示。

（2）在命令行窗口输入旋转命令"**ROTATE**"（命令缩写"**RO**"）后按【Enter】键，AutoCAD 提示：

图 7.12 使用旋转命令绘图示例

```
命令: rotate                        ←输入命令，按【Enter】键
UCS 当前的正角方向: ANGDIR=逆时针
ANGBASE=0
```

选择对象: 指定对角点: 找到 9 个	←选择步骤 1 完成的图形对象作为旋转对象
选择对象:	←按【Enter】键或单击鼠标右键完成对象选择工作
指定基点:	←配合对象捕捉工具移动鼠标捕捉到图像对象中上方的圆心位置,单击鼠标左键确认
指定旋转角度,或 [复制(C)/参照(R)] <0>: c	←输入选项参数"C",按【Enter】键,使用复制对象方式旋转对象
旋转一组选定对象。	
指定旋转角度,或 [复制(C)/参照(R)] <0>: 65	←输入旋转角度值 65,按【Enter】键,完成对象的旋转复制工作

结果如图 7.13b)所示。

(3)使用修剪命令"**TRIM**"将步骤 2 完成的图形对象中多余线条修剪掉,结果如图 7.13c)所示。

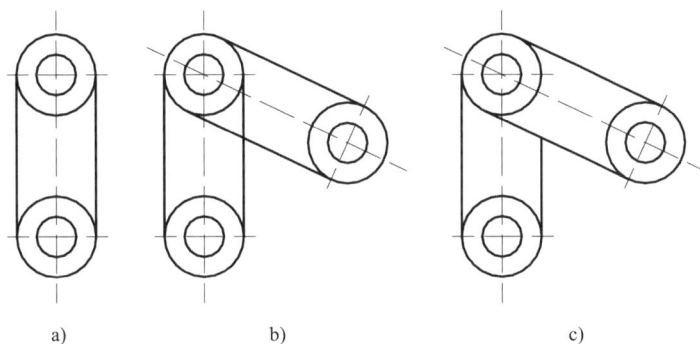

图 7.13　使用旋转命令绘图过程

【知识链接】

旋转命令调用方式及功能说明

(1)命令调用方式

* 命令行:"**ROTATE**"。
* 命令快捷方式:"**RO**"。
* 功能区按钮:"默认"选项卡→"修改"功能区→旋转。
* 菜单:〖修改〗→〖旋转〗。
* 工具栏按钮:修改工具栏→。

图 7.13　使用旋转命令绘图过程

(2)命令功能说明

* 基点的选择与实体旋转后的图形位置有关,因此,应根据绘图需要指定基点,且基点最好选在已知的对象上,这样可以避免引起混乱。

* 转角是基于当前用户坐标系测量的。若输入的旋转角度为正,选定对象将按逆时针方向旋转;反之,选定对象将按顺时针方向旋转。

* 默认状态下,旋转操作完成后,原位置上的图形对象将被删除,若要保留原位置上的图形对象,可以在"指定旋转角度,或[**复制(C)/参照(R)**]<0>:"提示下先选择参数"复制(C)",然后再给出旋转角度,如图 7.14 所示。

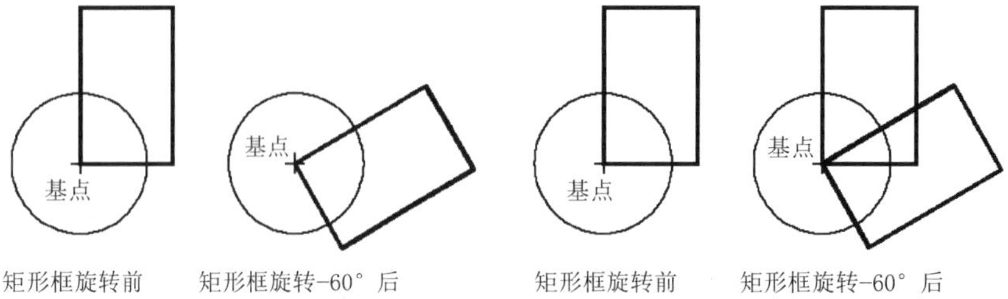

a) 直接旋转对象　　　　　　　　　　　　b) 对象旋转时选择"复制"参数

图 7.14　旋转操作时选择复制与否的区别

● 某些情况下，可能并不能直接知道旋转的角度值，但可以在图中获取对象旋转前后的位置信息，此时，可以在"指定旋转角度，或 [**复制（C）/参照（R）**] <0>:"提示下先选择参数"参照（R）"，先指定某个方向作为起始参照角，然后选择一个新对象的位置，将其作为原对象要旋转到的位置的方式来确定旋转角度。如图 7.15a）所示，如果需要将键槽由直线 AB 位置旋转到直线 AC 位置，可以在命令行窗口输入旋转命令"**ROTATE**"（命令缩写"**RO**"）后按【Enter】键，AutoCAD 提示：

命令: rotate	←输入命令，按【Enter】键
UCS 当前的正角方向: ANGDIR=逆时针 ANGBASE=0	
选择对象: 指定对角点: 找到 4 个	←选择键槽作为需要旋转的对象
选择对象:	←按【Enter】键或单击鼠标右键确认选择的对象
指定基点:	←配合对象捕捉工具移动鼠标捕捉到大圆圆心 A 点作为旋转基点，单击鼠标右键确认
指定旋转角度，或 [复制(C)/参照(R)] <0>: r	←输入选项参数"R"，按【Enter】键，使用参照方式旋转对象
指定参照角 <39>:	←配合对象捕捉工具移动鼠标捕捉到 A 点，单击鼠标左键确认
指定第二点:	←配合对象捕捉工具移动鼠标捕捉到 B 点，单击鼠标左键确认
指定新角度或 [点(P)] <248>:	←配合对象捕捉工具移动鼠标捕捉到 C 点，单击鼠标左键确认

结果如图 7.15b）所示。

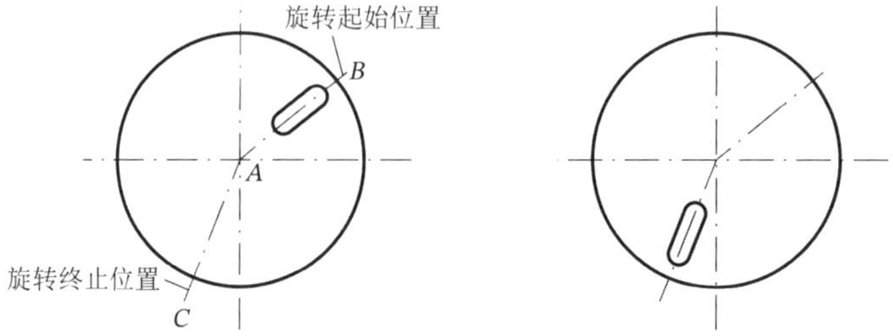

a) 旋转前　　　　　　　　　　　　b) 旋转后

图 7.15　使用"参照"选项旋转图形

二、使用对齐命令改变对象的位置和方向

对齐命令"**ALIGN**"可以同时移动和旋转一个对象，使之与另一个对象对齐。例如，在绘制图 7.16 所示图形对象过程中，可以使用对齐命令使矩形对象中的 a 点、b 点分别与圆中的 A 点、B 点对齐，从而完成绘图工作。操作过程中，用户只需按照 AutoCAD 提示指定源对象与目标对象的一点、两点或三点对齐就可以了。

图 7.15　使用 "参照"
选项旋转图形

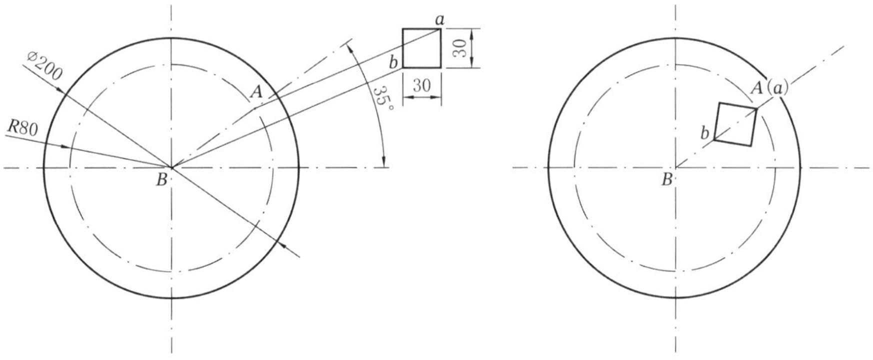

a) 对齐操作前　　　　　　　　　　　b) 对齐操作后

图 7.16　对齐对象

【操作步骤】

（1）根据图中尺寸关系，分别绘制圆和矩形对象，如图 7.16a）图所示。

（2）在命令行窗口输入对齐命令"**ALIGN**"（命令缩写"**AL**"）后按【Enter】键，AutoCAD 提示：

图 7.16　对齐对象

命令: align	←输入命令，按【Enter】键
选择对象: 指定对角点: 找到 4 个	←选择步骤 1 绘制的矩形作为对齐操作对象
选择对象:	←按【Enter】键或单击鼠标右键确认选择的对象
指定第一个源点:	←配合对象捕捉工具捕捉到矩形对象上 a 点，单击鼠标左键确认
指定第一个目标点:	←配合对象捕捉工具捕捉到圆上 A 点，单击鼠标左键确认
指定第二个源点:	←配合对象捕捉工具捕捉到矩形对象上 b 点，单击鼠标左键确认
指定第二个目标点:	←配合对象捕捉工具捕捉到圆心 B 点，单击鼠标左键确认
指定第三个源点或 <继续>:	←按【Enter】键，完成配对工作
是否基于对齐点缩放对象? [是(Y)/否(N)] <否>:	←按【Enter】键，确认不基于对齐点缩放对象并完成对齐操作

结果如图 7.16b）图所示。

【知识链接】

对齐命令调用方式及功能说明

（1）命令调用方式

- 命令行："**ALIGN**"。
- 命令快捷方式："**AL**"。
- 功能区按钮："默认"选项卡→"修改"功能区→▓。
- 菜单:〖修改〗→〖三维操作〗→〖对齐〗。

（2）命令功能说明

- 对齐命令可以在二维平面和三维空间中使选中对象同时完成移动和旋转后与其他对象对齐。
- 进行对齐操作时可以根据需要指定一对、两对或三对源点和定义点，以对齐选定对象。当只选择一对源点和目标点时，选定对象将在二维平面或三维空间从源点移动到目标点，如图 7.17b ）所示，其实用效果与移动命令"**MOVE**"相同。

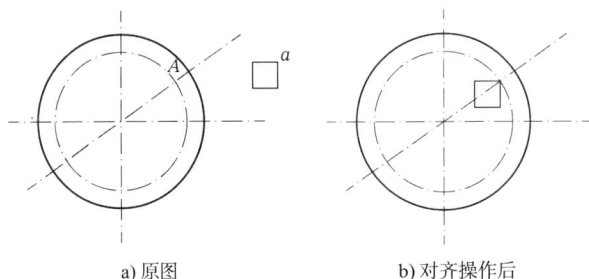

a) 原图　　　　　　　　　　b) 对齐操作后

图 7.17　使用一对源点和目标点对齐操作

- 当选择两对点时，可以在二维平面或三维空间移动、旋转和缩放选定对象，以便与其他对象对齐。在输入了第二对点后，系统会给出缩放对象的提示。若选择基于对齐点缩放对象，则系统将自动以第一目标点和第二目标点之间的距离作为缩放对象的参考长度，如图 7.18c ）所示。只有使用两对源点对齐对象时才能使用缩放。

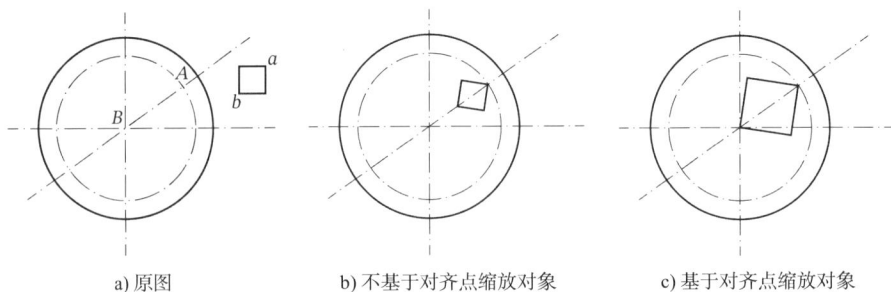

a) 原图　　　　　　b) 不基于对齐点缩放对象　　　　c) 基于对齐点缩放对象

图 7.18　使用两对源点和目标点对齐操作

📖 **特别提示** -

如果使用两个源点和目标点在非垂直的工作平面上执行三维对齐操作，将会产生不可预料的结果。

● 当选择三对源点时，选定对象可在三维空间移动和旋转，使之与其他对象对齐，如图 7.19 所示。

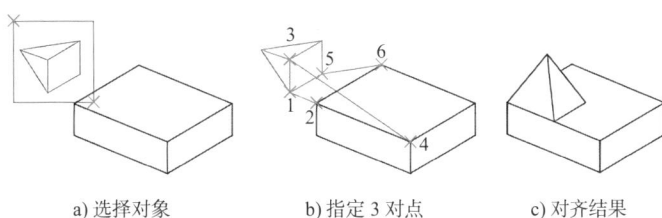

a) 选择对象   b) 指定 3 对点   c) 对齐结果

图 7.19　使用三对源点和目标点对齐操作

任务三　改变图形对象的形状

本任务主要介绍拉伸、拉长和延伸对象的方法。

一、采用拉伸命令改变图形对象的长度和位置

如果图形的 X 或 Y 轴方向上的尺寸有错误，或者想调整图形中某部分实体的位置，可以使用"STRETCH"命令。例如，需要将图 7.20 所示的桥墩盖梁由左图修改为右图的尺寸和位置（标高）关系，可以直接使用拉伸命令"STRETCH"完成。

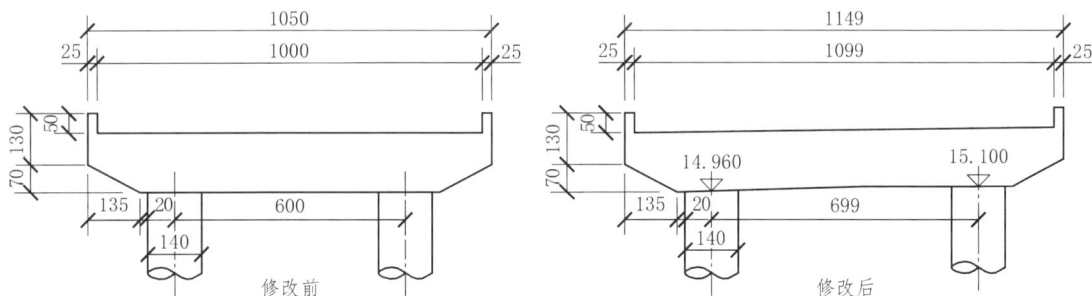

图 7.20　拉伸命令修改桥墩盖梁
注：本图除标高单位为 m 外，其余单位均为 cm。

【操作步骤】

（1）根据图示尺寸关系，完成修改前桥墩盖梁的绘制，如图 7.21a）所示。

（2）在命令行窗口输入拉伸命令"STRETCH"（命令缩写"S"）后按【Enter】键，AutoCAD 提示：

图 7.20　拉伸命令修改
桥墩盖梁

```
命令: stretch                              ←输入命令，按【Enter】键
以交叉窗口或交叉多边形选择要拉伸的对象...
选择对象: 指定对角点: 找到 11 个            ←以交叉窗口方式选择需要拉伸的对象，如图 7.21b）
                                           所示，单击鼠标左键确认
选择对象:                                  ←按【Enter】键或单击鼠标右键确认选择的对象
指定基点或 [位移(D)] <位移>:              ←在绘图区任意位置单击鼠标左键，指定基点
指定第二个点或 <使用第一个点作为位移>: @99,14 ←输入第二点的相对坐标，按【Enter】键，完成修改
                                           工作
```

结果如图 7.21c）所示。

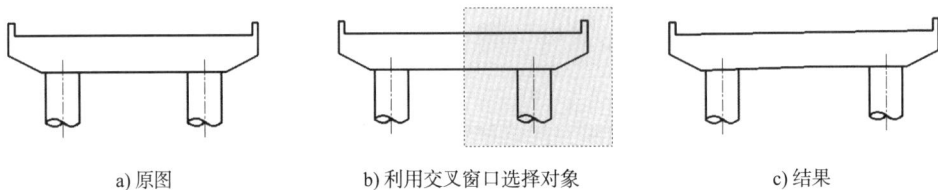

a) 原图   b) 利用交叉窗口选择对象   c) 结果

图 7.21　使用拉伸命令调整对象长度和位置操作过程

【知识链接】

拉伸命令调用方式及功能说明

（1）命令调用方式

- 命令行："**STRETCH**"。
- 命令快捷方式："**S**"。
- 功能区按钮："默认"选项卡→"修改"功能区→ 拉伸 。
- 菜单：〖修改〗→〖拉伸〗。
- 工具栏按钮：修改工具栏→ 。

（2）命令功能说明

- 拉伸命令"**STRETCH**"可以让用户拉伸、缩短及移动实体。该命令通过改变端点的位置来修改图形对象，编辑过程中除被伸长、缩短的对象外，其他图形元素的大小及相互间的几何关系将保持不变。

- 使用拉伸命令时，对图形对象的选择只能使用交叉窗口方式或交叉多边形方式完成。

- 拉伸命令"**STRETCH**"可以拉伸的对象有圆弧、椭圆弧、直线、多段线段、多线、样条曲线以及使用矩形命令"**RETCANG**"绘制的矩形和使用正多边形命令"**POLYGON**"绘制的正多边形等。其中多段线按照一段一段的直线和圆弧处理。

- 拉伸命令一次可以拉伸多个图形对象。拉伸时只移动包含在选择窗口里面对象的端点，而窗口外面的端点不变，如图 7.22 所示。

📖 **特别提示** -

如果对象完全包含在交叉窗口或交叉多边形里面，则此时拉伸命令与使用移动命令"**MOVE**"的效果一样。

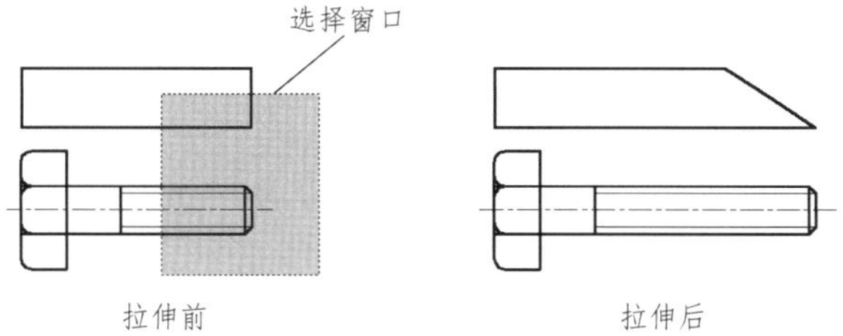

图 7.22 拉伸实例

● 指定拉伸距离和方向可以使用鼠标直接在屏幕上指定两个点，这两点的距离和方向代表了拉伸实体的距离和方向。另外也可以通过输入两点之间的绝对坐标或相对坐标来确定拉伸的距离和方向。

二、使用拉长命令改变图形对象的长度

拉长命令可以修改直线长度或圆弧的长度以及圆心角度。拉长命令允许以动态方式拖拉对象终点、输入增量值、输入百分比值或输入对象的总长等方法来改变对象的长度。拉长命令在绘制图 7.23 所示百分比柱状图时会比较方便快捷。

【操作步骤】

（1）使用直线命令绘制水平方向和竖直方向上的柱状图框架直线段，并调整线型和线宽，如图 7.24a）所示（线段长度为任意长度）。

（2）打开点样式对话框，将点样式设置为任意明显可见样式（具体操作参照项目二任务三：设置点样式并绘制指定坐标的点）。

图 7.23 百分比柱状图

（3）使用定数等分命令"**DIVIDE**"将表示横轴的线段等分为 6 段，如图 7.24b）所示（具体操作参照项目二任务三：使用点等分直线对象）。

（4）自行设置适当的宽度值，使用多段线命令"**PLINE**"绘制具有一定宽度的直线段，并使用复制命令"**COPY**"将宽度直线复制到各等分点上，如图 7.24c）所示。

（5）在命令行窗口输入拉长命令"**LENGTHEN**"（命令缩写"**LEN**"）后按【Enter】键，AutoCAD 提示：

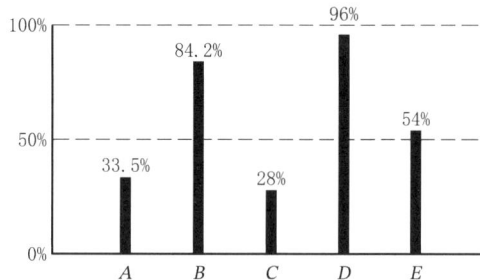

命令: lengthen	←输入命令，按【Enter】键
选择对象或 [增量(DE)/百分数(P)/全部(T)/动态(DY)]: p	←输入选项参数"P"，按【Enter】键，使用百分数方式修改对象长度
输入长度百分数 <100.0000>: 33.5	←输入长度百分比值，按【Enter】键确认
选择要修改的对象或 [放弃(U)]:	←移动鼠标至线段 A 上端，单击鼠标左键
选择要修改的对象或 [放弃(U)]:	←按【Enter】键结束修改
命令:	←按【Enter】键再次调用拉长命令
LENGTHEN	
选择对象或 [增量(DE)/百分数(P)/全部(T)/动态(DY)]: p	←输入选项参数"P"，按【Enter】键，使用百分数方式修改对象长度

输入长度百分数 <33.5000>: 84.2	←输入新的长度百分比值，按【Enter】键确认
选择要修改的对象或 [放弃(U)]:	←移动鼠标至线段 B 上端，单击鼠标左键
选择要修改的对象或 [放弃(U)]:	←按【Enter】键结束修改
命令:	←按【Enter】键继续调用拉长命令
LENGTHEN	
选择对象或 [增量(DE)/百分数(P)/全部(T)/动态(DY)]: p	←输入选项参数"P"，按【Enter】键，使用百分数方式修改对象长度
输入长度百分数 <84.2000>: 28	←输入新的长度百分比值，按【Enter】键确认
选择要修改的对象或 [放弃(U)]:	←移动鼠标至线段 B 上端，单击鼠标左键
选择要修改的对象或 [放弃(U)]:	←按【Enter】键结束修改
命令:	←按【Enter】键继续调用拉长命令
LENGTHEN	
选择对象或 [增量(DE)/百分数(P)/全部(T)/动态(DY)]: p	←输入选项参数"P"，按【Enter】键，使用百分数方式修改对象长度
输入长度百分数 <28.0000>: 96	←输入新的长度百分比值，按【Enter】键确认
选择要修改的对象或 [放弃(U)]:	←移动鼠标至线段 C 上端，单击鼠标左键
选择要修改的对象或 [放弃(U)]:	←按【Enter】键结束修改
命令:	←按【Enter】键继续调用拉长命令
LENGTHEN	
选择对象或 [增量(DE)/百分数(P)/全部(T)/动态(DY)]: p	←输入选项参数"P"，按【Enter】键，使用百分数方式修改对象长度
输入长度百分数 <96.0000>: 54	←输入新的长度百分比值，按【Enter】键确认
选择要修改的对象或 [放弃(U)]:	←移动鼠标至线段 B 上端，单击鼠标左键
选择要修改的对象或 [放弃(U)]:	←按【Enter】键结束修改命令

结果如图 7.24d）所示。

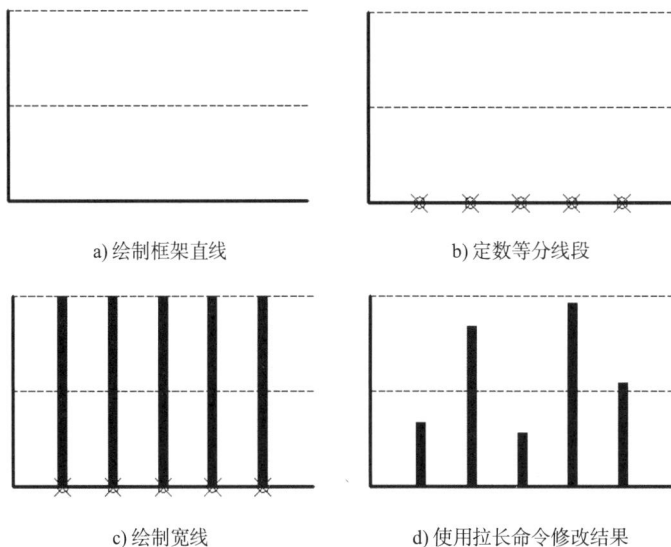

a) 绘制框架直线　　　　　　　　　b) 定数等分线段

c) 绘制宽线　　　　　　　　　d) 使用拉长命令修改结果

图 7.24　使用拉长命令绘制柱状图操作过程

【知识链接】

拉伸命令调用方式及相关说明

（1）命令调用方式

- 命令行："**LENGTHEN**"。
- 命令快捷方式："**LEN**"。
- 功能区按钮："默认"选项卡→"修改"功能区→▨。
- 菜单：〖修改〗→〖拉长〗。

图 7.23　百分比柱状图

（2）命令选项说明

- 增量（DE）：通过输入增减量值调整长度或角度。
- 百分数（P）：通过指定对象总长度的百分数来调整对象长度。
- 全部（T）：通过指定从固定端点测量所得总长度的绝对值来修改选定对象的长度。
- 动态（DY）：通过鼠标移动拖动选定对象的端点之一来改变其长度。其他端点保持不变。

（3）命令功能说明

- 拉长命令"**LENGTHEN**"可以改变所选对象的长度以及圆弧的圆心角度。它可用来拉长或缩短直线、多段线、圆弧和椭圆弧，对样条曲线只能缩短。对闭合的图形对象，如圆、矩形等只起测量作用，不能改变其长度。

- 在"**选择对象或[增量（DE）/百分数（P）/全部（T）/动态（DY）]：**"提示下如果没有输入选项参数而直接选择对象，则会在命令行窗口中显示被选中对象的长度和角度值。

- 使用增量方式修改对象长度，输入正值时对象将被拉长，输入负值时被缩短。采用百分比方式调整对象长度时，长度百分数必须为非零正数，输入值在 0 到 100 之间时，对象缩短；取值等于 100 时，对象长度不变；取值大于 100 时，对象长度增加。无论使用哪种方式调整对象长度或圆弧的圆心角度，拉长命令会从距离选择点最近的端点处开始执行。

三、使用延伸命令延长线条

延伸命令的作用恰好与修剪命令相反，使用延伸命令"**EXTEND**"可以将线段和曲线等对象延伸到一个边界对象，使其与边界对象相交。有时边界对象可能是隐含边界，这时对象延伸后并不与边界直接相交，而是与边界的隐含部分（延长线）相交。如图 7.25 所示，可以使用延伸命令将直线 *a*、*b* 延伸到直线 *c* 上。

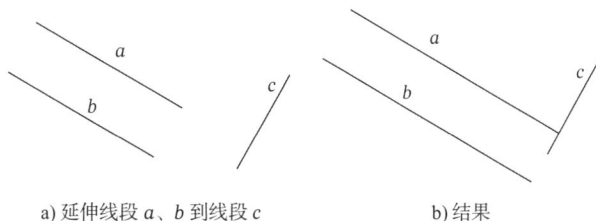

图 7.25　使用延伸命令延长线条

a) 延伸线段 *a*、*b* 到线段 *c*　　　　b) 结果

图 7.25　使用延伸命令延长线条

【操作步骤】

（1）使用直线命令绘制任意长度和方向平行直线段 a、b 和与直线段 a、b 不平行的任意线段 c，如图 7.25a）所示。

（2）在命令行窗口输入延伸命令"**EXTEND**"（命令缩写"**EX**"）后按【Enter】键，AutoCAD提示：

命令: extend	←输入命令，按【Enter】键
命令: _extend	
当前设置:投影=UCS，边=无	
选择边界的边...	
选择对象或 <全部选择>: 找到 1 个	←使用鼠标单击选中直线段 c 作为延伸边界
选择对象:	←按【Enter】键或单击鼠标右键确认选择的对象
选择要延伸的对象，或按住 Shift 键选择要修剪的对象，或 [栏选(F)/窗交(C)/投影(P)/边(E)/放弃(U)]: e	←输入选项参数"E"，按【Enter】键，调用边界设置选项
输入隐含边延伸模式 [延伸(E)/不延伸(N)] <不延伸>: e	←输入选项参数"E"，按【Enter】键，设置边界为延伸模式
选择要延伸的对象，或按住 Shift 键选择要修剪的对象，或 [栏选(F)/窗交(C)/投影(P)/边(E)/放弃(U)]:	←使用鼠标单击选中线段 a 完成延伸
选择要延伸的对象，或按住 Shift 键选择要修剪的对象，或 [栏选(F)/窗交(C)/投影(P)/边(E)/放弃(U)]:	←使用鼠标单击选中线段 b 完成延伸
选择要延伸的对象，或按住 Shift 键选择要修剪的对象，或 [栏选(F)/窗交(C)/投影(P)/边(E)/放弃(U)]:	←按【Enter】键结束延伸操作

结果如图 7.25b）所示。

【知识链接】

拉伸命令调用方式及相关说明

（1）命令调用方式

- 命令："**EXTEND**"。
- 命令快捷方式："**EX**"。
- 功能区按钮："默认"选项卡→"修改"功能区→ →| 延伸 ▼ 。
- 菜单:〖修改〗→〖延伸〗。
- 工具栏按钮: 修改工具栏→ →| 。

（2）命令选项说明

- 栏选（F）：通过绘制连续折线的方式选择需要修剪的对象，与折线相交的所有对象将被修剪。
- 窗交（C）：以交叉窗口方式选择修剪对象，与窗口具有交叉关系和包容关系的所有对象将被修剪。
- 投影（P）：改选项用于设置执行修剪的空间。例如，三维空间中两条线段呈交叉关系，用户可利用该选项假想将其投影到某一平面上执行修剪操作。
- 边（E）：设定是否将对象延伸到隐含边界（延长线）。选择该选项后，AutoCAD 提示：

> 输入隐含边延伸模式[延伸（E）/不延伸（N）]<不延伸>:

如果选择"延伸（E）"方式进行延伸，即使边界的边太短，延伸对象后不能与其直接相交（如图 7.25 中需延长线段 a 与边界线段 c），AutoCAD 也会假想将边界边延长，然后使延伸边伸长到与边界相交的位置。否则将只能延伸与边界边可以直接相交的对象。

（3）命令功能说明

● 调用延伸命令后，首先提示选择的对象是作为延伸边界的对象，延伸边界可以有多条，确认后，再选择被延伸的对象。连续选择被延伸的对象，可延伸多个对象，直到按【Enter】键结束命令。

● 有效的边界对象可以是二维和三维多段线、圆弧、圆、椭圆、直线、样条曲线、文字和构造线等。如果边界对象是具有一定宽度的多段线，则 AutoCAD 将忽略多段线的宽度，而将对象延长到多段线的中心线位置。

● 利用鼠标拾取需要延伸的部分时，如果按住【shift】键，系统自动将"延伸"命令转换成"修剪"命令。

● 若在"选择对象"提示下直接按下空格键或是【Enter】键，则绘图窗口中所有的对象可以互为边界和被延伸对象，此时系统会在选择的对象中自动判断边界。

● 选择需要延伸的对象时，拾取点的位置决定了延伸的方向，延伸发生在拾取点的一侧。

任务四　缩放图形对象

工程图样都是按照一定的比例来绘制和打印输出的，为了方便起见，使用 AutoCAD 绘图基本上都是按照 1∶1 的比例进行的，但是将某一个或一组图形对象按比例缩放仍然是不可少的功能。本任务将介绍如何使用比例缩放命令"**SCALE**"将所选图形对象关于某个基点沿 X 轴和 Y 轴方向以相同的比例放大或缩小。

一、指定比例因子缩放对象

如果已知图形对象的缩放比例，使用比例因子可以快速准确地缩放图形对象，如图 7.26 所示图形，要将其放大 2 倍，可以直接使用比例缩放命令完成。

【操作步骤】

（1）根据图示尺寸关系绘制图 7.26a）所示图形对象。

（2）在命令行窗口输入比例缩放命令"**SCALE**"（命令缩写"**SC**"）后按【Enter】键，AutoCAD 提示：

图 7.26　比例缩放图形

> 命令: scale　　　　　　　　　　　　　←输入命令，按【Enter】键
>
> 选择对象: 指定对角点: 找到 11 个　　　←选中步骤 1 绘制的全部图形对象

选择对象:	←按【Enter】键确认对象选择完成
指定基点:	←配合对象捕捉功能，捕捉到圆心位置，单击鼠标左键，将圆心作为缩放基点
指定比例因子或 [复制(C)/参照(R)] <1.0000>: 2	←输入比例因子，按【Enter】键，完成比例缩放

结果如图 7.26b）所示。

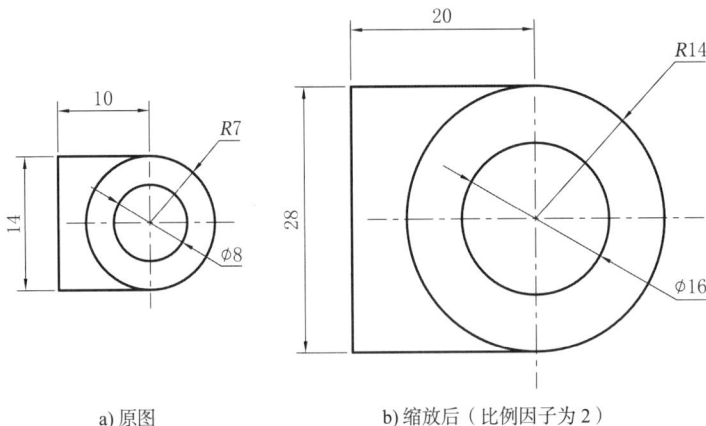

a)原图　　　　　　　　　b)缩放后（比例因子为2）

图 7.26　比例缩放图形

【知识链接】

比例缩放命令调用方式及功能说明

（1）命令调用方式

- 命令行："**SCALE**"。
- 命令快捷方式："**SC**"。
- 功能区按钮："默认"选项卡→"修改"功能区→▣ 缩放。
- 菜单:〖修改〗→〖比例缩放〗。
- 工具栏按钮: 修改工具栏→▣。

（2）命令功能说明

- 比例缩放时指定的基点表示选定对象的大小发生改变时位置保持不变的点。
- 使用比例因子缩放图形对象时，输入的比例因子必须是非零正数，比例因子大于 1，则选中图形对象放大；比例因子小于 1，则选中图形对象缩小。
- 比例缩放不同于视图缩放命令"**ZOOM**"，前者直接改变了对象的实际尺寸，而后者仅仅是改变了对象在屏幕上的显示大小，对图形对象的实际尺寸并无任何影响。
- 如果需要在完成比例缩放后仍然保留原始尺寸的对象，则可以在"指定比例因子或［复制（C）/参照（R）］<1.0000>:"提示下先选择参数"复制（C）"，然后再输入比例因子，如图 7.27 所示。
- 利用比例缩放命令可以使某些图形的绘制变得简单，例如需要绘制某个结构物或者构造物的局部大样图时，可以先将需要放大的部分复制下来，再利用比例缩放、修剪等工具即可完成局部放大图。

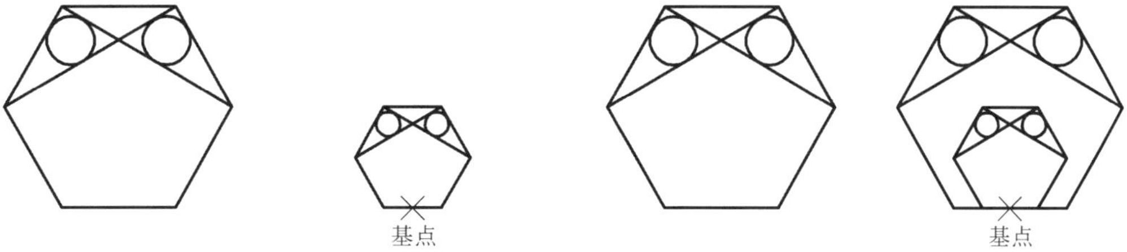

原始尺寸图形对象　比例因子为0.5缩小后图形对象　　原始尺寸图形对象　比例因子为0.5缩小后图形对象

a) 直接缩放对象　　　　　　　　　　b) 对象缩放时选择"复制"参数

图 7.27　缩放命令示例

特别提示

如果图形对象进行了标注，对其使用了比例缩放命令后，其标注的尺寸值也将按照比例发生改变。

二、参照方式缩放对象

某些时候，需要缩放的图形对象比例因子无法得知，或者需要经过复杂的计算，这时，使用指定比例因子方式缩放图形对象就不那么方便了，但如果可以明确图形对象缩放后的参考长度，就可以使用比例缩放命令中的"参照"方式来完成缩放工作。如图 7.28 所示图形，整个图形只有一个尺寸，直接绘图存在困难，绘图时可以先以任意尺寸绘出图形的形状，再利用参照方式缩放对象，使图形对象满足尺寸要求。

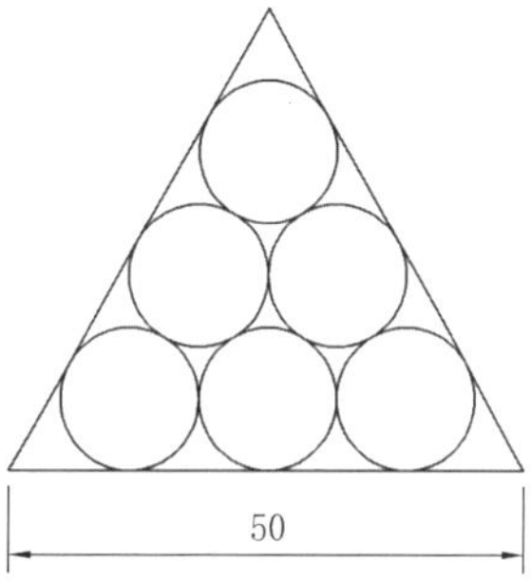

图 7.28　参照方式缩放图形对象示例

【操作步骤】

（1）绘制一个圆（直径可任取，为便于绘图，本例取圆半径为 10），并配合对象捕捉工具复制两个与之相切的圆，如图 7.29a）所示。

（2）使用"相切、相切、半径"方式绘制另外三个圆，使之形成金字塔堆叠，如图 7.29b）所示。

（3）绘制正三角形，在命令行窗口输入正多边形命令"**POLYGON**"（命令缩写"**POL**"）后按【Enter】键，AutoCAD 提示：

图 7.28　参照方式缩放图形对象的示例

命令: polygon	←输入命令，按【Enter】键
输入边的数目 <4>: 3	←输入多边形边数，按【Enter】键
指定正多边形的中心点或 [边(E)]: e	←输入选项参数"P"，按【Enter】键，调用指定边长方式绘制正多边形
指定边的第一个端点:	←配合对象捕捉功能捕捉到左下角圆心位置，单击鼠标左键确认
指定边的第二个端点:	←配合对象捕捉功能捕捉到右下角圆心位置，单击鼠标左键确认

结果如图 7.29c）所示。

（4）使用偏移命令"**OFFSET**"将步骤 3 绘制的正三角形想外侧偏移距离 10，得到图 7.29d）所示结果。

（5）在命令行窗口输入比例缩放命令"**SCALE**"（命令缩写"**SC**"）后按【Enter】键，AutoCAD 提示：

命令: scale	←输入命令，按【Enter】键
选择对象: 指定对角点: 找到 8 个	←选中前 4 步绘制的全部图形对象
选择对象:	←按【Enter】键确认对象选择完成
指定基点:	←配合对象捕捉功能捕捉到大三角形左下角点 A 作为缩放基点
指定比例因子或 [复制(C)/参照(R)] <1.0000>: r	←输入选项参数"R"，按【Enter】键，调用参照方式缩放图形对象
指定参照长度 <1.0000>:	←配合对象捕捉功能捕捉到大三角形左下角点 A 作为参照长度第一点
指定第二点:	←配合对象捕捉功能捕捉到大三角形右下角点 B 作为参照长度第二点
指定新的长度或 [点(P)] <1.0000>: 50	←输入新的长度值 50，按【Enter】键，完成缩放

删除多余三角形，结果如图 7.29 所示。

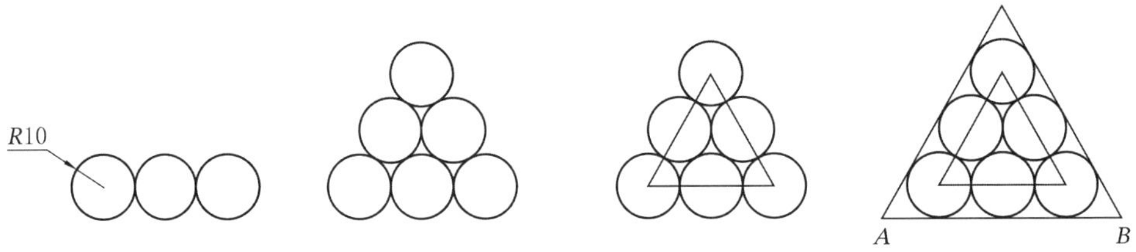

a) 绘制圆并复制　　b) 形成金字塔堆叠　　c) 绘制正三角形　　d) 偏移三角形

图 7.29　参照方式缩放图形对象过程

【知识链接】

参照方式功能说明：

● 参照方式缩放图形对象是将由系统自动计算指定的新长度与参照长度的比值作为比例因子缩放所选对象。

● 在"**指定参照长度<1>:**"和"**指定新的长度或 [点（P）]:**"提示下直接输入数值，系统将自动计算输入参照长度值和新长度值间的比例关系，并将其作为比例因子完成对图形对象的缩放。

● 在"**指定新的长度或 [点（P）]:**"输入选项参数"P"，可以使用鼠标在绘图窗口任意指定两点，系统会自动计算两点间的距离，并与"参照长度"进行比较计算以得出参照长度值和新长度值间的比例关系。

项目拓展

AutoCAD 的编辑功能非常强大，除了前面介绍的编辑修改命令外，还有其他一些常用的编辑修改命令和编辑修改图形对象的方法。本项目拓展将介绍倒角命令、合并命令的使用方法以及如何改变对象属性和特性的匹配问题。

一、使用倒角命令完成直线连接

所谓倒角就是将两个不平行的对象用一条与两对象都倾斜的直线段来连接。倒角命令 "**CHAMFER**" 可将直线类型的两个不平行的对象，如直线、多段线直线、构造线、使用 "**RECTANG**" 命令绘制的矩形、使用 "**POLYGON**" 命令绘制的多边形等进行倒角，如图 7.30 所示。倒角命令还可以将两个不平行的对象延伸或修剪以使之相交于一点。

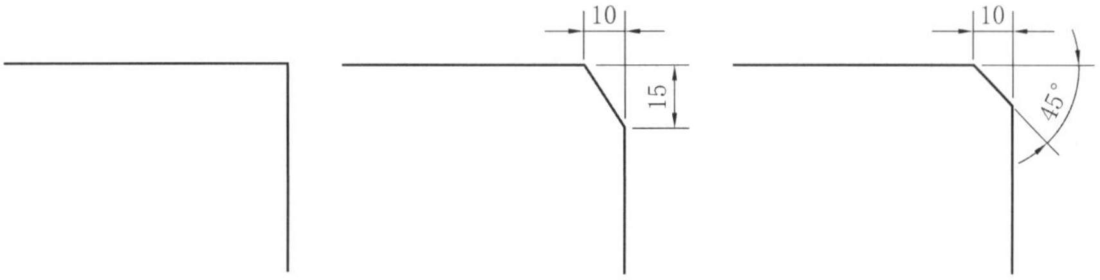

a) 倒角前   b) 指定距离方式倒角   c) 指定角度方式倒角

图 7.30   倒角命令示例

【知识链接】

倒角命令调用方式及相关说明

（1）命令调用方式

- 命令行："**CHAMFER**"。
- 命令快捷方式："**CHA**"。
- 功能区按钮："默认"选项卡→"修改"功能区→ 倒角。
- 菜单：〖修改〗→〖倒角〗。
- 工具栏按钮：修改工具栏→ 。

图 7.31   倒角命令操作示例

（2）命令选项说明

- 多段线（F）：用于在对多段线进行倒角操作时将所有直线段间的顶点进行倒角操作。
- 距离（D）：用于设定倒角距离，在该方式下，倒角由两对象的交点分别到倒角斜线两个端点的距离（即第一倒角距离和第二倒角距离）决定。
- 角度（A）：用第一条线的倒角距离和第二条线的角度设置倒角距离。
- 修剪（T）：用于设定完成倒角操作后是否修剪对象。选择给选项后，AutoCAD 提示：

```
输入修剪模式选项 [修剪(T)/不修剪(N)] <不修剪>:
```

如果选择"修剪（T）"方式进行倒角，则完成操作后，倒角连接多余的部分将被修剪掉。选择"不修剪（N）"方式则会保留原对象状态，但在他们之间加上一条倒角斜线，如图 7.31 所示。

a) 原图	b) 倒角时采用"修剪"方式	c) 倒角时采用"不修剪"方式

图 7.31　倒角操作时选择修剪与否的区别

- 方式（T）：用于控制使用两个距离还是一个距离和一个角度来创建倒角。
- 多个（M）：该选项可以一次创建多个倒角。调用该选项后，系统将重复提示"选择第二个对象"，直到用户按【Enter】键结束命令。
- 按住【Shift】键选择要应用角点的对象：选择第二个倒角对象时按住【Shift】键，系统将以 0 值替代当前的倒角距离。

（3）命令功能说明

- 倒角命令只能在具有直线属性的图形对象中使用，如直线、射线、构造线、矩形、正多边形等。对多段线的修改只能在线段之间完成。
- 在使用"距离"方式进行倒角设置时，第一倒角距离和第二倒角距离可设置为相同或不同值，输入的倒角距离将成为以后"**CHAMFER**"命令的默认倒角距离，直至将其改变。
- 第一倒角距离在先选择的那条线上，第二倒角距离在后选择的那条线上。
- 如果在修剪模式下设定两个倒角距离均为 0，可以通过倒角命令修齐两条非平行直线而不论这两条直线是否相交或是需要延伸后相交，如图 7.32 所示。

a) 原图	b) 依次拾取各点	c) 倒角完成后结果

图 7.32　倒角距离均为 0 时倒角效果

图 7.32　倒角命令延伸直线

二、使用合并命令连接图形对象

打断命令可以将一个完整的对象截断或将选中对象的两点之间部分去除，合并命令的作用恰恰与之相反。如果需要连接某一连续图形的两个部分，或将某段圆弧闭合为整圆，可以使用合并命令将其合并为一个对象，如图 7.33 所示。

图 7.33　合并对象操作示例

【知识链接】

合并命令调用方式及功能说明

（1）命令调用方式

- 命令行："**JOIN**"。
- 命令快捷方式："**J**"。
- 功能区按钮："默认"选项卡→"修改"功能区→➜➜。
- 菜单：〖修改〗→〖合并〗。
- 工具栏按钮：修改工具栏→➜➜。

（2）命令功能说明

- 使用合并命令"**JOIN**"可以将相似的对象合并为一个对象。也可以使用圆弧和椭圆弧创建完整的圆和椭圆。可以使用合并命令的对象包括：圆弧、椭圆弧、直线、多段线、样条曲线。

- 要将相似的对象和将要与之合并的对象称为源对象。要合并的若干对象必须位于相同的平面上。合并两段或多段圆弧（椭圆弧）时，将从源对象开始沿逆时针方向进行合并操作。

- 当源对象是直线时，合并对象只能是直线且必须与之共线，源对象与合并对象之间可以有间隙；源对象是多段线时，合并对象可以是直线、多段线或圆弧。源对象与合并对象之间不能有间隙，并且必须位于同一平面上；源对象是圆弧（椭圆弧）时，合并对象只能是圆弧（椭圆弧），并且圆弧（椭圆弧）对象于源对象必须位于同一假想的圆（椭圆）上，但是它们之间可以有间隙，选择"闭合"选项可将源对象圆弧（椭圆弧）转换成完整圆（椭圆）；源对象是样条曲线时，合并对象可以是样条曲线和螺旋，但源对象于合并对象必须相接（端点对端点），合并完成后将形成新的单个样条曲线。

📖 **特别提示** -

构造线、射线和闭合的对象无法合并。

三、使用对象特性命令改变对象属性

每个对象创建后都具有各自的特性，如颜色、所在图层、线型、线宽、大小等。这些特性有些是共有的，有的是某些对象专有的，但无论是哪种属性都可以进行编辑修改。例如，在使用虚线绘制图形对象时，若由于线型比例不合适，导致虚线各段间距过大或过小，则可通过改变虚线对象的特性，快速调整其线型比例，如图 7.34 所示。

a) 当前对象线型比例 = 1　　　　　　　b) 当前对象线型比例 = 2

图 7.34　使用对象特性命令修改对象属性示例

图 7.34　使用对象特性命令
修改对象属性示例

【操作步骤】

（1）选中图 7.34a）中虚线对象。

（2）单击"特性"功能区上的扩展选项按钮⬃或在键盘上输入快捷键【Ctrl】+【1】，打开图 7.35 所示的"特性"对话框。

（3）使用鼠标点击"线型比例"选项，激活线型比例文本框文本框，在其中输入新的线型比例值 2（系统默认值为 1），按【Enter】键后，绘图窗口中的虚线立即更新，显示修改后的结果如图 7.34b）所示。

（4）点击"特性"对话框左上角✖按钮关闭"特性"对话框。

【知识链接】

对象特征命令调用方式及功能说明

（1）命令调用方式

- 命令行："**PROPERTIES**"。
- 命令快捷方式："**PR**"。

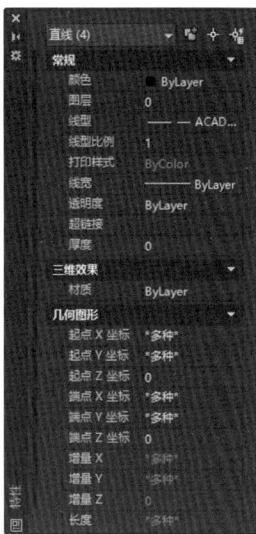

图 7.35　"特性"对话框

- 功能区按钮："默认"选项卡→"特性"功能区→⬃。
- 菜单：〖标准〗→〖特性〗。
- 工具栏按钮：标准工具栏→▥。
- 键盘快捷方式：【Ctrl】+【1】。

（2）命令功能说明

- 启动命令后，AutoCAD 打开如图 7.35 所示的特性工具板。利用它可以方便地设置或修改对象的各种属性。
- 根据选择的对象不同，"特性"对话框中显示的对象属性项目也不同，图 7.36a）为不选择任何对象时的特性工具板。选中对象后，工具板中将会列表显示所选中对象的当前属性数据，图 7.36b）所示为选中圆时所显示的对象特性。此时，只要点击欲修改特性选项就可以通过对话框或下拉菜单或直接键入新的数据等方式修改对象的属性。修改完成，按【Enter】键后直接关闭特性工具板，对象将改变为新的特性。

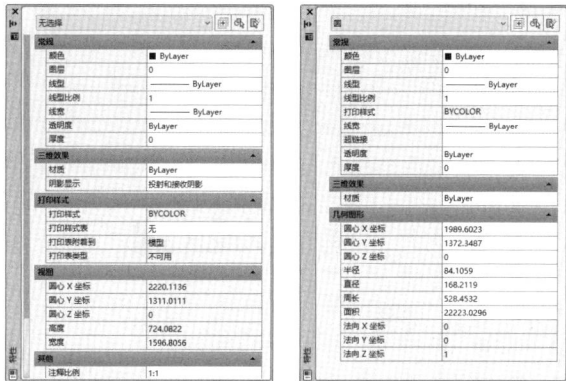

a) 未选择对象时的特性对话框　　　b) 选择圆时的特性对话框

图 7.36　特性工具板

四、使用对象特性匹配命令修改对象属性

特性匹配命令"**MATCHPROP**"是一个非常有用的编辑工具，利用特性匹配功能可以将目标对象的属性与源对象的特性进行匹配，使目标对象的特性与源对象相同。特性匹配功能可以快捷地修改对象特性，并使不同的对象具有相同的特性。如图 7.37 所示，如果需要将圆的特性调整为与虚线 AB 一致，包括线型、所在图层、颜色等，可以在调用特性匹配命令"**MATCHPROP**"后，根据提示依次选择对象完成调整。

图 7.37　特性匹配

【操作步骤】

单击"特性"功能区上的 按钮，AutoCAD 提示：

```
命令: '_matchprop
选择源对象:                          ←使用鼠标选中虚线段 AB
当前活动设置: 颜色 图层 线型 线型比例 线宽 厚
度 打印样式 标注 文字 填充图案 多段线 视口 表
格材质 阴影显示 多重引线
选择目标对象或 [设置(S)]:            ←使用鼠标选中圆
选择目标对象或 [设置(S)]::           ←按【Enter】键完成特性匹配操作
```

结果如图 7.37b）所示。

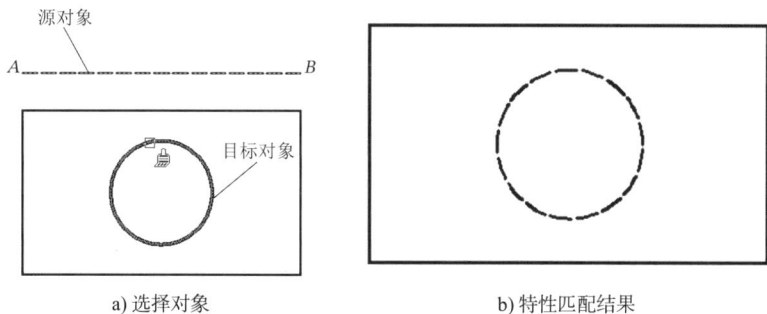

源对象

A ———————————————————— B

目标对象

a) 选择对象　　　　　　　　　　b) 特性匹配结果

图 7.37　特性匹配

【知识链接】

特性匹配命令调用方式及相关功能

（1）命令调用方式

- 命令行："**MATCHPROP**"。
- 命令快捷方式："**MA**"。
- 功能区按钮："默认"选项卡→"特性"功能区→🖼️。
- 菜单:〖修改〗→〖特性匹配〗。
- 工具栏按钮：标准工具栏→🖼️。

（2）命令功能说明

- AutoCAD 的特性匹配功能类似于 Office 系列软件中提供的"格式刷"功能，它可以复制某一个对象的基本特性，如颜色、图层、线型、线宽等，然后将其应用到另外一个或一组对象当中去，从而达到修改目的。

- 需要复制修改的特性项目可以通过在"选择目标对象或﹝设置（S）﹞:"提示下选择参数"S"打开如图 7.38 所示的"特性设置"对话框来完成。

图 7.38　"特性设置"对话框

项目小结

本项目主要内容总结如下:

◆ 使用修剪命令"**TRIM**"和圆角命令"**FILLET**"可以快速准确完成圆弧连接，修剪命令"**TRIM**"还可以用于修剪直线、圆弧、样条曲线、填充图案等多种对象，使其以某一个或多个对象为边界，将多余的部分精确地修剪掉。

◆ 延伸命令"**EXTEND**"的作用与修剪命令刚好相反，它可以将某个对象延长，使其与另外的对象（边界）相交。修剪命令和延伸命令可以在调用过程中通过按住【Shift】键进行切换。

◆ 用旋转命令"**ROTATE**"可以改变图形对象的方位，旋转角度逆时针为正，顺时针为负。用对齐命令"**ALIGN**"可以同时旋转和移动对象使之与目标对象对齐。这两个命令在绘图时很有用，用户可先在水平方向上绘出图形，然后利用旋转或对齐命令将图形定位到倾斜方向。

◆ 用"**STRETCH**"命令可拉伸图形，用"**SCALE**"命令可以按比例缩放图形。前者可在保证已有几何关系不变的情况下改变对象大小或位置，但在选择对象时只能使用交叉窗口或交叉多边形方式。

◆ "**PROPERTIES**"命令可以编辑对象属性，例如图层、颜色、线型等。用"**MATCHPROP**"命令可以使目标对象的属性与源对象属性匹配。

图 7.39 项目七实训 1

实训

1. 按照图 7.39 中尺寸，绘制立交桥平面图。

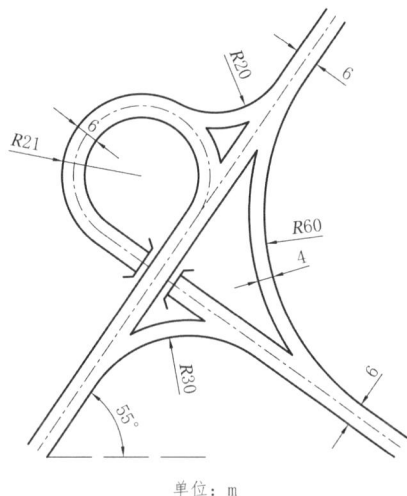

单位：m

图 7.39 实训 1 图形

图 7.40 项目七实训 2

2. 按照图 7.40a）图中的尺寸要求绘制图形，再使用拉伸命令和比例缩放命令将其修改为 b）图。

a)

b)

图 7.40 实训 2 图形

3. 按照图示尺寸关系分别绘制图 7.41a）和图 7.41b）中两个图形对象，再将其组合为右图所示图形。

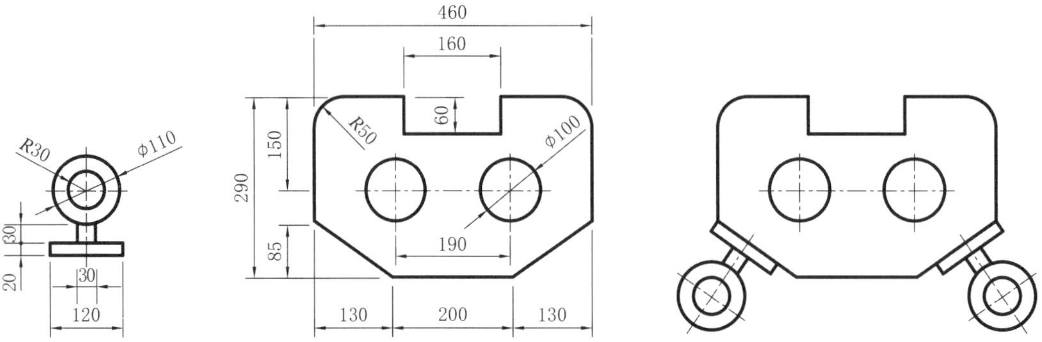

图 7.41　实训 3 图形

图 7.41　项目七实训 3

项目八
ITEM EIGHT
书写文字和表格

在绘制工程图样的过程中，设计人员常会利用文字进行说明或提供扼要的注释。完备且布局适当的说明文字，不仅能使图样更好地表达设计思想，并且还会使图纸本身显得整洁而清晰。

通过本项目的学习可以了解文字样式的基本概念和设置方法，并学会如何创建单行文字和多行文字。

学习目标

◎ 掌握新建和编辑修改文字样式的方法。
◎ 学会书写单行文字和多行文字的方法。
◎ 了解在文字中添加特殊符号的方法。
◎ 熟悉根据需要调整单行文字的对齐方式的方法。
◎ 了解编辑文字的方法。
◎ 了解创建表格的方法。

任务一　创建文字样式及书写单行文字

本任务将学习如何创建和修改文字样式，如何书写单行文字以及如何在单行文字中加入特殊字符。

一、新建文字样式

文字样式主要用于控制与文本相关联的字体样式、字符宽度、文字倾斜角度及高度等项目。另外，还可通过文字样式设置出相反的、颠倒的及垂直方向的文本。用户可以针对每一种不同风格的文字创建对应的文字样式，这样在输入文本时就可以用相应的文字样式来控制文本的外观。例如，在绘制道路桥梁工程图样时，可以根据《道路工程制图标准》（GB 50162—1992）的相关要求先建立一个专门用于控制设计说明文字外观的文字样式。

【操作步骤】

（1）在命令行窗口输入文字样式命令"**STYLE**"（命令缩写"**ST**"），打开图 8.1 所示的"文字样式"对话框。

（2）点击 新建(N)... 按钮，打开"新建文字样式"对话框，在"样式名"文本框中输入文字样式的名称"文字说明"，如图 8.2 所示。点击 确定 按钮，返回"文字样式"对话框。

（3）使用鼠标点击取消"文字"设置区"使用大字体"的选项，然后打开"字体名"下拉列表选择"仿宋"。在"效果"设置区"宽度因子"文本框中输入宽度因子值"0.7"，使字体变成长仿宋体，如图 8.1 所示。

（4）点击 应用(A) 按钮完成设置，再点击 关闭(C) 按钮退出"文字样式"对话框。

图 8.1　设置文字样式

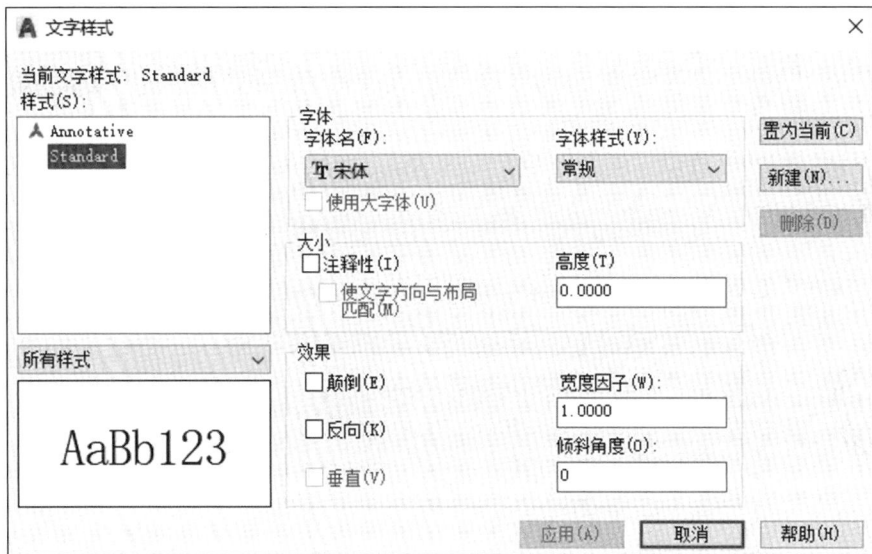

图 8.1　"文字样式"对话框

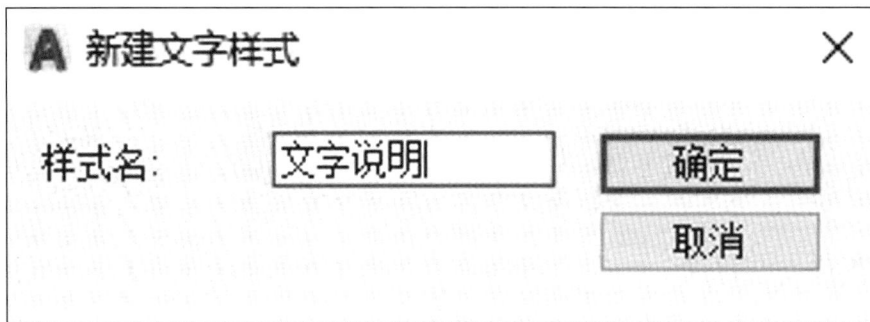

图 8.2　"新建文字样式"对话框

【知识链接】

文字样式命令调用方式及相关说明

（1）命令调用方式

- 命令行："**STYLE**"。
- 命令快捷方式："**ST**"。
- 功能区按钮："默认"选项卡→"注释"功能区→ 。
- 菜单：〖格式〗→〖文字样式〗。
- 工具栏按钮：样式工具栏→ 。

（2）对话框选项功能说明

文字样式的设置均通过"文字样式"对话框来完成。对话框中主要有"字体"、"大小"、"效果"三个设置区和左侧的文字样式列表显示窗口。下面分别对各部分的设置功能作介绍：

①"样式"列表

该区域以列表方式显示图形中的文字样式。列表中包括已定义的样式名并默认显示当前字体样式。要改变当前样式，可以从列表中选择另一种样式，并点击 置为当前(C) 按钮，将选中样式设置为当前使用的文字样式，同时，对话框上方的"当前文字样式"显示也会相应发生改变。样式名前的 图标表示该样式是具有注释性的文字样式。

②"样式列表过滤器"列表

样式列表下方的下拉选择列表称为"样式列表过滤器"，其作用是控制在"样式"列表中是显示所有样式还是仅显示使用中的样式。

③预览窗口

预览窗口显示选中文字样式的情况，它会随着字体的改变和效果的修改而动态更改样例文字。

④"字体"设置区

该区域用于设置文字样式所使用的字体。

- "SHX 字体"：SHX 字体是指使用 Unicode 字符编码标准的字体。在此下拉列表中罗列了所有的 SHX 字体，其中"gbenor.shx"和"bgeitc.shx"字体是符合我国国家标准的工程字体。
- "使用大字体"：该选项通过复选框控制是否为选中的 SHX 字体指定亚洲语言的大字体文件。亚洲字母表包含数千个非 ASCII 字符。为支持这种文字，程序提供了一种称作大字体文件的特殊类型的形定义。选中"使用大字体"复选框后，用户可以将样式设置为同时使用常规文件和大字体文件。
- "大字体"：一旦选择选中了"使用大字体"选项，右侧的"大字体"下拉选择列表将会被激活，该列表用于选择与 SHX 字体对应的大字体样式文件。其中"gbcbit.shx"字体是符合我国国家标准的工程汉字字体，该字体文件还包含一些常用特殊符号。由于"gbcbig.shx"中不包含西文字体定义，因而使用时常将其与"gbenor.shx"和"gbeitc.shx"字体配合使用。

> **特别提示**
>
> 只有 SHX 文字才可以创建"大字体"。

- "字体名"：如果取消对"使用大字体"选项的选择，"SHX 字体"下拉选择列表将变成"字体名"下拉选择列表。此时，下拉列表中将列出包括 SHX 字体在内的所有字体。

特别提示 ....

在使用下拉选择列表选择字体时，同种字体名往往对应有两种表示方式，其区别在于字体名前是否加注"@"符号，如仿宋体在选择时会有："Tr仿宋 ▼"和"Tr@仿宋 ▼"两种情况。前者选择的字体是按正常方式书写，而后者选择的字体是按单字旋转 90°后书写，如图 8.3 所示。

a)字体名为"仿宋"　　　　　　　b)字体名为"@仿宋"

图 8.3　字体样式的区别

如果发现图形文件中的文本没有正确显示出来，多数情况是由于文字样式所连接的字体不合适造成的。选择对应文字样式后重新选择字体可以有效解决该问题。

⑤"大小"设置区

该区域用于调整文字的大小。

● "注释性"：该复选框用于设置文字的注释性。

● "使文字方向与布局匹配"：该选项用于指定图纸空间视图中的文字方向与布局方向相匹配。如果清除"注释性"选项，则该选项不可用。

● "高度"：通过在文本框中输入数字以设置文字的高度。如果将其设置为 0，则在输入文本时，系统会提示指定文字高度；如果设定了高度值，则在书写文字时不会出现指定文字高度的提示而直接将按设定值定义文字高度。

⑥"效果"设置区

该区域用于设置文字的显示特征，包括颠倒、反向、垂直、宽度比例、倾斜角度等，如图 8.4 所示。

● "颠倒"：选中该选项后将颠倒显示字符。

● "反向"：选中该选项后将反向显示字符。

● "垂直"：选中该选项后将显示垂直对齐的字符。只有在选定字体支持双向显示时该选项才可用。通常只有 SHX 字体支持"垂直"选项。

● "宽度因子"：该选项用于设置字符的宽度与高度之比。我国《道路工程制图标准》（GB 50162—1992）规定道路桥梁工程图纸中的汉字应采用长仿宋体，为满足要求，文字的宽度因子一般设置为 0.7 或 0.75。

● "倾斜角度"：该选项用于指定文字与竖直方向的倾斜角度。可以设置的角度范围为 −85°～85°，角度值为正，文字向右倾斜，反之向左倾斜。我国《道路工程制图标准》（GB 50162—1992）规定在同一册图纸中，数字与字母的字体可采用直体或斜体。直体笔划的横与竖应成 90°；斜体字字头向右倾斜，与水平线应成 75°。

文字效果　　正常书写　　　　　　颠倒效果　　　　　　　反向效果

宽度因子 = 0.7　　　　　　　倾斜角度 = 15°

图 8.4　文字效果设置示例

⑦"置为当前"按钮

在"样式"列表中选择一个文字样式后点击 置为当前(C) 按钮，可以把选中的文字样式设置为当前使用的样式。

⑧"新建"按钮

单击 新建(N)... 按钮，可以创建新文字样式。

⑨"删除"按钮

在"样式"列表中选择一个文字样式后点击 删除(D) 按钮，可以将选中的文字样式删除。

特别提示

当前样式和已经被使用的文字样式不能被删除。

（3）修改文字样式时的注意事项

修改文字样式也是在"文字样式"对话框中进行的，其过程与创建文字样式相似，但有几点应当注意：

● 修改完成后，单击"文字样式"对话框中的 应用(A) 按钮，则修改生效，系统将立即更新图样中与此文字样式关联的文字。

● 当改变文字样式对应的字体文件时，系统将改变使用该样式所有文字的外观。

● 当修改文字的"颠倒"、"反向"及"垂直"特性时，系统将改变与之关联的所有单行文字外观。修改文字高度、宽度比例及倾斜角时，不会引起已有采用该字体样式的单行文字外观的改变，但会影响此后使用该字体样式创建的文字对象。对于多行文字，只有"垂直""宽度比例"及"倾斜角度"选项才会影响其外观。

二、书写单行文字

对于不需要进行复杂排版的简短内容，可以使用单行文字完成书写。例如，在工程图纸的右下角往往需要设置标题栏，如图 8.5 所示，标题栏中的文字就可以使用单行文字完成书写。

				职责	签字	7
						7
						7
图号		比例		日期		7
12	16	12	20	16	20	7

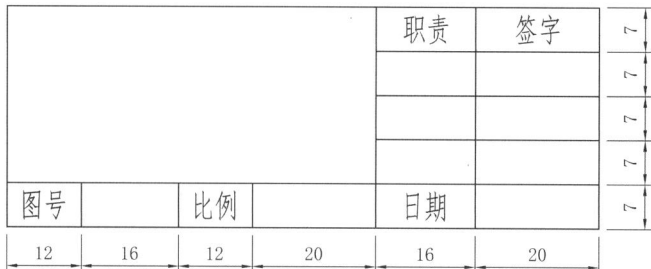

图 8.5　使用单行文字书写标题栏

【操作步骤】

（1）根据图示尺寸关系绘制标题栏线框。

（2）在"注释"工具栏中打开"文字样式控制"下拉选择列表，选择"文字说明"样式，将其设置为当前样式，如图 8.6 所示。

图 8.6　设置当前文字样式

（3）在需要书写单行文字的线框内绘制辅助对角线，如图 8.7a）所示。

（4）在命令行窗口输入单行文字命令"**DTEXT**"（命令缩写"**DT**"）后按【Enter】键，AutoCAD 提示：

命令: dtext	←输入命令，按【Enter】键
当前文字样式："文字说明"　文字高度: 2.5000	
注释性: 否	
指定文字的起点或 [对正(J)/样式(S)]: j	←输入选项参数"J"，按【Enter】键，设置当行文字的对齐方式
输入选项 [对齐(A)/调整(F)/中心(C)/中间(M)/右(R)/左上(TL)/中上(TC)/右上(TR)/左中(ML)/正中(MC)/右中(MR)/左下(BL)/中下(BC)/右下(BR)]: m	←输入选项参数"M"，按【Enter】键，设置对齐方式为"中间"
指定文字的中间点:	←配合对象捕捉，使用鼠标捕捉到需要书写文字线框对角线的中点位置，如图 7.7a）所示，单击鼠标左键确认
指定高度 <2.5000>: 4	←输入文字高度值，按【Enter】键
指定文字的旋转角度 <0>:	←按【Enter】键，使用当前值"0"作为旋转角度

此时，会在指定文字中间点的位置打开一个文本窗口，输入文字"图号"后，第一次按【Enter】键，文字输入光标会切换至下一行，再次按【Enter】键，结束文字输入，如图 8.7b）所示。

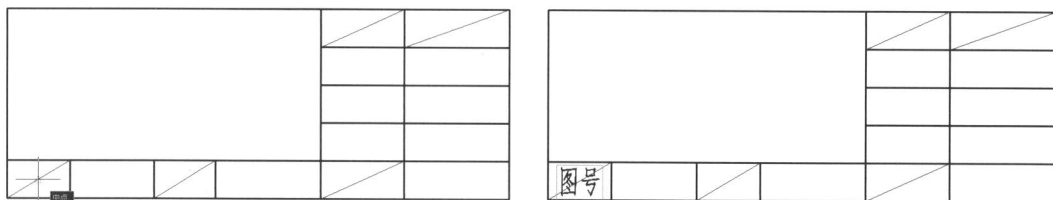

a）捕捉到辅助线中点　　　　　　　　　　b）在文本窗口中输入文字

图 8.7　单行文字书写示例

（5）重复前一步的过程，完成其他位置上的文字书写后删除辅助线，结果如图 8.5 所示。

【知识链接】

1. 单行文字命令调用方式及功能说明

（1）命令调用方式

- 命令行："**DTEXT**"或"**TEXT**"。

- 命令快捷方式："**DT**"。

- 功能区按钮："默认"选项卡→"注释"功能区→**A**。

图 8.5 使用单行文字
创建标题栏

- 菜单：〖绘图〗→〖文字〗→〖单行文字〗。

（2）命令功能说明

- 所谓单行文字并不意味使用"**DTXT**"命令每次只能书写一行文字，输入一行文字后按【Enter】键，文本输入窗口中的光标线会下移到下一行的起始位置继续输入文字，这样可以连续书写多行文字，但是每一行文字都是一个独立的对象。

- 书写完文字要退出单行文字命令需要连续两次按下【Enter】键完成。

- 默认情况下，单行文字关联的文字样式是"standard"，采用的字体是"txt.shx"，如果要输入中文，则应修改当前文字样式，使其与中文字体相关联。修改当前文字样式可以在执行单行文字命令后，在"**指定文字的起点或［对正（J）/样式（S）]：**"提示下输入参数"S"，再输入所要使用的文字样式名称。

- 文字样式的预置可以通过图 8.6 所示的"样式"工具栏中的"文字样式控制"下拉选择列表来完成。

2. 单行文字的对齐方式

"对正（J）"选项决定了单行文字书写时的对齐方式。AutoCAD 定义了文字的顶线、底线、基线和中线位置，文字对正在左、中、右及四个位置线上进行组合。图 8.8 详细反映了单行文字的其余对齐方式。

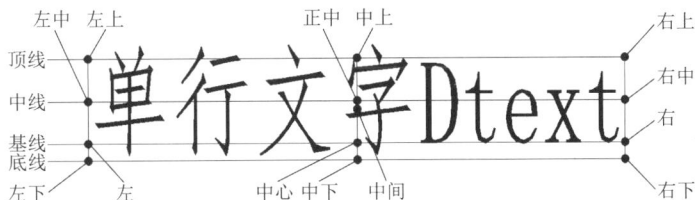

图 8.8 单行文字对正位置

在"**指定文字的起点或［对正（J）/样式（S）]：**"提示下输入参数"J"按【Enter】键后，命令行会提示选择输入对齐方式："**［对齐（A）/调整（F）/中心（C）/中间（M）/右（R）/左上（TL）/中上（TC）/右上（TR）/左中（ML）/正中（MC）/右中（MR）/左下（BL）/中下（BC）/右下（BR）]：**"。各种对齐选项的含义如下。

- "对齐"：该对齐方式可以根据当前字体的宽度因子和文字内容在指定的两点之间自动调整文字的高度，使输入文字正好嵌入在这两点之间。字数越多，则对应的文字高度越小。

整行文字的倾斜方向也由事先指定的两点位置决定。

● "调整"：这种对齐方式将根据指定两点间的距离、文字高度以及文字内容自动调整单个文字的宽度因子，整行文字的倾斜角度也由这两点的位置关系确定。

● "中心"：该选项要求用户指定书写文字基线的中心点位置，AutoCAD 以指定点为中心点，按指定高度书写文字，文字宽度根据高度和宽度因子自动确定。

● "中间"：选项要求用户指定文字的中间点位置，然后根据给定的文字高度和旋转角度进文字书写。

● "右"：AutoCAD 根据用户指定的点作为基线的右端点，文字按照该右下角点呈右对正排列。

● 其余选项含义与此类似，可参照以上选项和图 8.8 理解和使用。

3. 单行文字的编辑修改

如果需要对已有的单行文字内容进行编辑修改，可以直接在单行文字上双击鼠标左键，激活单行文字文本框，然后对文字内容完成修改。修改完成后，第一次按【Enter】键，系统会提示"选择注释对象或〔放弃（U）〕:"，如果需要修改其他单行文字，可以继续选择要修改的单行文字对象，完成修改，如不需要修改其他对象，则可以再次按【Enter】键，完成单行文字修改并退出文本框。

三、在单行文字中加入特殊符号

工程图中用到的许多符号都不能通过键盘直接输入,例如如角度符号"°"、直径符号"∅"、正负公差符号"±"等。在使用单行文字命令 **DTEXT** 书写文字时，如果需要书写上面提到的这样一些特殊符号，可以通过以下几种方式完成。

1. 百分号导引法

在 AutoCAD 中，有一些特殊符号可以通过输入由双百分号加上字符串构成的特殊代码来完成书写，这些代码对应的特殊符号如表 8.1 所示。

特殊符号控制码

表 8.1

代码	对应特殊字符及功能	实例	
		输入字符	显示内容示例
%%O	打开或关闭文字上划线	%%OABC	ABC
%%U	打开或关闭文字下划线	%%UABC	ABC
%%D	标注单位符号"度"（°）	45%%D	45°
%%P	标注正负号（±）	%%P10	±10
%%C	标注直径符号（∅）	%%C120	∅120

例如，如果需要使用单行文字书写"60±0.5℃"，可以执行单行文字命令后，在文本输

入窗口中键入"%%U60%%P0.5%%DC",连续两次按下【Enter】键后完成该内容的书写。

在使用百分号引导特殊符号输入时需要注意以下问题：

● 特殊符号控制码中的字母，其大小写均可。

● %%O 和 %%U 只在单行文字中才能发挥作用，并且它们两个是可切换开关，在文本中第一次输入控制符时，表明打开文字的上（下）划线，再次输入时，则将已经打开的上（下）划线关闭。

● 特殊符号录入过程中需要注意字体与字符的兼容性，如果一些特殊符号或汉字输入后无法辨认或是以"？"显示，表明当前字体与特殊符号或汉字不兼容，可以通过更改字体来解决显示问题。

2. 键盘输入法

一些特殊符号，如希腊字母、数学符号、标点符号、罗马数字等可以通过打开 Windows 操作系统语言栏的软键盘，利用其自带的多种符号软键盘书写符号。使用完毕后注意要返回 PC 键盘。

3. 复制粘贴法

还有一些特殊的符号，如"≈"、"∞"、"≅"、"⊃"、"£"、"≠"等，可以从 Word、WPS 等文本编辑软件中复制到 Windows 剪贴板中，然后回到 AutoCAD 中，在执行单行文字命令后，粘贴到文本窗口中，这样可以在 AutoCAD 的单行文字中书写出所需的特殊符号。

任务二　书写多行文字

本任务将介绍多行文字的书写、排版以及如何在多行文字中添加特殊符号。

一、书写多行文字

多行文字命令用于在图形文件中创建一段复杂的文字说明文本，这段文字具有统一的宽度，可以由任意行或任意段组成，与单行文字不同的是，所有的文字行或段落将构成一个单独的实体对象。在多行文字中，用户还可以像使用 Windows 的"记事本"工具一样对多行文字中单个字符或某一部分文字的属性，包括文本的字体、倾斜角度和高度等进行设置。例如，在绘制某桥的空心板构造图后，需要在图形文件中书写图 8.9 所示的一段说明文字，由于该段说明中有简单排版的需要，因此，可以使用多行文字来完成书写。

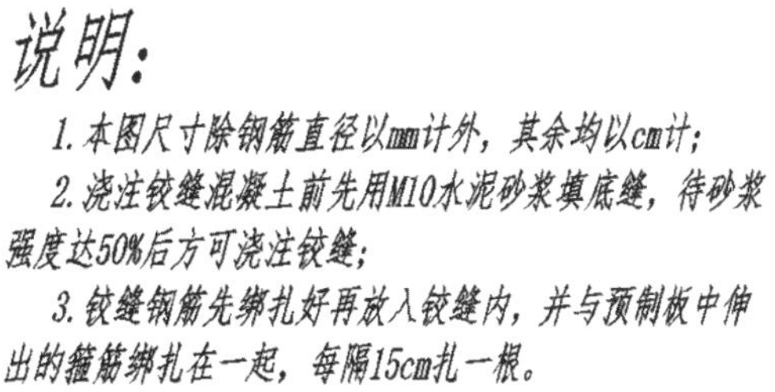

说明：

1. 本图尺寸除钢筋直径以mm计外，其余均以cm计；

2. 浇注铰缝混凝土前先用M10水泥砂浆填底缝，待砂浆强度达50%后方可浇注铰缝；

3. 铰缝钢筋先绑扎好再放入铰缝内，并与预制板中伸出的箍筋绑扎在一起，每隔15cm扎一根。

图 8.9　使用多行文字书写文字说明

【操作步骤】

（1）在命令行窗口输入多行文字命令"**MTEXT**"（命令缩写"**MT**"）后按【Enter】键，

AutoCAD 提示：

命令: mtext	←输入命令，按【Enter】键
MTEXT 当前文字样式: "Standard" 文字高度: 2.5 注释性: 否	←在绘图区任意位置单击鼠标左键
指定第一角点:	
指定对角点或 [高度(H)/对正(J)/行距(L)/旋转(R)/样式(S)/宽度(W)/栏(C)]:	←移动鼠标拖出一个矩形窗口，在适当位置单击鼠标左键，打开图 8.10 所示的"文字格式"对话框和多行文本输入窗口

（2）在文本窗口中输入文字，如图 8.10 所示。

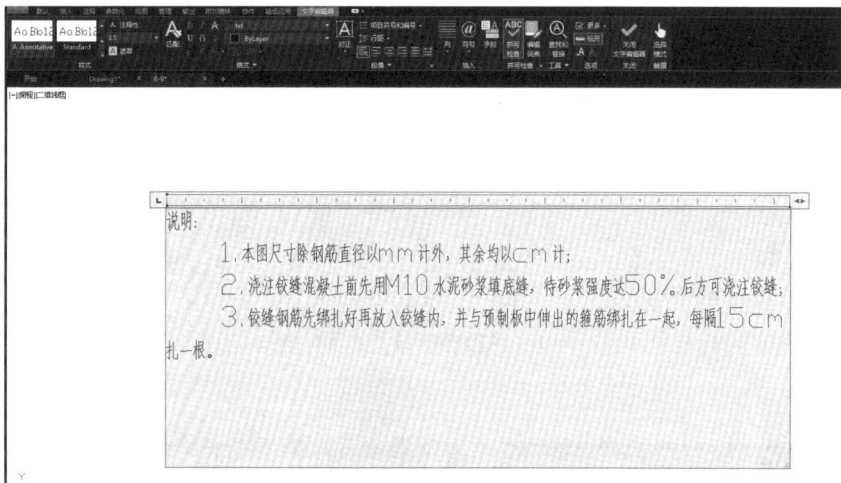

图 8.10 "文字格式"对话框和多行文字窗口

（3）在文本窗口中选中所有文字，然后在打开的"文字编辑器"选择卡中选择前面设置的"文字说明"文字样式，如图 8.11 所示。

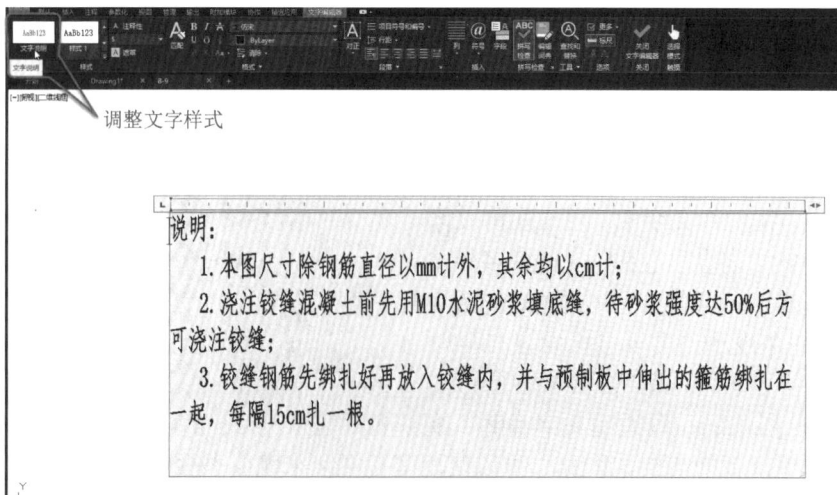

图 8.11 调整文字样式

（4）在文本窗口中选中所有文字，然后在"倾斜角度"文本框中输入倾斜角度值"15"，如图 8.12 所示。

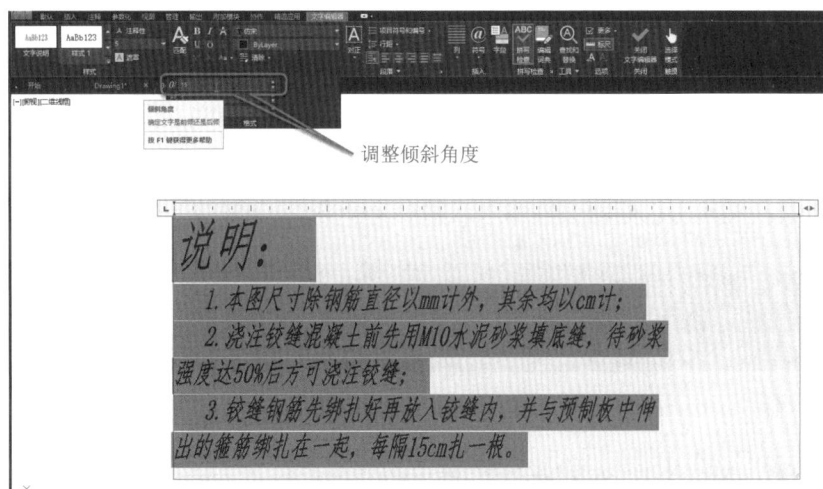

图 8.12　调整文字倾斜角度

（5）选中文字"说明"，然后在"字体高度"文本框中输入高度值"5"，如图 8.13 所示。

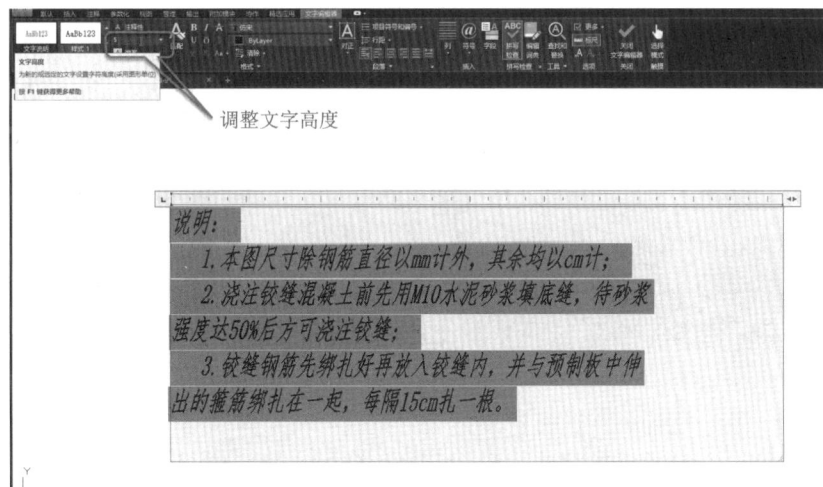

图 8.13　调整文字高度

（6）点击"文字格式"对话框上的 确定 按钮，完成多行文字的书写和调整并关闭"文字格式"对话框。结果如图 8.9 所示。

【知识链接】

多行文字命令调用方式及相关说明

（1）命令调用方式

● 命令行："MTEXT"。

● 命令快捷方式："T"或"MT"。

图 8.9　使用多行文字创建文字说明

- 功能区按钮："默认"选项卡→"注释"功能区→**A**。
- 菜单：〖绘图〗→〖文字〗→〖多行文字〗。
- 工具栏按钮：绘图工具栏→**A**。

（2）命令选项说明

执行多行文字命令 **"MTEXT"** 并指定多行文字的范围后，在功能区将打开图 8.14 所示的"文字编辑器"选项卡。"文字编辑器"选项卡类似于一个文字处理软件，设有"样式"、"格式"、"段落"、"插入"、"拼写检查"、"工具"、"选项"、"关闭"等功能区，通过它可以创建或修改多行文字对象，从其他文件输入或粘贴文字等。

图 8.14 "文字编辑器"选项卡

"文字编辑器"选项卡各功能区选项的具体功能如下。

① "样式"功能区

"样式"功能区主要用于选择和设置多行文字的使用样式、背景和文字高度等，如图 8.15 所示。其中各选项含义如下。

图 8.15 "样式"功能区

- "文字样式"选项列表：通过选项列表可以选择文字样式并应用于多行文字对象。单击右侧的选项滑块，在显示框中将依次显示已经创建的文字样式，选中某个样式后，新输入的多行文字将应用该样式。如果要改变已经输入多行文字的文字样式，应先将文字选中，再从选项列表中选择文字样式，被选中的文字的文字样式随即改变。

- "注释性"选项 **注释性**：为新的或者选中的多行文字启用或者禁用注释性。

- "文字高度"设置框 **2.5**：多行文字对象可以包含不同高度的字符。通过"文字高度"文本框可以按图形单位设置新的文字高度或更改选定文字的高度。设置文字高度时可以直接在文本框中键入文字高度值，键入的高度值将记录在下拉列表中，也可以打开下拉列表，从已有的高度中选择一种文字高度。

- "遮罩"选项 **A 遮罩**：单击后会打开图 8.16 所示的"背景遮罩"对话框，通过对话框可以设置是否在多行文字文本框使用背景颜色及其边界范围。

图 8.16 "背景遮罩"对话框

②"格式"功能区

"样式"功能区主要用于设置多行文字的呈现效果，包括字体、颜色、加粗、倾斜等，如图 8.17 所示。

图 8.17 "格式"功能区

其中各选项含义如下：

● "匹配文字格式"按钮 ：用于将选定文字的格式应用到目标文字，其作用类似于 Word 或者 WPS 等文字处理办公软件中的"格式刷"。

● "粗体"按钮 ：用于设置和关闭新文字或选定文字的粗体格式。此选项仅适用于使用 TrueType 字体的字符，SHX 字体无法设置粗体格式。

● "斜体"按钮 ：用于设置和关闭新文字或选定文字的斜体格式。此选项仅适用于使用 TrueType 字体的字符，SHX 字体无法设置斜体格式。

● "删除线"按钮 ：用于设置和关闭新文字或选定文字的删除线。

● "下划线"按钮 ：用于设置和关闭新文字或选定文字的下划线。

● "上划线"按钮 ：用于设置和关闭新文字或选定文字的上划线。

● "堆叠"按钮 ：如果选定文字中包含堆叠字符、插入符（＾）、正向斜杠（／）和磅符号（＃）时，堆叠字符左侧的文字将堆叠在字符右侧的文字之上。

📖 **特别提示** --------------------------------------

通过堆叠文字的方法可以方便地创建文字的上标和下标，输入方式为"上标∧"、"∧下标"。例如，输入"53∧"后选中"3∧"，单击堆叠按钮 🔳，显示结果为"53"。

- "上标"按钮 X^2：用于将选定文字转换为上标或将选定的上标文字更改为普通文字。该按钮只能在选定文字后才能激活。
- "下标"按钮 X_2：用于将选定文字转换为下标或将选定的下标文字更改为普通文字。该按钮只能在选定文字后才能激活。
- "更改大小写"按钮 Aa ▾：用于将选定的英文文字更改为大写或小写。该按钮只能在选定文字后才能激活。
- "字体"下拉列表框 T 仿宋 ▾：通过下拉列表可以为输入的文字指定字体或改变选定文字的字体。单击下拉列表选择一种字体，该字体将显示在下拉列表的显示框中，输入的多行文字或选定的文字将应用该字体。
- "文字颜色"下拉列表框 ▮ ByLayer ▾：通过下拉列表为新输入文字指定颜色或修改选定文字的颜色。单击该下拉列表选择一种颜色，该颜色将显示在下拉列表的显示框中，输入的多行文字或选定的文字将应用该颜色。
- "清除格式"按钮 ⯊ 清除 ▾：删除选定字符的字符格式，或删除选定段落的段落格式，或删除选定段落中的所有格式。该按钮只能在选定文字后才能激活。
- "倾斜角度"设置框 $0/$ 15 ⬍：通过在文本框中键入数值来设置新输入或选中文字的倾斜角度。倾斜角度表示的是相对于竖直方向的偏移角度，输入数值应在−85°到 85°之间。输入的倾斜角度的值为正时文字向右倾斜，倾斜角度的值为负时文字向左倾斜。
- "追踪"设置框 ab 1 ⬍：通过键入 0.75～4 之间的数值来控制新输入或选中字符的间距。1.0 是常规间距，若输入大于 1.0 的值可增大间距；若输入小于 1.0 的值将缩小间距。
- "宽度因子"设置框 O 0.7 ⬍：通过键入 0.1～10 之间的数值以控制新输入或选中字符的宽度因子，其作用与"文字样式"对话框中的"宽度因子"选项设置完全相同。

③"段落"功能区

"样式"功能区主要用于设置多行文字的排版效果，包括对齐方式、行距等，如图 8.18 所示。

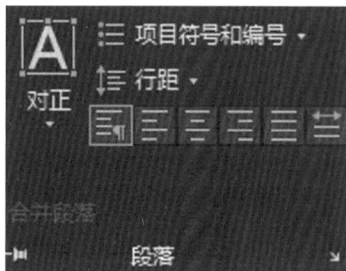

图 8.18 "段落"功能区

- "多行文字对正"选项按钮 A：类似于单行文字的"对正"选项参数，用于设置多行文字的对正方式，单击按钮可以打开图 8.19 所示的选项菜单，选择相应的对正方式可以应用于新输入文字或选中文字。
- "项目符号和编号"选项按钮 ☰ 项目符号和编号 ▾：单击按钮后打开图 8.20 所示的编号设置菜单，选择相应菜单选项可以给段落文字添加数字编号、项目符号或大写字母形式的编号。
- "行距"选项按钮 ☰ 行距 ▾：用于设置段落文字的行

间距。单击按钮后打开行距设置选项菜单，如图 8.21 所示，通过菜单选项可以设置多行段落中文字的上一行底部和下一行顶部之间的距离。

图 8.19　"多行文字对正方式"选项菜单　　图 8.20　项目符号与编号选项菜单　　图 8.21　"行距"设置选项菜单

- "默认对齐"按钮 ：用于设置当前段落或选定段落以默认方式对齐。
- "左对齐"按钮 ：用于设置当前段落或选定段落向文本框左边对齐。
- "居中对齐"按钮 ：用于设置当前段落或选定段落向文本框中间位置对齐。
- "右对齐"按钮 ：用于设置当前段落或选定段落向文本框右边对齐。
- "两端对齐"按钮 ：用于设置当前段落或选定段落中的每一行文字都与文本框的两侧对齐。
- "分散对齐"按钮 ：此对齐方式与两端对齐类似，不同点在于，当段落中的一行字符不满一行时，它会将该行中的字符分散开，平均分布满整行。
- "合并段落"按钮 合并段落 ：用于将选定的多个段落文字合并成一个段落。该按钮只有在选中段落文字时才能被激活。
- 扩展选项按钮 ：单击功能区右下角的扩展选项按钮，会打开图 8.22 所示的"段落"对话框。通过对话框选项可以为段落和段落的第一行设置缩进，控制段落对齐方式、段落间距和段落行距。

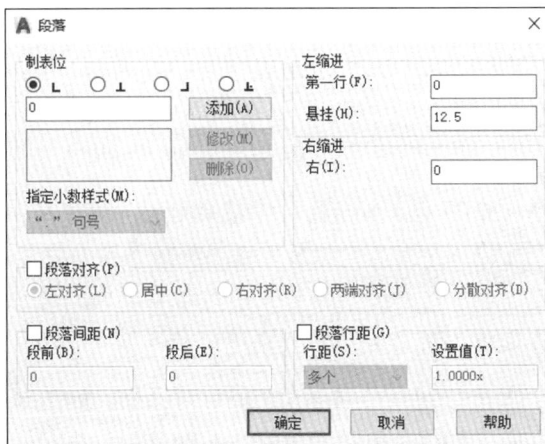

图 8.22　"段落"对话框

④"插入"功能区

"插入"功能区主要用于在多行文字中进行分栏设置和插入特殊符号、字段等，如图 8.23 所示。

• "分栏"选项按钮▇：可以将多行文字对象的格式设置为多栏。单击按钮可以打开图 8.24 所示的选项菜单，通过菜单选项可以设置是否分栏和栏间距的宽度、高度及栏数。

• "插入符号"选项按钮@：单击此按钮可以打开图 8.25 所示的"符号"选项菜单，点击菜单选项，可以在多行文字中插入对应的特殊符号。

图 8.23 "插入"功能区

图 8.24 "分栏"设置选项菜单

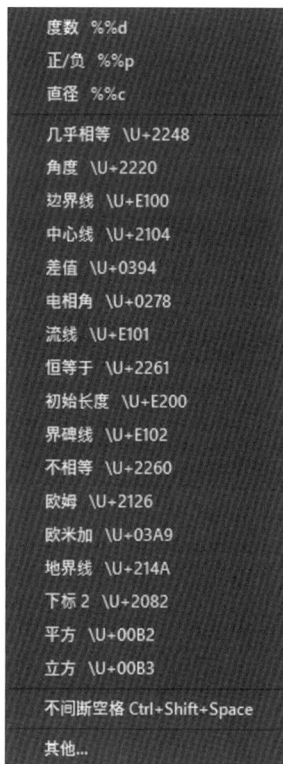

图 8.25 "符号"菜单

> **特别提示**
>
> 单击"其他"选项将打开图 8.26 所示的"字符映射表"对话框，其中包含了系统中每种可用字体的整个字符集。选择一个字符，然后单击 选择(S) 按钮将其放入"复制字符"框中。选中所有要使用的字符后，单击 复制(C) 按钮关闭对话框。回到文本编辑器中，单击鼠标右键并选择"粘贴"可以将选中字符添加到多行文字中。

• "字段"按钮▤A：单击按钮打开显示"字段"对话框，如图 8.27 所示，从中可以选择要插入到文字中的特殊字段，如文件名、日期等。关闭该对话框后，字段的当前值将显示在文字中。

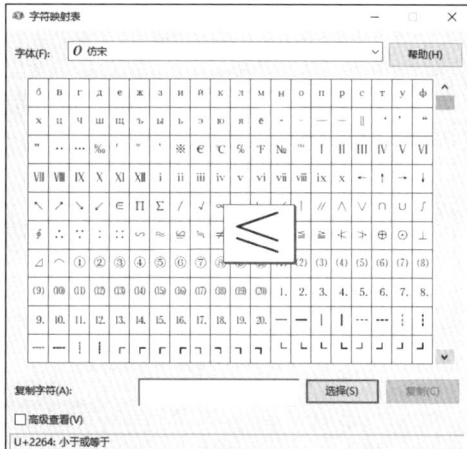

图 8.26 "字符映射表"对话框

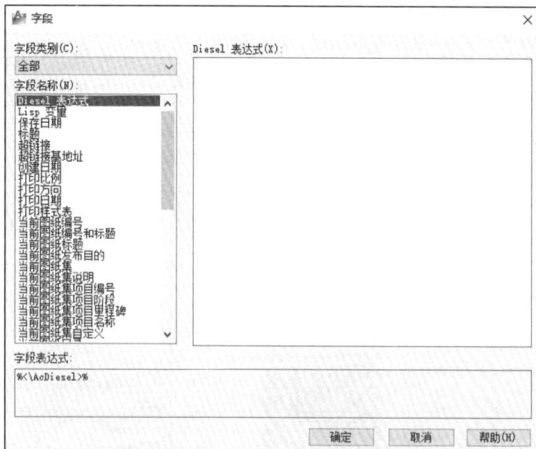

图 8.27 "字段"对话框

⑤"拼写检查"功能区

"拼写检查"功能区主要用于在多行文字中进行分栏设置和插入特殊符号、字段等，如图 8.28 所示。

● "拼写检查"按钮 ：用于控制键入时拼写检查功能处于打开还是关闭状态。

● "编辑词典"按钮 ：点击后可以打开图 8.29 所示的"词典"对话框，从中可添加或删除在拼写检查过程中使用的自定义词典。

● 扩展选项按钮 ：单击功能区右下角的扩展选项按钮，可以打开图 8.30 所示的"拼写检查设置"对话框。在对话框中可以指定将在图形中检查的特定文字选项。

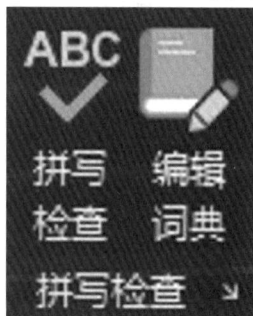

图 8.28 "拼写检查"功能区

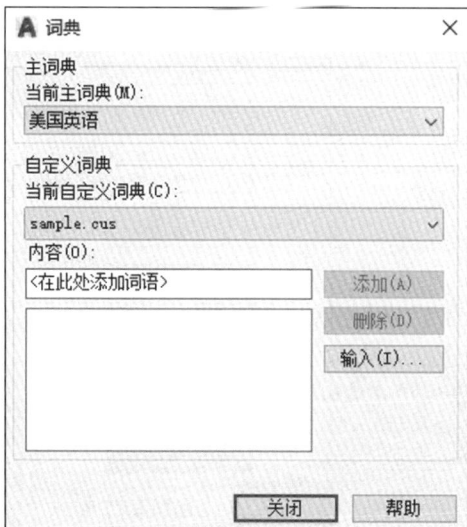

图 8.29 "词典"对话框

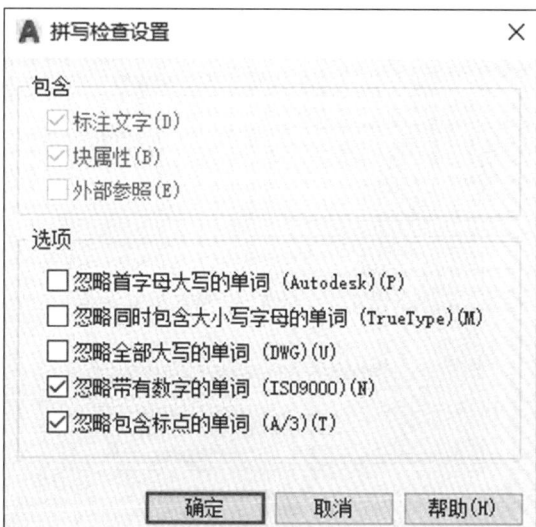

图 8.30 "拼写检查设置"对话框

⑥"工具"功能区

"工具"功能区提供了文字查找、替换等便捷功能，如图 8.31 所示。

● "查找与替换"按钮 ⓐ：单击后打开图 8.32 所示的"查找与替换"对话框。具体使用方法将在拓展项目中详细介绍。

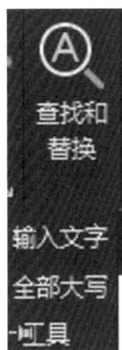

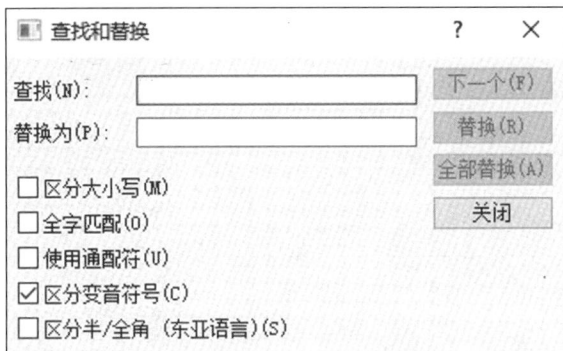

图 8.31　"工具"功能区　　　　图 8.32　"查找和替换"对话框

● "输入文字"按钮 输入文字：显示图 8.33 所示的"选择文件"对话框。通过对话框可以选择任意 TXT 或 RTF 格式的文件，并将文件内容输入多行文字文本框。输入的文字将保留原始字符格式和样式特性，但可以在编辑器中编辑输入的文字并设置其格式。输入文字的文件不能大于于 32KB。

● "全部大写"按钮 全部大写：选中该选项后，在多行文字文本框中输入英文字母时将全部使用大写字母。

⑦"工具"功能区

"工具"功能区提供了文本框标尺、文本编辑撤销与重做等便捷功能，如图 8.34 所示。

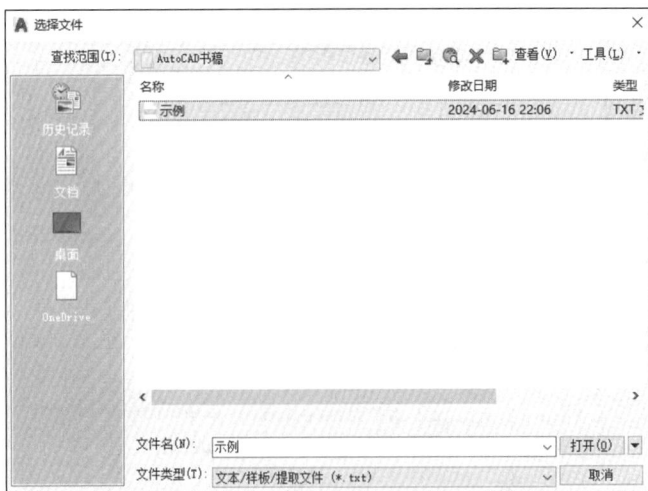

图 8.33　"选择文件"对话框　　　　图 8.34　"选项"功能区

● "更多"选项按钮 ☑ 更多 ▾：单击按钮打开如图 8.35 与图 8.36 所示的选项菜单，从中可以选择要插入到文本框中的文字类型，如简体中文、繁体中文、希腊字母等。

图 8.35　"更多"
选项菜单

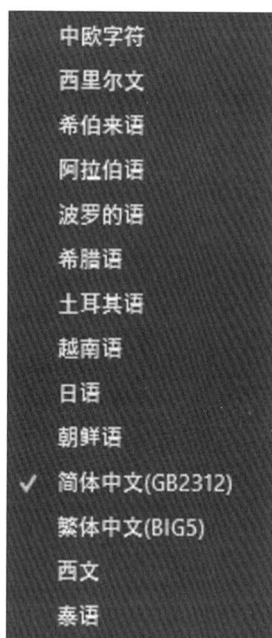

图 8.36　"字符集"
选项菜单

● "标尺"按钮 ▦ 标尺：用于控制是否在文本窗口顶部显示标尺。打开文本框顶部的标尺后，拖动标尺末尾的箭头可更改多行文字对象的宽度。也可以在标尺左端中选择制表符以控制文本的对齐方式。

● "撤销"按钮 ⒜：用于放弃在"文字编辑器"功能区上下文选项卡中执行的动作，包括对文字内容或文字格式的史改。该按钮只有在对文本框中文字作出修改后才能激活。

● "重做"按钮 ⒜ ：用于重做在"文字编辑器"功能区上下文选项卡中执行的动作，包括对文字内容或文字格式的更改。该按钮只有在对文本框中文字作出"撤销"操作后才能激活。

⑧ "关闭"功能区

"关闭"功能区只提供一个功能，单击"关闭文字编辑器"按钮后，将完成对多行文字的编辑修改，同时关闭"文字编辑器"选项卡，如图 8.37 所示。

图 8.37　"关闭"功能区

📖 **特别提示**

如果需要对多行文字进行编辑修改，可以在多行文字对象上双击鼠标左键，此时，多行文字编辑器将重新激活，用户可以对多行文字进行编辑修改。修改完成后，只需用鼠标单击文本框外任意文字，即可保存修改内容并退出多行文字编辑器。

二、添加特殊符号

在多行文字中添加特殊符号相对单行文字要方便的多，除了可以使用前面介绍的在单行文字中添加特殊符号的方法外，还可以直接使用多行文字编辑器中的"符号"选项菜单添加特殊符号，例如需要在多行文字中输入图 8.38 所示的一段文字，可以通过下面的操作完成。

设计参数：墙高$\leqslant 8$ m，墙后填料重度 $\gamma = 18kN/m^3$，$\phi = 35°$，

地基容许承载力$[\sigma_0] = 250kPa$，基底摩擦系数

$f_1 = 0.30$。

图 8.38　向多行文字添加特殊符号示例

【操作步骤】

（1）单击"注释"功能区按钮上的 **A** 按钮，根据提示，使用鼠标在绘图区拖动设置文本窗口，AutoCAD 激活"文字编辑器"选项卡，在"样式"功能区"文字高度"文本框中输入文字高度值 3.5，在"格式"功能区下拉列表中选择"仿宋"字体，在"宽度因子"文本框中输入宽度因子 0.7，然后键入常规字符，如图 8.39 所示。

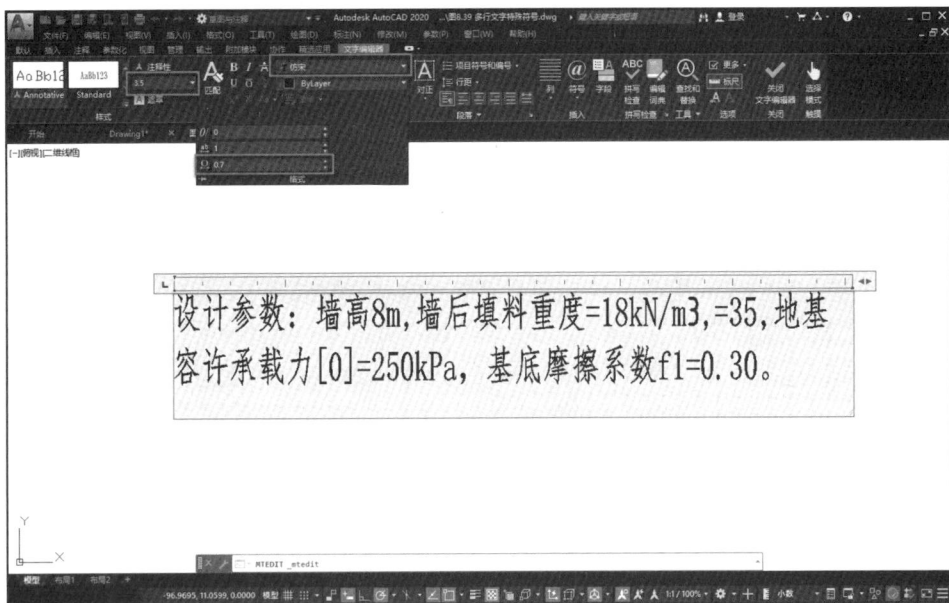

图 8.39　输入常规字符

（2）将文本输入光标移动至文字"墙高"和"8m"之间，单击"符号"按钮 **@** 打开选项菜单，选中"其他…"选项，打开"字符映射表"对话框，在对话框中找到特殊符号"$\leqslant$"，如图 8.26 所示。点击 选择(S) 按钮选中要添加的符号，再点击 复制(C) 按钮返回多行文字编辑器，按下【Ctrl】+【V】组合键，完成"$\leqslant$"的添加。

（3）重复步骤 2 的操作，在相应位置完成特殊符号"γ"、"σ"、"Φ"的添加，结果如图 8.40 所示。

（4）将文本输入光标移至字母"m"后，单击"符号"按钮@打开选项菜单，选中"立方"选项，完成立方符号"3"的添加；将文本输入光标移至数字"35"后，单击"符号"按钮@打开选项菜单，选中"度数（D）"选项，完成特殊符号"°"的添加，结果如图 8.40、图 8.41 所示。

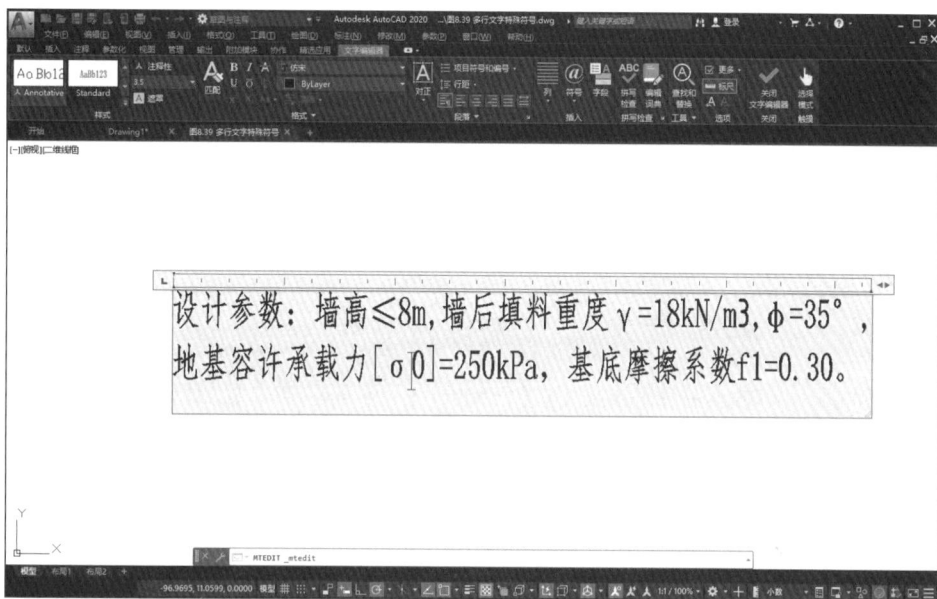

图 8.40　使用"字符映射表"方式插入特殊符号

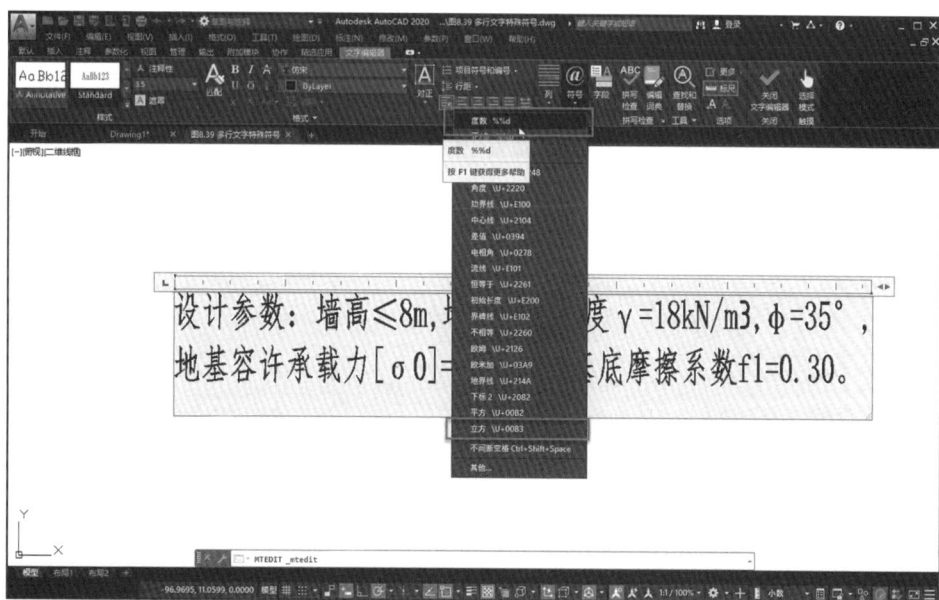

图 8.41　通过"符号"选项菜单插入特殊符号

（5）使用鼠标选中字符"σ0"中的数字"0"，单击"下标"按钮 X_2，如图 8.42 所示，完成下标"$_0$"的改写，再选中字符"f1"中的数字"1"完成同样的操作。

（6）选中所有文字后，单击鼠标左键按住"段落缩进"箭头不放，并向右拖动箭头至"段落 17.5"位置，如图 8.43 所示，松开鼠标按键，完成段落缩进调整。

（7）单击图 8.37 所示"关闭文字编辑器"按钮，完成多行文字的书写并退出多行文字编辑器，结果如图 8.38 所示。

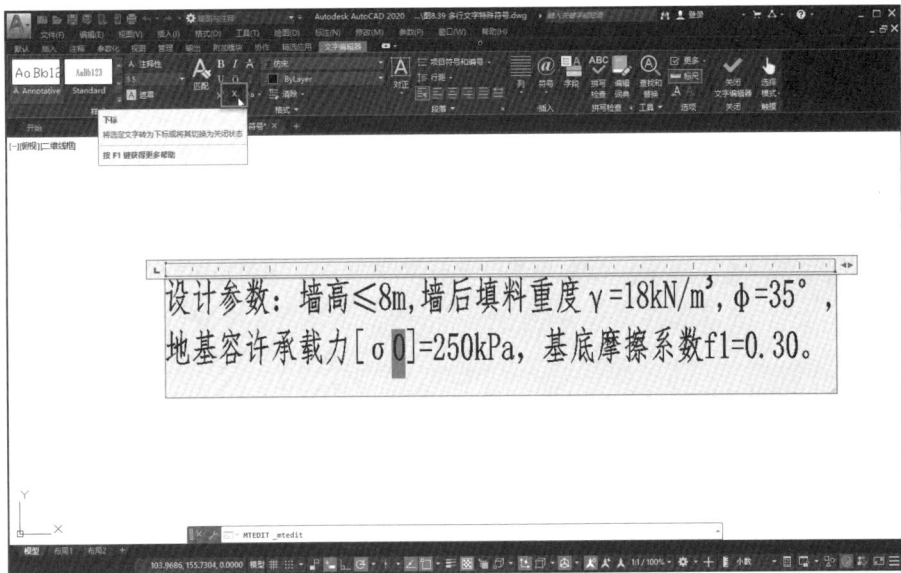

图 8.24　在多行文字中添加特殊字符

图 8.42　使用"下标"按钮设置文本中的下标

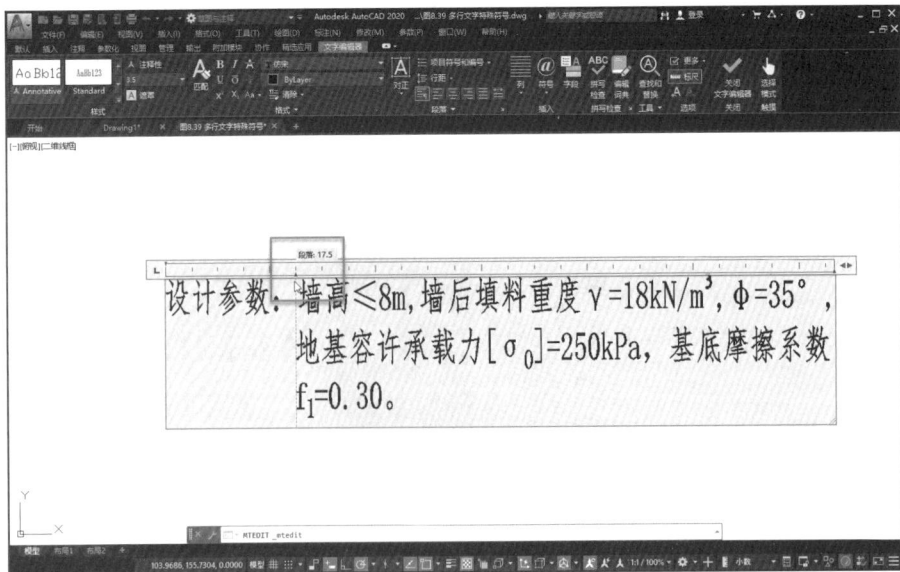

图 8.43　调整段落缩进

📖 **特别提示** --------------------------------

使用"字符映射表"添加特殊符号的时候，可能会出现添加符号字体与当前字体不相符的情况，此时只需将新添加符号选中，然后在"字体"下拉列表中将特殊符号调整为当前字体即可。

任务三　创建表格

在公路工程制图中除了必要的文字说明外，经常还需要使用一些表格用以表明工程数量等信息，AutoCAD 专门提供了表格创建与管理工具。本任务将介绍使用 AutoCAD 的表格命令创建表格和表格的管理等操作方法。

一、新建表格样式

与书写文字一样，在创建一个新的表格之前，应该先对表格的样式进行设置，包括表格中文字采用的字体、高度、颜色、对齐方式以及表格边框的设置等。

【操作步骤】

（1）单击"注释"功能区"表格样式"选项或者在命令行窗口输入表格样式命令**"TABLESTYLE"**（命令缩写**"TS"**），系统弹出图 8.44 所示的"表格样式"对话框。

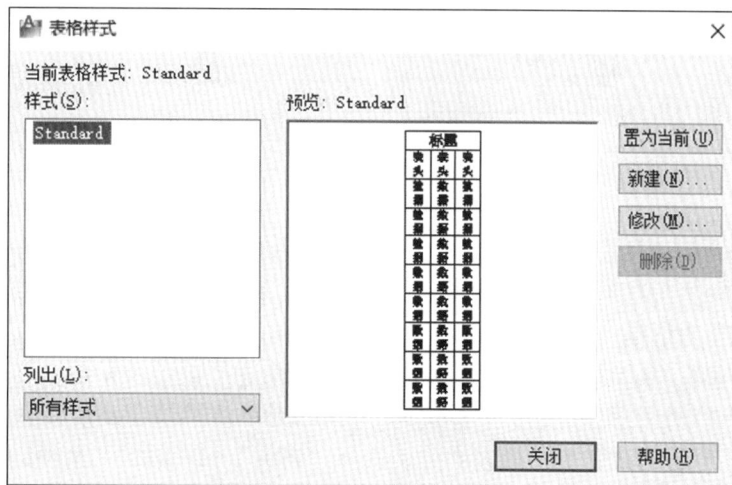

图 8.44　"表格样式"对话框

（2）点击 新建(N)... 按钮，打开"创建新的表格样式"对话框，在"新样式名"文本框中输入新建表格样式名称"工程数量表"，如图 8.45 所示。点击 继续 按钮，打开"新建表格样式"对话框，如图 8.46 所示。

图 8.45 "创建新的表格样式"对话框

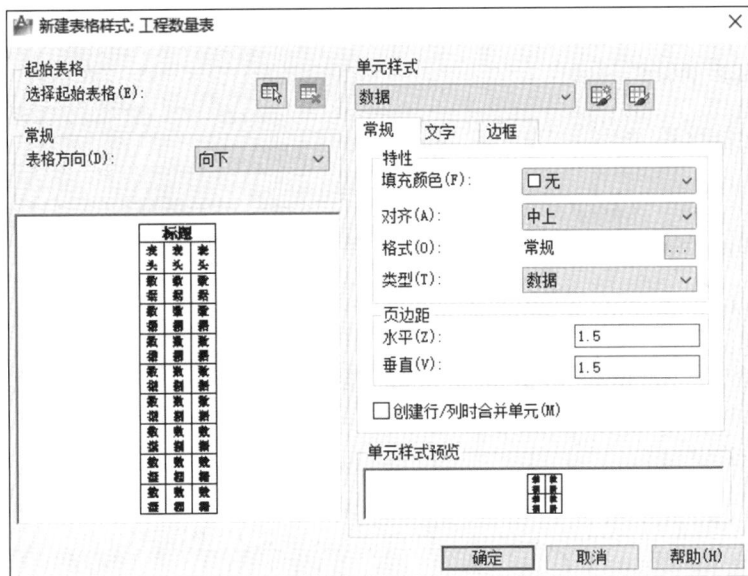

图 8.46 "新建表格样式"对话框

（3）在"单元样式"下拉列表中选择"标题"选项，在"常规"选项卡中指定"对齐"方式为"正中"。在"文字"选项卡中单击"文字样式"选项右侧的 ⋯ 按钮，打开图 8.1 所示的"文字样式"对话框，新建名为"表格文字"的文字样式，并将字体设置为"仿宋"，宽度因子设置为"0.7"，点击 应用(A) 按钮后，再点击 关闭(C) 按钮返回"新建表格样式"对话框。指定文字样式为"表格文字"并将文字高度设置为"5"。在"单元样式"下拉列表中分别选择"表头"和"数据"选项，完成与"标题"相同的设置，并将文字高度设置为"3.5"。

图 8.30 设置表格样式

（4）点击 确定 按钮返回"表格样式"对话框。单击 置为当前(U) 按钮，使新建的表格样式成为当前样式。

（5）点击 关闭(C) 按钮完成表格样式的设置并退出"表格样式"对话框。

【**知识链接**】

表格样式命令调用方式及功能说明

（1）命令调用方式

- 命令行："**TABLESTYLE**"。
- 命令快捷方式："**TS**"。
- 功能区按钮："默认"选项卡→"注释"功能区→。
- 菜单：〖格式〗→〖表格样式〗。
- 工具栏按钮：样式工具栏→。

（2）对话框选项功能说明

与文字样式的设置不同，表格样式的管理和设置分别通过"表格样式"对话框和"新建（编辑）表格样式"对话框来完成。下面分别对这两个对话框的选项功能作介绍。

①"表格样式"对话框

- "当前表格样式"：显示应用于当前所创建表格的表格样式的名称。默认表格样式为"STANDARD"。
- "样式"列表：通过列表方式显示当前文件中的表格样式。当前样式被高亮显示。
- "列出"选项列表：用于控制"样式"列表中显示的内容。选择"所有样式"将显示所有表格样式；选择"正在使用的样式"则仅显示被当前图形中的表格使用的表格样式。
- "预览"窗口：用于显示在"样式"列表中选定样式的预览图像。
- "置为当前"按钮 置为当前(U)：单击按钮可以将"样式"列表格中选定的表格样式设置为当前样式。
- "新建"按钮 新建(N)...：点击后打开"创建新的表格样式"对话框，从中可以定义新的表格样式。
- "修改"按钮 修改(M)...：点击后打开"修改表格样式"对话框，从中可以修改在"样式"列表中选中的表格样式。
- "删除"按钮 删除(D)：点击后可以删除在"样式"列表中选定的表格样式。图形中正在使用的样式不能删除。

②"新建表格样式"对话框

- "起始表格"设置区：点击按钮可以返回绘图窗口，在图形中指定一个已有的表格用作样例来设置新建表格样式的格式。点击按钮可以将表格从当前指定的表格样式中删除。
- "常规"设置区：通过下拉选项列表更改表格方向，其中"向下"选项将创建由上而下读取的表格，此时，标题行和列标题行位于表格的顶部；"向上"选项将创建由下而上读取的表格，此时，标题行和列标题行位于表格的底部。
- "预览"窗口：用于显示当前表格样式设置效果的样例。
- "单元样式"设置区：由"单元样式下拉选项菜单"和"单元样式选项卡"两大部分构成，用于定义新的表格单元样式或修改现有表格单元样式。其中，"单元样式下拉选项菜单"用于切换表格样式设置时的"标题"、"表头"和"数据"等不同部分，以及新建和管理单元样式，"单元样式选项卡"则通过"常规"、"文字"和"边框"三个选项卡分别对表格的各部分具体内容完成设置。

● "单元样式预览"窗口：用于显示当前表格样式设置效果的样例。

③ "常规"选项卡

● "填充颜色"下拉选项菜单：用以指定单元的背景色。默认值为"无"。如果点击"选择颜色…"菜单选项，可以打开图 2.42 所示的"选择颜色"对话框。

● "对齐"下拉选项菜单：用以设置表格单元中文字的对正和对齐方式。文字可以相对于单元的顶部边框和底部边框进行居中对齐、上对齐或下对齐。文字相对于单元的左边框和右边框可以进行居中对正、左对正或右对正。

● "格式"选项按钮：点击[...]按钮可以打开图 8.47 所示的"表格单元格式"对话框，通过对话框可以为表格中的"数据"、"表头"或"标题"行设置数据类型和格式。

图 8.47 "表格单元格式"对话框

● "类型"下拉选项菜单：可以将单元样式指定为标签或数据。

● "水平"文本框：可以通过输入数值设置单元中的文字或块与左右单元边界之间的距离。

● "垂直"文本框：可以通过输入数值设置单元中的文字或块与上下单元边界之间的距离。

● "创建行/列时合并单元"复选框：选中该项可以将使用当前单元样式创建的所有新行或新列合并为一个单元。一般使用此选项在表格的顶部创建标题行。

④ "文字"选项卡

● "文字样式"下拉选项菜单：可以指定表格单元使用的文字样式。单击[...]按钮将打开"文字样式"对话框，从中可以创建新的文字样式。

● "文字高度"文本框：可以通过输入数值设置文字高度。

● "文字颜色"下拉选项列表：用以指定文字颜色。选择"选择颜色"选项可以打开"选择颜色"对话框。

- “文字角度”文本框：可以通过输入−359 到+359 度之间的任意数值设置文字角度。

⑤“边框”选项卡

- “线宽”下拉选项列表：用于设置将要应用于指定边界的线宽。如果使用粗线宽，可能需要增加单元边距。
- “线型”下拉选项列表：用于设置将要应用于指定边界的线型。
- “颜色”下拉选择列表：用于设置将要应用于指定边界的颜色。选择“选择颜色”选项可以打开显示“选择颜色”对话框。
- “双线”复选框：选中该项可以将表格边框设置为双线。
- “间距”文本框：当选中“双线”选项过后，通过在文本框中输入数值以确定双线边框的间距。
- “边界按钮”……：从左至右依次为“所有边界”、“外部边界”、“内部边界”、“底部边界”、“左边界”、“上边界”、“右边界”和“无边界”。选择相应的边界，可以将边界特性设置应用到指定单元样式的所有边界、外部边界、内部边界、底部边界、左边界、上边界、右边界。如果选择“无边界”，则会隐藏指定单元样式的边界。

二、创建表格

用“**TABLE**”命令可以在图形文件中创建一个空白表格。空白表格的外观由当前表格样式决定。使用表格命令创建表格时，用户可以根据需要设置行数、列数、行高和列宽等基本参数。例如，需要在涵洞的钢筋混凝土台帽钢筋构造图中添加图 8.48 所示的工程数量表，可以通过以下步骤完成。

<table>
<tr><th colspan="6">涵台台帽工程数量表</th></tr>
<tr><th>钢筋编号</th><th>直径
(mm)</th><th>每根长度
(cm)</th><th>根数</th><th>共重
(kg)</th><th>C25混凝土
(m^3)</th></tr>
<tr><td>1</td><td>Φ8</td><td>2546</td><td>2×8</td><td>160.9</td><td rowspan="3">12.09</td></tr>
<tr><td>2</td><td rowspan="2">Φ6</td><td>128.2</td><td>2×86</td><td rowspan="2">107.6</td></tr>
<tr><td>3</td><td>153.6</td><td>2×86</td></tr>
</table>

图 8.48　涵台台帽工程数量表

【操作步骤】

（1）单击“注释”功能区“表格”按钮或者在命令行窗口输入表格命令“**TABLE**”（命令缩写“**TB**”），打开图 8.49 所示的“插入表格”对话框。

（2）在“插入表格”对话框中选择表格样式为前面创建的“工程数量表”。在“列和行设置”区中，设置列数为“6”，列宽为“20”，设置数据行为“3”，行高为“1”，如图 8.49 所示。

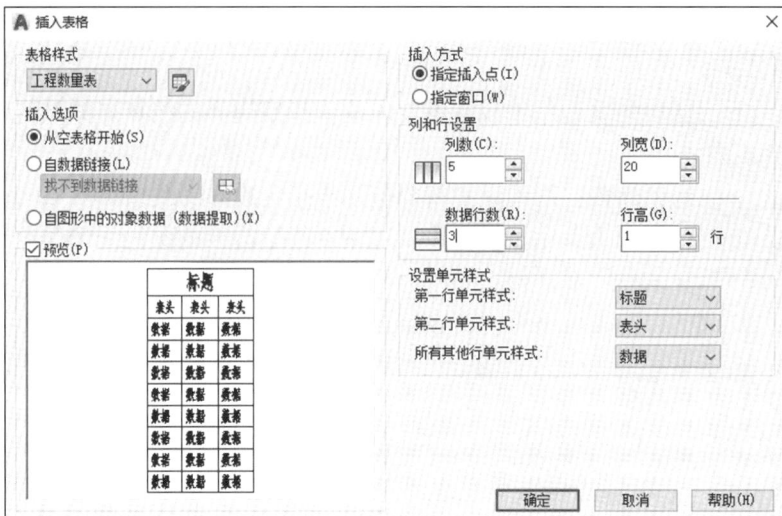

图 8.49 "插入表格"对话框

（3）单击 确定 按钮，关闭"插入表格"对话框并返回绘图窗口，AutoCAD 提示：

指定插入点：

在绘图窗口适当位置单击鼠标左键，插入空白表格，如图 8.50 所示。

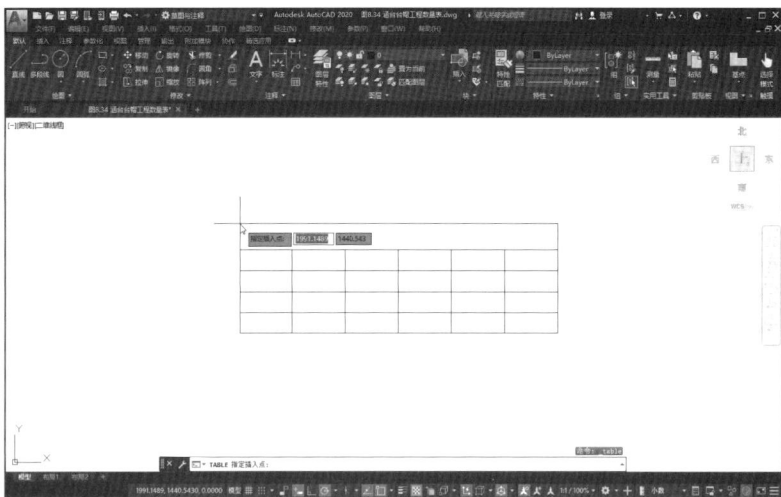

图 8.50 插入空白表格

（4）按住鼠标左键，采用交叉窗口选择的方式选中第二列第 4、5 两行单元格后，打开"表格单元"选项卡，在"合并"功能区中单击"合并单元"按钮 合并全部，如图 8.51 所示。重复本项操作，完成其余单元格的合并，结果如图 8.52 所示。

（5）使用鼠标单击选中第二行任意单元格后，单击鼠标右键，在快捷菜单中选择"特性 "选项，打开"特性"工具栏，在工具栏的"单元高度"文本框中输入数值"15"，将单元格高度调整为 15，如图 8.53 所示。重复本项操作，将其余行高调整为 10，结果如图 8.54 所示。

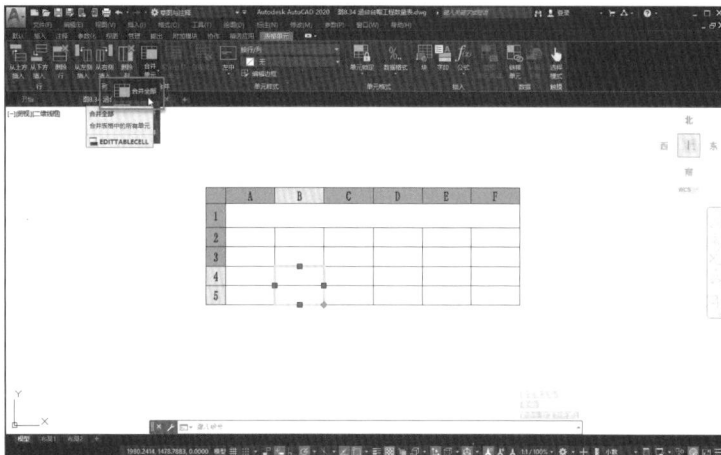

图 8.51　合并单元格

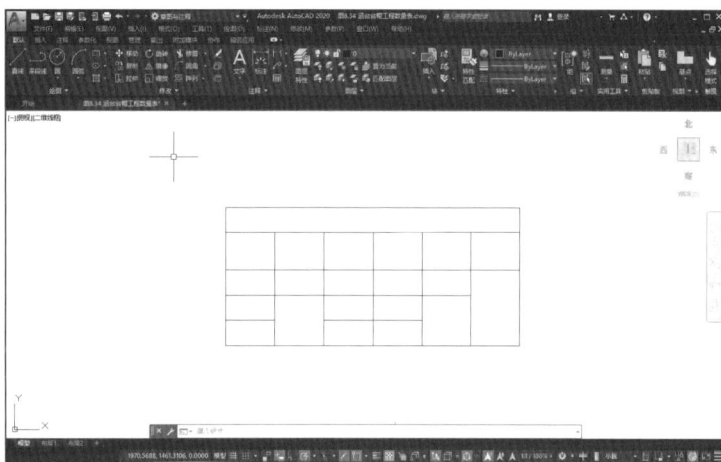

图 8.52　单元格合并完成结果

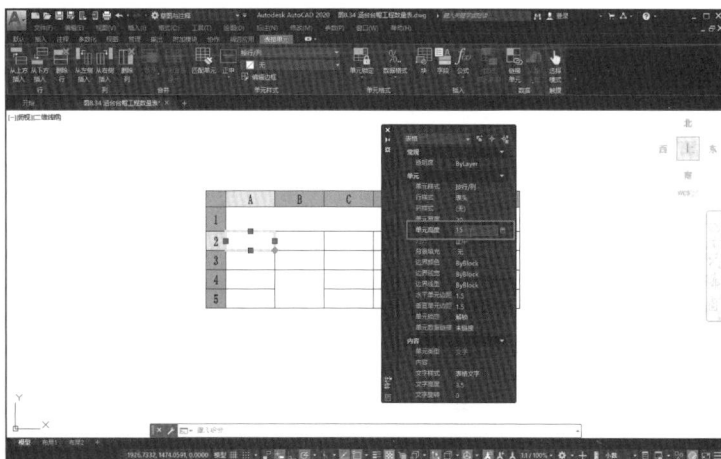

图 8.53　调整行高

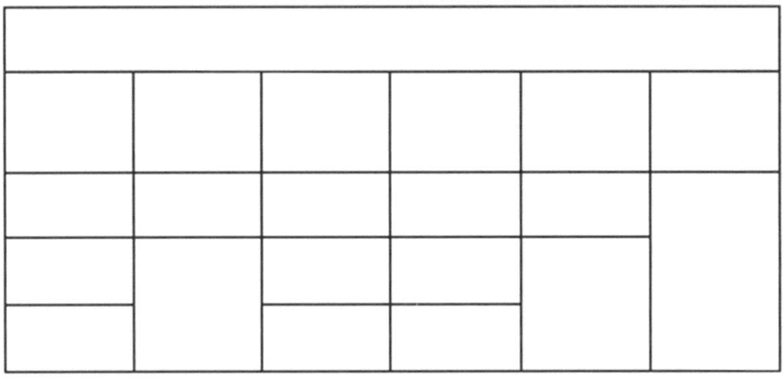

图 8.54　行高调整完成结果

（6）在需要输入文字的单元格双击鼠标左键或按【F2】键，可以激活文本窗口并打开"文字格式"对话框，按照多行文字输入的方式，在单元格中编辑和输入文字，如图 8.55 所示，完成后的工程数量表如图 8.48 所示。

图 8.55　向单元格中输入文字

图 8.34　创建涵台帽
工程数量表

【知识链接】

创建表格命令调用方式及功能说明

（1）命令调用方式

● 命令行："**TABLES**"。

● 命令快捷方式："**TB**"。

● 功能区按钮："默认"选项卡→"注释"功能区→▦。

● 菜单:〖绘图〗→〖表格〗。

● 工具栏按钮：绘图工具栏→▦。

（2）对话框选项功能说明

①"插入表格"对话框

执行表格命令"**TABLE**"后，首先会打开"插入表格"对话框，在该对话框中可以对需要插入空白表格的基本情况进行设置。

- "表格样式"下拉选项菜单：可以从中选择将要创建的表格所要应用的表格样式。通过单击右侧的"启动表格样式对话框"按钮 ，可以打开"表格样式"对话框，创建新的表格样式。
- "空表格开始"插入选项：该项用于创建一个可以手动填充数据的空白表格。
- "自数据链接"插入选项：该选项用于从外部电子表格中提取数据创建表格。选中该项后可以激活下方的下拉选项菜单，选择"启动数据连接管理器"选项或者点击右侧的"启动数据连接管理器"按钮 ，可以打开"选择数据连接"对话框，如图 8.56 所示，根据提示可以从 Excel 电子表格中提取数据来创建表格。

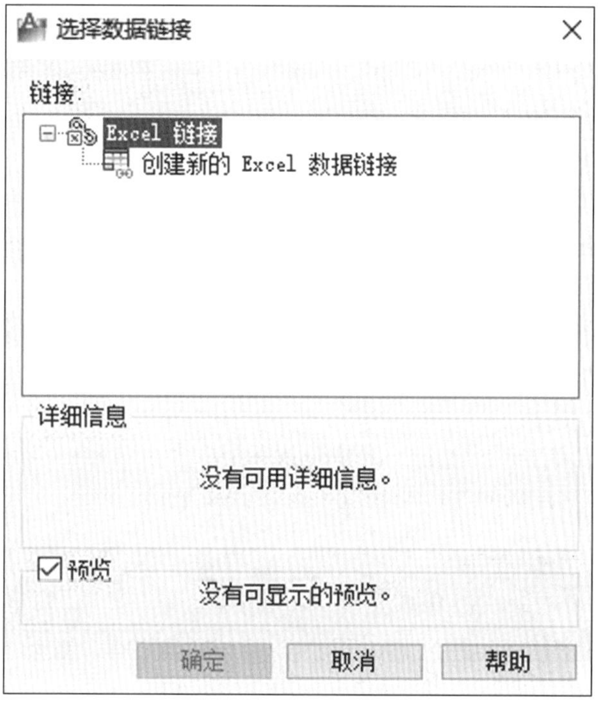

图 8.56 "选择数据链接"对话框

- "自图形中的对象数据（数据提取）"插入选项：选中该项后单击 确定 按钮，可以启动"数据提取"向导，根据系统提示可以从图形中提取数据，并将数据输入到表格。
- "预览窗口"：用于显示当前表格样式的样例。
- "指定插入点"插入方式选项：选中该项可以通过鼠标点击或者在命令行窗口输入坐标值来指定表格左上角的位置。如果在表格样式中将表格的方向设置为由下而上读取，则插入点位于表格的左下角。
- "指定窗口"插入方式选项：选中该项后可以使用鼠标拖动或在命令提示下输入坐标值来指定表格的大小和位置。选定此选项时，行数、列数、列宽和行高取决于窗口的大小以及列和行设置。
- "列"文本框：用于指定表格的列数。选定"指定窗口"选项并指定列宽时，"自动"

选项将被选定，且列数由表格的宽度控制。

● "列宽"文本框：用以指定列的宽度。选定"指定窗口"选项并指定列数时，系统会默认选定了"自动"选项，且列宽由表格的宽度控制。最小列宽为一个字符。

● "数据行"文本框：用于指定表格行数。选定"指定窗口"选项并指定行高时，系统会默认选定了"自动"选项，且行数由表格的高度控制。

📖 **特别提示** --

在"数据行"文本框中所输入的行数不包括标题和表头两行，例如，在文本框中输入"1"，那么插入的空白表格也会带有标题行和表头行，共三行。

● "行高"文本框：用于按照行数指定行高。文字行高取决于文字高度和单元边距，这两项均可在表格样式中设置。选定"指定窗口"选项并指定行数时，则系统默认选定了"自动"选项，且行高由表格的高度控制。

● "第一行单元样式"下拉选项列表：用于指定表格中第一行的单元样式。默认情况下，使用标题单元样式。

● "第二行单元样式"下拉选项列表：用于指定表格中第二行的单元样式。默认情况下，使用表头单元样式。

● "所有其他行单元样式"下拉选项列表：用于指定表格中所有其他行的单元样式。默认情况下，使用数据单元样式。

②"表格单元"选项卡

插入空白表格后，单击鼠标左键，选中任意一个或多个单元格，都会激活图 8.57 所示的"表格单元"选项卡。对表格的操作均通过该选项卡来完成。

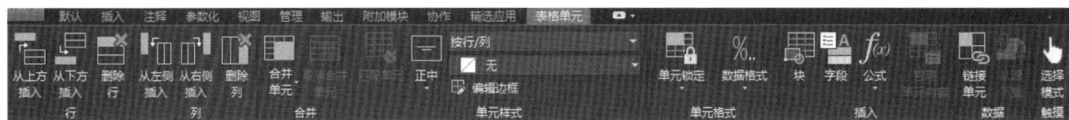

图 8.57 "表格单元"选显卡

a."行"功能区

● "从上方插入行"按钮：选中一个或多个单元格后单击该按钮，可以在选中单元格的上方新添加一行或多行单元格。新加的行数与选中的单元格行数是对应的，例如选中 1 个单元格或在同一行的多个单元格后点击按钮，则会在选中单元格上方新增加一行单元格，选中分属两行的单元格后点击按钮，在会在选中单元格的上方各新增一行单元格。

● "从下方插入行"按钮：选中一个或多个单元格后单击该按钮，可以在选中单元格的下方新添加一行或多行单元格。

● "删除行"按钮：选中一个或多个单元格后点击该按钮，可以将所选单元格所在行的所有单元格删除。

b."列"功能区

● "从左侧插入列"按钮：选中一个或多个单元格后单击该按钮，可以在选中单元格的最左侧添加一列或多列单元格。新加的列数与选中的单元格列数是对应的。

- "从右侧插入列"按钮▉：选中一个或多个单元格后单击该按钮，可以在选中单元格的最右侧添加一列或多列单元格。新加的列数与选中的单元格列数是对应的。
- "删除列"按钮▉：选中一个或多个单元格后点击该按钮，可以将所选单元格所在列的所有单元格删除。

c."合并"功能区

- "合并单元"按钮▉：选中多个单元格后，点击该按钮，在打开的下拉选项列表中分别选择"全部"、"按行"、"按列"，可以将选中单元格按要求完成合并。
- "取消合并单元"按钮▉：选中完成合并的单元格后点击该按钮，可以将单元格的合并取消。

d."单元样式"功能区

- "匹配单元"按钮▉：其作用类似于"默认"选项卡中的"特性匹配"按钮▉，点击该按钮可以将选中单元格的属性，如行高、列宽、线型等复制到另一个表格中。
- "对齐"按钮▉：点击后打开图 8.58 所示的选项菜单，可以根据需要对单元内的内容指定对齐。内容相对于单元的顶部边框和底部边框可进行居中对齐、上对齐或下对齐。内容相对于单元的左侧边框和右侧边框可进行居中对齐、左对齐或右对齐。
- "表格单元样式"选项菜单：该菜单以下拉选项的方式列出包含在当前表格样式中的所有单元样式，如图 8.59 所示。单元样式标题、表头和数据通常包含在任意表格样式中且无法删除或重命名。

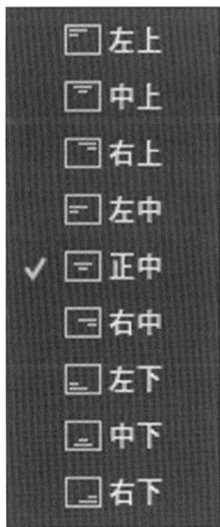

图 8.58　表格内容"对齐"选项菜单　　图 8.59　"表格单元样式"选项菜单

- "表格单元样式"选项菜单▉ 无 ▉：选中单元格后，可以单击该按钮选择需要填充的背景颜色。
- "编辑边框"按钮▉ 编辑边框：单击后打开图 8.60 所示的"单元边框特性"对话框。在对话框中可以设置选定的表格单元的边界特性，如线型、线宽、颜色等。

e."单元格式"功能区

● "锁定"按钮 ▦▦：选中某一个或几个单元格后，点击该按钮，可以打开"锁定方式"下拉列表，选择"解锁"选项可以任意编辑修改选中单元格的格式和表格内容；选择"内容已锁定"选项，则可以修改选中单元格的格式，但不能对表格中的内容进行编辑；选择"格式已锁定"选项则可以编辑表格中的文字内容，但不能修改表格的格式；选择"内容和格式已锁定"则选中单元格的格式和表格中的文字内容均无法编辑修改。

● "数据格式"按钮 ▦：用于调整选中单元格的数据格式类型。点击按钮可以打开图 8.59 所示的"表格单元格式"对话框，通过对话框可以自定义单元格中的数据格式及精度等；点击下拉选项菜单按钮，则可以打开图 8.61 所示的"数据格式"选项菜单，通过菜单来设置单元格的数据类型，选择"自定义表格单元格式"选项可以打开"表格单元格式"对话框。

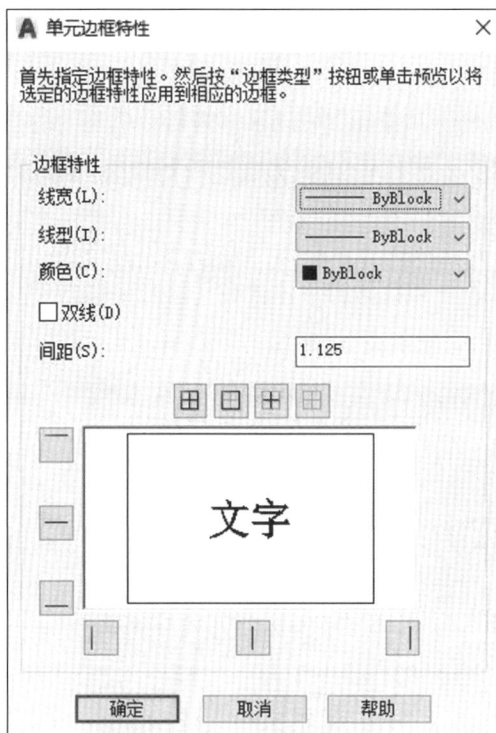

图 8.60 "单元边框特性"对话框

图 8.61 "数据格式"下拉选项菜单

f."插入"功能区

● "插入块"按钮 ▦▦：点击该按钮可以打开图 8.62 所示的"在表格单元中插入块"对话框，通过在对话框中的设置可以在选中单元格中插入图块。（关于图块将在后文作介绍）。

● "插入字段"按钮 ▦ᴬ：点击该按钮可以打开图 8.27 所示的"字段"对话框，从中可以选择要插入到选中单元格中的特殊字段，如文件名、日期等。

● "插入公式"按钮 $f(x)$：点击该按钮，可以从打开的"插入公式"下拉选项菜单（如图 8.63 所示）中选择一个计算公式，并将其应用于选中单元格，基本公式包括"求和"、"均值"、"计数"、"单元"，也可以选择"方程式"选项，在单元格中插入自定义公式。

图 8.62 "在表格单元中插入块格式"对话框

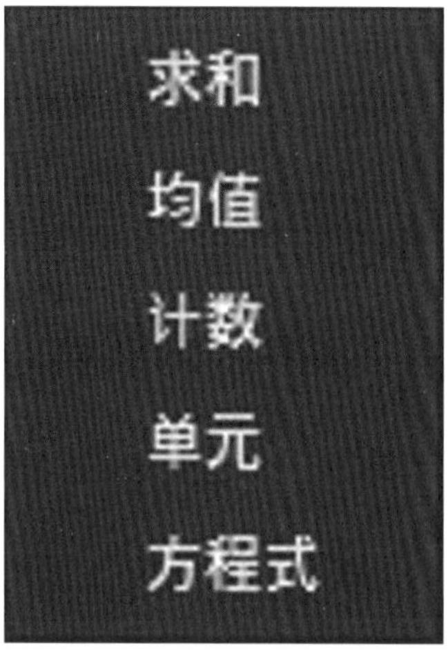

图 8.63 "插入公式"下拉选项菜单

g. "数据"功能区

● "链接单元"按钮 ▦：点击该按钮，可以打开图 8.56 所示的"选择数据链接"对话框，通过对话框可以选择将某一个 Excel 表格内容插入当前表格中。

● 从源下载按钮 ▦：点击该按钮，可以更新已建立的数据链接中已更改数据参照的表格单元中的数据。

三、在表格中插入公式

Excel 表格常常因为其强大的公式编辑、计算功能而被作为完成统计、计算等报表的首选工具，其实，AutoCAD 的表格功能也可以通过公式的选择和定义帮助用户完成简单的数据的统计、计算工作，例如，需要利用 AutoCAD 表格的公式计算完成图 8.64 所示的工程数量表的填写，可以通过以下步骤来完成。

边板工程数量表

钢筋编号	直径 (mm)	每根长度 (cm)	根数	总长 (m)	共长 (m)
1	φ12	209	8		
2	φ12	41	2		

图 8.64 在表格中插入公式结果示例

【操作步骤】

（1）创建图 8.64 所示的表格，完成图示文字内容的书写。

（2）选中 1 号钢筋的"总长（m）"单元格，在打开的"表格单元"选项卡"插入"功能区中点击"插入公式"按钮 $f_{(x)}$，选择"方程式"选项，如图 8.65 所示。

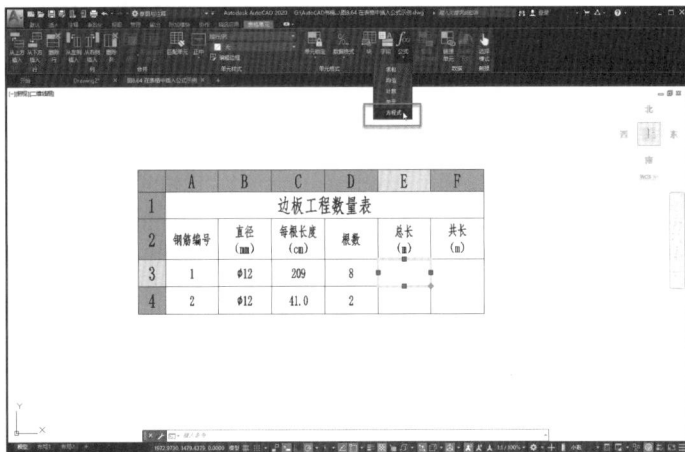

图 8.65　向单元格插入公式

（3）在单元格中的"＝"提示后输入方程表达式"C3*D3/100"（图 8.66），按【Enter】键完成公式的输入并得到计算结果。

图 8.66　向单元格输入方程式

（4）选中完成公式计算的单元格"E3"，使用鼠标点击单元格右下角的夹点并拖动夹点至"E4"单元格右下角，如图 8.67 所示，单击鼠标右键，完成方程式的迁移。

图 8.67　使用夹点迁移方程式

（5）选中合并单元格，在"表格单元"选项卡"插入"功能区中点击"插入公式"按钮 $f_{(x)}$，选择"求和"选项，如图 8.68 所示，此时，AutoCAD 提示：

选择表格单元范围的第一个角点：

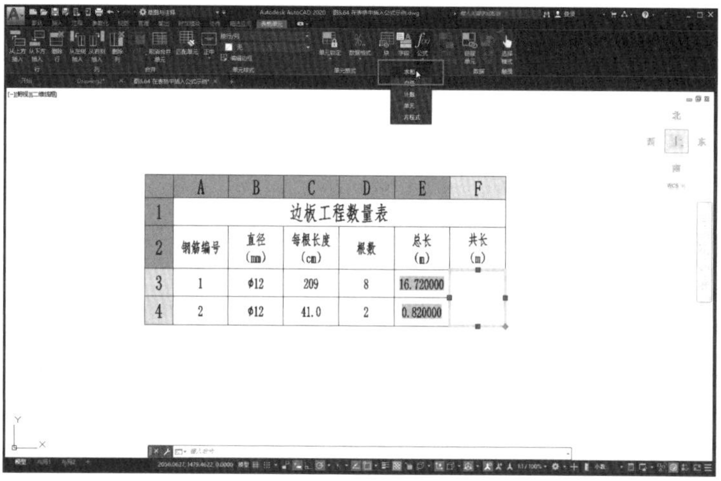

图 8.68　向单元格插入"求和"公式

按住鼠标左键拖出窗口选择"E3"和"E4"单元格，单击鼠标左键后，在合并单元格中将自动插入求和计算函数"= Sum（E3：E4）"，如图 8.69 所示，按【Enter】键后，完成求和计并将计算结果显示在单元格中。将数据精度调整为"0.00"后，结果如图 8.70 所示。

图 8.48　在边板工程数量表中插入公式

选择范围

图 8.69　完成单元格"求和"公式插入

边板工程数量表					
钢筋编号	直径 (mm)	每根长度 (cm)	根数	总长 (m)	共长 (m)
1	Φ12	209	8	16.72	17.54
2	Φ12	41.0	2	0.820000	

图 8.70　公式计算结果

【知识链接】

● 如果需要在表格中完成一些简单的统计计算，可以通过向单元格中插入公式的方式来完成。选中需要插入公式的单元格后，可以直接点击"表格单元"选项卡"插入"功能区上的"插入公式"按钮 $f_{(x)}$，从打开的下拉选项列表中选择需要插入的公式类型，也可以单击鼠标右键通过快捷菜单选择需要插入的公式类型，如图 8.71 所示。

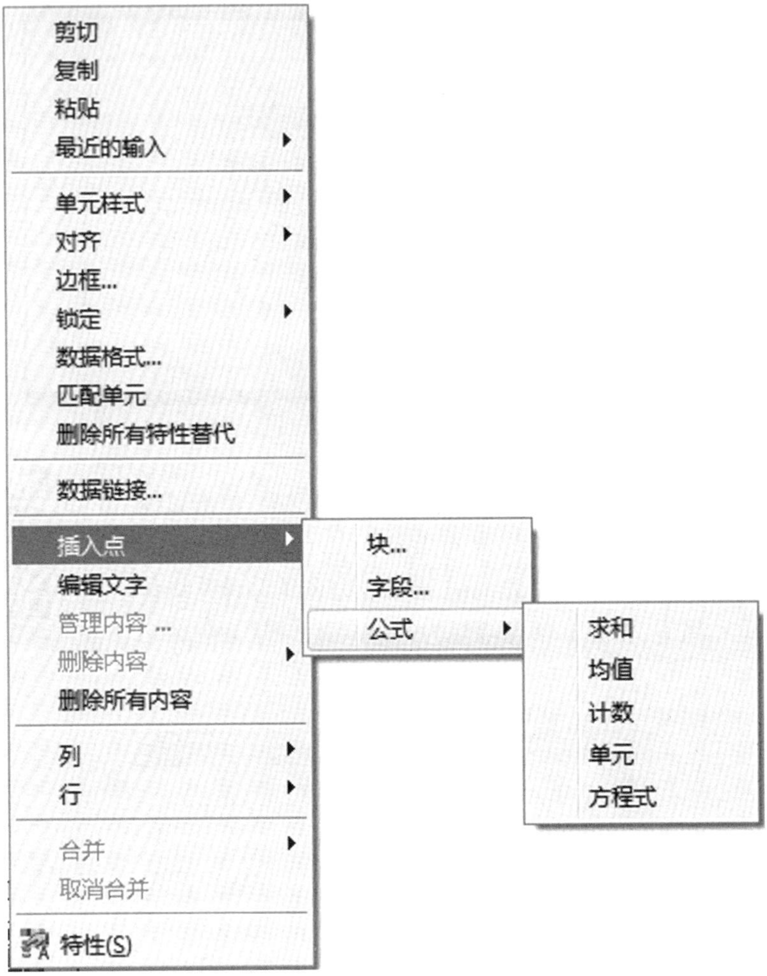

图 8.71　通过右键快捷菜单选择插入公式类型

● "求和"选项用于在指定单元格范围内完成求和运算。选择后，在命令行窗口中会提示：

```
选择表格单元范围的第一个角点:
```

根据提示使用鼠标拖出交叉窗口选择需要做求和运算的单元格后，可在需要插入公式的单元格中显示求和计算函数表达式，如图 8.69 所示。按【Enter】键后将显示计算结果。

● "均值"选项用于在指定单元格范围内完成求平均值运算。其操作方法与"求和"运算相同。

● "计数"选项用于计算选择单元格数量。插入公式后，按上述操作选择单元格，则会在插入"计数"公式的单元格中自动显示选中单元格的数量。

● "单元"选项用于在选中单元格中插入与指定单元格相同的内容，如果指定单元格中的内容为非数值内容，则会以"#"显示。

● "方程式"选项用于在单元格中插入自定义计算公式。公式中涉及的单元格内容可以用表示单元格的列字母加行号来代替，如第二行第一列表示为"A2"，第三行第二列表示为"B3"。

📖 **特别提示**

插入的计算公式必须以"="作为引导，否则公式内容将会作为普通文本处理。

项目拓展

AutoCAD 的文字和表格功能虽然不如 Word 和 Excel 等专门的文字、表格处理软件那么强大，但是足以完成图形文件中的文字书写和表格编排等工作，除了前面介绍的常规文字输入和表格创建外。本项目拓展还将介绍如何在图形文件中完成文字的查找与替换，如何向表格中插入公式以及如何使用夹点快速编辑修改表格。

一、查找和替换文字

当需要对图形文件中已经书写完成的文字中某一个字或某一个词进行批量修改时，可以使用 AutoCAD 提供的查找和替换功能，它可以方便快捷地修改文字对象。

【知识链接】

查找命令调用方式及相关说明

图 8.56　设置文字样式

（1）命令调用方式

命令行："**FIND**"。

● 功能区按钮："注释"选项卡→"文字"功能区→ 查找文字 🔍 。

● "文字编辑器"选项卡→"工具"功能区→ 🔍 。

● 菜单：〖编辑〗→〖查找〗。

● 工具栏按钮：文字工具栏→ 🔍 。

（2）对话框选项说明

执行查找命令"**FIND**"后，将打开图 8.72 所示的"查找和替换"对话框，其中各选项的功能如下。

● "查找内容"文本框：该文本框用于键入需查找的文字内容。如果需要查找的内容之前已经查找过，可以通过下拉列表进行选择。

● "替换为"文本框：该文本框用于键入需要替换的文字内容。如果需要替换的内容之前已经设置过，可以通过下拉列表进行选择。

● "查找位置"下拉选择列表：该选项用于指定查找和替换的范围是整个图形还是当前

所选中的对象。点击右侧的"选择对象"按钮 可以让用户返回绘图窗口指定查找的对象范围。

图 8.72　"查找和替换"对话框

- "更多选项"按钮 ：单击该按钮可以打开"查找和替换"对话框的全部选项，如图 8.72 所示。在其中可以设置查找和替换文字所包含图形对象的类型和范围以及在查找英文字符时是否区分大小写等。
- "查找"按钮 查找(F)：在"查找内容"文本框中输入需要查找的内容后单击该按钮后开始查找工作，查找结果会在选中"列出结果"复选框后，打开预览窗并高亮显示。查找到第一个所选内容后，该按钮随即显示为 查找下一个(N)，点击后可以继续查找相同内容。
- "替换"按钮 替换(R)：查找到所需文字后单击该按钮，AutoCAD 将用"替换为"文本框中输入的内容替换当前查找到的内容。每次点击"替换"按钮只能替换一个查找到的内容。
- "全部替换"按钮 全部替换(A)：单击该按钮后，AutoCAD 将用"改为"设置中指定的内容替换整个图形或选中对象范围内所查找到的内容。
- "完成"按钮 完成：操作完成后，点击该按钮可以保存所做替换并退出"查找和替换"对话框。

二、使用表格夹点完成快速编辑

表格创建完成后，用户可以通过选中整个表格或者某个单元格，然后通过鼠标单击相应夹点来快速编辑修改表格大小或单元格内容。

【知识链接】

1.使用夹点修改表格

表格创建完成后，使用鼠标单击表格上任意边框线，可以选中整个表格，并在表格的特征位置上出现夹点，如图 8.73 所示。

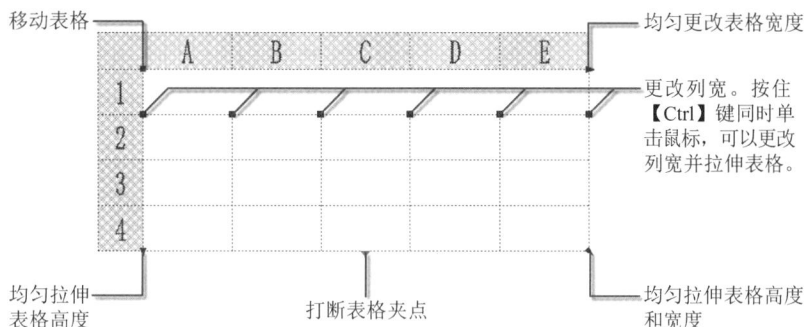

图 8.73　表格夹点及其功能

- 点击左上角的夹点后，可以使用鼠标移动表格至任意位置。
- 点击右上角的夹点后，可以通过移动鼠标均匀改变表格的宽度。
- 点击第二排任意一个夹点并移动鼠标，可以改变与所选夹点相邻列的列宽，表格的总高度和总宽度保持不变。
- 如果需要根据正在编辑的行或列的大小按比例更改表格的大小，可以在单击鼠标左键选中夹点的同时按住【Ctrl】键。
- 点击左下角的夹点，可以通过鼠标移动均匀改变表格行高。
- 点击右下角夹点并移动鼠标，可以同时改变表格的行高和列宽。
- 点击下端中间的夹点并移动鼠标，可以将包含大量数据的表格打断成主要和次要的表格片断。

2. 使用夹点修改单元格

在单元格内单击选中后，单元格边框上将显示夹点，如图 8.74 所示。

- 点击左右两侧的夹点后，可以通过鼠标移动改变当前单元格所在列的宽度。
- 点击上下两端的夹点后，可以通过移动鼠标改变单元格所在行的高度。
- 点击右下角的夹点后移动鼠标至其他单元格，系统可以自动完成数据的增减或者公式的迁移，向下或向右移动，则会在相应单元格中增加递增数据，向上或向左移动，则会在相应单元格中增加递减数据。

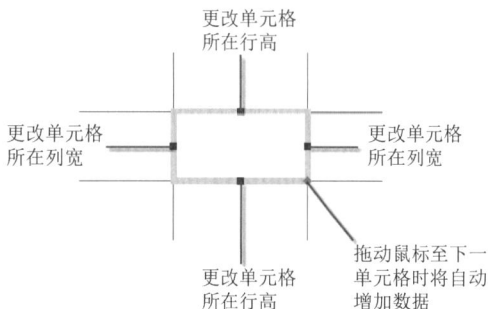

图 8.74　单元格夹点及其功能

项目小结

本项目主要内容总结如下：

◆ 根据不同的需要可以分别使用单行文字命令"**TEXT**"和多行文字命令"**MTEXT**"可以完成图形文件中的文字书写工作。

◆ 文字样式决定了 AutoCAD 图形文件中文本的外观，使用文字样式命令"**STYLE**"用以新建或者编辑修改书写文字的字体、高度、宽度比例、倾斜角度等基本特性。

◆ 使用表格命令"**TABLE**"可以方便地在图形文件中添加表格，还可以利用其公式插入选项完成数据的统计计算，但在插入表格之前应该使用表格样式命令"**TABLESTYLE**"对表格样式进行设置。

◆ 书写完成的文字对象，无论是单行文字还是多行文字，均可以使用查找命令"**FIND**"快速找到需要修改的文字内容并对其进行替换。

◆ 灵活使用表格的加点编辑功能可以快速调整表格的属性。

实训

1. 按照图 8.75 中的尺寸要求，绘制一个工程图样的图框。

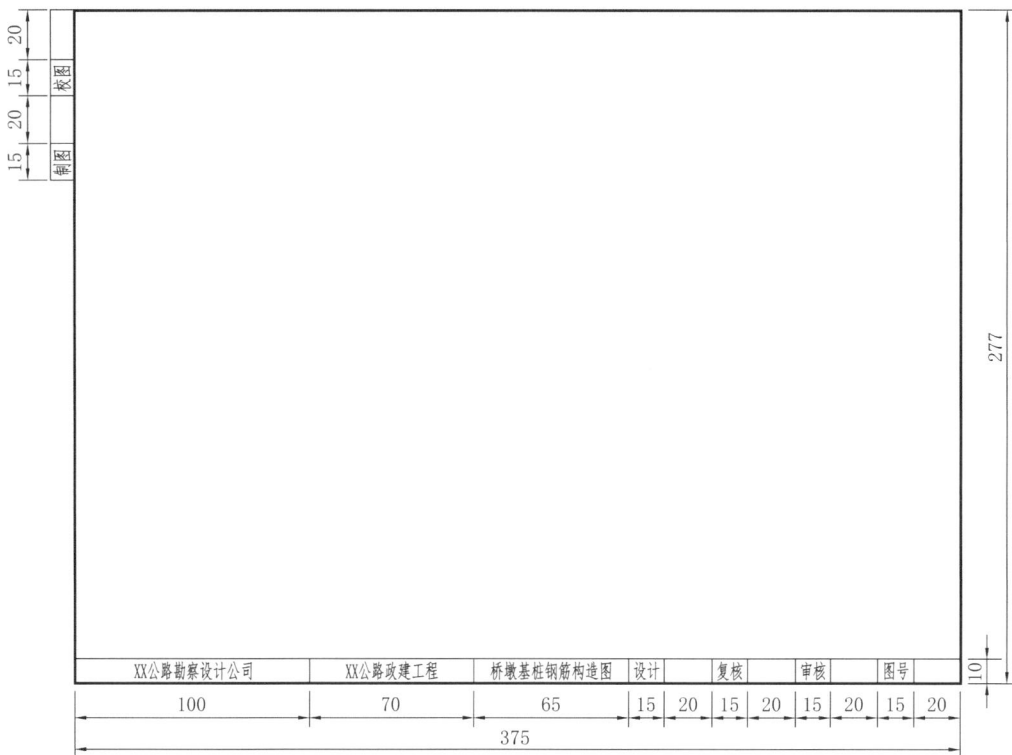

图 8.75　实训 1 图形

要求：新建一个文字样式，将字体设置为"仿宋"，宽度因子设置为 0.7，并使用该文字样式完成图框标题栏的文字书写，标题栏文字高度设置为 7。

2. 在实训一完成的图框中添加图 8.76 所示的工程数量表和文字说明。

要求：说明和表格中的文字采用实训一所创建的文字样式。说明文字和表格完成后，放置在实训一所完成图框的适当位置，文字高度与图框比例协调。

图 8.75　项目八实训 1

注:

　　1、本图尺寸除钢筋直径以mm 计外，其余均以cm 计。

　　2、加强箍筋在钢筋骨架上每隔2m 焊接一根，定位钢筋在钢筋骨架上每隔2m沿圆周等距离焊接四根。

　　3、2#钢筋搭接处采用双面焊接。

　　4、伸入承台内的钢筋做成喇叭形，大约与直线倾斜15°；承台若受构造限制，部分钢筋可不做成喇叭形。

			一根钻孔桩工程数量表				
墩号	钢筋编号	直径（mm）	单根长度（cm）	根数	总长（m）	共重（kg）	C25混凝土（m³）
2	1	φ25	990.0	20		1524.6	18.10
	2	φ16	331.7	4		62.9	
3	3	φ8	216544.1	1		171.1	
	4	φ12	53.0	16		22.6	

图 8.76　实训 2 图形

项目八实训 2

项目九
ITEM NINE

尺寸标注

尺寸标注是工程制图中的一项重要内容。它描述设计对象各组成部分的大小和相对位置关系，是实际生产的重要依据。标注尺寸在图纸设计中是一个关键环节，正确的尺寸标注可以使生产建设任务顺利完成，而错误的尺寸标注往往会导致产品制造或工程建设出现问题，甚至造成生命财产损失。AutoCAD 提供了强大的尺寸标注功能，具有多种标注方式，可以对各种图形对象进行尺寸标注，同时还提供了强大的尺寸编辑功能。通过本项目的学习，可以了解尺寸样式的基本概念，掌握标注各类尺寸的方法。

学习目标

◎ 掌握创建和编辑标注样式的方法。
◎ 能够正确标注各种类型图形对象的尺寸。
◎ 学会修改尺寸标注文字的方法。
◎ 学会调整标注位置和完成倾斜标注的方法。
◎ 了解标注特殊尺寸的方法。

任务一 创建标注样式

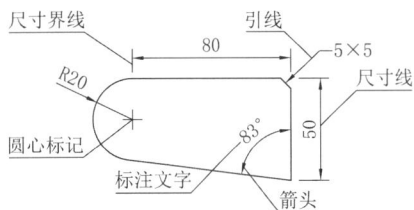

图 9.1 尺寸标注的组成

通常情况下，一个完整的尺寸标注是由尺寸线、尺寸界线、箭头、标注文字四个部分组成的，某些特殊标注还包括引线和圆心标记等，如图 9.1 所示。有这些组成部分的格式都由尺寸样式来控制。

标注尺寸前，一般都需要创建一个或多个适用于当前图形的尺寸样式，否则 AutoCAD 将使用默认样式

"ISO-25"或"Standard"进行尺寸标注。AutoCAD 中可以定义多种不同的标注样式并为之命名。标注时，用户只需指定某个样式为当前样式就能创建相应的尺寸标注。

【操作步骤】

（1）创建一个新的文字样式，样式名为"标注文字"，字体为"gbeitc.shx"，同时使用大字体"gbcbig.shx"，宽度因子为 1。

（2）在命令行窗口输入标注样式命令"**DIMSTYLE**"（命令缩写"**DST**"），打开图 9.2 所示的"标注样式管理器"对话框。

（3）点击 新建(N)... 按钮，打开"创建新标注样式"对话框，在"新样式名"文本框中输入新样式名"公路工程制图标注"，如图 9.3 所示。

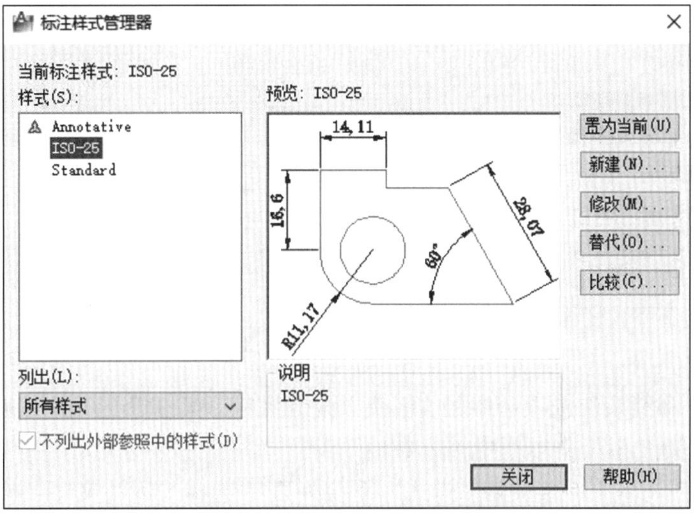

图 9.2 "标注样式管理器"对话框

图 9.3 "创建新标注样式"对话框

（4）点击 继续 按钮，打开图 9.4 所示的"新建标注样式"对话框。

（5）在"线"选项卡中的"基线间距"、"超出尺寸线"和"起点偏移量"文本框中分别输入数值"5"、"1.5"和"1"。

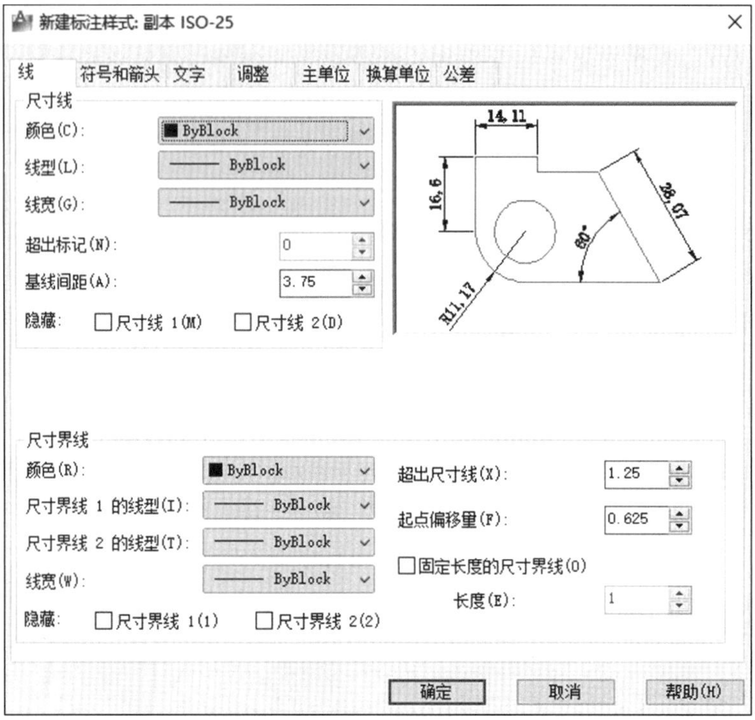

图 9.4 "新建标注样式"对话框

（6）在"符号和箭头"选项卡中的"箭头"设置区将"第一个"下拉列表选项设置为"实心闭合"，在"箭头大小"文本框中输入数值"2"。

（7）在"文字"选项卡的"文字样式"下拉列表中选择"标注文字"样式，在"文字高度"和"从尺寸线偏移"文本框中分别输入数值"2.5"和"1"。将文字对齐方式设置为"ISO标准"。

（8）在"调整"选项卡的"使用全局比例"文本框中输入数值"5"。

（9）在"主单位"选项卡中分别将"单位格式"、"精度"和"小数分隔符"设置为"小数"、"0.00"和"句点"。

（10）单击 确定 按钮返回"标注样式管理器"对话框，在标注样式列表中选中新增的"公路工程制图标注"样式，再点击 置为当前(U) 按钮使该样式成为当前样式。

图 9.4 创建标准样式

【知识链接】

标注样式命令及功能说明

（1）命令调用方式

- 命令行："**DIMSTYLE**"。
- 命令快捷方式："**D**"或"**DDIM**"。
- 功能区按钮："**默认**"选项卡→"**注释**"功能区→ ⊬ 。
- 菜单：〖格式〗→〖标注样式〗或〖标注〗→〖标注样式〗。
- 工具栏按钮：样式工具栏→ ⊬ 或标注工具栏→ ⊬ 。

（2）对话框选项功能说明

与表格样式的设置类似，标注样式的管理和设置分别通过"标注样式管理器"对话框和"新建（修改/替代）标注样式"对话框来完成。下面分别对这两个对话框的选项功能作介绍。

①"标注样式管理器"对话框

执行标注样式命令"**DIMSTYLE**"后，首先会打开如图9.2所示的"标注样式管理器"对话框。对话框各选项功能如下：

● "样式"列表：该区域以列表形式将当前图形中的标注样式罗列出来，选择其中的某一个标注样式后，可以将其作为当前使用的标注样式，也可以对其进行修改、替代、比较等操作。在列表中单击鼠标右键可显示快捷菜单及选项，可用于设置当前标注样式、重命名样式和删除样式。

● "列出"下拉选项列表：该选项可以通过下拉列表选择在"样式"列表显示的标注样式类型，包括"所有样式"和"正在使用的样式"两种。如果要查看图形中所有的标注样式，可以选择"所有样式"，如果只希望查看图形中正在使用的标注样式，可以选择"正在使用的样式"。

● "预览"窗口：用于显示在"样式"列表中选中的标注样式的图示。同时在下方的"说明"窗口中，会对选中的标注样式的基本情况作简要说明。

● "置为当前"按钮 置为当前(U)：点击该按钮可以将在"样式"列表中选中的标注样式设置为当前标注样式。当前样式将应用于所创建的标注。

● "新建"按钮 新建(N)...：点击该按钮后，会打开图9.4所示的"创建新标注样式"对话框，通过相应设置可以创建一种新的标注样式。

● "修改"按钮 修改(M)...：在"样式"列表中选择某个标注样式后点击该按钮，可以打开图9.5所示的"修改标注样式"对话框，该对话框中的设置选项与"新建标注样式"对话框完全相同，通过调整选项参数可以对标注样式进行编辑修改。

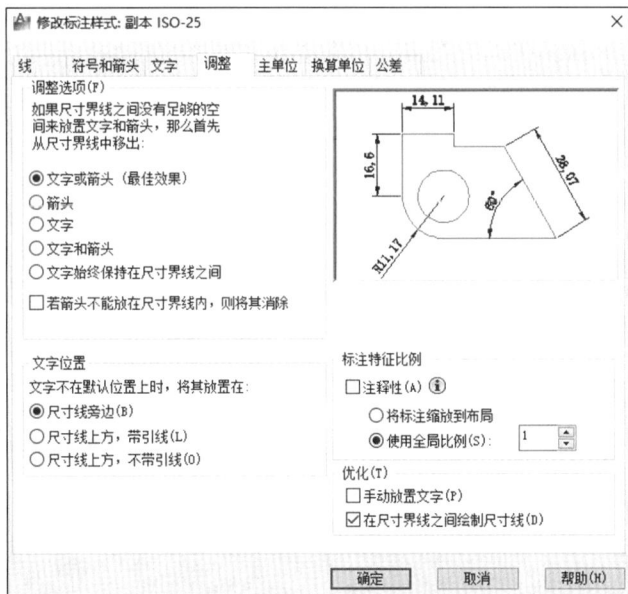

图9.5 "修改标注样式"对话框

● "替代" 按钮 替代(O)... ：在某些特殊情况下需要对标注样式的某些细小处进行修改，但又不必要创建一种新的标注样式，这时就可以为该标注指定一种"替代"样式。点击"替代"按钮可以打开"替代标注样式"对话框，如图 9.6 所示，在该对话框中可以设置标注样式的临时替代。对话框中的设置选项与"新建标注样式"对话框完全相同。替代结果将作为未保存的更改结果显示在"样式"列表中的标注样式下。

图 9.6 "替代标注样式" 对话框

● "比较" 按钮 比较(C)... ：点击该按钮后会打开如图 9.7 所示的"比较标注样式"对话框。从中可以比较两个标注样式或列出一个标注样式的所有特性。

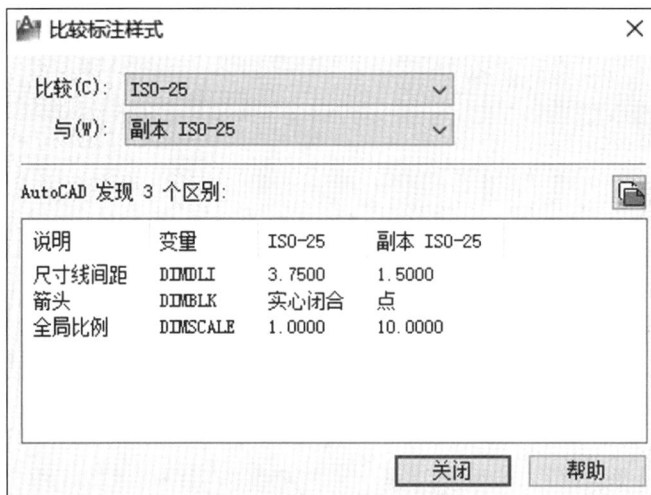

图 9.7 "比较标注样式" 对话框

②"新建标注样式"对话框

"新建标注样式"对话框用于对标注样式中各个参数进行设置和调整，包括"线"、"符号和箭头"、"文字"、"调整"、"主单位"、"换算单位"和"公差"七个选项卡，选择不同的选项卡，可以完成标注样式的几何特征、文字格式、样式调整、样式主单位等参数设置。完成后，点击  确定 按钮，即可储存新的标注样式参数并返回"标注样式管理器"对话框。"新建标注样式"对话框各选项卡选项功能说明如下。

a."线"选项卡

"线"选项卡由"尺寸线"设置区和"尺寸界线"设置区两部分组成，主要用于设置尺寸线和尺寸界线的格式和特性，如图9.4所示。各选项功能如下。

● "颜色"下拉选项列表：分别用于设置尺寸线和尺寸界线的颜色。单击右侧的按钮，可以从下拉列表中选择一种作为尺寸线的颜色。选择某一特定颜色后，标注尺寸线或尺寸界线的颜色不受标注所在图层所定义颜色影响。如果选择"bylayer"（随层）或"byblock"（随块），则尺寸线颜色会由所在图层或图块定义颜色决定。如果选中"选择颜色"选项，可以打开"选择颜色"对话框。

● "线型"下拉列表：该选项用于设置尺寸线的线型。单击右侧按钮可以在下拉列表中选择尺寸线所采用的线型或加载新的线型。线型选定后，不受标注所在图层定义线型影响，如果选择"bylayer"（随层）或"byblock"（随块），则尺寸线线型会随所在图层或图块而定。选择"其他"选项，则会打开"选择线型"对话框。可以分别设置两端尺寸界线的线型。

● "线宽"下拉列表：该选项用于设置尺寸线的线宽。单击右侧按钮可以在下拉列表中选择尺寸线所采用的线宽。线宽选定后，不受标注所在图层定义线宽的影响，如果选择"bylayer"（随层）或"byblock"（随块），则尺寸线和尺寸界线的线宽由所在图层或图块决定。

● "超出标记"文本框：该选项只有在标注样式所采用的箭头形式是斜线等形式时才能选择，在文本框中输入数值可以设置尺寸线超出尺寸界线的长度，如图9.8所示。

● "基线间距"文本框：该选项用于控制进行基线标注时各尺寸线之间的间距，如图9.8所示。

● "隐藏"复选框：该选项分别用于控制尺寸线和尺寸界线两部分的显示与隐藏。

● "超出尺寸线"文本框：标注时，要求尺寸界线要超出尺寸线一定的距离，如图9.8所示。该选项用于设置尺寸界线超出尺寸线的距离值。

● "起点偏移量"文本框：该选项用于设置尺寸界线的起点与标注定义点之间的间距，如图9.8所示。

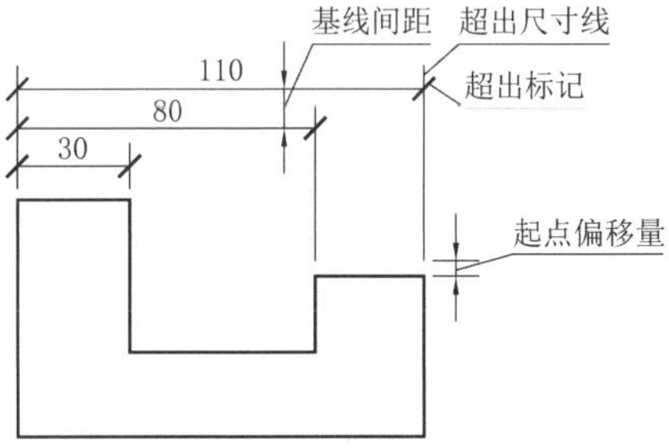

图9.8　基线标注示例

● "固定长度的尺寸界线"复选框：一般情况下，尺寸界线的长度会随标注的位置变化，选中该选项后，可以启用固定长度的尺寸界线，长度值可以在"长度"文本框中设置。

b."符号和箭头"选项卡

"符号和箭头"选项卡用于设置箭头、圆心标记等标注符号的大小和外观样式，还可以设置弧长符号的样式和位置、半径标注的弯折角度等，如图9.9所示。

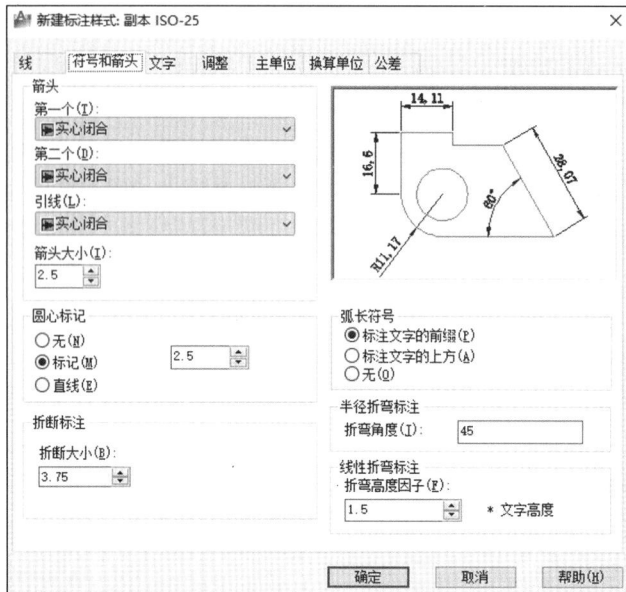

图 9.9 "符号和箭头"选项卡

● "第一个"、"第二个"和"引线"下拉选项列表：这三个选项可以通过打开下拉列表选择箭头的外观样式。当在"第一项"中选中某种箭头样式后，"第二个"会自动变化成与"第一项"相同的样式，但也可以单独改变"第二个"的箭头样式。如果选择"用户箭头"选项，可以打开如图 9.10 所示的"选择自定义箭头块"对话框。在对话框中输入当前图形中已创建的图块名称然后点击 ▢ 确定 ▢ 按钮，AutoCAD 将以该图块作为尺寸标注的箭头样式。此时，块的插入基点与尺寸线的端点重合。

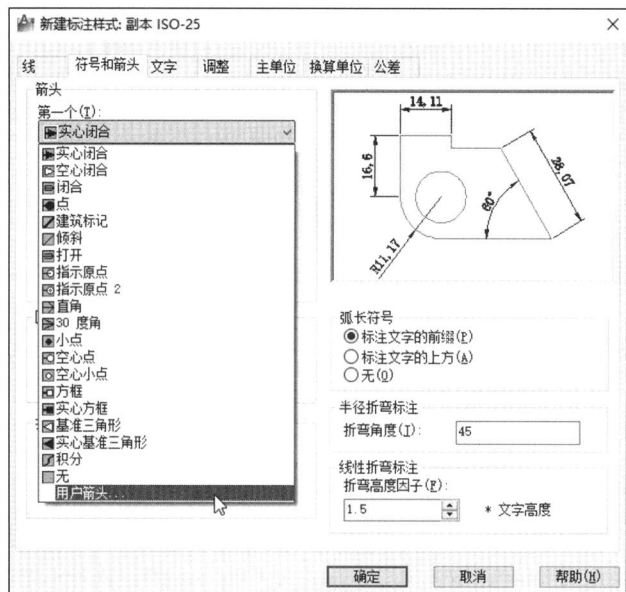

图 9.10

图 9.10 "选择自定义箭头块"对话框

- "箭头大小"文本框：该选项用于设置箭头的大小。
- "圆心标记"设置区：用户可以通过"无"、"标记"和"直线"三个单选项来设置直径标注和半径标注的圆心标记和中心线的外观。其中，选择"无"将不创建圆心标记或中心线；选择"标记"，将会在圆心位置创建十字标记（参见图 9.1）；选择"直线"则会创建中心线。选项右侧的文本框可用来设置圆心标记的大小。
- "折断大小"文本框：用于显示和设置折断标注的间距大小。
- "弧长符号"设置区：该区域通过"标注文字的前缀"、"标注文字的上方"和"无"三个单选项控制弧长标注时是否显示圆弧标记符号以及符号的标注位置，如图 9.11 所示。

a) 弧长符号为"标注文字前缀"   b) 弧长符号为"标注文字上方"

图 9.11 弧长符号设置示例

- "弯折角度"文本框：当圆弧的半径标注无法从圆心引出或圆心位置在页面外部时，往往会采用弯折形式来标注圆弧半径。在"弯折角度"文本框中输入角度值可以控制连接半径标注尺寸界线和尺寸线的横向直线的角度，如图 9.12 所示。

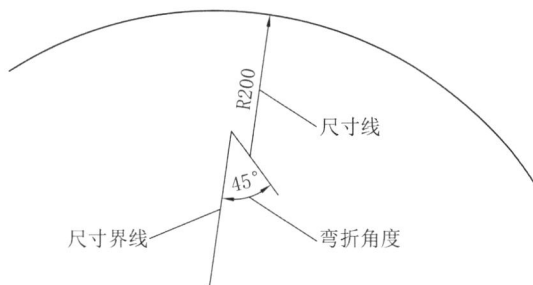

图 9.12 半径弯折标注示意

- "弯折高度因子"文本框：当标注不能精确表示实际尺寸时，通常将弯折线添加到线性标注中，此时，实际尺寸通常比所要标注的值小。通过在"弯折高度因子"文本框中输入

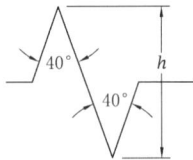

图 9.13 "弯折高度因子"示意

数值，并将该值与设置的文字高度值的乘积作为形成折弯的角度的两个顶点之间的距离以此确定折弯高度，如图 9.13 所示。

　　c."文字"选项卡

　　"文字"选项卡用于设置各种与标注文字相关的各种特性，如颜色、位置、类型等，如图 9.14 所示。

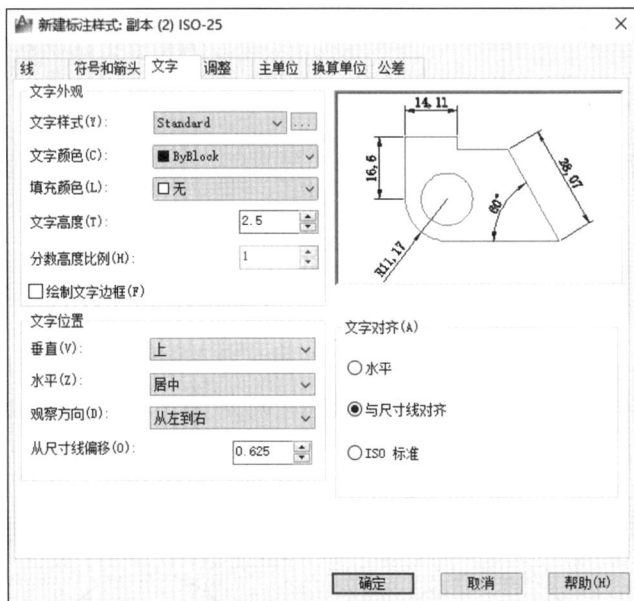

图 9.14 "文字"选项卡

　　●"文字样式"下拉选项菜单：可以指定标注文字使用的文字样式。单击 [....] 按钮将打开"文字样式"对话框，从中可以创建新的文字样式。

　　●"文字颜色"下拉选项列表：用以指定标注文字的颜色。单击"选择颜色"选项可以打开"选择颜色"对话框。如果选择"bylayer"（随层）或"byblock"（随块），则标注文字的颜色与所在图层或图块保持一致。

　　●"填充颜色"：该选项用于为标注文字设置背景颜色。点击"选择颜色"选项可以打开"选择颜色"对话框。如果选择"bylayer"（随层）或"byblock"（随块），则标注文字的背景颜色与所在图层或图块保持一致。

　　●"文字高度"文本框：在文本框内输入数值可以设定标注文字的高度。如果在选中的文字样式中将文字高度设置为某一固定值,则此处设置的文字高度对标注文字没有任何影响。如果要使标注文字应用此处设置的文字高度，必须确保在所选文字样式中的文字高度被设置为"0"。

　　●"分数高度比例"文本框：当在图形中使用分数形式来标注时，通常要使分数文本的高度与整数部分文本的高度保持一定的比例关系，在该选项的文本窗口中输入数值即可确定它们之间的比例关系。"分数高度比例"文本窗口只有在标注单位格式为"分数"时才会被激活。

● "绘制文字边框"复选框：选中此项，在尺寸标注时可以给标注文字添加一个矩形边框，如图 9.15 所示。

● "垂直"下拉选项列表：用于设置标注文字在垂直方向上相对于尺寸线的位置，共有四个选项——"上方"、"居中"、"外部"和"JIS"。其中"居中"是将标注文字放在尺寸线的两部分中间；"上方"是将标注文字放在尺寸线上方；"外部"选项是将标注文字放在尺寸线上远离第一个定义点的一边；"JIS"选项则是按照日本工业标准（JIS）放置标注文字。

图 9.15 "绘制文字边框"标注效果

● "水平"下拉选项列表：用于设置标注文字在水平方向上相对于尺寸界线的位置，其中："居中"选项是将标注文字沿尺寸线放在两条尺寸界线的中间；"第一条尺寸界线"选项使标注文字沿尺寸线与第一条尺寸界线左侧对齐，此时尺寸界线与标注文字的距离是箭头大小与字线间距之和的两倍；"第二条尺寸界线"选项使标注文字沿尺寸线与第二条尺寸界线右侧对齐；"第一条尺寸界线上方"选项使标注文字沿第一条尺寸界线放置或将标注文字放在第一条尺寸界线之上；"第二条尺寸界线上方"选项使标注文字沿第二条尺寸界线放置或将标注文字放在第二条尺寸界线之上，如图 9.16 所示。

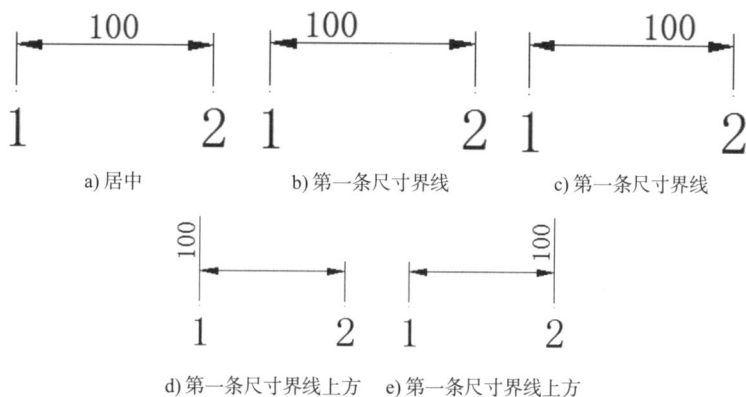

图 9.16 标注文字水平放置效果

● "从尺寸线偏移"文本框：如果设置标注文字的"垂直"方式为"上方"、"外部"或"JIS"，该文本框中输入的数值用于设置标注文字与尺寸线之间的间距。如果设置标注文字的"垂直"方式为"居中"，则该文本框中输入的数值用于设置当尺寸线断开，容纳标注文字时，标注文字周围的距离，如图 9.17 所示。

图 9.17 "从尺寸线偏移"设置效果

● "文字对齐方式"单选框：用于控制标注文字放在尺寸界线外边或里边时的方向是保持水平还是与尺寸界线平行。其中，"水平"选项可以使标注文字始终沿水平方向书写；"与尺寸线对齐"选项可以使标注文字始终沿与尺寸线平行方向书写；选择"ISO 标准"选项后，在尺寸界线内的文字与尺寸线对齐书写，在尺寸界线外的文字始终沿水平方向书写。

　　d."调整"选项卡

"调整"选项卡用于处理在尺寸界限内放不下文字和箭头时出现的问题以及定义全局标注比例，如图 9.18 所示。

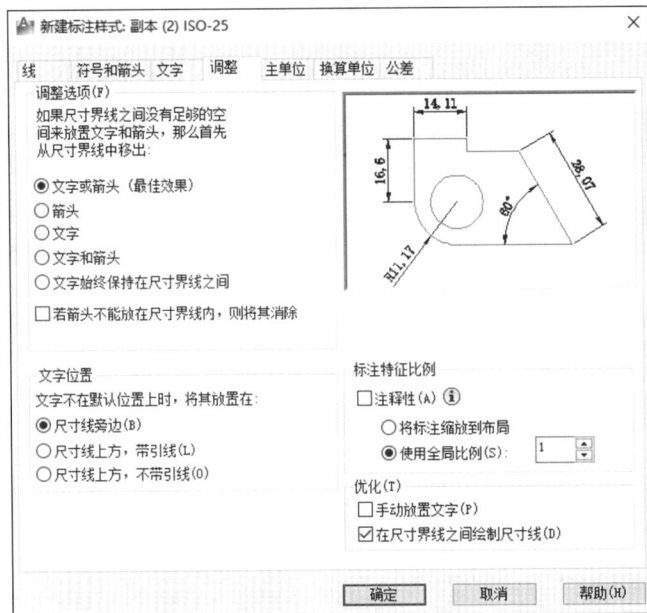

图 9.18　"调整"选项卡

● "文字或箭头（最佳效果）"单选框：选择该选项后，系统会在标注时按照最佳效果将文字或箭头移动到尺寸界线外，其中，当尺寸界线间的距离足够放置文字和箭头时，文字和箭头均放在尺寸界线内；当尺寸界线间的距离仅够容纳文字时，将文字放在尺寸界线内，而箭头放在尺寸界线外；当尺寸界线间的距离仅够容纳箭头时，将箭头放在尺寸界线内，而文字放在尺寸界线外；当尺寸界线间的距离既不够放下文字又不够放下箭头时，文字和箭头均放在尺寸界线外。

● "箭头"单选框：选择该项后，当尺寸界线间的距离足够放置文字和箭头时，文字和箭头都放在尺寸界线内；当尺寸界线间距离仅够放下箭头时，将箭头放在尺寸界线内，而文字放在尺寸界线外；当尺寸界线间距离不足以放下箭头时，文字和箭头均放在尺寸界线外。

● "文字"单选框：选择该项后，当尺寸界线间的距离足够放置文字和箭头时，文字和箭头都放在尺寸界线内；当尺寸界线间的距离仅能容纳文字时，将文字放在尺寸界线内，而箭头放在尺寸界线外；当尺寸界线间距离不足以放下文字时，文字和箭头均放在尺寸界线外。

● "文字和箭头"单选框：选择该项后，当尺寸界线间距离不足以放下文字和箭头时，文字和箭头均移到尺寸界线外。

● "文字始终保持在尺寸界线之间"单选框：选择该项后，标注时系统会始终将文字放在尺寸界线之间。

● "若不能放在尺寸界线内，则隐藏箭头"复选框：选择该项后，如果尺寸界线内没有足够的空间，则隐藏箭头。

● "文字位置"设置区：该区域通过三个单选框来设置当标注空间不足导致标注文字无法放置在默认位置上时，放置标注文字的方式。其中，如果选定"尺寸线旁边"，只要移动标注文字尺寸线就会随之移动；如果选定"尺寸线上方，加引线"，移动文字时尺寸线将不会移动。如果将文字从尺寸线上移开，将创建一条连接文字和尺寸线的引线；如果选定"尺寸线上方，不加引线"，移动文字时尺寸线不会移动。远离尺寸线的文字不用引线与尺寸线相连。

● "注释性"复选框：选中该项可以使标注具有注释性。

● "将标注缩放到布局"单选框：选中该项后，系统会根据当前模型空间和图纸空间之间的比例确定比例因子来调整尺寸标注各部分的尺寸关系。

● "使用全局比例"单选框：选中该项后，可以为所有标注样式设置一个比例，这些设置指定了大小、距离或间距，包括文字和箭头大小。在该选项文本框中输入数值可以将图形中的使用该标注样式的尺寸标注统一放大或缩小。例如，在文本窗框中输入数值"2"，在完成标注后，标注文字的高度、起点偏移量、基线间距等参数都会在原来设置的基础上放大 2倍，如图 9.19 所示。

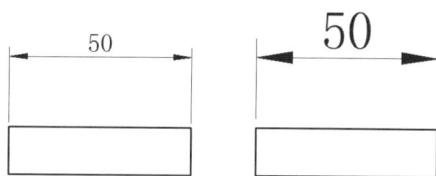

a) 全局比例为 1   b) 全局比例为 2

图 9.19　全局比例对尺寸标注的影响

特别提示

全局比例的缩放对被标注的实际对象尺寸并不产生影响。

● "手动放置文字"复选框：选中该项后，在标注尺寸时，可以忽略所有水平对正设置并把文字放在任意指定的位置。

● "在尺寸界线之间绘制尺寸线"复选框：选中该项后，即使箭头放在测量点之外，也可在测量点之间绘制尺寸线。

e. "主单位"选项卡

"主单位"选项卡用于设置尺寸标注的数字单位及标注形式、精度、比例以及前缀、后缀等，如图 9.20 所示。

● 线性标注"单位格式"下拉选项列表：通过下拉列表可以设置线性尺寸的格式，包括"小数"、"分数"、"科学"、"工程"、"建筑"等。道路与桥梁工程制图通常采用十进制"小数"

格式来进行标注。

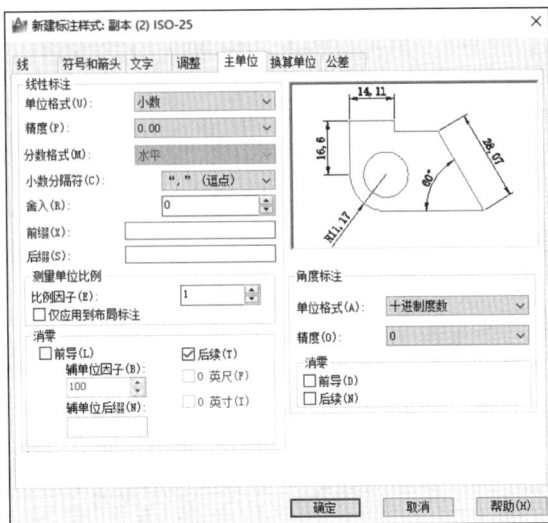

图 9.20 "主单位"选项卡

- 线性标注"精度"下拉选项列表：用于设置线性尺寸标注的精度。
- "分数格式"下拉选项列表：如果将"单位格式"设置为"分数"，则可以在该选项中设置分数的表示形式。
- "小数分隔符"下拉选项列表：该选项用于设置小数分隔符号即小数点的形式，包括"句点"、"逗点"和"空格"三种。AutoCAD 的默认分隔符是逗号，在绘图中一般习惯采用圆点（句点）来分隔数值的小数与整数部分。
- "舍入"文本框：该选项用于设置测量标注值时可以舍入的数值。若将舍入值设置为 0.4，则 AutoCAD 将自动把大于 0.4 的小数值舍入为 1。
- "前缀"文本框：在文本框中输入数字、文字或符号，则会在标注文字的前面会自动添加上输入内容。例如，在文本框中输入控制代码"%%c"显示直径符号"∅"，那么在所有的标注文字前面添加直径符号，如图 9.21 所示。
- "后缀"文本框：在文本框中输入数字、文字或符号，则会在标注文字的后面自动添加上键入内容。例如，在文本框中输入单位符号"cm"，那么会在所有的标注文字后面添加单位符号"cm"，如图 9.21 所示。

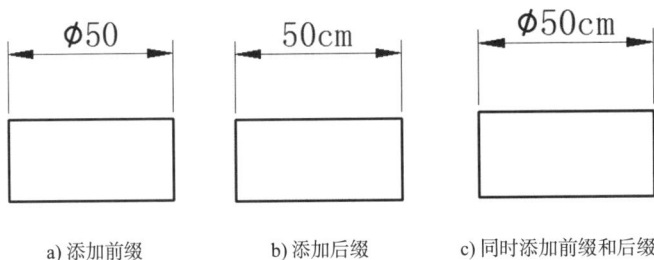

a) 添加前缀   b) 添加后缀   c) 同时添加前缀和后缀

图 9.21 标注文字添加前后缀示例

● "比例因子"文本框：该选项用于设置尺寸数字的缩放比例因子。在文本框中输入数值后，当标注尺寸时，AutoCAD 会用此数值乘以实际测量的数值，然后将结果作为标注时显示的数值。例如，图形对象的实际尺寸为 10，将比例因子设置为 5 后，标注的文字将会显示为 50。该值不应用到角度标注中。

特别提示

在按照一定比例绘制图形对象时，可以将比例因子设置为绘图比例的倒数，这样一来，在进行尺寸标注时，标注文字所显示的就是真实尺寸而非按比例缩放后的尺寸。

● "仅应用到布局标注"复选框：选中该项后，仅将测量单位比例因子应用于在布局空间中创建的标注。

● "消零"设置区：该区域用于设置数值中"0"的显示方式。选择"前导"复选框，则不输出所有十进制标注中的前导零，例如 0.80 将会显示为.80；选择"后续"将不输出所有十进制标注中的后续零，例如 8.2000 将显示为 8.2。

● 角度标注"单位格式"下拉列表：通过下拉列表可以设置角度标注的格式，包括"十进制度数"、"度/分/秒"、"百分度"和"弧度"等。公路工程制图中通常采用"度/分/秒"格式来进行标注。

● 角度标注"精度"下拉列表：通过该选项的下拉列表可以设置角度标注的精度。

f. "换算单位"选项卡

"换算单位"选项卡用于设置标注测量值中换算单位的显示方式并设置其格式和精度，如图 9.22 所示。

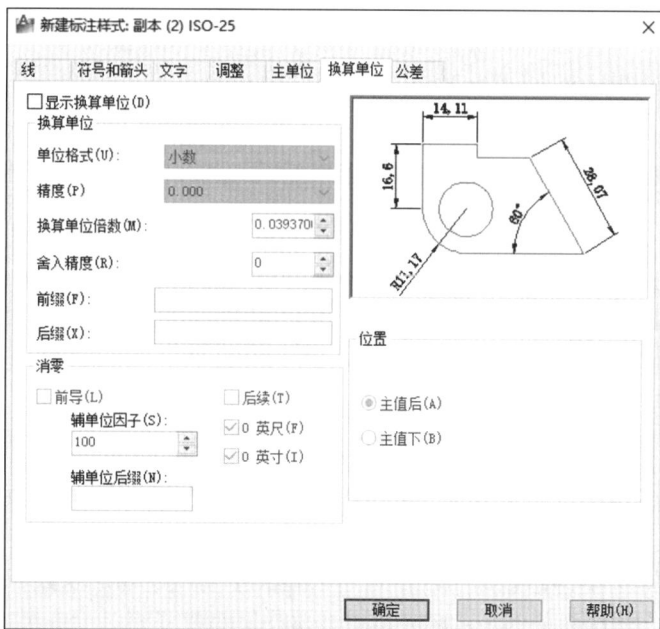

图 9.22 "换算单位"选项卡

● "显示换算单位"复选框：选中该项后可以激活"换算单位"选项卡中的参数设置部分，并且在尺寸标注时除了显示尺寸标注数据（主数据）外，还会同时显示出换算单位表示的尺寸数据，如图 9.23 所示。

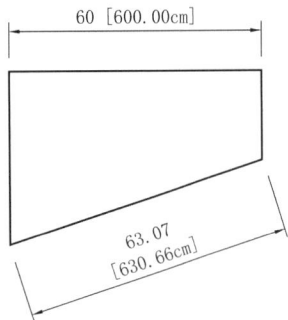

图 9.23 换算单位标注示例

● "位置"设置单选框：用于设置标注文字中换算单位的位置。如果选择"主值后"，则换算数据放置在主数据之后；如果选择"主值下"，则换算数据放置在主数据下方，如图 9.23 所示。

● 其他选项功能设置与"单位"选项卡类似，此处不再累述。

● "公差"选项卡用于控制是否标注尺寸公差以及公差设置的精度，如图 9.24 所示。

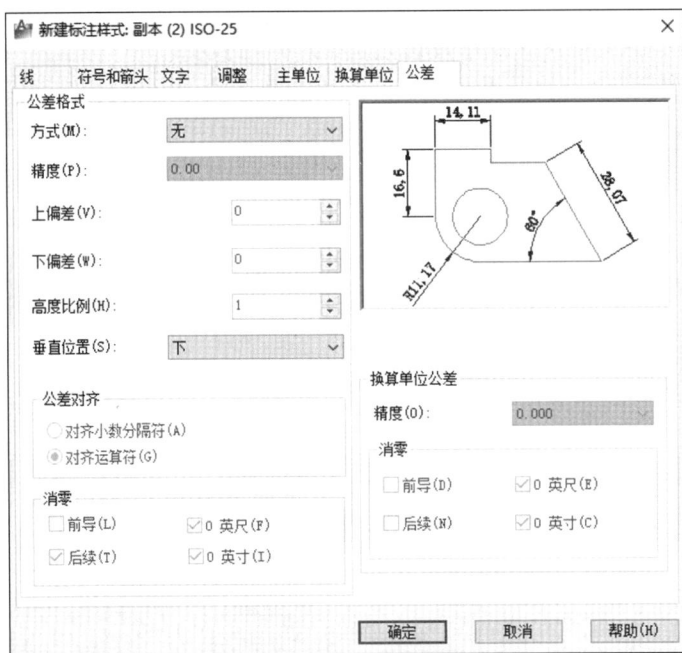

图 9.24 "公差"选项卡

● "方式"下拉选项列表：该选项用于设置计算公差的方法，包括"无"、"对称"、"极限偏差"、"极限尺寸"、"基本尺寸"等。

● "精度"下拉选项列表：该选项用于设置计算公差的小数位数。

● "上偏差"文本框：用于设置最大公差或上偏差。如果在"方式"中选择"对称"，则此值将用于所有公差。

● "下偏差"文本框：设置最小公差或下偏差。系统默认下偏差为负值，并自动在输入数值前加"−"号。

● "高度比例"文本框：该选项用于设置公差文字的高度比例系数。

● "垂直位置"下拉选项列表：该选项用于设置公差数字相对于主尺寸数字的位置关系。

● 其他区域的功能设置与"单位"选项卡类似，此处不再累述。

任务二　标注尺寸

AutoCAD 提供了功能完善的尺寸标注方式，用户可以轻松地创建各种类型的尺寸标注。但无论采用哪种标注方式，都应该遵循一定的操作步骤，这样才能保证尺寸标注的准确和协调。尺寸标注一般按照以下步骤完成：

（1）选择尺寸标注的样式。在标注具体的尺寸之前，首先应该选择恰当的尺寸标注样式。如果之前未创建任何标注样式，可以使用 AutoCAD 的标准样式"STANDARD"，并根据需要对其中的参数设置进行修改。

（2）根据需要标注的尺寸类型选择尺寸标注命令。针对不同类型的尺寸标注，AutoCAD 提供了不同的命令来完成标注工作。命令的调用同样有三种方式：直接在命令行输入命令、调用菜单命令和点击工具栏按钮。通常采用工具栏按钮方式调用命令比较快捷，但"标注"工具栏不是系统默认工具栏，使用前必须手动打开。

（3）根据提示指定尺寸界线的原点或选择需要标注的对象。如果是采用直接选择标注对象的方式进行标注，则对于直线、多段线的直线段、圆弧，尺寸界线的默认原点是它们的端点。

（4）确定尺寸线位置。尺寸线的位置可以通过移动鼠标确定。尺寸线位置确定后，标注文字的位置也同时确定下来。

一、标注线性型尺寸

线性型尺寸标注主要有线性标注、对齐标注、连续标注、基线标注、坐标标注等。完成图 9.25 所示的扶壁式挡土墙两面投影图的绘制后，可以按照以下步骤完成尺寸标注。

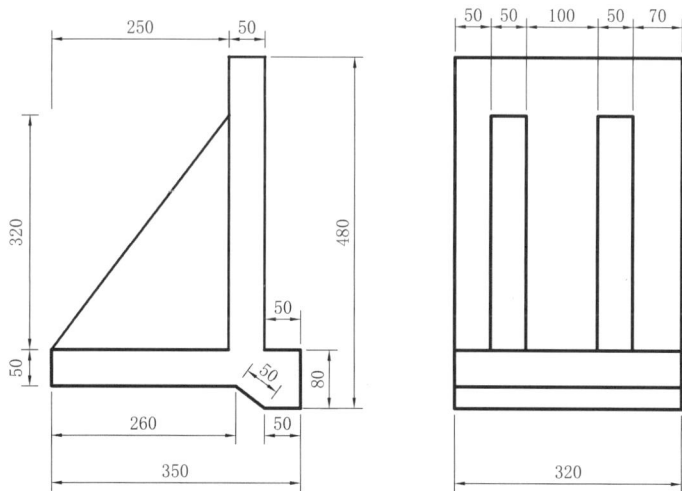

图 9.25　扶壁式挡土墙两面投影图

【操作步骤】

（1）按照图示尺寸完成挡土墙投影图轮廓线绘制。

（2）将任务一创建的"公路工程标注"标注样式设置为当前标注样式。

（3）在"注释"选项卡的"标注"功能区点击▉▉线性，AutoCAD 提示：

命令：_dimlinear	
指定第一条尺寸界线原点或 <选择对象>：	←使用鼠标捕捉到图 9.26 中的 A 点，点击鼠标左键
指定第二条尺寸界线原点：	←使用鼠标捕捉到 B 点，点击鼠标左键
指定尺寸线位置或[多行文字(M)/文字(T)/角度(A)/水平(H)/垂直(V)/旋转(R)]：	←移动鼠标将尺寸线放置在适当位置，点击鼠标左键确定
标注文字 = 50	

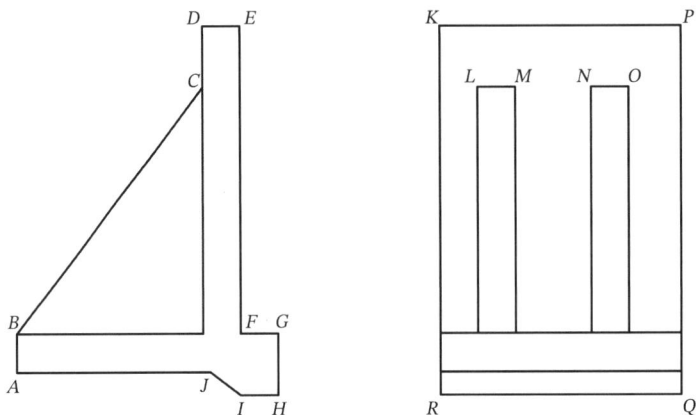

图 9.26　标注线性型尺寸步骤

（4）重复第二步的操作，完成 BC、BD、DE、FG、GH、HI、JA 各段的线性尺寸标注。

（5）在"注释"选项卡的"标注"功能区点击▉▉基线，AutoCAD 提示：

命令：_dimbaseline	
指定第二条尺寸界线原点或 [放弃(U)/选择(S)] <选择>：s	←输入选项参数"S"，选择基线标注基准
选择基准标注：	←使用鼠标点击选择 HG 段，线性标注 H 点处的尺寸界线
指定第二条尺寸界线原点或 [放弃(U)/选择(S)] <选择>：	←使用鼠标捕捉到 E 点，点击鼠标左键
标注文字 = 480	
指定第二条尺寸界线原点或 [放弃(U)/选择(S)] <选择>：	←按【Enter】键，完成 HE 段基线标注
选择基准标注：	←使用鼠标点击选择 HI 段，线性标注 H 点处的尺寸界线
指定第二条尺寸界线原点或 [放弃(U)/选择(S)] <选择>：	←使用鼠标捕捉到 A 点，点击鼠标左键
标注文字 = 350	

指定第二条尺寸界线原点或 [放弃(U)/选择(S)] <选	←按【Enter】键，完成 *HA* 段基线标注
择>:	
选择基准标注：	←按【Enter】键结束操作

（6）在"注释"选项卡的"标注"功能区点击 ⟨⟩ 对齐，AutoCAD 提示：

命令：_dimaligned	
指定第一条尺寸界线原点或 <选择对象>:	←使用鼠标捕捉到 *I* 点，点击鼠标左键
指定第二条尺寸界线原点：	←使用鼠标捕捉到 *J* 点，点击鼠标左键
指定尺寸线位置或[多行文字(M)/文字(T)/角度(A)]:	←移动鼠标将尺寸线放置在适当位置，点击鼠标左键确定
标注文字 = 50	

（7）重复第二步的操作，标注 *KL* 段的线性尺寸标注。

（8）在"注释"选项卡的"标注"功能区点击 ╫╫ 连续，AutoCAD 提示：

命令：_dimcontinue	
指定第二条尺寸界线原点或 [放弃(U)/选择(S)] <选	←使用鼠标捕捉到 *M* 点，点击鼠标左键
择>:	
标注文字 = 50	
指定第二条尺寸界线原点或 [放弃(U)/选择(S)] <选	←使用鼠标捕捉到 *N* 点，点击鼠标左键
择>:	
标注文字 = 100	
指定第二条尺寸界线原点或 [放弃(U)/选择(S)] <选	←使用鼠标捕捉到 *O* 点，点击鼠标左键
择>:	
标注文字 = 50	
指定第二条尺寸界线原点或 [放弃(U)/选择(S)] <选	←使用鼠标捕捉到 *P* 点，点击鼠标左键
择>:	
标注文字 = 70	
指定第二条尺寸界线原点或 [放弃(U)/选择(S)] <选	←按【Enter】键退出本次连续标注
择>:	
选择连续标注：	←按【Enter】键结束操作

（9）重复第二步的操作，标注 *QR* 段的线性尺寸标注。结果如图 9.25 所示。

【知识链接】

1. 线性标注命令调用方式及相关说明

（1）命令调用方式

● 命令行："**DIMLINEAR**"。

● 命令快捷方式："**DLI**"。

● 功能区按钮："注释"选项卡→"标注"功能区→ ╫ 线性。

● 菜单：〖标注〗→〖线性〗。

图 9.25　绘制并标注扶壁式
挡土墙两面投影图

- 工具栏按钮：标注工具栏→▮▮▮。

（2）命令选项说明

指定了尺寸标注的两点后，会出现"**指定尺寸线位置或**［**多行文字（M）/文字（T）/角度（A）/水平（H）/垂直（V）/旋转（R）**］："提示，其中各选项的具体含义如下。

- "多行文字"：调用该参数后会打开多行文字编辑器，可以用它来编辑标注文字。
- "文字"：调用该选项后，可以在命令行窗口直接输入替代测量值的标注文字。
- "角度"：该选项可以改变标注文字的角度。
- "水平"：在标注倾斜方向线性尺寸时，该选项用于确定标注水平方向尺寸。
- "垂直"：在标注倾斜方向线性尺寸时，该选项用于确定标注垂直方向尺寸。
- "旋转"：该选项用于确定尺寸线旋转的角度。尺寸线旋转后，测量值相应会发生变化。

（3）命令功能说明

- 线性标注一般只用于标注两点在水平方向或在垂直方向上的尺寸值，如果要标注沿倾斜方向的尺寸，需要使用"旋转"选项，并且明确倾斜方向的角度值。
- 标注完成后，选中并拖动尺寸界线原点位置的夹点，尺寸数字会随之发生变化，但如果在标注过程中使用"多行文字"或"文字"选项修改了系统自动标注的文字，就会失去尺寸标注的关联性。其余标注命令与之相同。

2. 对齐标注命令调用方式及功能说明

（1）命令调用方式

- 命令行："**DIMALIGNED**"。
- 命令快捷方式："**DAL**"。
- 功能区按钮："注释"选项卡→"标注"功能区→▮对齐▮。
- 菜单：〖标注〗→〖对齐〗。
- 工具栏按钮：标注工具栏→▮▮。

（2）命令功能说明

- 指定了尺寸标注的原点后，会出现"［**多行文字（M）/文字（T）/角度（A）**］："选项提示，各选项的具体含义与线性标注相同。
- 一般使用对齐标注来标注倾斜对象的真实长度，对齐尺寸的尺寸线平行于倾斜的标注对象。

3. 连续标注命令调用方式及功能说明

（1）命令调用方式

- 命令行："**DIMCONTINUE**"。
- 命令快捷方式："**DCO**"。
- 功能区按钮："注释"选项卡→"标注"功能区→▮▮连续▮。
- 菜单：〖标注〗→〖连续〗。
- 工具栏按钮：标注工具栏→▮▮▮。

（2）命令功能说明

● 连续型尺寸标注是一系列首尾相连的标注形式，在创建连续标注形式的尺寸时，首先应建立一个基本尺寸标注，然后执行连续标注命令。

● 如果是在执行了线性标注、对齐标注等命令后马上使用连续标注，则 AutoCAD 会将前一次标注的第二个尺寸界线作为下一个标注的第一条尺寸界线，以此类推，连续完成尺寸标注；如果连续标注并非紧接其他标注命令执行，则应该先在"**指定第二条尺寸界线原点或[放弃（U）/选择（S）]<选择>：**"提示下，输入选项参数"S"或直接按下【Enter】，选择某一个已完成的标注尺寸界线作为连续标注的第一条尺寸界线。

● 连续标注可以用于线性型尺寸标注，也可以用于角度标注，如图 9.27 所示。

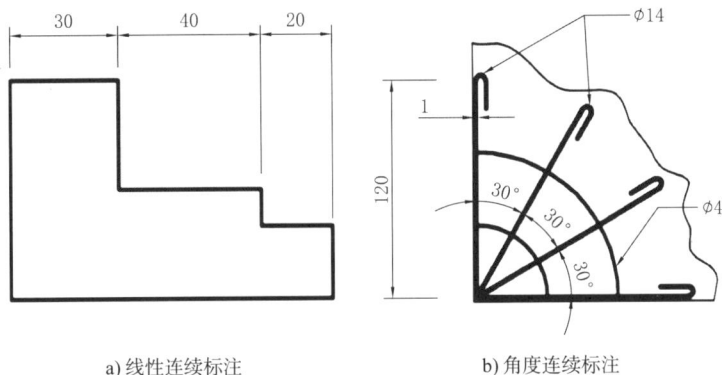

a) 线性连续标注　　　　　　b) 角度连续标注

图 9.27　连续标注示例

4. 基线标注命令调用方式及功能说明

（1）命令调用方式

● 命令行："**DIMBASELINE**"。

● 命令快捷方式："**DBA**"。

● 功能区按钮："注释"选项卡→"标注"功能区→▭ 基线。

● 菜单：〖标注〗→〖基线〗。

● 工具栏按钮：标注工具栏→▭。

（2）命令功能说明

● 基线尺寸标注是指所有的尺寸都从同一点开始标注，即共用一条尺寸界线。与连续标注类似，基线标注命令不能单独使用，它必须依附于已经完成的尺寸标注完成。

● 如果是在执行了线性标注、对齐标注等命令后立即使用基线标注，则 AutoCAD 会将前一次标注的第一个尺寸界线作为基线，然后依次确定第二个尺寸界线的原点位置即可；如果基线标注并非紧接其他标注命令执行，则应该先根据提示选择基准线或基准面。应该先在"**指定第二条尺寸界线原点或[放弃（U）/选择（S）]<选择>：**"提示下，输入选项参数"S"或直接按下【Enter】，选择某一个已完成的标注尺寸界线作为基线标注的基准。

● 基线标注不仅可以用于线性型尺寸标注，也可以用于角度标注，如图 9.28 所示。

a) 线性基线标注   b) 角度基线标注

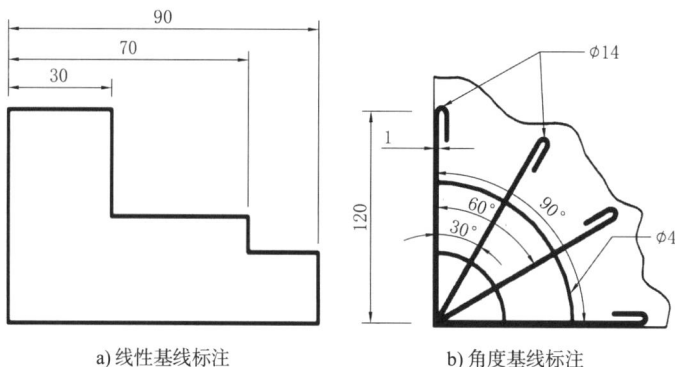

图 9.28   基线标注示例

二、标注径向尺寸

径向尺寸标注主要有半径标注、直径标注、折弯标注等。完成图 9.29 所示图形的绘制后，可以按照以下步骤完成尺寸标注。

图 9.29   径向标注示例

【操作步骤】

（1）按照图示尺寸完成图形轮廓线绘制。

（2）将任务一创建的"公路工程标注"标注样式设置为当前标注样式。

（3）在"注释"选项卡的"标注"功能区点击 线性，标注两圆心之间的距离。

（4）在"注释"选项卡的"标注"功能区点击 直径，AutoCAD 提示：

```
命令：_dimdiameter
选择圆弧或圆：                                    ←使用鼠标点击选中大圆
标注文字 = 400
指定尺寸线位置或 [多行文字(M)/文字(T)/角度(A)]：      ←移动鼠标将尺寸线放置在适
                                                当位置，点击鼠标左键，完成大
                                                圆直径标注
```

（5）在"注释"选项卡的"标注"功能区点击 半径，AutoCAD 提示：

命令: _dimdiameter

选择圆弧或圆：   ←使用鼠标点击选中小圆

标注文字 = 100

指定尺寸线位置或 [多行文字(M)/文字(T)/角度(A)]：   ←移动鼠标将尺寸线放置在适
                                                当位置，点击鼠标左键，完成小
                                                圆半径标注

（6）在"标注"工具栏点击 折弯，AutoCAD 提示：

命令: _dimdiameter

选择圆弧或圆：   ←使用鼠标点击选中圆弧

指定图示中心位置：   ←在适当位置单击鼠标左键，指
                                                定半径弯折标注的尺寸线起点
                                                位置

标注文字 = 400

指定尺寸线位置或 [多行文字(M)/文字(T)/角度(A)]：   ←移动鼠标将尺寸线放置在适
                                                当位置，点击鼠标左键

指定折弯位置：   ←移动鼠标将弯折线放置在适
                                                当位置，点击鼠标左键，完成弯
                                                折半径标注

完成结果如图 9.29 所示。

【知识链接】

1. 半径标注命令调用方式及功能说明

使用半径标注命令"**DIMRADIUS**"可以测量选定圆弧或圆的半径，并显示前面带有一个半径符号"*R*"的标注文字。

图 9.29　径向标注示例

（1）命令调用方式

● 命令行："**DIMRADIUS**"。

● 命令快捷方式："**DRA**"。

● 功能区按钮："注释"选项卡→"标注"功能区→ 半径 。

● 菜单：〖标注〗→〖半径〗。

● 工具栏按钮：标注工具栏→ 。

（2）命令功能说明

● 指定了尺寸标注的原点后，会出现"**[多行文字（M）/文字（T）/角度（A）]：**"选项提示，各选项的具体含义与线性标注中相同。

● 标注半径时，如果由于未将标注放置在圆弧上而导致标注指向圆弧外，则 AutoCAD 会自动绘制圆弧延伸线。如图 9.30 所示。

2. 直径标注命令调用方式及功能说明

使用直径标注命令"**DIMDIAMETER**"可以测量选定圆或圆弧的直径，并显示前面带有

直径符号"∅"的标注文字。

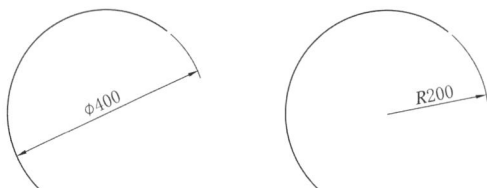

图 9.30　标注时自动绘制圆弧延伸线

（1）命令调用方式

● 命令行："**DIMDIAMETER**"。
● 命令快捷方式："**DDI**"。
● 功能区按钮："注释"选项卡→"标注"功能区→直径。
● 菜单:〖标注〗→〖直径〗。
● 工具栏按钮：标注工具栏→。

（2）命令功能说明

● 指定了尺寸标注的原点后，会出现"[**多行文字（M）/文字（T）/角度（A）**]:"选项提示，各选项的具体含义与线性标注相同。

● 直径标注时，如果由于未将标注放置在圆弧上而导致标注指向圆弧外，则 AutoCAD 会自动绘制圆弧延伸线。如图 9.30 所示。

3. 折弯标注命令调用方式及相关说明

圆或圆弧的半径标注一般都是通过圆心位置引出。当圆弧或圆的中心位于图形页面以外或无法在其实际位置显示时，可以使用"**DIMJOGGED**"命令创建折弯半径标注。"**DIMJOGGED**"命令可以测量选定对象的半径，并显示前面带有一个半径符号"*R*"的标注文字。可以在任意合适的位置指定尺寸线的原点。

（1）命令调用方式

● 命令行："**DIMJOGGED**"。
● 命令快捷方式："**DJO**"。
● "注释"选项卡→"标注"功能区→折弯。
● 菜单:〖标注〗→〖折弯〗。
● 工具栏按钮：标注工具栏→。

（2）命令功能说明

● 指定了尺寸标注的原点后，会出现"[**多行文字（M）/文字（T）/角度（A）**]:"选项提示，各选项的具体含义与线性标注中相同。

● 折弯半径标注也称为缩放半径标注，使用折弯标注时可以在任意合适的位置指定尺寸线的原点，以替代圆弧或圆的实际中心点。

三、标注角度

角度标注命令可以精确测量并标注被测对象之间的夹角度数。完成图 9.31 所示的钢筋斜弯钩大样图后，可以按照以下步骤完成尺寸标注。

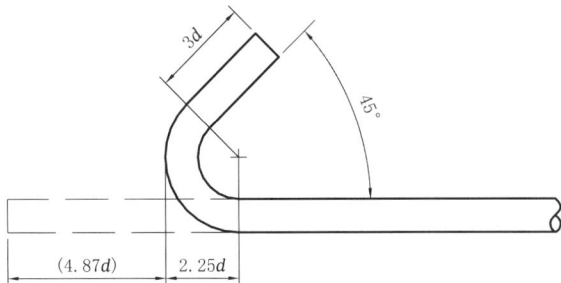

图 9.31　角度标注示例

【操作步骤】

（1）取钢筋直径 $d = 12$，按照图示尺寸完成图形轮廓线绘制。

（2）将任务一创建的"公路工程标注"标注样式设置为当前标注样式。

（3）在"注释"选项卡的"中心线"功能区点击⊕，AutoCAD 提示：

命令：_dimcenter
选择圆弧或圆：　　　　　　　　　　←使用鼠标点击选中任意圆弧，完成圆心标记

（4）分别使用线性标注命令"**DIMLINEAR**"和对齐标注命令"**DIMALIGNED**"分别完成各直线段尺寸的标注，注意在标注时使用"文字（T）"选项参数修改标注文字。

（5）在"注释"选项卡的"标注"功能区点击⎿角度，AutoCAD 提示：

命令：_dimangular
选择圆弧、圆、直线或 <指定顶点>：　　　←使用鼠标点击选中水平方向线段
选择第二条直线：　　　　　　　　　　←使用鼠标点击选中倾斜方向线段
指定标注弧线位置或 [多行文字(M)/文字(T)/角度　←移动鼠标，将尺寸线放置在适当位置，点击鼠标左
(A)/象限点(Q)]：　　　　　　　　　　键，完成角度标注
标注文字 = 45

【知识链接】

1. 圆心标记命令调用方式及功能说明

使用圆心标记命令"**DIMCENTER**"可以在选中圆或圆弧的原心位置绘制圆心标记或中心线。

图 9.31　绘制并标注钢筋弯钩大样图

（1）命令调用方式

● 命令行："**DIMCENTER**"。

● 命令快捷方式："**DCE**"。

● "注释"选项卡→"中心线"功能区→⊕。

● 菜单：〖标注〗→〖圆心标记〗。

● 工具栏按钮：标注工具栏→⊕。

（2）命令功能说明

● 圆心标注前可以在标注样式对话框中修改圆心标记的设置，也可以执行命令

"DIMCEN"，在"输入 DIMCEN 的新值<2.5>:"提示下输入数值，修改圆心标记的大小，其中"<>"中的数值为当前标注样式中的设置值。

2. 角度标注命令及相关说明

使用角度标注命令"DIMANGULAR"，用户可以通过拾取两条边线、3 个点或 1 段圆弧来创建角度尺寸。

（1）命令调用方式

● 命令行："DIMANGULAR"。

● 命令快捷方式："DAN"。

● "注释"选项卡→"标注"功能区→ 角度。

● 菜单:〖标注〗→〖角度〗。

● 工具栏按钮：标注工具栏→ 。

（2）命令选项说明

选中要进行角度标注的对象后，系统提示"指定标注弧线位置或 [多行文字（M）/文字（T）/角度（A）/象限点（Q）]:"，各选项的具体含义如下。

● "多行文字"：调用该参数后会打开多行文字编辑器，可以用它来编辑标注文字。

● "文字"：调用该选项后，可以在命令行窗口直接输入替代测量值的标注文字。

● "角度"：该选项可以改变标注文字的角度。

● "象限点"：调用该选项后，指定标注将被锁定到的象限。打开"象限点"选项后，将标注文字放置在角度标注外时，尺寸线会延伸超过尺寸界线。

（3）命令功能说明

● 角度标注的对象可以是直线构成的夹角、圆或圆弧。如果选择的标注对象是圆弧，系统会自动标注圆弧对应的圆心角角度，如图 9.32 所示。移动鼠标光标到圆心的不同侧时，标注数值将不同。

● 如果选择的标注对象是圆，则 AutoCAD 将鼠标点击所选择圆的位置作为角度起始点，同时提示："指定角的第二个端点:"，此时，鼠标在绘图窗口任意位置点击确定的点将作为第二条尺寸界线的原点，角度标注将标注这两点与圆心所构成的圆心角，如图 9.33 所示。所标注圆的圆心角方向由鼠标移动位置来控制。

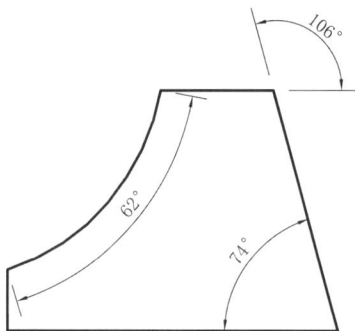

图 9.32　角度标注示例　　　　图 9.33　圆的角度标注示例

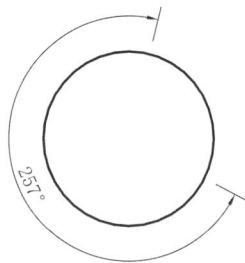

● 标注角度的过程中，除了以选择组成角度的线性对象的方式来创建角度标注外，还可在"**选择圆弧、圆、直线或<指定顶点>:**"提示下按【Enter】键，然后根据命令行提示，通过指定角的顶点、组成边的方式来创建角度标注。

● 角度标注不能标注完全由射线（"**RAY**"）或构造线（"**XLINE**"）构成的角度。但可以标注由射线或构造线截断后构成的角度。

四、引线标注

当图形需要文字说明时，可以将文字说明标注在引出线的水平线上。引线标注由箭头、引线、基线、多行文字或图块组成，如图 9.34 所示。

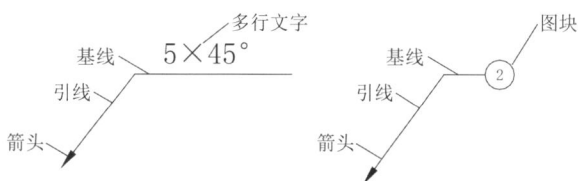

图 9.34 引线标注的组成部分

AutoCAD 提供了快速引线命令"**QLEADER**"和多重引线"**MLEADER**"两种方式以实现引线标注，用户可以根据标注的内容灵活选择。例如，图 9.35 所示的截水沟断面图和图 9.36 所示的某桥台盖梁钢筋构造图（局部）中的引线标注，可以采用不同的方式完成。

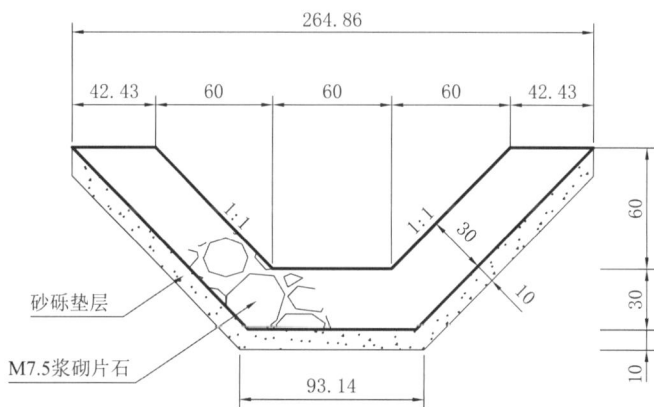

图 9.35 截水沟断面图

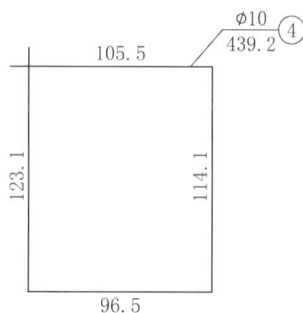

图 9.36 钢筋图

（一）完成截水沟断面图的引线标注

【操作步骤】

（1）按照图示尺寸完成图 9.35 所示的截水沟断面图的轮廓线绘制和图案填充。

（2）将任务一创建的"公路工程标注"标注样式设置为当前标注样式。

（3）使用线性标注命令"**DIMLINEAR**"和连续标注命令"**DIMCONTINUE**"完成尺寸标注。

（4）在命令行窗口输入快速引线命令"**QLEADER**"，AutoCAD 提示：

命令: qleader	←输入命令，按【Enter】键
指定第一个引线点或 [设置(S)]<设置>:	←按【Enter】键打开图 9.37 所示的"引线设置"对话框

图 9.37　"引线设置"对话框

（5）在"引线设置"对话框的"附着"选项卡中选中"最后一行加下划线"复选框，保持其余选项卡中各选项为默认值，点击　**确定**　按钮保存设置并关闭对话框。AutoCAD 继续提示：

指定第一个引线点或 [设置(S)]<设置>:	←移动鼠标至砂砾垫层填充图案处，单击鼠标左键
指定下一点:	←移动鼠标，将引线端点放置在适当位置，单击鼠标左键
指定下一点:	←移动鼠标，将基线端点放置在适当位置，单击鼠标左键
指定文字宽度 <0>:	←按【Enter】键，忽略文字宽度设置
输入注释文字的第一行 <多行文字(M)>: 砂砾垫层	←输入注释文字"砂砾垫层"，按【Enter】键
输入注释文字的下一行:	←按【Enter】键，完成引线标注
命令:	←按【Enter】键，再次执行快速引线标注命令
QLEADER	
指定第一个引线点或 [设置(S)]<设置>:	←移动鼠标至浆砌片石填充图案处，单击鼠标左键
指定下一点:	←移动鼠标，将引线端点放置在适当位置，单击鼠标左键
指定下一点:	←移动鼠标，将基线端点放置在适当位置，单击鼠标左键
指定文字宽度 <0>:	←按【Enter】键，忽略文字宽度设置
输入注释文字的第一行 <多行文字(M)>: M7.5 浆砌片石	←输入注释文字"M7.5 浆砌片石"，按【Enter】键
输入注释文字的下一行:	←按【Enter】键，完成引线标注

结果如图 9.35 所示。

【知识链接】

"**QLEADER**"命令调用方式及功能说明

（1）命令调用方式

- 命令行："**QLEADER**"
- 命令快捷方式："**LE**"

（2）命令功能说明

图 9.35 绘制并标注
截水沟平面图

- 执行命令后 AutoCAD 会提示"**指定第一个引线点或[设置（S）]**
<设置>"，选择参数"S"或直接按【Enter】键会打开图 9.37 所示的"引线设置"对话框。通过对话框中的"注释"、"引线和箭头"以及"附着"三个选项卡可以对引线的样式以及注释文字与引出线的位置关系等进行设置。

- 快速引线标注的基线和多行文字这两部分是相互关联的，在使用夹点编辑拖动多行文字部分时，基线会相应发生变化，但只拖动基线夹点，多行文字的位置不会发生改变。

（二）完成钢筋构造图的引线标注

【操作步骤】

（1）按照图示尺寸完成图 9.36 所示的钢筋轮廓线绘制并使用单行文字完成各段长度标识。

（2）在命令行窗口输入多重引线样式命令"**MLEADERSTYLE**"（命令缩写"**MLS**"）或者在"注释"选项卡的"引线"功能区点击右下角▲按钮，打开"多重引线样式管理器"对话框，如图 9.38 所示。

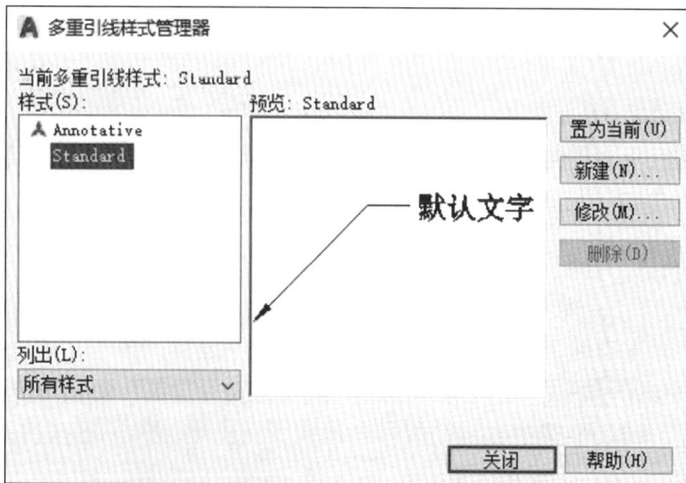

图 9.38 "多重引线样式管理器"对话框

（3）在对话框中点击 新建(N)... 按钮，打开图 9.39 所示的"创建新多重引线样式"对话框。在"新样式名"文本框中输入新建多重引线样式名称"钢筋编号"，按 继续(O) 按钮打开"修改多重引线样式"对话框，如图 9.40 所示。

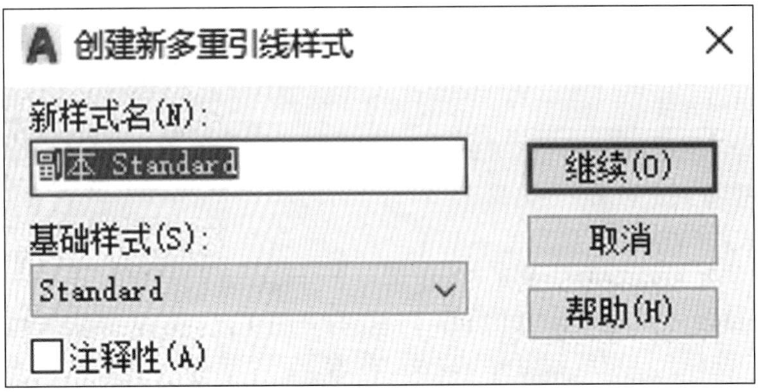

图 9.39　"创建新多重引线样式"对话框

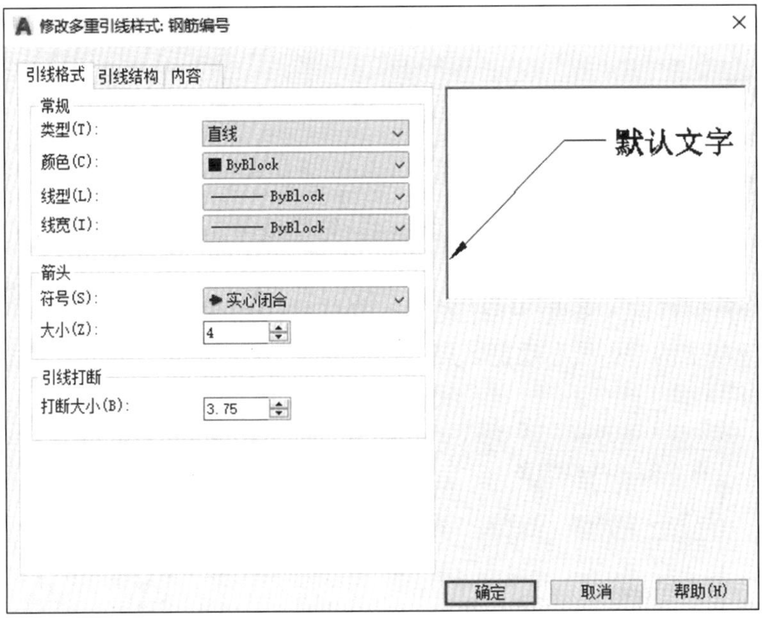

图 9.40　"修改多重引线样式"对话框

（4）在"引线格式"选项卡中将箭头符号设置为"无"；在"引线结构"选项卡中，将"第一段角度"设置为"45"，将"基线距离"设置为"20"，将"指定比例"设置为"2"；在"内容"选项卡中将"多重引线类型"设置为"块"，将"块源"设置为"圆"，将"附着"设置为"中心范围"。点击 确定 按钮返回"多重引线样式管理器"对话框。

（5）在"样式"列表中选中"钢筋编号"样式，点击 置为当前(U) 按钮，保存设置并关闭对话框。

（6）在命令行窗口输入多重引线命令"**MLEADER**"（命令缩写"**MLD**"）或者在在"注释"选项卡的"引线"功能区点击 按钮，AutoCAD 提示：

命令: mleader	←输入命令，按【Enter】键
指定引线箭头的位置或 [引线基线优先(L)/内容优先	←移动鼠标，捕捉到钢筋轮廓线，单击鼠标左键

(C)/选项(O)] <选项>:	
指定引线基线的位置:	←移动鼠标，将引线基点放置在适当位置，单击鼠标左键
输入属性值	
输入标记编号 <TAGNUMBER>: 4	←输入数值4，按【Enter】键完成引线标注

结果如图9.41所示。

（7）使用单行文字在基线上完成钢筋长度和钢筋型号的书写，结果如图9.36所示。

【知识链接】

1. 多重引线样式命令调用方式及功能说明

（1）命令调用方式

- 命令行："**MLEADERSTYLE**"。
- 命令快捷方式："**MLE**"。
- 工具栏按钮：多重引线工具栏→ 📐。

（2）命令功能说明

执行命令后首先打开图9.38所示的"多重引线样式管理器"对话框，其使用方法与"标注样式管理器"类似。新建或修改多重引线样式均在"修改多重引线样式"对话框中完成。对话框各选项卡选项功能如下。

① "引线格式"选项卡

"引线格式"选项卡主要用于控制多重引线的基本外观，如图9.40所示。

- "类型"下拉选项列表：该下拉列表用于确定引线类型。可以选择直引线、样条曲线或无引线。
- "颜色"下拉选项列表：该选项用于确定引线的颜色。
- "线型"下拉选项菜单：该选项用于确定引线的线型。
- "线宽"下拉选项列表：该选项用于确定引线的线宽。
- "符号"下拉选项列表：该选项用于设置多重引线箭头的形式。
- "大小"文本框：该选项用于显示和设置箭头的大小。
- "打断大小"文本框：该选项用于控制将折断标注添加到多重引线时折断部分的大小。

② "引线结构"选项卡

"引线结构"选项卡主要用于设置多重引线标注的引线与基线的结构组成关系，如图9.42所示。

- "最大引线点数"复选框：该复选框用于指定引线的最大点数，即引线由多少段线段组成。引线点数可以通过选项后的文本框输入。
- "第一段角度"复选框：选中该复选框可以指定引线中的第一个点与引线起点间的角度。其角度值可以通过选项后的下拉选项列表选择。
- "第二段角度"复选框：选中该复选框可以指定引线中的第二个点与第一个点间的角度。其角度值可以通过选项后的下拉选项列表选择。

图9.41 完成多重引线标注

图9.36 绘制并标注钢筋图

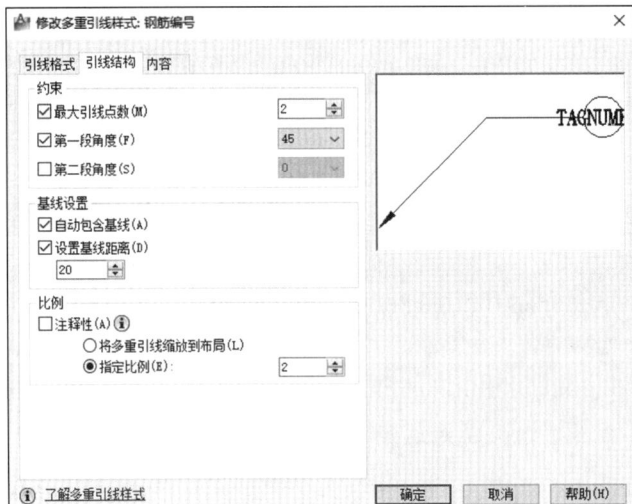

图 9.42　"引线结构"选项卡

● "自动包含基线"复选框：选中该复选框后，将会在引线标注时自动在引线内容前添加水平基线。

● "设置基线距离"复选框：选中该复选框后，可以为多重引线基线确定固定距离。距离值可以在该选项下方的文本框中输入。

● "注释性"复选框：用于将多重引线指定为注释性。如果多重引线为非注释性，则以下选项可用。选择"将多重引线缩放到布局"单选框可以根据模型空间视口和图纸空间视口中的缩放比例确定多重引线的比例因子；选择"指定缩放比例"可以指定多重引线的缩放比例。

③"内容"选项卡

"内容"选项卡主要用于设置多重引线标注的内容形式，选择的内容形式不同，选项卡中设置的内容页有所不同，如图 9.43 所示。

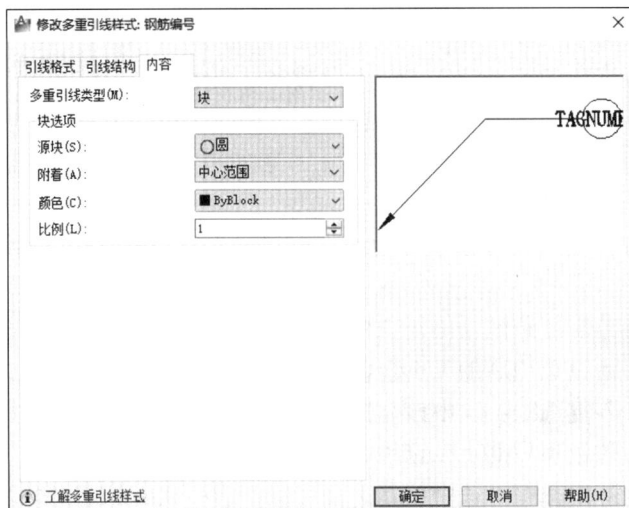

图 9.43　"内容"选项卡

● "多重引线类型"下拉选项列表：通过下拉列表可以确定多重引线的内容文字还是图块。如果多重引线内容是多行文字，则在相应的选项中可以设置文字样式、颜色、高度、角度以及文字与基线的位置关系。如果多重引线的内容是图块，则可以在相应的选项中设置块的方式、颜色等。

2. 多重引线命令调用方式及相关说明

（1）命令调用方式

● 命令行："**MLEADERS**"。

● 命令快捷方式："**MLD**"。

● 功能区按钮："注释"选项卡→"引线"功能区→ 。

● 工具栏按钮：多重引线工具栏→ 。

（2）命令选项说明

执行了多重引线标注命令后，会出现"**指定引线基线的位置或[引线基线优先（L）/内容优先（C）/选项（O）]<选项>：**"提示，其中各选项的具体含义如下。

● "引线箭头优先"：选择该参数后，创建引线标注时，首先指定箭头的位置。如果先前绘制的多重引线对象是引线基线优先，则后续的多重引线也将先创建引线和基线。

● "内容优先"：选择该参数后，创建引线标注时会首先指定文字或图块的位置。如果先前绘制的多重引线对象是内容优先，则后续的多重引线对象也将先创建内容。

● "选项"：选择该参数后 AutoCAD 会提示"**输入选项[引线类型（L）/引线基线（A）/内容类型（C）/最大节点数（M）/第一个角度（F）/第二个角度（S）/退出选项（X）]<退出选项>：**"，选择相应参数可以设置多重引线的放置方式，其作用与"修改多重引线样式"对话框类似。

📖 **特别提示** -

创建多重引线标注时，如果文字、图块或引线的位置不合适，可以直接使用夹点编辑方式进行调整。

项目拓展

本项目拓展将介绍修改尺寸标注文字内容和位置的方法以及如何完成正等侧轴测图的倾斜标注。

一、修改尺寸标注文字内容和标注位置

尺寸标注样式应该在标注之前先行设置，但是在标注完成后也可以根据需要对其进行修改。

1. 改变尺寸标注文字位置

尺寸标注完成后，要修改文字的位置，可以通过以下方式完成。

● 单击鼠标左键选中需要修改的尺寸标注，再使用鼠标单击标

图 9.44 使用夹点编辑改变
尺寸标注文字位置

注文字的夹点，移动鼠标可以将标注文字放置在任意位置上，如图 9.44 所示。

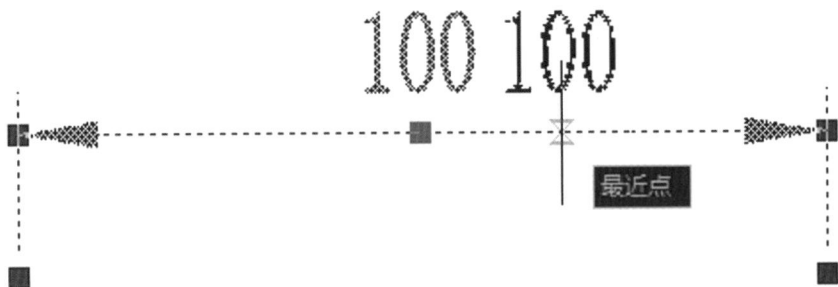

图 9.44　使用夹点编辑改变尺寸标注文字位置

● 功能区按钮：在"注释"选项卡的"标准"功能区分别点击 [图标]、[图标]、[图标]、[图标]，根据提示使用鼠标点击需要修改的尺寸标注，可以将标注文字调整到尺寸线的左、中、右各方，或者改变标注文字的角度，如图 9.45 所示。

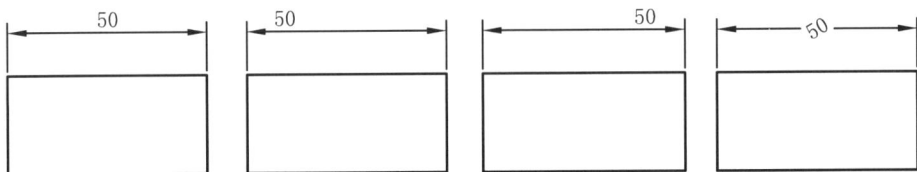

图 9.45　使用菜单选项改变尺寸标注文字位置

● 打开菜单：〖标注〗→〖对齐文字〗→〖默认〗/〖角度〗/〖左〗/〖中〗/右〗，选择某一个菜单选项后，AutoCAD 提示"**选择标注：**"，根据提示使用鼠标点击需要修改的尺寸标注，可以将标注文字调整到尺寸线的左、中、右各方，或者改变标注文字的角度，如图 9.45 所示。

● 在命令行窗口输入命令"**DIMTEDIT**"，AutoCAD 提示：

命令: dimtedit	←输入命令，按【Enter】键
选择标注:	←使用鼠标单击选中需要修改的尺寸标注
指定标注文字的新位置或 [左(L)/右(R)/中心(C)/默认(H)/角度(A)]:	←直接拖动鼠标，将标注文字移动到适当位置上，单击鼠标左键或输入选项参数将标注文字放置在指定位置。

● 在标注工具栏点击 [A图标] 按钮，AutoCAD 提示：

命令: _dimtedit	←输入命令，按【Enter】键
选择标注:	←使用鼠标单击选中需要修改的尺寸标注
指定标注文字的新位置或 [左(L)/右(R)/中心(C)/默认(H)/角度(A)]:	←直接拖动鼠标，将标注文字移动到适当位置上，单击鼠标左键或输入选项参数将标注文字放置在指定位置。

2. 修改尺寸标注文字内容

如果是在标注过程中要改变尺寸文字内容，可以在确定尺寸线位置之前选择参数"M"（多行文字）或"T"（单行文字），然后输入新的尺寸文字内容替代测量值。如果是在标注已经完成后改变尺寸标注的内容，可以通过以下方式完成。

图 9.45　菜单选项改变尺寸标注文字位置

• 在命令行窗口输入命令"**DDEDIT**"，AutoCAD 提示"**选择注释对象或[放弃（U）]：**"，使用鼠标选中需要修改标注文字内容的尺寸标注，AutoCAD 打开"文字格式"对话框，如图 9.46 所示。按照多行文字编辑的方式可以直接完成标注文字内容的修改。

图 9.46　使用命令修改尺寸标注文字内容

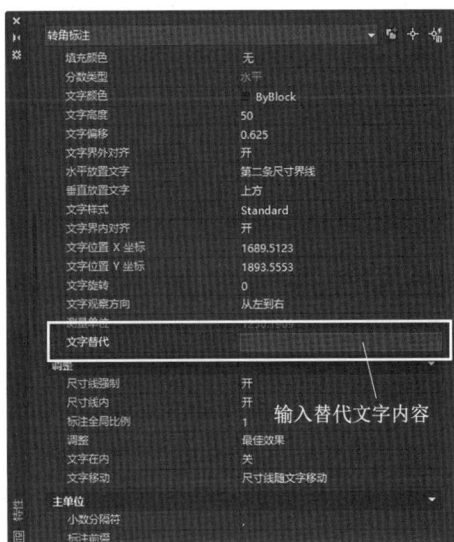

• 功能区按钮：在"注释"选项卡的"标准"功能区分别点击 ，根据提示使用鼠标点击需要修改的尺寸标注，可以将标注文字调整到尺寸线的左、中、右各方，如图 9.45 所示。

• 选中需要修改标注文字的尺寸标注，单击鼠标右键，在快捷菜单中选择"特性"，打开图 9.47 所示的"特性"对话框。在对话框中的"文字替代"文本框中输入替代标注文字内容后，点击对话框左上角的 按钮保存设置并关闭对话框。

图 9.46　修改尺寸标注文字内容

图 9.47　使用"特性"对话框修改尺寸标注文字内容

二、正等侧轴测图的倾斜标注

正等侧轴测图中的尺寸标注往往需要将尺寸界线倾斜一定的角度，这样才能使标注的尺寸位于轴测平面上，如图 9.48 所示的正六面体的正等侧轴测图，在标注完成后，可以使用"**DIMEDIT**"命令对标注进行调整。

【操作步骤】

（1）按照图示尺寸完成正六面体正等侧轴测图轮廓线绘制（绘图步骤可参照项目三任务二绘制等轴测圆的相关内容）。

（2）使用对齐标注命令"**DIMALIGNED**"创建基本尺寸标注，如图 9.49 所示。

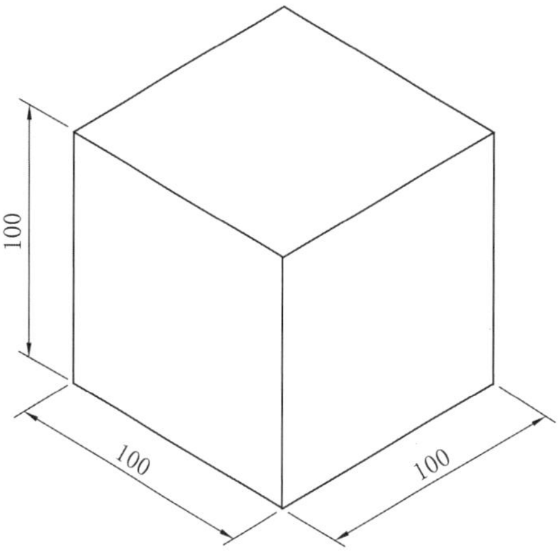

图 9.48　正等侧轴测图标注示例 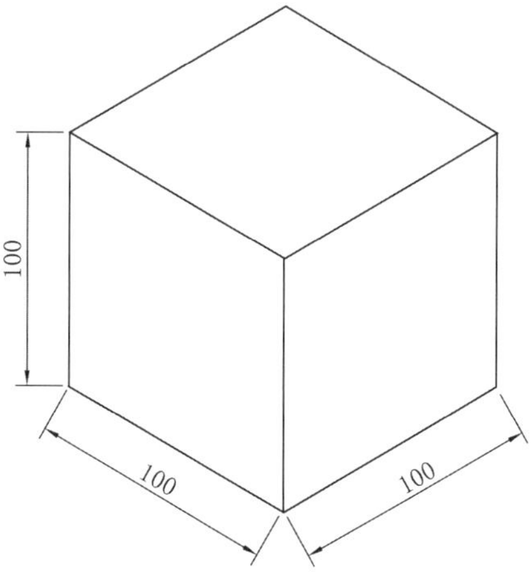　　　　　图 9.49　使用对齐标注完成基础标注

（3）在"注释"选项卡的"标注"功能区点击编辑标注按钮 **H**，AutoCAD 提示：

命令:_dimedit	
输入标注编辑类型 [默认(H)/新建(N)/旋转(R)/倾斜 (O)] <默认>:_o	
选择对象: 找到 1 个	←使用鼠标点击选中高度方向尺寸标注
选择对象:	←按【Enter】键或单击鼠标右键确认对象选择完成
输入倾斜角度(按 ENTER 表示无):−30	←输入倾斜角度值，按【Enter】键，完成调整

（4）在命令行窗口输入编辑标注命令"**DIMEDIT**"（命令缩写"**DED**"）后按【Enter】键，AutoCAD 提示：

命令:dimedit	←输入命令，按【Enter】键
输入标注编辑类型 [默认(H)/新建(N)/旋转(R)/倾斜 (O)] <默认>:o	←输入选项参数"O"，按【Enter】键，调用倾斜编辑选项
选择对象: 找到 1 个	←使用鼠标点击选中长度方向尺寸标注
选择对象:	←按【Enter】键或单击鼠标右键确认对象选择完成
输入倾斜角度(按 ENTER 表示无):30	←输入倾斜角度值，按【Enter】键，完成调整

（5）再次调用编辑标注命令 **DIMEDIT**，AutoCAD 提示：

命令:_dimedit	
输入标注编辑类型 [默认(H)/新建(N)/旋转(R)/倾斜	←输入选项参数 "O"，按【Enter】键，调用倾斜编辑
(O)] <默认>:o	选项
选择对象: 找到 1 个	←使用鼠标点击选中宽度方向尺寸标注
选择对象:	←按【Enter】键或单击鼠标右键确认对象选择完成
输入倾斜角度(按 ENTER 表示无):−30	←输入倾斜角度值，按【Enter】键，完成调整

结果如图 9.48 所示。

【知识链接】

编辑标注文字和尺寸界线命令 "**DIMEDIT**" 可以对选中的尺寸标注进行编辑修改，其中的 "倾斜" 选项可以使线性尺寸标注的尺寸界线旋转一定角度，与尺寸线之间不再形成相互垂直关系。这种标注方式除了在标注轴测图时经常使用外，在尺寸界线与图形的其他部件冲突时也很有用处。

图 9.48　标注正等轴测图

编辑标注文字和尺寸界线命令调用方式及功能说明

（1）命令调用方式

- 命令行："**DIMEDIT**"。
- 命令快捷方式："**DED**"。
- 功能区按钮："注释" 选项卡→"标注" 功能区→ ⊢┤。
- 菜单：〖标注〗→〖倾斜〗。
- 工具栏按钮：标注工具栏→ ✎。

（2）命令功能说明

- 在 "**输入倾斜角度（按 ENTER 表示无）:**" 提示下输入的角度值是设置尺寸界线与水平方向的夹角而非尺寸线与尺寸界线之间的夹角。
- 输入的倾斜角度值可以为正值也可以为负值，正值反映尺寸界线与水平正方向的角度，负值反映尺寸界线与水平负方向的夹角。

项目小结

本项目主要内容总结如下。

◆ 尺寸标注是工程制图的重要工作。标注尺寸之前应该先创建标注样式。标注样式决定了尺寸标注的外观。当尺寸外观看起来不合适或与其它标注之间有冲突时，可通过调整标注样式进行修正。

◆ AutoCAD 中可以标注出多种类型的尺寸，用户可以根据图形对象的情况选择尺寸标注命令，完成线性尺寸、直径、半径、角度、引线等不同类型尺寸标注。

◆ 使用 "**DDEDIT**" 命令可以修改标注文字内容；使用 "**DIMTEDIT**" 命令或者利用夹点编辑方式可以调整标注位置；使用 "**DIMEDIT**" 命令还可以调整尺寸界线的倾斜方向。

实训

1. 完成图 9.50 所示的互通式立交桥平面图绘制并进行标注。

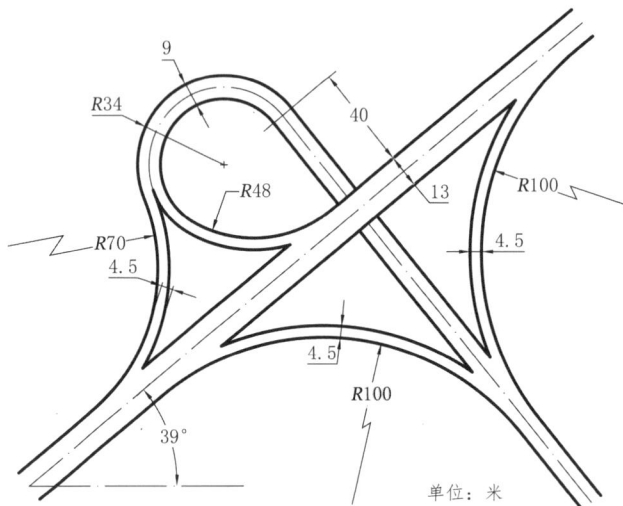

图 9.50 项目九实训1

图 9.50 实训 1 图形

要求：新建一个标注样式，标注文字的字体为长仿宋体，其余选项设置根据图示情况完成。

2. 完成图 9.51 所示的排水设施设计图绘制并进行标注。

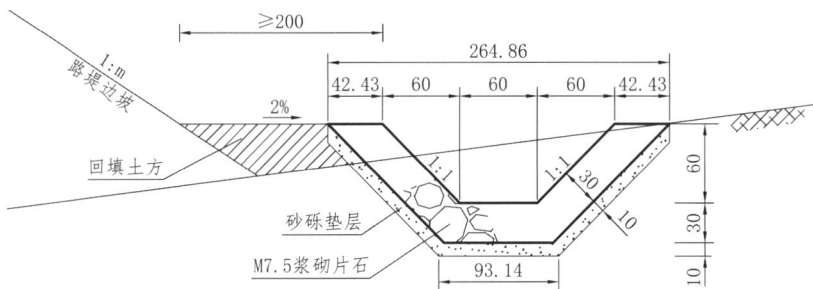

图 9.51 实训 2 图形

图 9.51 项目九实训 2

项目十
ITEM TEN

AutoCAD 应用技巧

除了基本的图形对象创建和编辑修改外，AutoCAD 还提供了很多辅助功能，方便用户快速查询图形对象的信息，与其他图形文件或应用程序进行数据交换等。通过本项目的学习，可以掌握快速筛选和查询图形对象，创建和插入图块、外部参照、光栅图像以及如何与 Excel、Word 结合应用等。

学习目标

◎ 掌握快速对图形对象进行选择的方法。
◎ 学会使用工具查询图形对象信息的方法。
◎ 掌握图块的创建、插入、编辑方法。
◎ 了解在图形文件中插入光栅图像、外部参照的方法。
◎ 学会 Word、Excel 与 AutoCAD 结合绘图的方法。

任务一　快速筛选图形对象

AutoCAD 提供了两种不同的方式以方便用户在多个图形对象中快速准确地选中需要编辑修改的对象。

一、快速选择图形对象

在进行图形对象编辑中，经常需要对某些具有相同属性的对象进行统一编辑修改，如具有相同颜色，位于同一图层或相同线型、线宽等。从大量图形对象中准确选中这些对象可有效提升绘图工作效率。例如，需要从图 10.1 所示的多个图形对象中将面积大于 100 的圆选择出来，此时可以使用快速选择命令"**QSELECT**"迅速选中符合条件的对象。

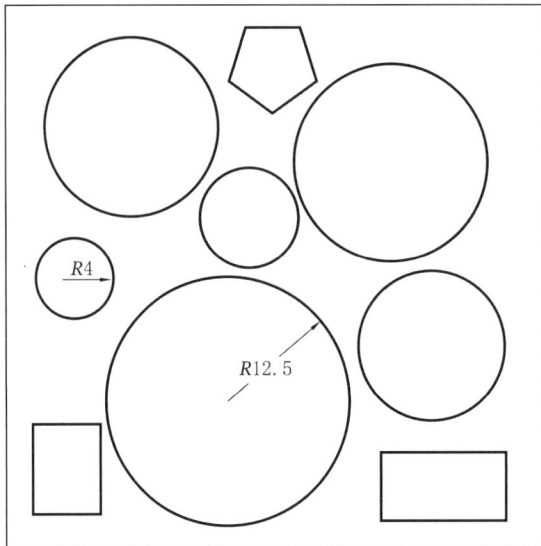

图 10.1　快速选择对象示例

【操作步骤】

（1）在命令行窗口输入快速选择命令"**QSELECT**"后按【Enter】键，打开图 10.2 所示的"快速选择对话框"。

（2）在"快速选择"对话框中依次完成如下设置：在"对象类型"下拉列表中选择"圆"；在"特性"列表中选择"面积"；在"运算符"下拉列表中选择"> 大于"；在"值"文本框中输入数值"100"；在"如何应用"设置区选择"包含在新选择集中"选项。如图 10.2 所示。

（3）点击 确定 按钮关闭"快速选择"对话框，返回绘图窗口，此时，绘图窗口中所有符合条件（面积大于 100）的圆将被选中，如图 10.3 所示。

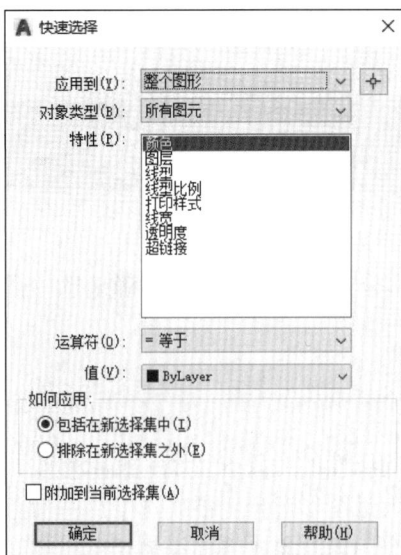

图 10.2　"快速选择"对话框

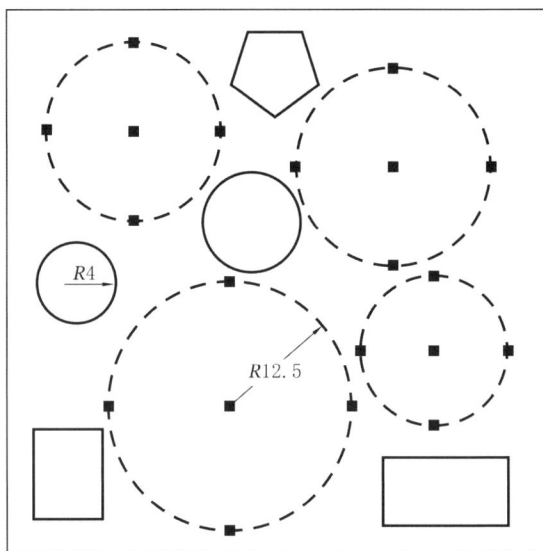

图 10.3　快速选择完成效果

【知识链接】

快速选择命令调用方式及功能说明

（1）命令调用方式

- 命令行："**QSELECT**"。
- 菜单：〖工具〗→〖快速选择〗。
- 快捷菜单：在绘图窗口单击鼠标右键打开快捷菜单→快速选择。

图 10.1 快速选择
对象示例

（2）命令功能说明

快速选择命令"**QSELECT**"是通过"快速选择"对话框来设置过滤条件并根据该过滤条件创建选择集的方式。"快速选择"对话框功能说明如下。

- "应用到"下拉列表：该选项用以设置本次操作的对象是整个图形或是当前选择集。当前选择集可以通过点击右侧的选择按钮 ✛ 返回绘图窗口来建立。

- "对象类型"下拉列表：该选项用以指定对象的类型和调整选择的范围。默认值为所有图元。

- "特性"列表：该列表用以指定选择对象时的过滤条件，如颜色、线型、图层等，和过滤器的对象特性。列表中所包含可选择特性与设置的"对象类型"有关，并且选定的特性会决定"运算符"和"值"中的可用选项。

- "运算符"下拉列表：该下拉列表用于指定运算格式，其选项有"= 等于""<> 不等于""> 大于""< 小于"和"全部选择"五种。对于某些特性，"大于"和"小于"选项不可用。

- "值"设置区：该区用以设置与制定过滤特性相匹配的值，如颜色、图层、大小等。如果选定对象的已知值可用，则"值"设置区会成为一个列表，用户可以从中选择一个值，如需要选择的对象特性为红色，则在"值"设置区中可以打开下拉列表选择"红色"。此外，也可以输入一个具体的数值来确定过滤条件。

- "如何应用"设置区：该设置区用以指定是将符合给定过滤条件的对象包括在新选择集内或是排除在新选择集之外。若选择"包括在新选择集中"，可以按设定条件创建新的选择集；若选择"排除在新选择集之外"，则符合设定条件的对象将被排除在选择集之外。

- "附加到当前选择集"复选框：若选中该复选框，可以将符合条件的对象增加到当前的选择集中；否则，符合条件的选择集将取代当前的选择集。

📖 **特别提示**

如果绘图区没有可以选择的对象，则在输入"**QSELECT**"命令后，会弹出对话框提示"没有图元可以选择"。

二、使用对象选择过滤器快速选择图形对象

使用对象选择过滤器可以将图形中满足一定条件的对象迅速过滤出来，其作用类似于快速选择命令"**QSELECT**"，但其过滤条件比快速选择命令更丰富，包括对象的类型、颜色、

所在图层、坐标数据等。同时，经过编辑和命名的对象选择过滤器可以重复调用。

对象选择过滤器命令及功能说明

（1）命令调用方式

- 命令行："**FILTER**"。
- 命令快捷方式："**FI**"。

（2）命令功能说明

在命令行窗口输入对象选择过滤器命令"**FILTER**"并按【Enter】键后，将打开图 10.4 所示的"对象选择过滤器"对话框。对话框功能说明如下。

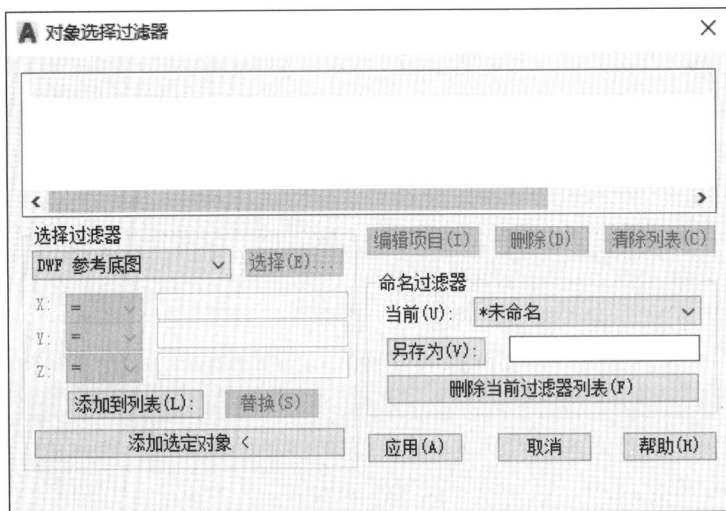

图 10.4　"对象选择过滤器"对话框

- 过滤器特性列表：该列表显示组成当前过滤器的过滤特性。当前过滤器就是在"命名过滤器"设置区的"当前"列表中选择的过滤器。
- "选择过滤器"设置区：通过该区域的设置可以为当前过滤器添加过滤器特性。在该项的下拉菜单中选择过滤对象类型并赋值。其中："选择"按钮 选择(E)... 用于选择与过滤器对象类型相匹配的值；"替换"按钮 替换(S) 用于将"选择过滤器"中显示的某一过滤器特性替换为过滤器特性列表中选定的特性；"添加到列表"按钮 添加到列表(L): 用于向过滤器列表中添加当前的"选择过滤器"特性。"添加选定对象"按钮 添加选定对象 < 可以回到绘图窗口选择对象，然后将选中对象的特性加入列表。

图 10.4　使用对象选择过滤器
筛选对象

- 编辑项目按钮 编辑项目(I)：点击该按钮后可以将选定的过滤器特性移动到"选择过滤器"区域进行编辑。
- 清除列表按钮 清除列表(C)：点击该按钮可以从当前过滤器中删除所有列出的特性。
- "命名过滤器"设置区：用于显示、保存和删除过滤器。
- 设置完成后，点击 应用(A) 按钮退出对话框，在"选择对象"提示下创建一个选择集。在选定对象上就可以使用当前过滤器。

任务二　查询图形对象信息

　　完成图形对象的创建后，往往无法直接获取某些图形对象的信息，如面积、体积、形心位置等，例如，若需要了解图 10.5 所示的图形阴影部分的面积大小，通常情况下，需要分别计算外轮廓面积和两个正方形面积，然后再使用减运算得到阴影部分面积。而 AutoCAD 为用户提供了一系列查询命令，可以方便地查询到所需要的信息。

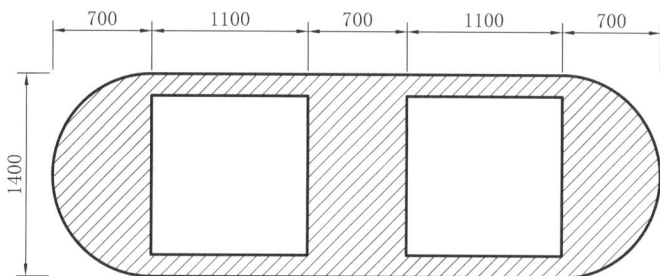

图 10.5　阴影部分面积查询实例

【操作步骤】

（1）根据图示尺寸关系绘制图形对象，并完成阴影部分的填充。

（2）在命令行窗口输入面积查询命令"**AREA**"后按【Enter】键，AutoCAD 提示：

命令: area	←输入命令，按【Enter】键
指定第一个角点或[对象(O)/加(A)/减(S)]: O	←输入选项参数"O"，按【Enter】键，使用指定对象方式查询面积
选择对象:	←移动鼠标选中填充的阴影对象，单击鼠标左键
面积 = 3179380.4003，周长 = 18998.2297	

【知识链接】

1. 面积查询命令调用方式及功能说明

（1）命令调用方式

● 命令行："**MEASUREGEOM→AR**"或"**AREA**"。

● 命令快捷方式："**AA**"。

● 功能区按钮："默认"选项卡→"实用工具"功能区→ 面积 。

图 10.5　查询对象面积

● 菜单：〖工具〗→〖查询〗→〖面积〗。

● 工具栏按钮：查询工具栏→ 。

（2）命令功能说明

● "**MEASUREGEOM**"命令可以测量选定对象或点序列的距离、半径、角度、面积和

体积，相当于一个命令集合，通过选择不同选项参数的方式确定需要测量的类型。

- 面积查询命令"**AREA**"可以用于查询特定图形对象或区域的面积和周长等信息。
- "指定第一个角点"是默认的指定方式，可以通过依次指定封闭区域的每一个角点，完成对这些角点连线所围成的多边形区域的查询。指定方式可以为输入坐标或用鼠标依次点击各个角点。
- "对象"选项参数可以通过指定查询对象的方式完成面积和周长的查询计算。选择查询的对象必须是独立封闭的，如圆、椭圆、正多边形和填充图案等，如果要以对象方式查询由多条直线构成的封闭区域，必须先将该区域设置为一个面域，然后再选择面域对象进行查询。
- 使用"**AREA**"命令查询的对象如果是一个三维实体，则查询的结果只有面积，没有周长，并且查询得到的面积是该实体对象所有外表面的总面积。
- 如果需要进行面积间的加减计算，在执行了"**AREA**"命令后，应先选择参数，再根据提示依次选择对象。其中"加（A）"选项用于计算多个定义区域和对象的面积、周长，同时计算所有定义区域和对象的总面积。而"减（S）"选项是"加（A）"的相反项，用于计算从多个区域和对象中减去的面积、周长，并同时计算减去的所有区域和对象的总面积。

2. 距离查询命令调用方式及功能说明

屏幕上任意两点间的距离及两点连线与当前 XY 平面的夹角等信息，可以通过距离查询命令"**DIST**"完成。

（1）命令调用方式

- 命令行："**MEASUREGEOM→D**"或"**DIST**"。
- 命令快捷方式："**DI**"。
- 功能区按钮："默认"选项卡→"实用工具"功能区→ 距离 。
- 菜单：〖工具〗→〖查询〗→〖距离〗。
- 工具栏按钮：查询工具栏→ 。

（2）命令功能说明

- 距离查询命令"**DIST**"查询的是两点之间的空间距离，若两点的 Z 坐标相同，则查询的距离是两点间的平面距离。
- 查询结果中的"XY 平面中的倾角"是两点的虚构线在 XY 平面内的投影与 X 轴的夹角。
- 查询结果中"与 XY 平面的夹角"是两点的虚构线与 XY 平面所夹的空间角。

3. 体积查询命令调用方式及功能说明

使用"**MEASUREGEOM**"命令的体积查询选项可以测量对象或定义区域的体积。

（1）命令调用方式

- 命令行："**MEASUREGEOM→V**"。
- 功能区按钮："默认"选项卡→"实用工具"功能区→ 体积 。
- 菜单：〖工具〗→〖查询〗→〖体积〗。

● 工具栏按钮：查询工具栏→▨。

（2）命令功能说明

● 如果通过指定点来定义对象，则必须指定至少 3 个点才能定义多边形。所有点必须位于与当前 UCS 的 *XY* 平面平行的平面上。如果未闭合多边形，则将计算面积，就如同输入的第一个点和最后一个点之间存在一条直线。

● "对象（O）"：主要用于测量三维实体对象的体积，如果选中对象是平面或区域，系统会提示 **"指定高度："**，用户输入高度值后，系统会自动计算相应体积。

● "增加体积（A）"：打开"加"模式，并在定义区域时保存最新总体积。

● "减去体积（S）"：打开"减"模式，并从总体积中减去指定体积。

4. 半径查询命令调用方式及功能说明

使用"**MEASUREGEOM**"命令的半径查询选项，可以测量指定圆弧或圆的半径和直径。

（1）命令调用方式

● 命令行："**MEASUREGEOM→R**"。

● 功能区按钮："默认"选项卡→"实用工具"功能区→◉ 半径。

● 菜单：〖工具〗→〖查询〗→〖半径〗。

● 工具栏按钮：查询工具栏→◗。

（2）命令功能说明

● 调用命令后，系统提示"选择圆弧或圆："，使用鼠标选择圆弧或者圆后，系统将同时显示选中对象的直径和半径。

5. 角度查询命令调用方式及功能说明

使用"**MEASUREGEOM**"命令的角度查询选项可以测量指定圆弧、圆、直线或顶点的角度。

（1）命令调用方式

● 命令行："**MEASUREGEOM→A**"。

● 功能区按钮："默认"选项卡→"实用工具"功能区→◣ 角度。

● 菜单：〖工具〗→〖查询〗→〖角度〗。

● 工具栏按钮：查询工具栏→◺。

（2）命令功能说明

● 调用命令后，如果选择圆弧，系统将显示选中圆弧的圆心角角度值。

● 调用命令后，如果选择圆，系统将默认点击位置为圆上第一点，同时提示选择圆上另一点，并测量两点间逆时针连接圆弧对应圆心角角度。

● 调用命令后，如果选择直线，系统将提示选择另一条直线，并测量两条直线延伸相交之后形成的角度值。

● 调用命令后，如果选择"指定顶点"，系统将默认指定点位角顶点，并提示分别指定两个端点，测量三点连线形成的角度值。

6. 面域和质量特性查询命令调用方式及功能说明

使用面域/质量特性查询命令"**MASSPROP**"除了能直接查询到对象的面积、体积外，还可以直接得到对象的形（质）心位置、惯性矩、惯性积等几何特性。

（1）命令调用方式

- 命令行："**MASSPROP**"。
- 命令快捷方式："**MAS**"。
- 菜单：〖工具〗→〖查询〗→〖面域/质量特性〗。
- 工具栏按钮：查询工具栏→▣。

（2）命令功能说明

- 在选中需要查询的对象后，在绘图窗口会弹出图 10.6 所示的文本框，文本框中以列表形式显示查询结果。

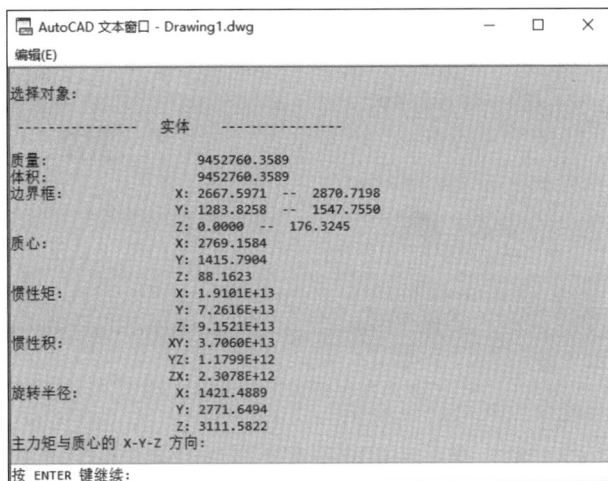

图 10.6　面域/质量特性查询结果显示文本框

- 面域/质量特性查询命令"**MASSPROP**"的使用对象只能是面域或实体。若选择的对象为二维图形，如圆、正多边形或封闭的样条曲线、多段线等，必须先将这些图形转换为面域。
- 若在"**是否将分析结果写入文件？**［**是（Y）/否（N）**］<否>："提示下选择"是"，可以将查询出的质量特性用后缀为".mpr"的文件进行保存，该文件可以使用 Windows 操作系统自带的"记事本"程序打开。

7. 指定位置坐标查询命令调用方式及功能说明

查询指定位置的坐标是计算机辅助设计中经常要遇到的工作，它对于精确绘图具有非常重要的意义。使用坐标查询命令"**ID**"可以列出指定位置的 X、Y、Z 坐标值。

（1）命令调用方式

- 命令行："**ID**"。
- 菜单：〖工具〗→〖查询〗→〖点坐标〗。
- 工具栏按钮：查询工具栏→▣。

（2）命令功能说明

● 当命令行窗口中出现"**指定点：**"提示后，在绘图窗口需要查询坐标的点位上单击鼠标左键，此时，命令行窗口中会显示该点的坐标值。

● 为了准确查询各点的坐标值，在指定点时，最好配合对象捕捉进行。其他查询命令配合对象捕捉使用也可以提高查询的准确性。

8. 列表查询命令调用方式及功能说明

列表查询命令"**LIST**"可以将所选中对象的各种信息，如对象类型、所在空间、图层、大小、位置等特性在文本框中以列表的方式显示。

（1）命令调用方式

● 命令行："**LIST**"。

● 菜单：〖工具〗→〖查询〗→〖列表显示〗。

● 工具栏按钮：查询工具栏→🖼️。

（2）命令功能说明

● 在选中需要查询的对象后，系统会弹出图 10.7 所示的文本框，以列表形式显示查询结果。

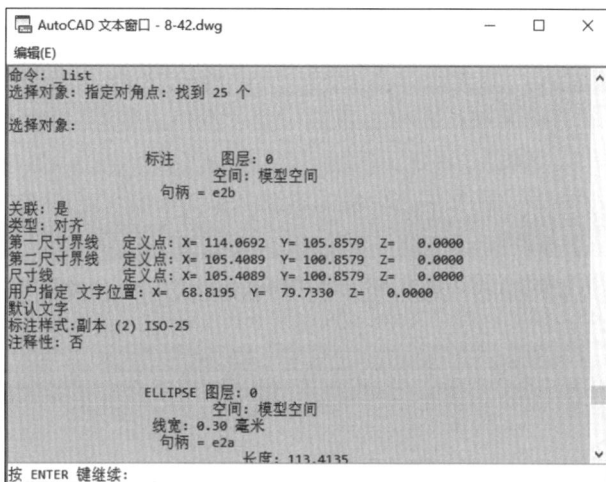

图 10.7　列表显示文本框

● 如果查询内容在文本框中无法一次完成显示，在文本框下方的提示窗口中将提示"**按 ENTER 键继续：**"，按下【Enter】键，将继续显示剩余的内容。关闭提示窗口后，列表显示的内容将在命令窗口中保留。

任务三　创建和插入图块

块是由用户定义的一组图形对象。块有利于用户建立图形库，便于对图形的修改和重定义，合理使用块可以大幅提高绘图速度，达到事半功倍的效果。例如在桥梁制图中，经常会遇到桥墩、桥台、基础等的标准图，用户可以将这些标准图形制作成块，在需要时插入即可。

一、创建块

用户可将图形中重复出现的图形对象定义成块，并可定义块的属性，在插入时填写可变信息。图 10.8 所示为公路路线平面图中的公里桩图例，在绘制路线平面图时会多次使用该图例，可以将其创建为一个图块，在需要时直接将其插入指定位置。

【操作步骤】

（1）按照一定比例关系绘制图示公里桩图例。

图 10.8　创建块实例　　（2）在命令行窗口输入创建块命令"**BLOCK**"后按【Enter】键，AutoCAD 将打开图 10.9 所示的"块定义"对话框。

（3）在"块定义"对话框的"名称"文本框中输入需要定义的图块的名称"公里桩"。

（4）在"基点"设置区单击拾取点按钮，返回绘图窗口。配合对象捕捉功能，使用鼠标捕捉到步骤（1）绘制的公里桩图例的直线下端点，单击鼠标左键，将其设置为图块的插入基点，并回到"块定义"对话框。

（5）在"对象"设置区点击选择对象按钮，回到绘图窗口。选中步骤（1）创建的公里桩图例，按【Enter】键或单击鼠标右键，返回"块定义"对话框，再将该设置区中的"转换为块"单选框选中。

（6）在"方式"设置区选中"允许分解"选项，并选中对话框中的"在块编辑器中打开"选项。

（7）在"说明"文本框中输入对本图块的简短说明文字"公路路线平面图公里桩图例"。以上设置如图 10.9 所示。

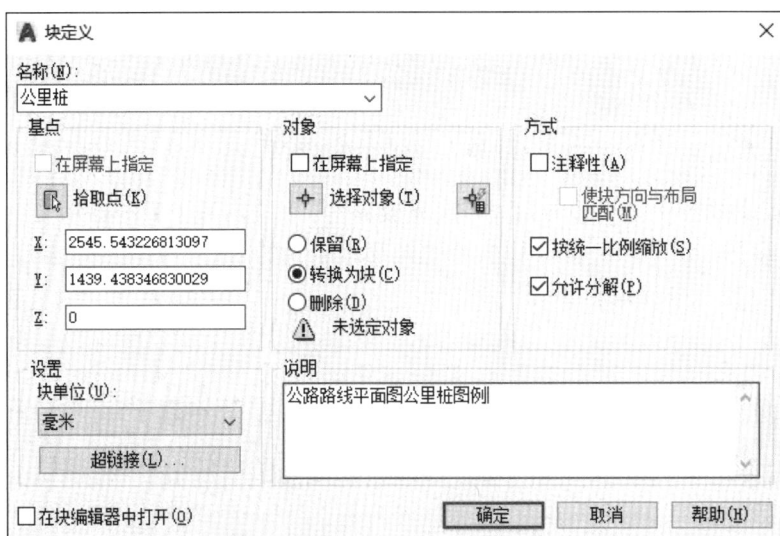

图 10.9　"块定义"对话框

（8）点击 确定 按钮，完成块的创建工作。返回绘图窗口后，步骤（1）创建的图形对象将转换为图块。

【知识链接】

创建块命令调用方式及功能说明

（1）命令调用方式

- 命令行："**BLOCK**"。
- 命令快捷方式："**B**"。
- 功能区按钮："默认"选项卡→"块"功能区→ 创建。
- 菜单：〖绘图〗→〖块〗→〖创建〗。
- 工具栏按钮：绘图工具栏→ 。

图 10.8 创建图块

（2）命令功能说明

- 执行块定义命令"**BLOCK**"后，将打开图 10.9 所示的"块定义"对话框。对话框中各选项的功能如下。

- "名称"设置区：该区用于设置块的标识，新建图块可以直接在文本框中输入块名称。已创建的图块将记录在该设置区的下拉列表中，点击右侧小箭头可以进行选择。

- "基点"设置区：该设置区用于指定块插入时的基点，默认值是将新建图块的基点设置在坐标原点(0,0,0)。基点位置可以通过输入坐标的方式指定，也可以通过点击"拾取点"按钮回到绘图窗口，在当前图形中拾取插入基点。

- "对象"设置区：该设置区可以指定新创建图块中要包含的对象以及创建块之后如何处理这些对象。单击"选择对象"按钮可以返回绘图窗口选择构成块的对象。完成对象选择后，按【Enter】键重新回到"块定义"对话框；点击"快速选择"按钮可以打开"快速选择"对话框，通过"快速选择"对话框定义选择集，确定构成图块的图形对象；选择"保留"选项，创建块以后，将选定对象保留在图形中作为区别对象；选择"转换为块"选项，创建块以后，将选定对象直接转换成图形中的块实例；选择"删除"选项，创建块以后，将从图形中删除选定的对象。对象选择完成后，在本设置区的下方将显示构成图块的图形对象的数目。

- "方式"设置区：该设置区用于设置新建图块的使用方式，其中，"注释性"复选框可以将新建图块设置为具有注释性；"按统一比例缩放"选项可以指定是否在插入块参照时按统一比例进行缩放，如果未选择该项，则在插入该图块时可以分别设置在 X、Y、Z 三个方向上的比例关系；"允许分解"选项可以指定块参照是否可以被分解，若未选择该项，则在插入该图块后，无法使用分解命令"**EXPLODE**"将其分解为多个独立图形对象。

- "设置"设置区：该区用于指定插入块的单位以及超链接相关设置。其中"块单位"下拉列表用于指定块参照插入单位。若选择"无单位"或"毫米"，该块在插入其他文件时将不作缩放。若选择其他单位，块插入时会按该单位与毫米单位的倍数进行缩放，如块单位为"厘米"，则插入时图块会放大 10 倍。点击 超链接(L)... 按钮可以打开"插入超链接"对话框，通过该对话框可以将某个超链接与块定义相关联。

- "说明"文本框：在文本框中输入文字可以为新建块做必要的文字说明。

● "在块编辑器中打开"复选框：选中该复选框，在插入图块后双击块对象，可以打开"块编辑器"并在"块编辑器"中对插入的图块进行编辑修改。

特别提示

用"**BLOCK**"命令创建的是内部块，它保存在当前图形中，且只能在当前图形中用块插入命令引用。

二、插入块

使用块插入命令"**INSERT**"可以将已创建的块插入指定位置，并可控制插入块的缩放比例，旋转角度及是否分解。另外，还可以使用定数等分命令"**DIVIDE**"或定距等分命令"**MEASURE**"在等分点上插入图块。如果将图 10.10 所示的由"**PLINE**"命令创建的多段线视为某公路路线平面图的设计线，可以通过如下操作在路线平面图的设计线上每隔 1000 米插入前面创建的公里桩图块。

【操作步骤】

（1）创建完成图 10.8 所示的"公里桩"图块。

（2）使用"**PLINE**"命令或"**SPLINE**"命令绘制足够长度（＞2000 单位）的多段线或样条曲线，如图 10.10 所示。

图 10.10 定距等分方式插入图块

（3）在命令行窗口输入定距等分命令"**MEASURE**"（命令缩写"**ME**"）后按【Enter】键，AutoCAD 提示：

命令: measure	←输入命令，按【Enter】键
选择要定距等分的对象:	←使用鼠标单击选择第一步创建的多段线
指定线段长度或[块(B)]: b	←输入选项参数"B"，按【Enter】键，在等分点上插入图块
输入要插入的块名: 公里桩	←输入要插入图块的名称"公里桩"，按【Enter】键
是否对齐块和对象? [是(Y)/否(N)]<Y>: y	←输入选项参数"Y"，按【Enter】键，使插入的图块自动与等分对象对齐
指定线段长度: 1000	←输入等分长度值，按【Enter】键

结果如图 10.10 所示。

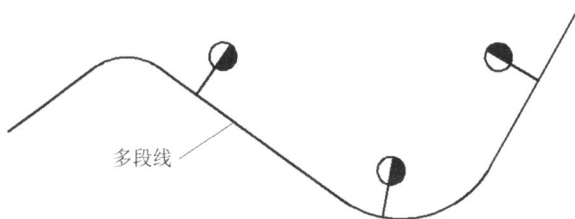

多段线

图 10.10 定距等分方式插入块实例

【知识链接】

1. 使用定距/定数等分方式插入块

使用定数等分命令"**DIVIDE**"或者定距等分命令"**MEASURE**"等分对象时，可以在"**输入线段数目或［块(B)］:**"或"**指定线段长度或［块(B)］**"提示下输入选项参数"B"，在等分位置上插入已创建的图块对象。指定了需要插入的图块名称后，系统会提示"是否对齐块和对象？［是(Y)/否(N)］<是>:"，如果输入"y"后按【Enter】键，插入的块将围绕它的插入点旋转，这样它的水平线就会与测量对象对齐并相切。如果输入"n"后按【Enter】键，块将始终以零度旋转角插入。

2. 插入命令调用方式及功能说明

（1）命令调用方式

● 命令行："**INSERT**"。
● 命令快捷方式："**I**"。
● 功能区按钮："默认"选项卡→"块"功能区→。
● "插入"选项卡→"块"功能区→。
● 菜单:〖插入〗→〖块〗。
● 工具栏按钮：绘图工具栏→。

（2）命令功能说明

使用功能区按钮："默认"选项卡→"块"功能区→，可以在选项列表中选择已经创建的"块"，选中后则可以直接在绘图区中插入块。

如果使用命令方式，在执行插入命令"**INSERT**"后，将打开图 10.11 所示的"块"对话框。对话框中各选项的功能如下。

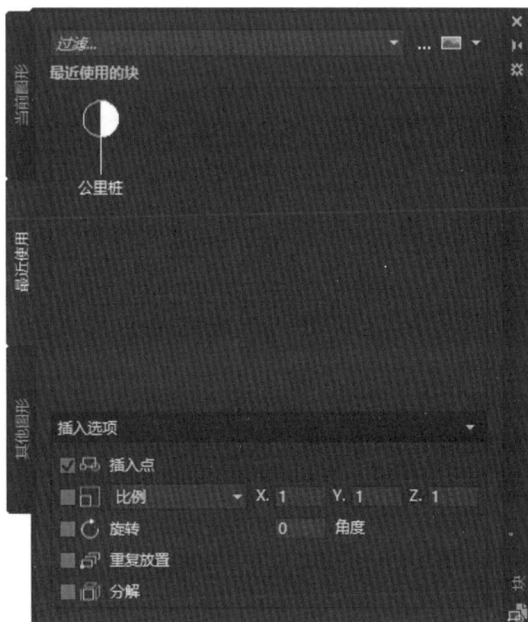

图 10.11 "块"对话框

- "预览"区：列出可以选择的最近使用或当前图形中已定义的块，以供选用。
- "插入点"：该设置区用于指定块插入的位置。若在选择框前选中"√"，则可以在屏幕上直接用鼠标单击相应位置插入图块；若不在选择框前选"√"，则可以激活坐标输入框，在框中输入坐标值以确定块插入的位置。
- "比例"：用于指定块插入时的比例大小。若在选择框前选中"√"，则可以在绘图窗口通过鼠标移动指定插入块的比例；若不在选择框前选"√"，则可以在对话框中输入 X、Y 和 Z 各个方向上的缩放比例数值完成比例确定。如果选中"统一比例"选项，可以为 X、Y 和 Z 坐标指定单一的比例值。为 X 指定的值也反映在 Y 和 Z 的值中。改变插入比例效果如图 10.12 所示。

📖 **特别提示** ·

如果在定义"块"时选择了"按统一比例缩放"，不在选择框前选"√"时只能选择"统一比例"方式插入选定的"块"。

- "旋转"：用于指定块插入时的旋转角度。若在选择框前选中"√"，则可以在绘图窗口通过鼠标移动指定插入块的方向；若不在选择框前选"√"，可以直接在对话框中输入角度值设置插入块的角度。改变插入角度效果如图 10.12 所示。

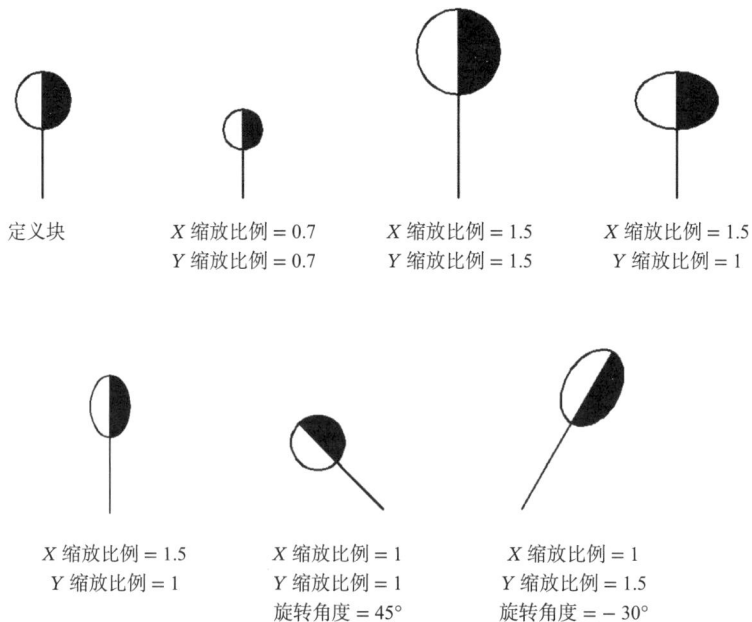

定义块

X 缩放比例 = 0.7
Y 缩放比例 = 0.7

X 缩放比例 = 1.5
Y 缩放比例 = 1.5

X 缩放比例 = 1.5
Y 缩放比例 = 1

X 缩放比例 = 1.5
Y 缩放比例 = 1

X 缩放比例 = 1
Y 缩放比例 = 1
旋转角度 = 45°

X 缩放比例 = 1
Y 缩放比例 = 1.5
旋转角度 = − 30°

图 10.12　块插入示例

- "重复放置"：若在选择框前选中"√"，则可以在绘图区重复插入选中的图块，按下【ESC】键后终止，否则每次只能插入一个选中的图块。
- "分解"复选框：选定"分解"选项后，插入块时会将块分解为各组成部分。

📖 **特别提示** --

选定"分解"选项后，在插入块时将只可以采用统一比例因子。

● 插入的图块如果是在"0"层上建立的，不论其线型、线宽、颜色等属性是"bylayer"还是"byblock"，在插入后，都会自动使用当前层的设置，但如果在"0"层建立块时另外设定了颜色或线型等，则插入块后的颜色和线型等仍为原来设置的情况。

三、插入外部参照和光栅图像

1. 插入外部参照命令调用方式及功能说明

外部参照是一种类似于块的图形引用方式，它是通过把已有的图形文件链接到当前图形中来完成图形引用，但当前图形中只记录链接信息，而不像插入块那样，将块中所有的图形数据全部存储在当前图形中。因此，引入的外部参照不能在当前文件中编辑和修改。同时打开图形时，对外部参照图形的任何改动，都可以反映到当前图形中。外部参照的这个特征使它适于多人合作完成一个设计项目。

（1）命令调用方式

● 命令行："**ATTACH**"。

● 功能区按钮："插入"选项卡→"参照"功能区→🖼️。

● 菜单：〖插入〗→〖DWG 参照〗/〖DWF 参考底图〗/〖DGN 参考底图〗/〖PDF 参考底图〗。

● 工具栏按钮：绘图工具栏→🖼️。

（2）命令功能说明

执行插入外部参照命令后，将打开图 10.13 所示的"选择参照文件"对话框。在对话框中选择要插入的 AutoCAD 图形文件（后缀名为.dwg、.dwfx、.pdf、.dgn）的文件，单击 打开(O) ▼ 按钮，打开图 10.14 所示的"附着外部参照"对话框。对话框各选项功能说明如下。

图 10.13 "选择参照文件"

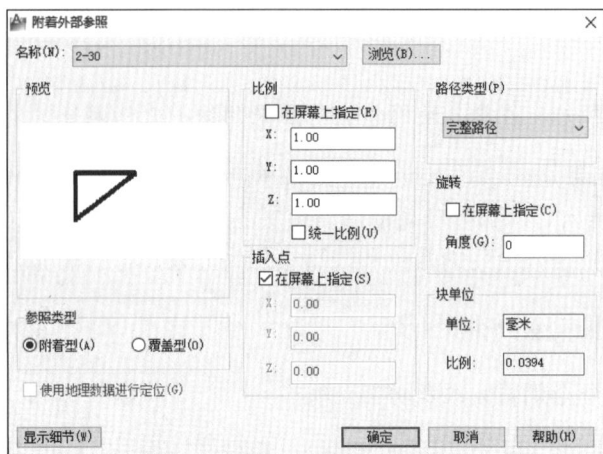

图 10.14 "附着外部参照"对话框

● "名称"下拉列表：用于选择需要插入的外部参照图形文件。插入了一个外部参照之后，该外部参照的名称将出现在列表里。当在列表中选择了一个附着的外部参照后，它的位置和保存路径将显示在下方的"位置"和"保存路径"显示区中。

● "浏览"按钮 浏览(B)...：点击按钮可以直接打开"选择参照文件"对话框，以便为当前图形选择新的外部参照。

● "参照类型"设置区：在该设置区可以通过单选按钮确定插入外部参照的类型，其中，选择"附着型"可以在插入外部参照时，看见所有外部参照的下一级外部参照，如图 10.15a）所示。如果 B 图中参照了 C 图，那么当 A 图参照 B 图时，在 A 图中既可以看到 B 图，也可以看到 C 图。选择"覆盖型"后，在插入外部参照时，无法看见嵌套在外部参照中的下一级外部参照，如图 10.15b）所示。如果 B 图中覆盖参照了 C 图，那么当 B 图再被 A 图参照时，在 A 图中将看不到 C 图，也就是在 A 图中不再关联 C 图。

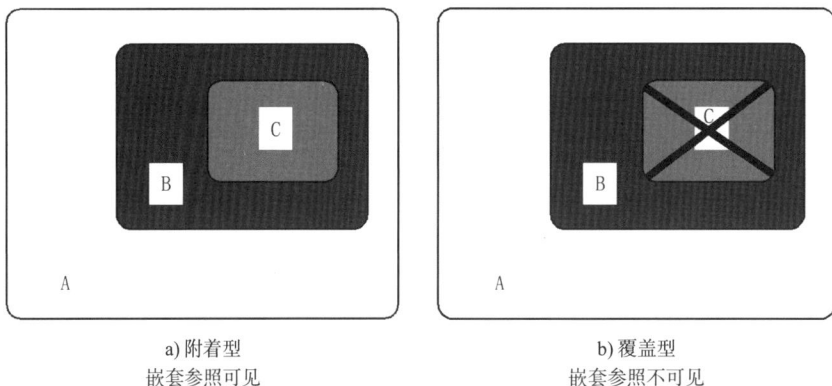

a) 附着型
嵌套参照可见

b) 覆盖型
嵌套参照不可见

图 10.15 附着型与覆盖型外部参照的区别

● "路径类型"下拉列表：用于指定外部参照的保存路径是完整路径、相对路径，还是无路径。

● "插入点"设置区：该设置区用于指定外部参照插入的位置。需要注意的是，外部参照图形并没有像图块一样预先定义基点位置，如果需要准确插入外部参照，可以使用"**BASE**"命令来为作为外部参照的图形文件设定基点。

● "比例"设置区：用于设置插入所选外部参照的比例，其设置方法与插入块相同。

● "旋转"设置区：用于为外部参照引用指定旋转角度。

2. 插入光栅图像命令调用方式及功能说明

光栅图像（后缀名为.BMP、.JPG、.PNG、.TGA 等的图形文件）也可以像外部参照一样附着到当前的图形文件中，它们并不是图形的实际组成部分，每个插入的图像都有自己的剪裁边界和自己的亮度、对比度、褪色度和透明度设置。光栅图像插入后可以与 CAD 图形对象一起完成图样的表达，如图 10.16 所示。

车辙深度4.5cm

图 10.16　插入光栅图像示例

（1）命令调用方式

● 命令行："**IMAGEATTACH**"或"**ATTACH**"。

● 命令快捷方式："**IAT**"。

● 功能区按钮："插入"选项卡→"参照"功能区→ 。

● 菜单：〖插入〗→〖光栅图像〗。

工具栏按钮：插入工具栏→

图 10.16　插入光栅图像

（2）命令功能说明

执行插入光栅图像命令后，同样将开图 10.13 所示的"选择参照文件"对话框。通过此对话框选定要插入的光栅图像后，会打开图 10.17 所示的"附着图像"对话框。对话框各选项功能说明如下。

● "图像"对话框中各项的作用和含义与"外部参照"对话框相同。

● 单击 浏览(B)... 按钮，可以打开"选择图像文件"对话框重新选择光栅图像文件。

● 可以在 AutoCAD 图形文件中插入的光栅图像格式包括 ".bmp" ".gif" ".tif" ".jpg" ".pdf" ".png" ".tga" 等。

图 10.17 "附着图像"对话框

● 选中已经插入的光栅图像，可以激活"图像"选项卡，使用其中"调整""裁剪""选项"等不同功能区中工具按钮，可以相应调整插入光栅图像的亮度、对比度、边界裁剪、背景透明度等。

任务四　AutoCAD 与 MS Office 或 WPS Office 软件的结合使用

在公路工程设计过程中，用户会经常使用 Excel 电子表格文件统计工程数量或用 Word 文档制作设计说明。使用 AutoCAD 的"对象嵌入"功能可将 Excel 工作表或 Word 文档插入到 AutoCAD 图形文件中，同时也可以将 AutoCAD 图形文件插入到 Word 文档中，从而有利于提高这三种软件的协同使用效率。

一、在 CAD 图形中插入 Word 文档和 Excel 表格

在使用 AutoCAD 进行公路工程设计时，很多时候需要在图形文件当中加入大量的文字或表格，如设计图样的说明、工程数量表等。这些工作如果直接在 CAD 中完成，既费时间，同时在排版上也很难达到良好效果。这种情况下，在 AutoCAD 文件中直接插入 Word 文档和 Excel 表格等就显得非常便利了。在 AutoCAD 图形文件中插入 Word 文档或者 Excel 表格可以通过插入 OLE 对象方式完成，也可以直接采用"复制→粘贴"方式完成。

（一）插入 OLE 对象

AutoCAD 具有非常强大的交互使用功能，通过插入 OLE 对象命令可以将其他应用程序创建的对象插入到 AutoCAD 图形文件中。例如，需要在 AutoCAD 图形中加入一段由 Word 文档创建的文字，可以通过以下操作完成。

【操作步骤】

（1）在"插入"选项卡"数据"功能区单击 OLE 对象 按钮或在命令行窗口输入"插入对象"命令"**INSERTOBJ**"后按【Enter】键，打开如图 10.18 所示的"插入对象"对话框。

图 10.18 "插入对象"对话框

（2）在对话框中选中"新建"选项，并在"对象类型"列表中选择"Microsoft Word 文档"，点击 确定 按钮，打开一个空白 Word 文档。

（3）在 Word 文档中输入所需的文字、图表等内容并完成排版工作。

（4）保存创建的 Word 文档后，关闭 Microsoft Word 软件，返回 AutoCAD 图形文件，在绘图窗口将显示创建的 Word 文档内容。

【知识链接】

插入对象命令调用方式及功能说明

（1）命令调用方式

- 命令行："**INSERTOBJ**"。
- 命令快捷方式："**IO**"。
- 功能区按钮："插入"选项卡→"数据"功能区→ OLE 对象 。
- 菜单：〖插入〗→〖OLE 对象〗。
- 工具栏按钮：插入工具栏→ 。

（2）命令功能说明

"OLE"是"Object Linking and Embedding"的缩写，直译为"对象连接与嵌入"。所谓插入 OLE 对象，实际上是通过 AutoCAD 与其他应用软件，如 WPS Office、Word、Excel、PowerPoint 等相关联，并通过将相关软件创建的内容链接到当前图形文件中。

执行插入对象命令后，将打开图 10.18 所示的"插入对象"对话框。通过此对话框选定要插入的 OLE 对象类型后，可以直接打开相应的应用软件创建插入对象内容。对话框各选项功能说明如下。

- "新建"选项：选择该项后，在对话框中将以列表方式列出支持链接和嵌入的可用应用程序。选中相应的程序后双击鼠标左键或点击 确定 按钮可以打开应用程序以创建插入对象。

📖 **特别提示** ╌╌╌╌╌╌╌╌╌╌╌╌╌╌╌╌╌╌╌╌╌╌╌╌╌╌╌╌╌╌╌╌╌╌╌╌╌

"对象类型"列表中的可用应用程序类型由当前使用计算机已经安装的应用程序决定。

● "由文件创建"选项：选中该项后，用户可以通过对话框插入一个已经编辑好的文件。

● 在插入"由文件创建"的对象时，又分为链接对象和嵌入对象。如果选择从其他文档链接到图形中时，信息将随源文档中的信息一起更新。而从其他文档嵌入到图形中时，信息不会随源文档中的信息一起更新。

● 如果需要对插入的 OLE 对象进行编辑修改，可以在绘图窗口选中插入的 OLE 对象后，双击鼠标左键，运行相应的应用程序，对插入对象进行编辑修改。修改完成后保存修改内容并关闭应用程序，返回 AutoCAD，插入的 OLE 对象会显示为编辑修改后的内容。

（二）以复制、粘贴的方式插入 Word 文档和 Excel 表格

需要在 AutoCAD 图形文件中插入文字或表格时，可以先在 Word 等软件中编辑输入文字，在 Excel 软件中编辑好表格，然后通过右键菜单或键盘快捷方式"【Ctrl】+【C】"将编辑好的内容复制到剪贴板上。回到 AutoCAD 绘图窗口后，再通过粘贴的方式，就可以将编辑好的 Word 文档或 Excel 表格加入到当前 CAD 图形文件中。如图 10.19 所示。

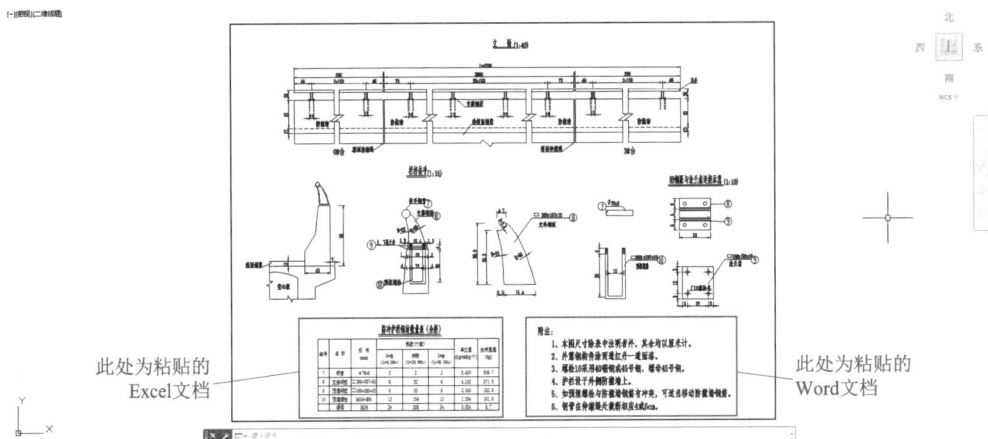

图 10.19　在 AutoCAD 图形中插入 OLE 对象示例

在粘贴文字和表格时，有两种不同的方式。一种是直接粘贴，即在绘图窗口单击鼠标右键，在菜单中选择"粘贴"或使用键盘快捷方式"【Ctrl】+【V】"将文字和表格粘贴为 OLE 对象。粘贴完成后，如果需要编辑修改，则需要通过右键菜单，选择【OLE】→【打开】，进入相应程序编辑修改。另外一种方式是通过菜单方式将文字和表格粘贴为 AutoCAD 图元，即选择菜单命令：〖编辑〗→〖选择性粘贴〗，打开如图 10.20 所示的"选择性粘贴"对话框，再选择"AutoCAD 图元"，完成粘贴后，粘贴内容将转换为 AutoCAD 对象，需要编辑修改时，可以通过双击鼠标激活文本框来进行修改。

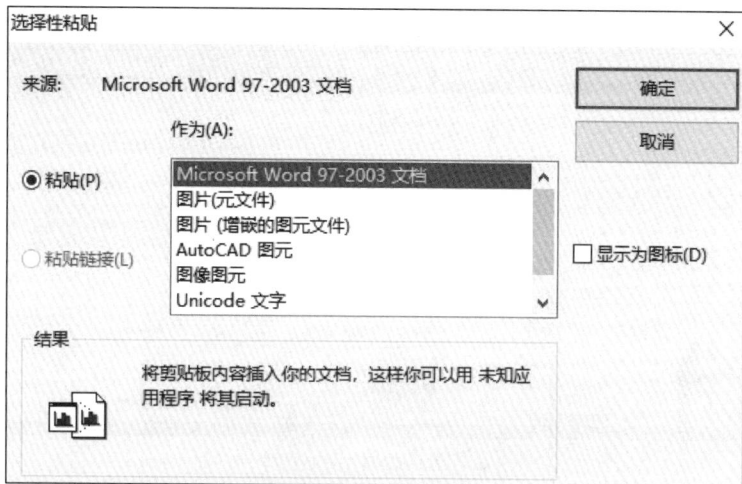

图 10.20 "选择性粘贴"对话框

二、将 CAD 图形添加到 Word 或 WPS Office 文档

MS Office 和 WPS Office 软件均有出色的图文编排功能，可以把各种图形插入到所编辑的文档中，使所传递的信息更准确。但是，无论是 MS Office 还是 WPS Office，其本身绘制图形的能力有限，可绘制一些简单的图形，但不能绘制复杂图形，而 AutoCAD 则恰好可以弥补这些不足，用户不仅可以将 MS Office 或 WPS Office 创建的文档插入到 AutoCAD 图形中，也可以将 AutoCAD 中绘制的图形插入到 MS Office 或 WPS Office 文档中。这对于制作图文并茂的设计施工说明文件非常有用。

【知识链接】

复制命令调用方式及功能说明

（1）命令调用方式

- 命令行："**COPYCLIP**"。
- 功能区按钮："默认"选项卡→"剪贴板"功能区→。
- 菜单：〖编辑〗→〖复制〗。
- 键盘快捷键方式：【Ctrl】+【C】。

工具栏按钮：标准工具栏→。

（2）命令功能说明

- "**COPYCLIP**"命令是将所有选定的对象复制到 Windows 剪贴板中。将内容复制到剪贴板中后，打开 MS Office 或 WPS Office 文档，使用菜单或使用键盘快捷方式"【Ctrl】+【V】"，就可以将剪贴板中的内容插入到 MS Office 文档或 WPS Office 文档中，如图 10.21 所示。

- 将 CAD 图形插入 WPS 文档后，往往会出现大小不合适或空边过大等插入效果不理想的情况。此时可以利用 WPS 提供的"图片工具"具（参见图 10.22）对其进行修整。

- AutoCAD 绘图窗口的背景颜色对粘贴后效果没有任何影响，粘贴至 Word 文档后都会将背景色转换为白色，但对象颜色不会随着粘贴而改变，即在 AutoCAD 图形文件中对象颜色采用的是什么颜色，粘贴到 Word 文档中仍然是什么颜色。

a) 在 AutoCAD 中完成图样

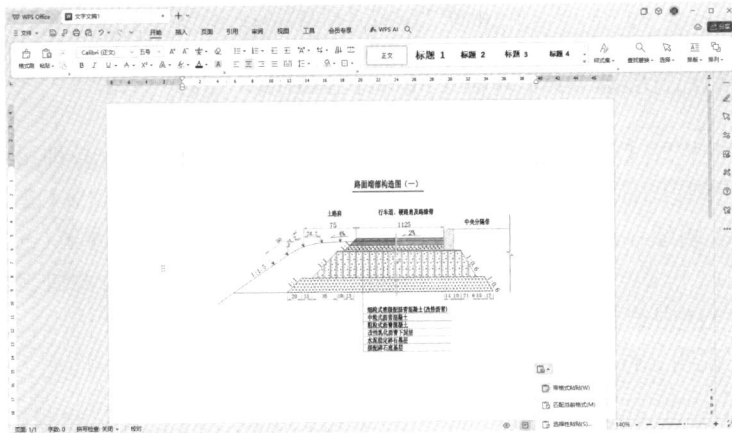

b) 将图样复制到 WPS 文档

图 10.21 AutoCAD 图形粘贴至 WPS Office 示例

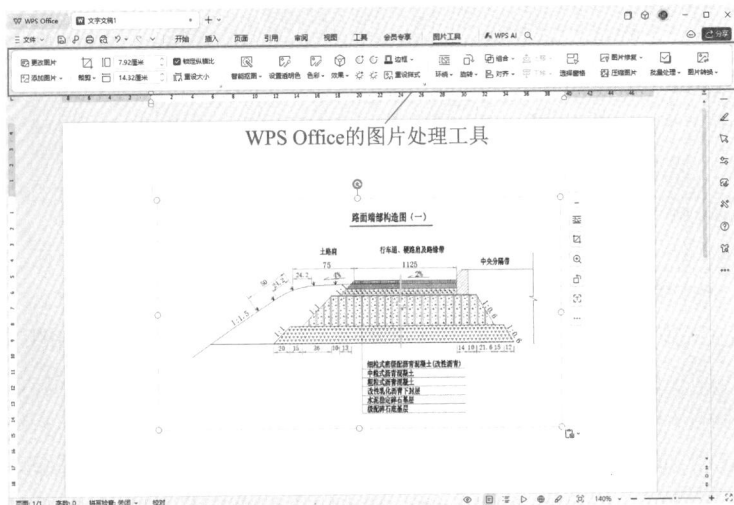

图 10.22 WPS Office 软件"图片工具"

- 需要在 Word 文档中编辑修改插入的 AutoCAD 图形对象，可以直接在插入的图形对象上双击鼠标左键，此时系统将自动打开 AutoCAD 并进入工作界面，用户可以直接在 AutoCAD 中完成对图形对象的修改。完成后，直接保存并关闭 AutoCAD 返回 Word，图形对象的修改就完成了。

- 与"COPYCLIP"类似的命令是"CUTCLIIP"（剪切），两者区别在于"复制"命令选择图形对象后按【Enter】键后，选中的图形对象仍然存在于 AutoCAD 中；而后者被选中的图形对象将消失。

三、用 Excel 与 AutoCAD 结合绘制纵断面设计图

在公路设计过程当中，有很多图样是在现场勘测所得的大量数据基础上完成的，比如路线的平面图、纵断面图等。以路线纵断面图为例，地面线是通过现场实测得到，它与里程桩号一一对应，数据较多，在 AutoCAD 中输入就相当麻烦，并且容易出错。另外，纵断面图的横向与纵向比例不同，需要进行换算，在 AutoCAD 中实现起来也比较繁琐。如果将 Excel 与 AutoCAD 结合起来，利用 Excel 强大的公式计算和统计功能，按照 AutoCAD 所需要的坐标格式完成单位换算和坐标生成，再结合 AutoCAD 中的直线绘制命令"LINE"和样条曲线绘制命令"SPLINE"就可以很容易地完成路线纵断面图的绘制。

例如，在获得了如表 10.1 所示的某公路实测地面高程和设计高程（部分）后，可以通过 Excel 与 AutoCAD 结合绘制纵断面图的地面线和设计线。

【基本资料】

某公路实测地面高程与设计高程资料　　　　　　　表 10.1

桩号	高程（m）		桩号	高程（m）		桩号	高程（m）	
	地面高程	设计高程		地面高程	设计高程		地面高程	设计高程
K2 + 100.000	397.000	395.958	K2 + 340.000	407.540	404.837	K2 + 580.000	403 640	402.608
K2 + 120.000	397.600	396.698	K2 + 360.000	407.690	405.578	K2 + 600.000	401.400	401.468
K2 + 140.000	398.200	397.438	K2 + 380.000	407.490	406.317	K2 + 620.000	399.300	400.328
K2 + 160.000	399.520	398.177	K2 + 400.000	407.570	407.058	K2 + 640.000	398.500	399.188
K2 + 180.000	398.850	398.917	K2 + 420.000	407.960	407.797	K2 + 660.000	397.600	398.049
K2 + 200.000	399.530	399.658	K2 + 440.000	408.570	408.410	K2 + 680.000	397.120	396.958
K2 + 220.000	399.870	400.398	K2 + 460.000	410.690	408.562	K2 + 700.000	396.860	396.157
K2 + 240.000	400.480	401.138	K2 + 480.000	408.960	408.093	K2 + 720.000	395.930	395.698
K2 + 260.000	402.360	401.878	K2 + 500.000	407.540	407.155	K2 + 740.000	395.630	395.535
K2 + 280.000	405.210	402.617	K2 + 520.000	406.920	406.034	K2 + 760.000	394.620	395.493
K2 + 300.000	405.840	403.358	K2 + 540.000	405.000	404.887	K2 + 780.000	394.000	395.430
K2 + 320.000	406.260	404.098	K2 + 560.000	404.920	403.748	K2 + 800.000	394.520	395.370

【操作步骤】

（1）首先将表 10.1 中的数据输入 Excel 表格中，如图 10.23 所示，其中"桩号"可以直接用数字表示，如"K2 + 100"可以直接输入为"2100"。

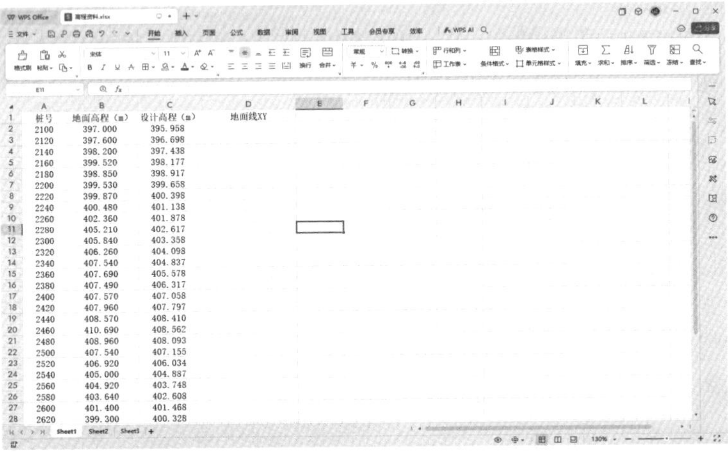

图 10.23　在 Excel 中输入数据

特别提示

在 Excel 表格中输入数据时，所有数据都不能采用文本格式，否则，公式将无法使用。

（2）在 AutoCAD 中，直线和曲线对象的位置均可以通过绝对坐标来进行绘制，现将里程桩号作为 X 坐标，地面高程和设计高程分别作为 Y 坐标，按照 Excel 中的坐标公式 X&","&Y，对数据行完成坐标转换。考虑到在通常情况下，路线纵断面图采用 A3 图幅绘制，且横向比例为 1∶2000，纵向比例为 1∶200，故在进行坐标转换时，需同时对数据进行比例换算。选中 D2 栏，在上部公式栏中输入 = A2/2&","&B2/2*10，输入公式后按【Enter】键确认，则在 D2 栏中自动生成了绝对坐标，如图 10.24 所示。

图 10.24　编辑坐标计算公式

（3）选中 D2 栏，将光标放置在 D2 栏右下角，光标变成黑色十字标记，如图 10.25 所示。此时，按住鼠标左键并向下拖动十字标记，直至 D37 栏（最后一组数据）为止，如图 10.26 所示。在 D 列中将会自动生成 K2 + 100～K2 + 800 的地面线绘制坐标。

图 10.25　采用拖动方式计算各桩坐标

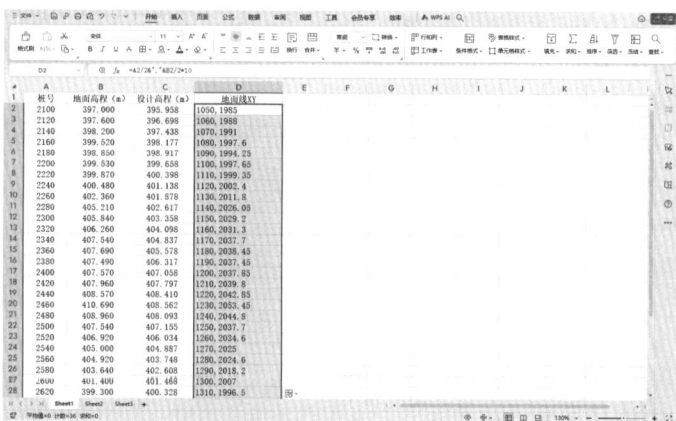

图 10.26　坐标计算完成

（4）复制 D 列中生成的坐标值，回到 AutoCAD 中，建立"地面线"图层，并将该图层作为当前工作图层。

（5）在命令行窗口输入直线绘制命令"**LINE**"并按【Enter】键，AutoCAD 提示"指定第一点："。在命令行窗口光标处，用【Ctrl】+【V】或单击鼠标右键快捷菜单中"粘贴"选项，将复制的坐标值粘贴到光标后，命令栏将自动对所有高程点坐标完成直线连接。在 AutoCAD 的命令行窗口中的操作如下：

命令: line	←输入命令，按【Enter】键
指定第一点: 1050,1985	←在此处粘贴 Excel 表格复制数据
指定下一点或[放弃（U）]: 1060,1988	
指定下一点或[放弃（U）]: 1070,1991	
指定下一点或[闭合（C）/放弃（U）]: 1080,1997.6	

指定下一点或[闭合（C）/放弃（U）]: 1090,1994.25

指定下一点或[闭合（C）/放弃（U）]: 1100,1997.65

指定下一点或[闭合（C）/放弃（U）]: 1110,1999.35

指定下一点或[闭合（C）/放弃（U）]: 1120,2002.4

指定下一点或[闭合（C）/放弃（U）]: 1130,2011.8

指定下一点或[闭合（C）/放弃（U）]: 1140,2026.05

指定下一点或[闭合（C）/放弃（U）]: 1150,2029.2

指定下一点或[闭合（C）/放弃（U）]: 1160,2031.3

指定下一点或[闭合（C）/放弃（U）]: 1170,2037.7

指定下一点或[闭合（C）/放弃（U）]: 1180,2038.45

指定下一点或[闭合（C）/放弃（U）]: 1190,2037.45

指定下一点或[闭合（C）/放弃（U）]: 1200,2037.85

指定下一点或[闭合（C）/放弃（U）]: 1210,2039.8

指定下一点或[闭合（C）/放弃（U）]: 1220,2042.85

指定下一点或[闭合（C）/放弃（U）]: 1230,2053.45

指定下一点或[闭合（C）/放弃（U）]: 1240,2044.8

指定下一点或[闭合（C）/放弃（U）]: 1250,2037.7

指定下一点或[闭合（C）/放弃（U）]: 1260,2034.6

指定下一点或[闭合（C）/放弃（U）]: 1270,2025

指定下一点或[闭合（C）/放弃（U）]: 1280,2024.6

指定下一点或[闭合（C）/放弃（U）]: 1290,2018.2

指定下一点或[闭合（C）/放弃（U）]: 1300,2007

指定下一点或[闭合（C）/放弃（U）]: 1310,1996.5

指定下一点或[闭合（C）/放弃（U）]: 1320,1992.5

指定下一点或[闭合（C）/放弃（U）]: 1330,1988

指定下一点或[闭合（C）/放弃（U）]: 1340,1985.6

指定下一点或[闭合（C）/放弃（U）]: 1350,1984.3

指定下一点或[闭合（C）/放弃（U）]: 1360,1979.65

指定下一点或[闭合（C）/放弃（U）]: 1370,1978.15

指定下一点或[闭合（C）/放弃（U）]: 1380,1973.1

指定下一点或[闭合（C）/放弃（U）]: 1390,1970

指定下一点或[闭合（C）/放弃（U）]: 1400,1972.6

←以上部分为粘贴 Excel 数据

指定下一点或[闭合（C）/放弃（U）]:　　←按【Enter】键完成绘制

图 10.28　结合 Excel 数据绘制
纵断面图地面线

（6）使用视图缩放命令"ZOOM"并选择"全部"参数来观察绘制结果，结果如图 10.27 所示。

（7）在绘制完成的地面线附近绘制纵断面图的图框、坐标网格及各说明项。利用移动命令"MOVE"与对象捕捉相结合，将绘制完成的地面线移动到图框内的准确位置，结果如图 10.28 所示。

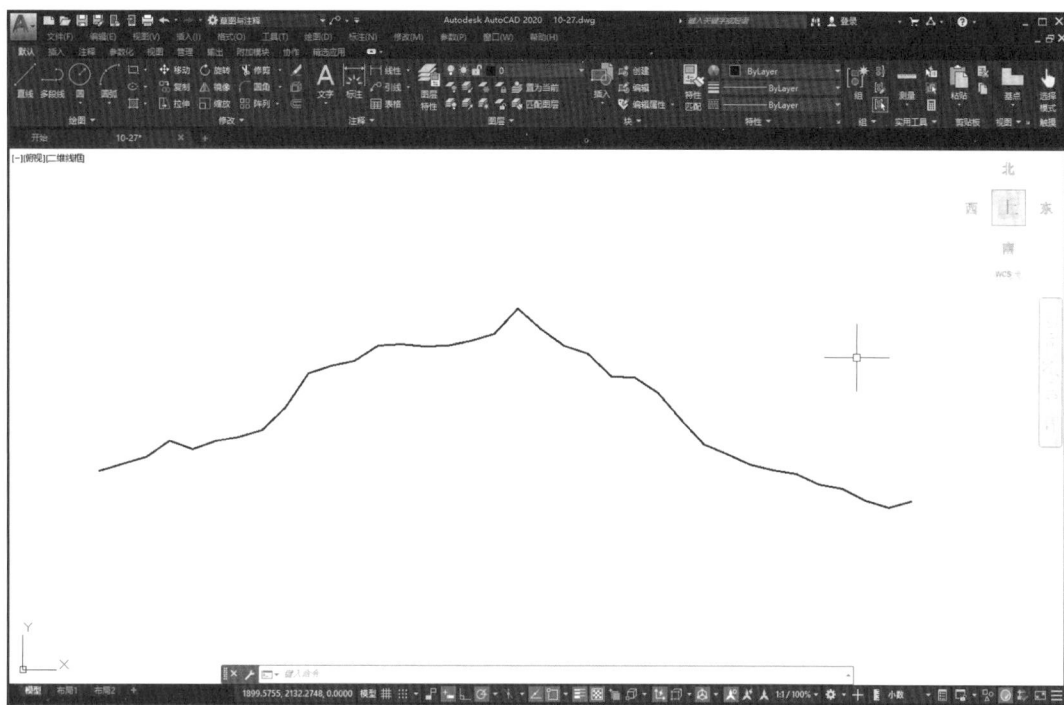

图 10.27 完成地面线绘制

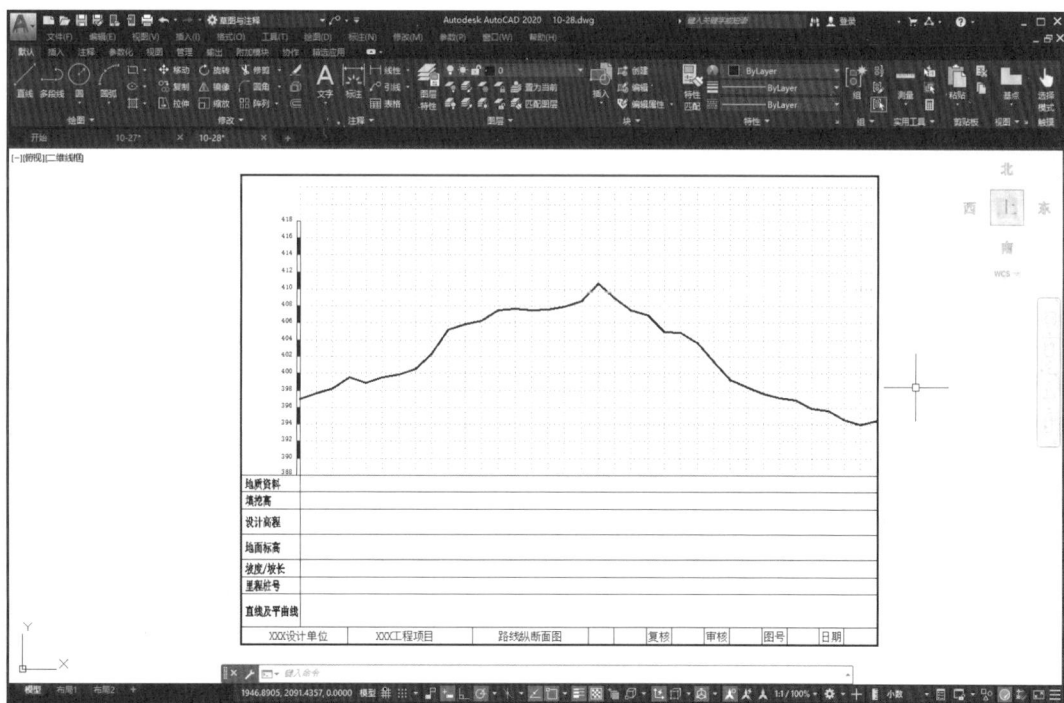

图 10.28 完成后的路线纵断面图（地面线部分）

项目小结

本项目主要内容总结如下。

◆ 利用 AutoCAD 的快速选择命令"**QSELECT**"和对象选择过滤器"**FILTER**"可以迅速准确地从大量图形对象中选中符合条件的图形对象。

◆ 对于创建完成的图形对象，可以使用相关命令获得其坐标、距离、面积、体积等准确信息。

◆ 用户可以使用"**BLOCK**"命令将经常使用的图形对象定义为块，需要时使用"**INSERT**"命令或者等分命令方便地插入块对象。

◆ AutoCAD 具有强大的交互使用功能，可以与 Word 文档、Excel 表格、PowerPoint 演示文件等多种应用软件实现图文的相互调用，另外，还可以使用 Excel 表格的函数功能快速完成特定图形对象的绘制。

实训

1. 完成图 10.29 所示的排水沟断面绘制，并使用查询命令分别确定该断面中 7.5 号浆砌片石和砂垫层的面积。

图 10.29 项目十 实训 1

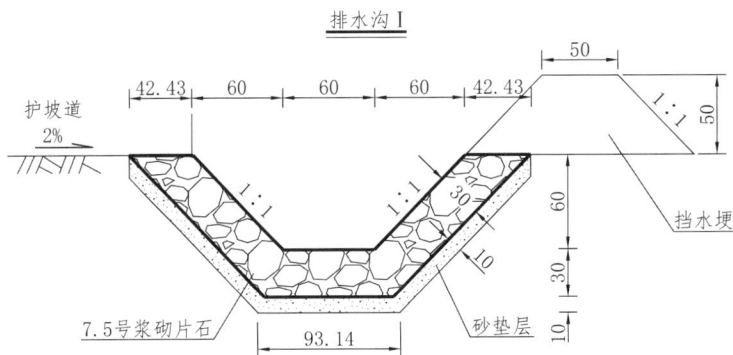

图 10.29 实训 1 图形

2. 按图 10.30 所示的尺寸关系将地形图路灯图例创建为块，并以定数等分形式插入直线段。

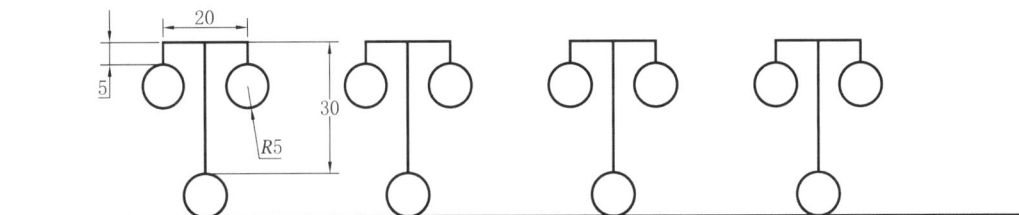

图 10.30 实训 2 图形

3. 根据表 10.1 数据完成路线纵断面图绘制，包括设计线部分，如图 10.31 所示。

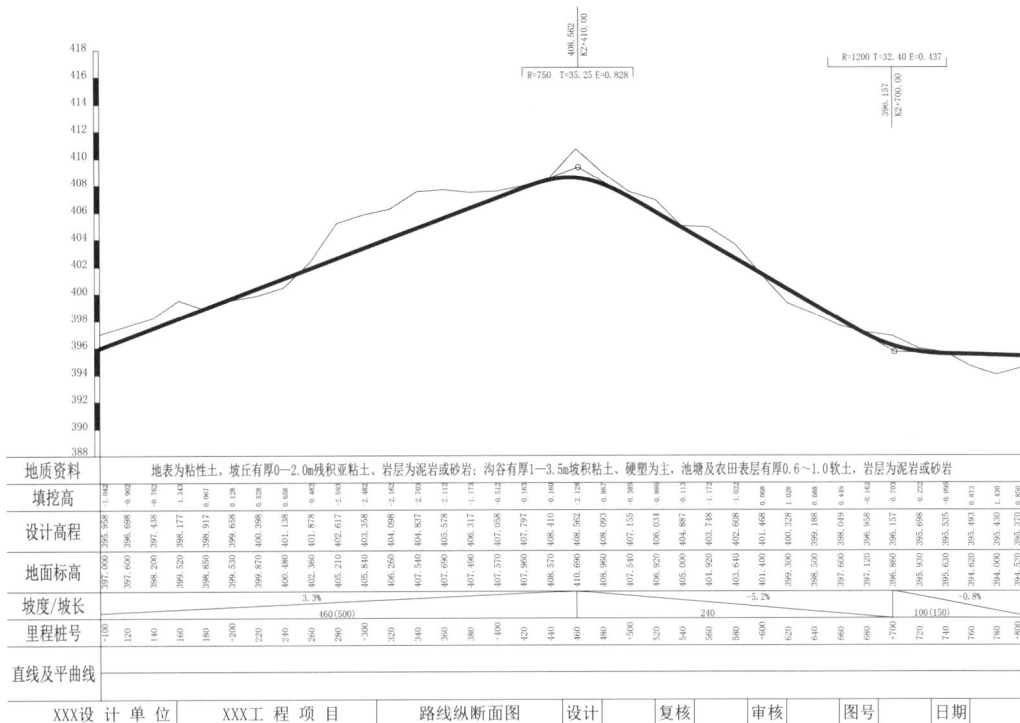

图 10.31　实训 3 图形

图 10.30　项目十实训 2　图 10.31　项目十实训 3

地质资料｜填挖高｜设计高程｜地面标高｜坡度/坡长｜里程桩号｜直线及平曲线

XXX 设 计 单 位　XXX 工 程 项 目　路线纵断面图　设计　复核　审核　图号　日期

项目十一
ITEM ELEVEN

创建三维实体

　　在当前的公路设计工作中，三维图形的应用越来越广泛，甚至出现了很多专门的道路桥梁三维设计、建模软件。AutoCAD 除了为用户提供强大的二维图形绘制与编辑功能外，还提供了创建和编辑三维实体的相关命令。虽然其三维设计功能相对较弱，但已经基本能满足一般的道路、桥梁建模和展示工作。本项目主要介绍创建三维实体模型的常用命令及构建实体模型的一般方法。通过本项目的学习，可以掌握创建及编辑实体模型的基本操作，了解利用布尔运算建立复杂模型的方法。

学习目标

◎ 掌握创建长方体、圆柱体等基本实体的方法。
◎ 掌握将二维对象拉伸和旋转形成三维实体的方法。
◎ 学会三维镜像、阵列、旋转等三维实体编辑的方法。
◎ 学会使用布尔运算构建复杂实体模型的方法。
◎ 掌握观察三维实体的方法。
◎ 了解用户坐标系。

任务一　　熟悉三维绘图环境

　　创建三维模型时，可将 AutoCAD 的工作空间切换至"三维基础"，如图 11.1 所示，若无特别说明，本项目的操作介绍都将以"三维基础"工作空间为基础来介绍。

　　三维基础空间包含了"默认""可视化""插入""视图""管理""输出""附加模块""协作""精选应用"九个选项卡，每个选项卡中均汇集了相应的功能区，用户可以方便地进行建模、观察、编辑修改及渲染等工作。

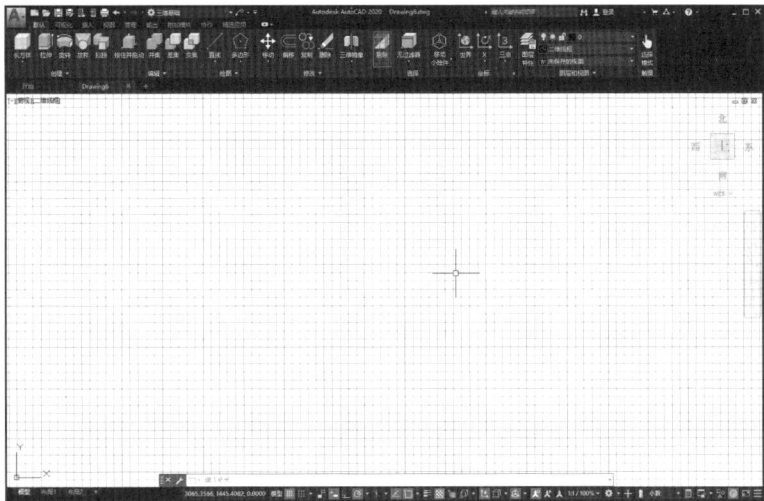

图 11.1 "三维基础"工作空间

一、创建用户坐标系

要想用好 AutoCAD 的三维建模工具，首先需要对 AutoCAD 的坐标系统有一个初步的认识。在 AutoCAD 中，除了项目三中介绍的笛卡尔坐标系（直角坐标系）和极坐标系的绝对坐标与相对坐标的划分方式外，还有一种坐标的分类，即把坐标系分为被称为世界坐标系（World Coordinate System，简称 WCS）的固定坐标系，和用户根据绘图需要自己建立的被称为用户坐标系（User Coordinate System，简称 UCS）的可移动坐标系。系统的初始设置中，这两个坐标系在新的图形中是重合的，系统一般只显示用户坐标系。

图 11.1 "三维建模"
工作空间

世界坐标系是 AutoCAD 的默认坐标系，WCS 是由三个相互垂直并相交的坐标轴 X，Y，Z 组成。Z 轴的正方向垂直于屏幕，指向用户。世界坐标系各坐标轴交汇处显示为一方形标记，如图 11.2 所示。

用户坐标系是 AutoCAD 为方便坐标输入、空间操作和三维观察提供的一种可变动的坐标系。在用户坐标系中，用户可以任意指定或移动坐标原点和旋转坐标轴，默认情况下，用户坐标系各坐标轴的交汇处没有方形标记，如图 11.3 所示。

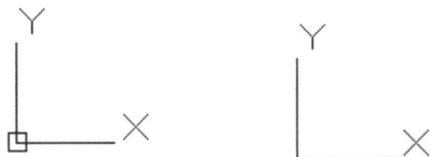

图 11.2 世界坐标系　图 11.3 用户坐标系（默认）

在三维环境下绘图需要在三维模型不同的平面上绘制，因此，往往需要把 WCS 的 XOY 平面变换到需要绘图的平面上，也就是需要创建新的用户坐标系，这样可以清楚、方便地创建三维模型。所谓创建用户坐标系，实质上就是重新确定坐标系的原点和新的 X 轴、Y 轴、Z 轴的方向。AutoCAD 提供了多种方式来创建用户坐标系。

【操作步骤】

在命令行窗口输入用户自定义坐标命令"**UCS**"后按【Enter】键，AutoCAD 提示：

命令: ucs	←输入命令，按【Enter】键
当前 UCS 名称: *世界*	
指定 UCS 的原点或[面(F)/命名(NA)/对象(OB)/上一个(P)/视图(V)/世界(W)/X/Y/Z/Z 轴(ZA)]<世界>: 100,100	←输坐标值，按【Enter】键，设置新坐标原点
指定 X 轴上的点或<接受>: @100<45	←输入相对坐标，按【Enter】键，将与原坐标系 X 轴方向呈 45°夹角方向指定为新坐标系 X 轴方向
指定 XY 平面上的点或<接受>:	←按【Enter】键，接受设置

【知识链接】

自定义坐标命令调用方式及相关说明

（1）命令调用方式

- 命令行："**UCS**"。
- 功能区按钮："默认"选项卡→"坐标"功能区→ 图标。

（2）命令选项说明

输入"**UCS**"命令或点击命令图标后，只要选中相应的选项，就可以完成用户坐标系的定义、储存、设置以及删除等。下面主要对新建用户坐标系时各选项作介绍。

- "指定 UCS 的原点"：通过输入坐标值或使用鼠标在绘图窗口中选择一点指定 UCS 的坐标原点，UCS 将以该点作为坐标原点。指定坐标原点后，系统提示"**指定 X 轴上的点或<接受>:**"，如果直接按【Enter】键，则新建 UCS 的 X、Y、Z 轴方向保持不变，即新坐标系与原坐标系完全平行；如果继续指定第 2 点，AutoCAD 继续提示"**指定 XY 平面上的点或<接受>:**"，如果直接按【Enter】键，则新建 UCS 的 X 轴正方向将通过第 2 点；如果继续指定第 3 点，则新的 UCS 将以第 1 点为坐标原点，X 轴的正方向通过第 2 点，Y 轴的正方向通过第 3 点。

- "面"：选择该项后，新建 UCS 将与选定空间平面或三维实体的选定面对齐，其中 X 轴将与选择第一个面上的最近的一条边对齐。

- "命名"：选择该项，AutoCAD 提示"**输入选项[恢复(R)/保存(S)/删除(D)/?]:**"，调用相应选项可以按名称保存或恢复到已保存的 UCS 方向。

- "对象"：选择该项后，AutoCAD 可以根据选定二维对象或三维实体创建新的 UCS，执行该选项后将提示："**选择对齐 UCS 对象**"。除三维多段线外，其余实体对象都可以用于定义 UCS。根据选择的对象类型不同，所确定 UCS 的原点、X 轴正方向、Y 轴正方向也不相同。表 11.1 列举了几种典型对象所定义的 UCS 情况。

典型实体对象定义的用户坐标系　　　　　　　　　　表 11.1

实体类型	原点	X 轴正方向	XY 平面
直线	选择点	从原点指向另一端点在 XY 平面的投影点	过原点与绘制直线时坐标系的 XY 平面平行

续上表

实体类型	原点	*X* 轴正方向	*XY* 平面
圆弧	圆心	从圆心指向离选择点最近的圆弧端点	圆弧所在平面
圆	圆心	从圆心指向选择点	圆所在平面
二维多段线	起点	从起点指向多段线第一段的终点	多段线所在平面
文字	文字插入点	文字的旋转方向	文字所在平面
尺寸标注	尺寸文字中点	平行于尺寸标注时坐标系的正方向	尺寸标注所在平面

● "上一个"：选择该项后，AutoCAD 将恢复到上一个 UCS。AutoCAD 会分别保留在模型空间和布局空间中创建的最后 10 个坐标系，重复该选项将逐步返回一个 UCS 或其他 UCS，这取决于哪一空间是当前空间。

● "视图"：选中该项可以将新建 UCS 的 *XOY* 平面设置在与当前视图平行的平面上，坐标原点不动。此种设置方法在为三维状态下显示的实体对象进行文字标注时非常实用。

● "世界"：选中该项，可以将当前用户坐标系设置为世界坐标系。

● "X/Y/Z"：选择相应坐标轴后，可以将当前坐标系绕 *X*、*Y*、*Z* 轴中的某轴旋转一定的角度，从而形成一个新的 UCS。

● "Z 轴"：选择该项后可以用指定的 *Z* 轴正半轴定义 UCS。

特别提示

一旦用户坐标系定义完成，该坐标系就成为当前坐标系，坐标系的图标会按照当前用户坐标系的状态显示坐标轴方向。

在 AutoCAD 的状态栏辅助工具中提供了动态 UCS 工具，如图 11.4 所示。这个工具在状态栏上有一个开关，使用动态 UCS 功能，可以在创建对象时使 UCS 的 *XY* 平面自动与实体模型上的平面临时对齐。

将 UCS 捕捉到活动实体平面 - 开
动态 UCS - UCSDETECT (F6)

图 11.4　动态 UCS 状态栏开关

二、观察三维实体

在创建三维实体的过程中，用户经常需要从不同的方向观察图形。当用户设定某个查看方向后，AutoCAD 将显示出对应的视图，具有立体感的三维视图将有助于用户完成三维建模。AutoCAD 的默认视图是 *XY* 平面视图，用户可以选择采用不同的视点，不同的视觉样式来观察图形图像。

（一）使用标准视点观察三维实体

在 AutoCAD 中，任何三维实体都可以从任意一个方向观察。AutoCAD 在"视图"选项卡"命名视图"功能区提供了 10 种标准视点，如图 11.5 所示。使用鼠标点击选择这些视点就能获得 3D 对象的 10 种视图，如前视图、后视图、左视图及东南轴测图等。

图 11.5　使用不同视图
观察三维实体

标准视点是相对于某个基准坐标系（世界坐标系或用户创建的坐标系）设定的，基准坐标系不同，视图也是不同的。如果需要重新指定基准坐标系，可以在〖视图〗菜单下选择〖命名视图〗，打开"视图管理器"对话框，如图 11.6 所示，在对话框左侧的列表框中列出了所有预设标准视图，通过右侧的"设定相对于"下拉列表，可以设置这些视图的基准坐标系。

图 11.5　"视图"选项卡
"命名视图"功能区

图 11.6　"视图管理器"对话框

【知识链接】

视图管理命令调用方式及功能说明

（1）命令调用方式

● 命令行："**VIEW**"。

● 命令快捷方式："**V**"。

● 功能区按钮："视图"选项卡→"命名视图"功能区→俯视。

（2）命令功能说明

● 直接执行"**VIEW**"命令无法直接改变观察的视图，而是打开图 11.6 所示的"视图管理器"对话框，在对话框左侧列表中选择相应视图后，点击 置为当前(C) 按钮，再点击 应用(A) 按钮，可以完成视图观察方式的调整。

● 使用其他方式调整视图观察方式时，可以直接点击菜单选项、下拉列表选项或对应工具栏按钮就可以完成视图调整。

（二）改变观察三维实体的视觉样式

使用标准视点观察三维实体的实质是改变观察者的位置，而视觉样式则是改变三维实体的外观显示方式。AutoCAD 提供了"二维线框""概念""隐藏""真实""着色""带边框着色""灰度""勾画""线框""X 射线"等十种默认视觉样式。通过"三维基础"工作空间"可视化"选项卡中"视觉样式"功能区下拉选择列表，可以完成视觉样式的切换，如图 11.7 所示。

图 11.7　视觉样式控制下拉列表

【知识链接】

1. 视觉样式命令调用方式及功能说明

（1）命令调用方式

- 命令行："**VSCURRENT**"。
- 命令快捷方式："**VS**"。
- 功能区按钮："可视化"选项卡→"视觉样式"功能区→二维线框。

（2）命令功能说明

- "二维线框"：显示用直线和曲线表示边界的对象。在这种视觉样式下，光栅图像和 OLE 对象、线型和线宽都是可见的，如图 11.8a）所示。

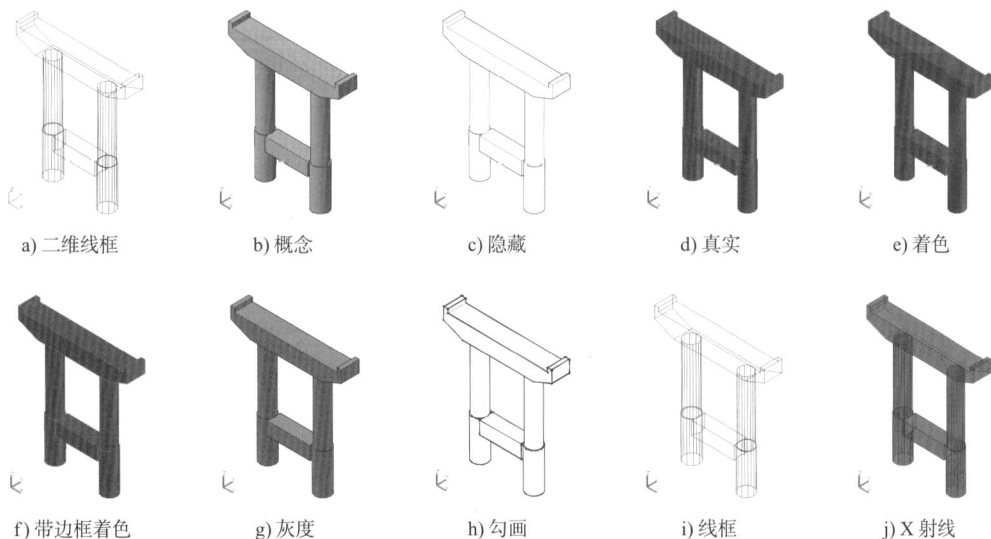

a) 二维线框　　b) 概念　　c) 隐藏　　d) 真实　　e) 着色

f) 带边框着色　　g) 灰度　　h) 勾画　　i) 线框　　j) X 射线

图 11.8　视觉样式示例

● "概念"：着色多边形平面间的对象，并使对象的边平滑化。着色使用冷色和暖色之间的过渡。效果缺乏真实感，但是可以更方便地查看模型的细节，如图 11.8b）所示。

● "隐藏"：显示用三维线框表示的对象并隐藏表示后向面的直线。在这种视觉样式下，光栅图像和 OLE 对象和线宽都是可见的，但线型不可见，如图 11.8c）所示。

● "真实"：对三维实体表面进行着色，并使对象的边平滑化，同时可以显示已附着到对象的材质，如图 11.8d）所示。

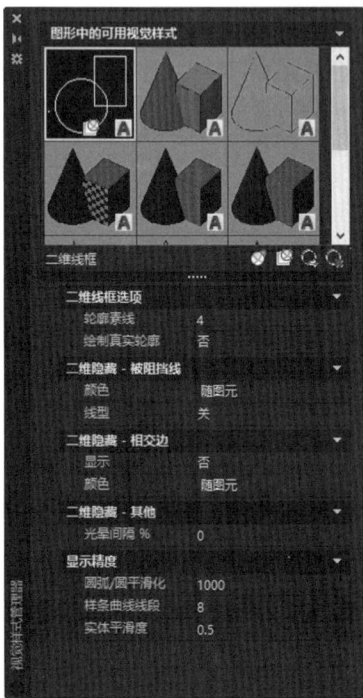

图 11.9 "视觉样式管理器"对话框

● "着色"：产生平滑的着色模型，如图 11.8e）所示。

● "带边缘着色"：产生平滑、带有可见边的着色模型，如图 11.8f）所示。

● "灰度"：使用单色面颜色模式可以产生灰色效果，如图 11.8g）所示。

● "勾画"：使用外伸和抖动产生手绘效果，如图 11.8h）所示。

● "线框"：显示用直线和曲线表示边界的对象。与二维线框不同，线框视觉方式将显示着色三维 UCS 图标，如图 11.8i）所示。

● "X 射线"：更改面的不透明度，使整个场景变成部分透明，如图 11.8j）所示。

● 用户可以对已有视觉样式进行修改或者创建新的视觉样式。单击"视觉样式"功能区右下角"视觉样式管理器"按钮，可以打开图 11.9 所示的"视觉样式管理器"对话框。通过此对话框可以更改视觉样式的设置或新建视觉样式。

（三）动态观察三维实体

AutoCAD 提供了一种交互式的动态观察视图方便用户获得不同方向的三维视图。执行自由动态观察命令"**3DFORBIT**"后，通过单击并拖动鼠标的方式就

图 11.8 不同视觉样式观察三维实体

图 11.10 动态观察三维实体

可以方便地改变观察方向。此时，绘图区围绕待观察的对象形成一个辅助圆，该圆被 4 个小圆分成 4 等份，如图 11.10 所示。辅助圆的圆心是观察目标点，按住鼠标左键并拖动动时，待观察的对象静止不动，而视点绕着 3D 对象旋转，显示结果是视图在不断地转动。

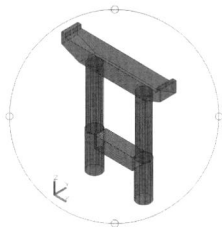

图 11.10 动态观察三维实体

【知识链接】

动态观察三维实体命令调用方式及功能说明

（1）命令调用方式

● 命令行："**3DFORBIT**"。

● 视图选项卡：导航功能区→动态观察。

- 键盘快捷方式：【Shift】+【Ctrl】+ 按住鼠标滚轮。

（2）命令功能说明

- 执行"**3DFORBIT**"命令后，绘图窗口中就会出现一个大圆和 4 个均布的小圆，如图 11.10 所示。当鼠标光标移至圆的不同位置时，光标形状将发生相应变化，不同形状的鼠标光标表明了当前视图的旋转方向。

- 当光标位于辅助圆内时，会变为 ⊕ 形状。此时可假想一个球体将目标对象包裹起来。单击并拖动光标，可以使球体沿鼠标光标拖动的方向旋转，因而模型视图也就旋转起来了。

- 移动鼠标贯标至辅助圆外，光标会变成 ⊙ 形状，按住鼠标左键并将鼠标光标沿辅圆拖动，可以使三维视图旋转，旋转轴垂直于屏幕并通过辅助圆心。

- 当把光标移动到辅助圆左、右两侧的小圆中时，光标会变成 ⊕ 形状。单击鼠标左键并拖动鼠标，可以使视图绕一个通过辅助圆圆心的铅锤方向轴线转动。

- 当把光标移动到辅助圆上、下位置的小圆中时，光标会变成 ⊕ 形状。单击鼠标左键并拖动鼠标，可以使视图绕一个通过辅助圆圆心的水平方向轴线转动。

- AutoCAD 还提供了连续观察命令"**3DORBIT**"和三维连续动态观察命令"**3DCORBIT**"。连续观察命令"**3DORBIT**"又称为受约束的动态观察，使用该命令可以在三维空间中旋转视图，但仅限于水平动态观察和垂直动态观察。当"**3DFORBIT**"处于活动状态时，视图的目标将保持静止，而视点将围绕目标移动，看起来好像三维模型正在随着鼠标光标的拖动而旋转。如果水平拖动光标，相机将平行于世界坐标系（WCS）的 XY 平面移动。如果垂直拖动光标，相机将沿 Z 轴移动。

- 使用三维连续动态观察命令"**3DCORBIT**"时，在绘图窗口中按住鼠标左键并沿任意方向拖动，可以使三维实体对象沿拖动的方向开始转动。松开鼠标后，对象会在指定的方向上继续进行它们的轨迹运动。光标移动设置的速度决定了三维实体的旋转速度。

任务二　创建基本实体

基本实体包括长方体、圆柱体、球体、圆锥体、楔体、圆环体等。使用 AutoCAD 提供的相关命令可以直接创建这些基本三维实体。

一、创建长方体

使用长方体命令"**BOX**"可以很方便的创建各种尺寸的长方体。图 11.11 所示的长 100，宽 70，高 50 的长方体，可以通过以下步骤创建。

【操作步骤】

在命令行窗口输入长方体命令"**BOX**"后按【Enter】键，AutoCAD 提示：

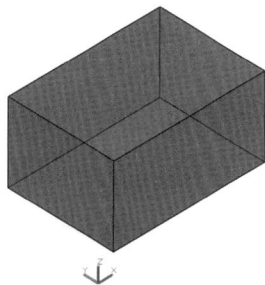

图 11.11　创建长方体

命令: box	←输入命令，按【Enter】键
指定第一个角点或[中心(C)]: 0, 0,0	←输入长方体角点空间坐标值，按【Enter】键
指定其他角点或[立方体(C)/长度(L)]: L	←输入选项参数"L"，按【Enter】键，使用指定长、宽、高数值方式创建长方体
指定长度: 100	←输入长度值，按【Enter】键
指定宽度: 70	←输入宽度值，按【Enter】键
指定高度或[两点(2P)]: 50	←输入高度值，按【Enter】键，完成长方体创建

【知识链接】

长方体命令调用方式及功能说明

（1）命令调用方式

● 命令行："**BOX**"。

● 功能区按钮："默认"选项卡→"创建"功能区→ 长方体 。

（2）命令功能说明

● 创建长方体的默认方式是通过指定长方体的两个对角顶点位置来完成的。顶点位置可以直接输入坐标值确定，如果使用鼠标点击，只能确定长方体的一个面，还必须在"指定高度"提示下给出高度值。

● 在"**指定角点或[立方体（C）/长度（L）]:**"提示下选择参数"C"可以给出边长后创建立方体；选择参数"L"可以通过给定长方体的长、宽、高三个特征值来创建长方体。

图 11.11 创建长方体

二、创建球体

使用球体命令"**SPHERE**"可以创建圆球体。图 11.12 所示的直径 100 的球体，可以通过以下步骤创建。

【操作步骤】

（1）在绘图窗口单击鼠标右键打开快捷菜单，单击"选项（O）…"菜单选项，打开"选项"对话框。在"显示"选项卡的"显示精度"设置区将"每个曲面的轮廓素线"设置为"20"，如图 11.13 所示。

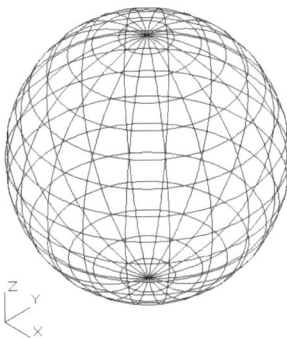

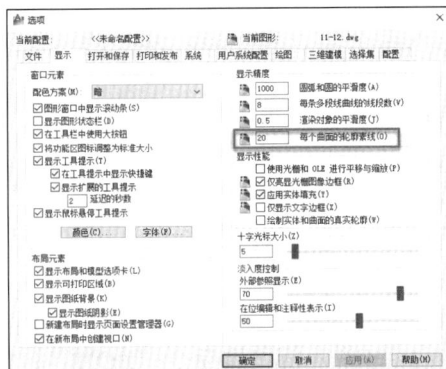

图 11.12 创建球体　　　图 11.13 在"选项"对话框中设置轮廓素线数目

（2）在命令行窗口输入球体命令"**SPHERE**"后按【Enter】键，AutoCAD 提示：

命令：sphere	←输入命令，按【Enter】键
指定中心点或[三点(3P)/两点(2P)/相切、相切、半径(T)]：0, 0	←输入坐标值，按【Enter】键，将球心设置在坐标原点
指定半径或[直径(D)]<100.0000>：100	←输入半径值，按【Enter】键，完成球体创建

结果如图 11.12 所示。

图 11.12　创建球体

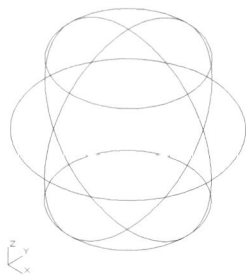

【知识链接】

1. 球体命令调用方式及功能说明

（1）命令调用方式

● 命令行："**SPHERE**"。

● 命令快捷方式："**SPH**"。

● 功能区按钮："默认"选项卡→"创建"功能区→ 球体 。

（2）命令功能说明

● 创建球体时，除了可以采用指定圆心和半径（直径）的方法外，还可以采用"三点"、"两点"以及"相切、相切、半径"等方式创建球体。其中，"三点"方式通过在三维空间的任意位置指定三个点来定义球体的圆周；"两点"方式通过在三维空间的任意位置指定两个点来定义球体的圆周，并用第一点的 Z 坐标值定义圆周所在平面；"相切、相切、半径"方式通过指定半径定义可与两个对象相切的球体，指定的切点将投影到当前 UCS。

● 在二维线框和三维线框视觉样式下，AutoCAD 是通过轮廓素线来表达曲面。轮廓素线的数量越多，表达得曲面越真实，但显示性能也越差，渲染时间也越长。由于 AutoCAD 默认曲面轮廓素线的数量是 4，通常情况下根本无法真实表达曲面情况，如图 11.14 所示，因此，在创建曲面三维实体之前，需要在"选项"对话框中对每个曲面的轮廓素线数目进行设置，如图 11.13 所示。轮廓素线的有效取值范围为 0 到 2047。

图 11.14　默认廓素线表达曲面

特别提示

如果是在创建完三维实体后再设置曲面轮廓素线数目，需要执行"重生成"命令"**REGEN**"才能将设置值应用于所创建的三维实体。

三、创建圆柱体

使用圆柱体命令"**CYLINDER**"可以创建圆柱体。图 11.15 所示的直径 100，高 100 的圆柱体，可以通过以下步骤创建。

图 11.15　创建圆柱体

【操作步骤】

（1）打开"选项"对话框。在"显示"选项卡的"显示精度"设置区将"每个曲面的轮廓素线"设置为"20"。

（2）在命令行窗口输入圆柱体命令"**CYLINDER**"后按【Enter】键，AutoCAD 提示：

命令: cylinder	←输入命令，按【Enter】键
指定底面的中心点或[三点(3P)/两点(2P)/相切、相切、半径(T)/椭圆(E)]: 0，0	←输入坐标值，按【Enter】键，将圆柱底面中心设置在坐标原点
指定底面半径或[直径(D)]<100.00>: d	←输入参数 d，使用直径绘圆，按【Enter】键
指定直径<200.00>: 100	←输入圆柱直径值，按【Enter】键
指定高度或[两点(2P)/轴端点(A)]: 100	←输入圆柱高度值，按【Enter】键，完成圆柱体创建

结果如图 11.15 所示。

【知识链接】

圆柱体命令调用方式及功能说明

（1）命令调用方式

- 命令行："**CYLINDER**"。
- 命令快捷方式："**CYL**"。
- 功能区按钮："默认"选项卡→"创建"功能区→ 圆柱体。

（2）命令功能说明

- 圆柱体命令"**CYLINDER**"除了可以创建正圆柱体外，还可以创建椭圆柱。指定圆柱底面圆时可以采用"三点""两点"和"相切、相切、半径"方式，各方式含义与绘制二维平面圆相同。

- 圆柱或椭圆柱的高度可以通过输入高度值确定，也可以在绘图窗口直接拖动鼠标确定高度，如果采用"两点"方式指定圆柱高度，则可以在绘图窗口使用鼠标点击任意两点，两点之间的距离将作为圆柱的高度。

图 11.15　创建圆柱体

四、创建圆锥体

使用圆锥体命令"**CONE**"可以创建圆锥体。图 11.16 所示的底面圆直径 80，高 100 的圆锥体，可以通过以下步骤创建。

【操作步骤】

（1）打开"选项"对话框。在"显示"选项卡的"显示精度"设置区将"每个曲面的轮廓素线"设置为"20"。

（2）在命令行窗口输入圆锥体命令"**CONE**"后按【Enter】键，AutoCAD 提示：

图 11.16　创建圆锥体

命令: cone	←输入命令，按【Enter】键
指定底面的中心点或[三点(3P)/两点(2P)/相切、相切、半径(T)/椭圆(E)]: 0，0	←输入坐标值，按【Enter】键，将圆锥体底面中心设置在坐标原点

指定底面半径或[直径(D)]<50.00>: d	←输入参数 d, 使用直径绘底面圆, 按【Enter】键
指定直径<100.00>: 80	←输入圆锥底面圆半径值, 按【Enter】键
指定高度或[两点(2P)/轴端点(A)/顶面半径(T)]<100.00>: 100	←输入圆锥高度值, 按【Enter】键, 完成圆锥体创建

结果如图 11.16 所示。

【知识链接】

圆锥体命令调用方式及功能说明

（1）命令调用方式

- 命令行："**CONE**"。

- 功能区按钮："默认"选项卡→"创建"功能区→ 。

图 11.16　创建圆锥体

（2）命令功能说明

- 与圆柱体命令类似，圆锥体命令"**CONE**"除了可以创建正圆锥体外，还可以创建椭圆锥。指定圆锥底面圆时也可以采用"三点""两点"和"相切、相切、半径"方式。

- 创建圆锥体时，如果在"**指定高度或[两点(2P)/轴端点(A)/顶面半径(T)]**："提示下选择"顶面半径（T）"选项并输入顶面半径值，则可以创建圆台或椭圆台。

- 创建圆锥体时，如果在"**指定高度或[两点(2P)/轴端点(A)/顶面半径(T)]**："提示下选择"轴端点（A）"选项，可以通过移动鼠标指定圆锥体轴线的端点位置。轴端点是圆锥体的顶点，或圆台的顶面中心点。轴端点可以位于三维空间的任何位置，轴端点定义了圆锥体的长度和方向。

五、创建圆环

使用圆环命令"**TORUS**"可以创建如图 11.17 所示圆环。

【操作步骤】

（1）打开"选项"对话框。在"显示"选项卡的"显示精度"设置区将"每个曲面的轮廓素线"设置为"20"。

（2）在命令行窗口输入圆环命令"**TORUS**"后按【Enter】键，AutoCAD 提示：

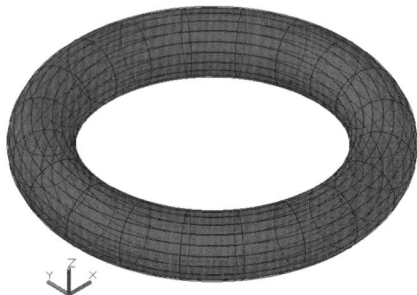

图 11.17　创建圆环

命令: torus	←输入命令, 按【Enter】键
指定中心点或[三点(3P)/两点(2P)/相切、相切、半径(T)]: 0, 0	←输入坐标值, 按【Enter】键, 将圆锥体底面中心设置在坐标原点
指定半径或[直径(D)]: 100	←输入圆环半径值, 按【Enter】键
指定圆管半径或[两点(2P)/直径(D)]: 20	←输入圆管半径值, 按【Enter】键, 完成圆环体创建

结果如图 11.17 所示。

图 11.17　创建圆环体

图 11.18　圆环半径与圆管半径关系图

【知识链接】

圆环命令调用方式及功能说明

（1）命令调用方式

- 命令行：**"TORUS"**。
- 命令快捷方式：**"TOR"**。
- 功能区按钮："默认"选项卡→"创建"功能区→ 圆环体。

（2）命令功能说明

- 圆环体是一种环形管状结构，圆环和圆管的半（直）径取值决定了其形状。其中，圆环半径取值可以为负，但圆管的半径取值必须为非零正值。当圆环半径的绝对值大于圆管半径时，可以创建圆环体，如图 11.18a）所示；若圆环半径为负，且绝对值小于圆管半径，则创建的为纺锤状实体，如图 11.18b）所示；如果圆环半径为正但小于圆管半径，则创建的实体为两端凹陷的扁球体，如图 11.18c）所示。

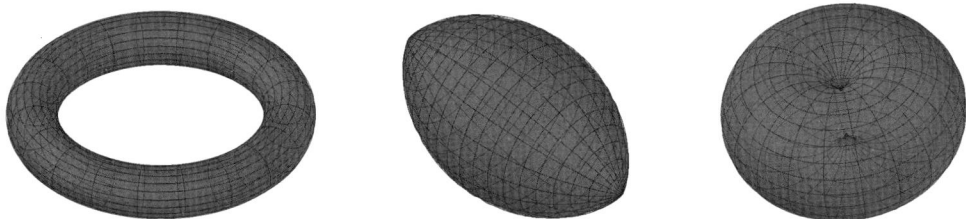

a) 圆环半径绝对值大于圆管半径　　b) 圆环半径为负，绝对值小于圆管半径　　c) 圆环半径为正，小于圆管半径

图 11.18　圆环半径与圆管半径对圆环体形状的影响

六、创建多段体

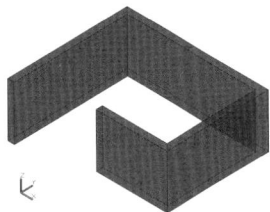

使用多段体命令**"POLYSOLID"**可以创建如图 11.19 所示的多段体。

【操作步骤】

（1）在"视图"菜单中选择"三维视图"，并设置视图为"东北等轴测"。

图 11.19　创建多段体

（2）在命令行窗口输入多段体命令**"POLYSOLID"**后按【Enter】键，AutoCAD 提示：

```
命令: polysolid                              ←输入命令，按【Enter】键
高度 = 80.0000，宽度 = 10.0000，对正 = 居中
指定起点或[对象(O)/高度(H)/宽度(W)/对正(J)]<对  ←输入参数设置多段体高度，按【Enter】键
象>: h
指定高度<80.0000>: 80                        ←输入高度值，按【Enter】键
高度 = 80.0000，宽度 = 10.0000，对正 = 居中
指定起点或[对象(O)/高度(H)/宽度(W)/对正(J)]<对  ←输入参数设置多段体宽度，按【Enter】键
象>: w
指定宽度<10.0000>: 10                        ←输入宽度值，按【Enter】键
```

高度 = 80.0000, 宽度 = 10.0000, 对正 = 居中	
指定起点或[对象(O)/高度(H)/宽度(W)/对正(J)]<对象>:	←使用鼠标在绘图区任意位置点击,确定多段体起点
指定下一个点或[圆弧(A)/放弃(U)]: 200	←使用鼠标沿 Y 轴正方向,输入长度值,按【Enter】键
指定下一个点或[圆弧(A)/放弃(U)]: 200	←使用鼠标沿 X 轴正方向,输入长度值,按【Enter】键
指定下一个点或[圆弧(A)/闭合(C)/放弃(U)]: 150	←使用鼠标沿 Y 轴负方向,输入长度值,按【Enter】键
指定下一个点或[圆弧(A)/闭合(C)/放弃(U)]: 100	←使用鼠标沿 X 轴负方向,输入长度值,按【Enter】键
指定下一个点或[圆弧(A)/闭合(C)/放弃(U)]:	←按【Enter】键,完成绘图

【知识链接】

多段体命令调用方式及功能说明

（1）命令调用方式

- 命令行："**POLYSOLID**"。
- 命令快捷方式："**PSOLID**"。
- 功能区按钮："默认"选项卡→"创建"功能区→  多段体。

图 11.19 创建多段体

（2）命令功能说明

- 多段体命令可以创建具有固定高度和宽度的直线段和曲线段的墙,也可以将现有直线、二维多行段、圆弧或圆转换为具有矩形轮廓的实体。多实体可以包含曲线段,但是默认情况下轮廓始终为矩形。
- 使用"对象"方式创建多段体,可以将直线、圆弧、二维多段线、样条曲线、椭圆和圆等二维对象转换为连续多段体。
- "对正"选项可以将多段体的路径置于指定点右侧、左侧或正中间。对正方式由轮廓的第一条线段的起始方向决定。

任务三 创建复杂实体对象

目前,三维建模在公路工程的设计工作中已经非常常见,它可以非常直观地将设计人员的意图展现出来。但是路桥工程的三维实体模型并非某一个或几个简单实体经过组合就可以完成,下面以图 11.20 所示的 1-13 m 预应力空心板桥的三维建模为例,介绍创建复杂三维实体模型的方法。

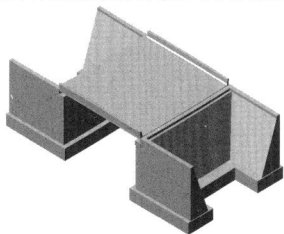

图 11.20 1-13m 预应力空心板桥实体模型

一、创建重力式桥台三维模型

重力式桥台是由台帽、前墙、侧墙和基础 4 个部分组成。其三维建模可以按以下顺序进行:先分别对台帽、前墙、侧墙和基础进行建模,然后再组装成一个整体的桥台。

（一）台帽建模

【基本资料】

台帽为长方体，长 90 cm，宽 1470 cm，厚度为 60 cm，如图 11.21 所示。

【操作步骤】

在命令行窗口输入长方体命令"**BOX**"后按【Enter】键，AutoCAD 提示：

命令: box3	←输入命令，按【Enter】键
指定第一个角点或[中心(C)]:	←在绘图区任意位置单击鼠标左键，确定长方体第一个角点位置
指定其他角点或[立方体(C)/长度(L)]: L	←输入选项参数"L"，按【Enter】键，使用指定长、宽、高数值方式创建长方体
指定长度: 90	←输入长度值，按【Enter】键
指定宽度: 1470	←输入宽度值，按【Enter】键
指定高度或[两点(2P)]: 60	←输入高度值，按【Enter】键，完成台帽创建

台帽创建结果在东南等轴测视图中如图 11.21 所示。

图 11.21 创建桥台
台帽模型

（二）前墙建模

【基本资料】

前墙断面尺寸如图 9.19 所示，单位：cm，长 1450 cm。

【操作步骤】

（1）根据前墙断面尺寸用直线命令"**LINE**"或多段线命令"**PLINE**"绘制前墙断面轮廓线，如图 11.22 所示。

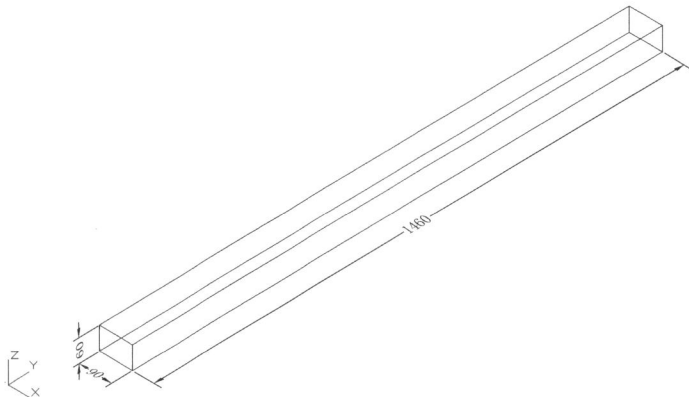

图 11.21 台帽三维模型

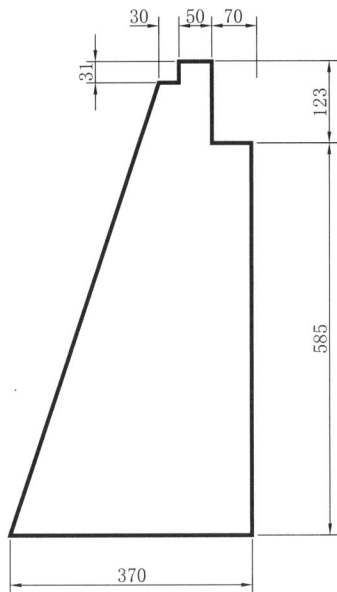

图 11.22 前墙断面尺寸

（2）在命令行窗口输入创建面域命令"**REGION**"后按【Enter】键，AutoCAD 提示：

命令: region	←输入命令，按【Enter】键
选择对象: 指定对角点: 找到 8 个	←使用窗口选择方式选中步骤 1 绘制的桥台前墙轮廓线
选择对象:	←按【Enter】键，确认对象选择完成并创建面域
已提取 1 个环。	
已创建 1 个面域。	

命令执行后，线框围成的区域被创建为一个面域，原来各自独立的 8 条线段形成一个整体。

（3）在命令行窗口输入拉伸实体命令"**EXTRUDE**"后按【Enter】键，AutoCAD 提示：

命令: extrude	←输入命令，按【Enter】键
当前线框密度: ISOLINES = 4	
选择要拉伸的对象: 找到 1 个	←使用鼠标选中前一步创建的面域对象
选择要拉伸的对象:	←按【Enter】键，确认对象选择完成
指定拉伸的高度或[方向(D)/路径(P)/倾斜角(T)]: 1450	←输入拉伸长度值，按【Enter】键，完成桥台前墙三维模型的创建

将视图切换至东南等轴测观察方式，结果如图 11.23 所示。

（4）在命令行窗口输入三维旋转命令"**ROTATE3D**"后按【Enter】键，AutoCAD 提示：

命令: rotate3d	←输入命令，按【Enter】键
当前正向角度: ANGDIR = 逆时针 ANGBASE = 0	
选择对象: 找到 1 个	←使用鼠标选中前一步创建的实体对象
选择对象:	←按【Enter】键，确认对象选择完成
指定轴上的第一个点或定义轴依据[对象(O)/最近的(L)/视图(V)/X 轴(X)/Y 轴(Y)/Z 轴(Z)/两点(2)]: x	←选项参数"X"，使实体对象绕 X 轴方向旋转
指定 X 轴上的点<0，0,0>:	←移动鼠标捕捉到实体对象上任意一点，单击鼠标左键
指定旋转角度或[参照(R)]: 90	←输入旋转角度值，按【Enter】键，完成旋转

结果如图 11.24 所示。

图 11.23　拉伸实体命令创建桥台前墙模型　　　　图 11.24　桥台前墙模型

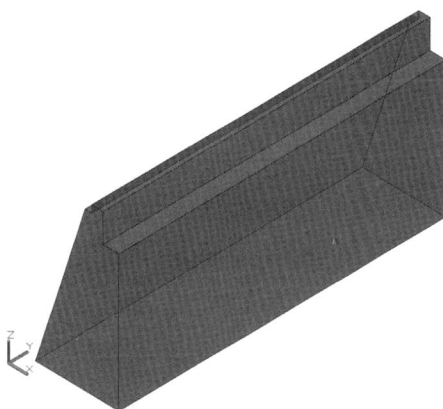

图 11.24　创建桥台
前墙模型

（三）侧墙建模

【基本资料】

侧墙断面尺寸如图 11.25 所示，单位：cm，长 800 cm。

【操作步骤】

（1）根据侧墙断面尺寸用直线命令"**LINE**"或多段线命令"**PLINE**"绘制侧墙断面轮廓线，如图 11.25 所示。

（2）使用创建面域命令"**REGION**"将侧墙断面轮廓线创建为面域。

（3）在命令行窗口输入拉伸实体命令"**EXTRUDE**"后按【Enter】键，AutoCAD 提示：

命令: extrude	←输入命令，按【Enter】键
当前线框密度: ISOLINES = 4	
选择要拉伸的对象: 找到 1 个	←使用鼠标选中前一步创建的面域对象
选择要拉伸的对象:	←按【Enter】键，确认对象选择完成
指定拉伸的高度或[方向(D)/路径(P)/倾斜角(T)]: 800	←输入拉伸长度值，按【Enter】键，完成桥台前墙三维模型的创建

将视图切换至东南等轴测方式，结果如图 11.26 所示。

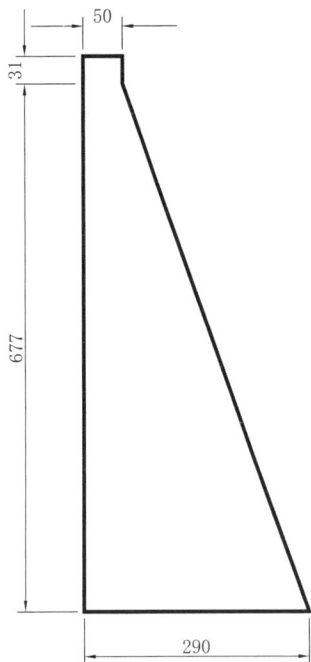

图 11.25　侧墙断面尺寸　　　图 11.26　拉伸实体命令创建桥台侧墙模型

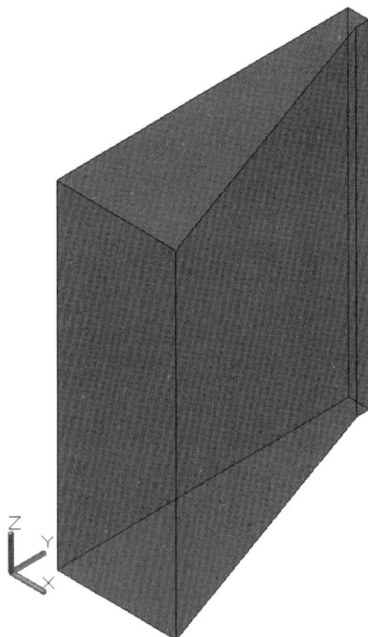

（4）在命令行窗口输入三维旋转命令"**ROTATE3D**"后按【Enter】键，AutoCAD 提示：

命令: rotate3d	←输入命令，按【Enter】键
当前正向角度: ANGDIR = 逆时针 ANGBASE = 0	
选择对象: 找到 1 个	←使用鼠标选中前一步创建的实体对象

选择对象:	←按【Enter】键，确认对象选择完成
指定轴上的第一个点或定义轴依据[对象(O)/最近的 (L)/视图(V)/X 轴(X)/Y 轴(Y)/Z 轴(Z)/两点(2)]: x	←选项参数 "X"，使实体对象绕 X 轴方向旋转
指定 X 轴上的点<0, 0,0>:	←移动鼠标，捕捉到实体对象上任意一点，单击鼠标左键
指定旋转角度或[参照(R)]: 90	←输入旋转角度值，按【Enter】键，完成旋转
命令:	←按【Enter】键，再次执行三维旋转命令
ROTATE3D	
当前正向角度: ANGDIR = 逆时针 ANGBASE = 0	
选择对象: 找到 1 个	←使用鼠标再次选中桥台侧墙实体对象
选择对象:	←按【Enter】键，确认对象选择完成
指定轴上的第一个点或定义轴依据[对象(O)/最近的 (L)/视图(V)/X 轴(X)/Y 轴(Y)/Z 轴(Z)/两点(2)]: z	←选项参数 "Z"，使实体对象绕 Z 轴方向旋转
指定 Z 轴上的点<0, 0, 0>:	←移动鼠标，捕捉到实体对象上任意一点，单击鼠标左键
指定旋转角度或[参照(R)]: 90	←输入旋转角度值，按【Enter】键，完成旋转

结果如图 11.27 所示。

（四）桥台基础建模

【基本资料】

桥台基础形状为"凹"字形，其平面尺寸如图 11.28 所示，单位：cm，厚 150 cm。

图 11.27 创建桥台侧墙模型

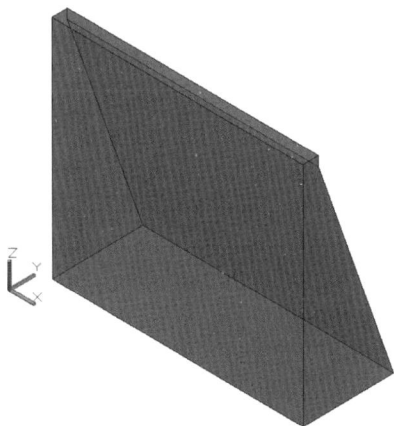

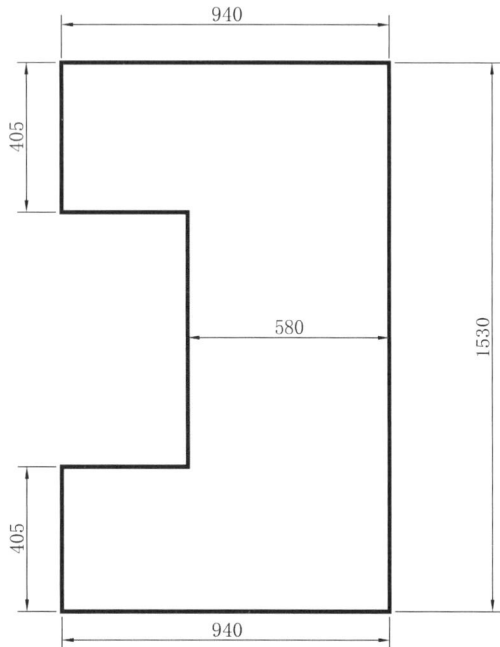

图 11.27 桥台侧墙模型

图 11.28 桥台基础平面尺寸

【操作步骤】

（1）根据桥台基础平面尺寸用直线命令"**LINE**"或多段线命令"**PLINE**"绘制桥台基础轮廓线，如图 11.28 所示。

（2）使用创建面域命令"**REGION**"将桥台基础轮廓线创建为面域。

（3）使用拉伸实体命令"**EXTRUDE**"将桥台基础轮廓面域拉伸（高度 160）为三位实体对象，其结果在东南等轴测视图中如图 11.29 所示。

图 11.29　创建桥台
基础模型

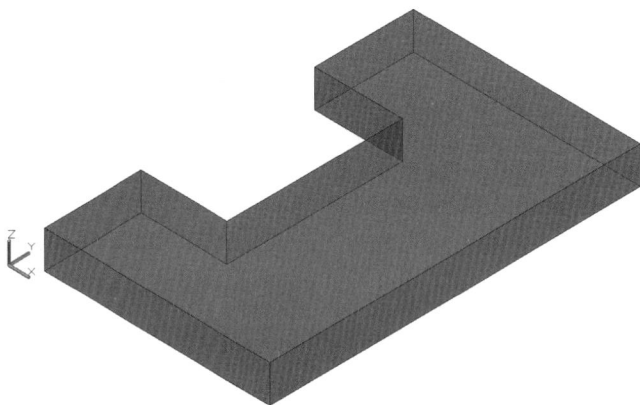

图 11.29　桥台基础模型

（五）桥台组装

桥台组装需要参照图 11.30 所示桥台平面设计图完成。

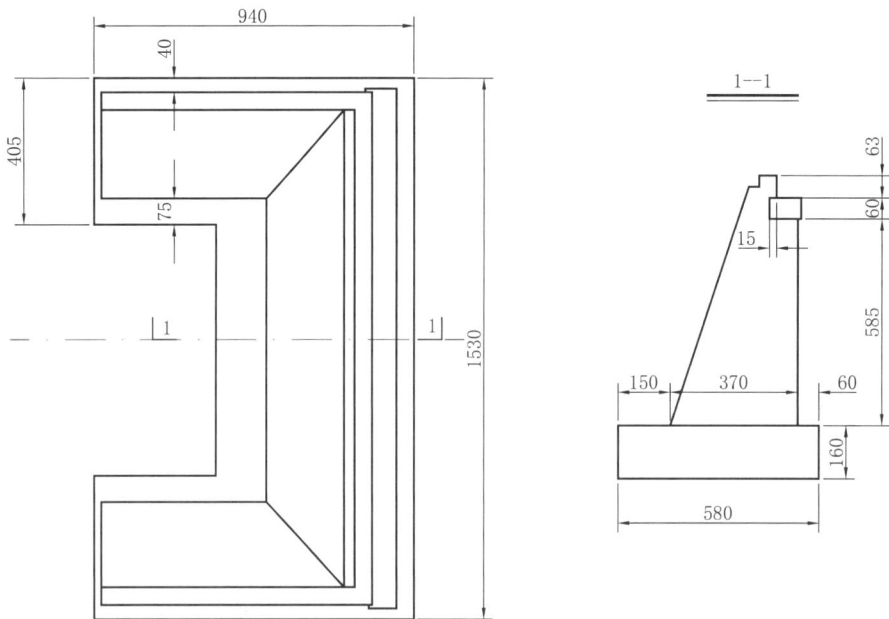

图 11.30　桥台平面图

【操作步骤】

（1）在命令行窗口输入移动命令"**MOVE**"后按【Enter】键，AutoCAD 提示：

命令: move	←输入命令，按【Enter】键
选择对象: 找到 1 个	←使用鼠标选中台帽实体对象
选择对象:	←按【Enter】键，确认对象选择完成
指定基点或[位移(D)]<位移>:	←移动鼠标，捕捉到台帽底面内侧棱线中点，单击鼠标左键确认
指定第二个点或<使用第一个点作为位移>:	←移动鼠标，捕捉到桥台前墙端面台阶内侧棱线中点，如图 11.31 所示，单击鼠标左键，完成移动

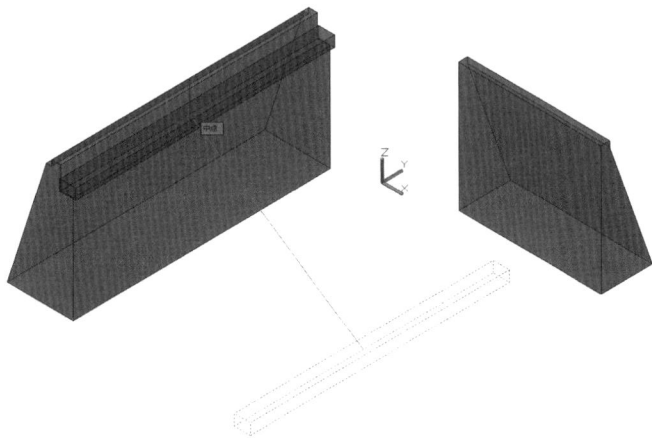

图 11.31　使用移动命令组装台帽和前墙

（2）根据图 11.30 所示桥台平面图，再次使用移动命令"**MOVE**"，将台帽沿长度方向向前墙内移动 15cm。

（3）在命令行窗口输入对齐命令"**ALIGN**"后按【Enter】键，AutoCAD 提示：

命令: align	←输入命令，按【Enter】键
选择对象: 找到 1 个	←使用鼠标选中侧墙实体对象
选择对象:	←按【Enter】键，确认对象选择完成
指定第一个源点:	←移动鼠标，捕捉到侧墙顶面 1 点，如图 11.32 所示，单击鼠标左键确认
指定第一个目标点:	←移动鼠标，捕捉到前墙顶面 2 点，如图 11.32 所示，单击鼠标左键确认
指定第二个源点:	←移动鼠标，捕捉到侧墙顶面 3 点，如图 11.32 所示，单击鼠标左键确认
指定第二个目标点:	←移动鼠标，捕捉到前墙顶面 4 点，如图 11.32 所示，单击鼠标左键确认
指定第三个源点或<继续>:	←按【Enter】键，完成源点与目标点的匹配
是否基于对齐点缩放对象? [是(Y)/否(N)]<否>:	←按【Enter】键，确认不缩放对象并完成对齐操作

结果如图 11.33 所示。

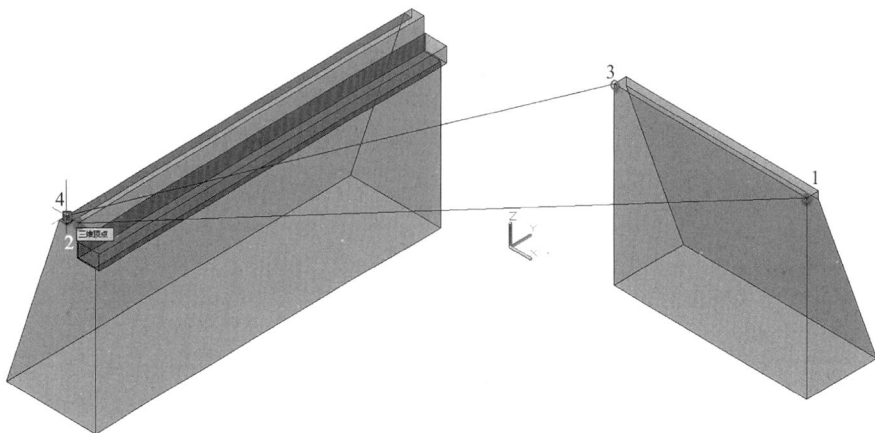

图 11.32　使用对齐命令组装前墙和侧墙

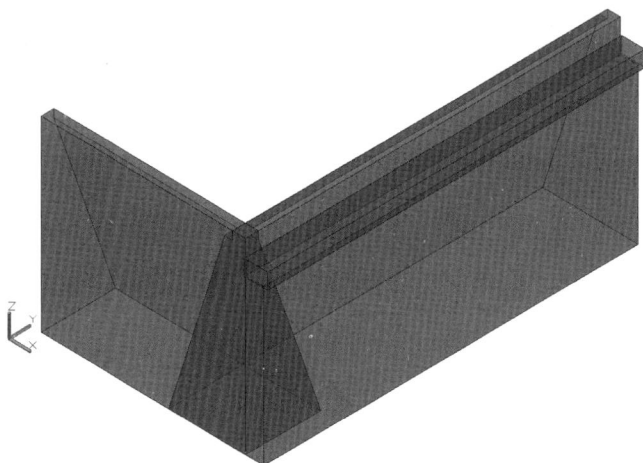

图 11.33　单侧侧墙与前墙组装完成效果

（4）在命令行窗口输入三维镜像命令"**MIRROR3D**"后按【Enter】键，AutoCAD 提示：

命令: mirror3d	←输入命令，按【Enter】键
选择对象: 找到 1 个	←使用鼠标选中侧墙实体对象
选择对象:	←按【Enter】键，确认对象选择完成
指定镜像平面(三点)的第一个点或[对象(O)/最近的 (L)/Z 轴(Z)/视图(V)/XY 平面(XY)/YZ 平面(YZ)/ZX 平面(ZX)/三点(3)]<三点>: zx	←选项参数"ZX"，使对称面与 ZX 平面平行
指定 ZX 平面上的点<0, 0,0>:	←移动鼠标，捕捉到前墙底面棱线中点，单击鼠标左键确认
是否删除源对象? [是(Y)/否(N)]<否>:	←按【Enter】键，确认不删除源对象并完成镜像操作

结果如图 11.34 所示。

（5）参照图 11.30，使用移动命令完成桥台基础与前墙、侧墙的组装，结果如图 11.35 所示。

（6）在命令行窗口输入并集运算命令"**UNION**"后按【Enter】键，AutoCAD 提示：

命令: union	←输入命令，按【Enter】键
选择对象: 找到 1 个	←使用鼠标选中所有实体对象
选择对象:	←按【Enter】键，确认对象选择完成

执行完并运算后，将前台个部分合并为一个整体，其结果如图 11.36 所示。

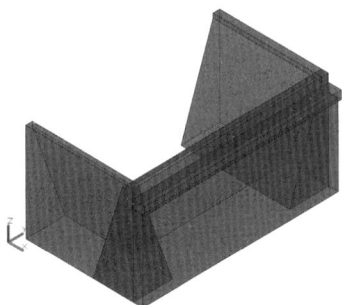

图 11.34　单侧侧墙三维镜像　　　图 11.35　桥台组装完成效果　　　图 11.36　桥台三维模型
　　　　　操作完成效果

【知识链接】

1. 创建面域命令调用方式及功能说明

（1）命令调用方式

- 命令行："**REGION**"。
- 命令快捷方式："**REG**"。
- 功能区按钮："默认"选项卡→"绘图"功能区→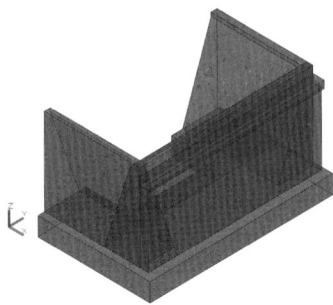（需在"草图与注释"空间调用）。
- 菜单：〖绘图〗→〖面域〗。
- 工具栏按钮：绘图工具栏→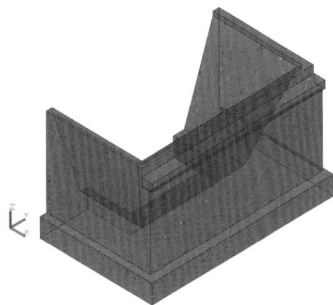。

图 11.36　组合桥台模型

（2）命令功能说明

- 面域是指具有封闭边界的二维平面。构成边界的对象可以是直线、多段线、圆弧、椭圆弧、样条曲线等，但要求组成边界的对象必须共面，即在同一个平面上，且构成边界的对象相互之间不能相交。创建面域后，所有组成边界的对象构成一个平面整体。
- 面域可以通过分解命令"**EXPLODE**"分解成各个独立对象。面域命令对于通过拉伸或旋转方式创建三维实体非常有用。

2. 创建拉伸实体命令调用方式及功能说明

（1）命令调用方式

- 命令行："**EXTRUDE**"。
- 命令快捷方式："**EXT**"。
- 功能区按钮："默认"选项卡→"创建"功能区→。

（2）命令功能说明

● 二维封闭图形，如封闭的多段线、正多边形、圆、椭圆、封闭的样条曲线、圆环以及面域等可以通过拉伸使之具有一定厚度，变成三维实体。

● 在默认情况下，对象的拉伸是沿 Z 轴方向完成的。在使用"**EXTRUDE**"命令进行拉伸操作时只需要指定拉伸的高度和倾斜角度就可以了。拉伸的高度值可以为正也可以为负，它表明的是拉伸的方向是沿 Z 轴正方向还是负方向。拉伸的角度值表示生成实体的侧面与 XY 平面之间的夹角，角度值也可以为正或为负，但其绝对值不得大于 $90°$，如果角度值为正，则生成的侧面向内倾斜，反之则生成的侧面向外倾斜，如图 11.37 所示。在拉伸对象时，如果倾斜角度过大或拉伸高度过大，可能导致拉伸对象尚未达到拉伸高度之前就已经汇聚于一点，此时拉伸将无法继续进行。

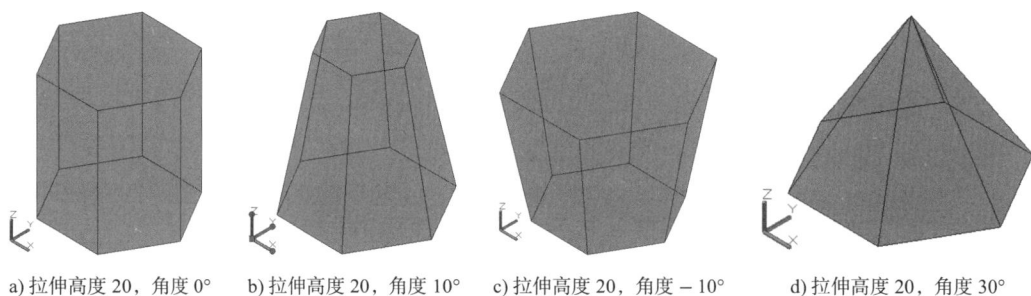

　a) 拉伸高度 20，角度 0°　　b) 拉伸高度 20，角度 10°　　c) 拉伸高度 20，角度 −10°　　d) 拉伸高度 20，角度 30°

图 11.37　拉伸二维对象创建三维实体示例

● 二维对象还可以按照指定的路径完成拉伸，拉伸路径可以是开放的，也可以是封闭的，如直线、圆、圆弧、多段线、样条曲线等，但拉伸路径不能与拉伸对象共面，如图 11.38 所示。拉伸的路径不能相交或带有尖角，否则会使拉伸对象实体自身相交，导致拉伸失败。

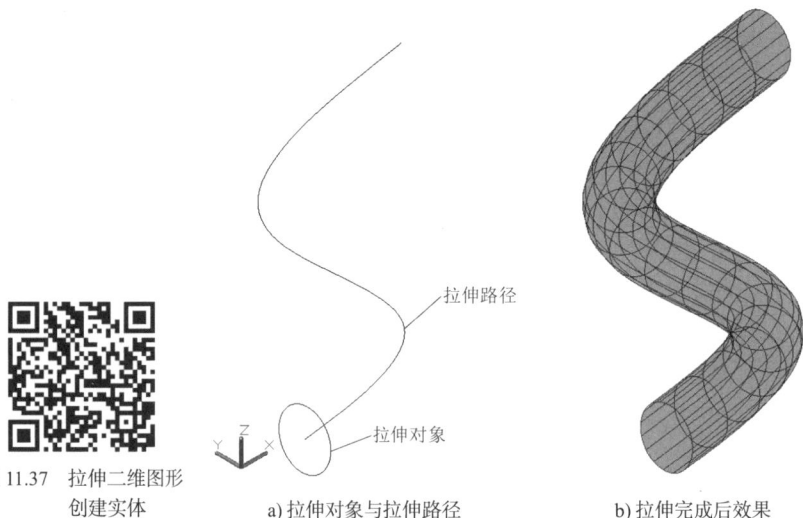

图 11.37　拉伸二维图形
　　　　　创建实体

　a) 拉伸对象与拉伸路径　　　　b) 拉伸完成后效果

图 11.38　沿指定路径拉伸对象

● 如果拉伸对象具有厚度或由多段线构成的拉伸对象具有线宽，在拉伸后，厚度和线宽均会被忽略。

3.三维旋转命令调用方式及功能说明

（1）命令调用方式

- 命令行："**3DROTATE**"或"**ROTATE3D**"。
- 命令快捷方式："**3DR**"。
- 功能区按钮："常用"选项卡→"修改"功能区→ （需在"三维建模"空间调用）

图 11.38　沿制定路径拉伸对象

（2）命令功能说明

- 三维旋转可以使平面对象或实体对象在三维空间中绕任意轴（*X*、*Y* 或 *Z* 轴）、视图、对象或两点进行旋转。

- 如果使用"**ROTATE3D**"命令旋转对象，在执行命令后，AutoCAD 会提示"**指定轴上的第一个点或定义轴依据[对象(O)/最近的(L)/视图(V)/*X* 轴(X)/*Y* 轴(Y)/*Z* 轴(Z)/两点(2)]：**"。选择相应的参数，可以自由设置旋转对象时所围绕的旋转轴。

- 如果使用"**3DROTATE**"命令、菜单方式或者工具栏按钮方式旋转对象，在执行命令后，会在绘图窗口出现图 11.39 所示的由 3 个不同颜色，并且互相垂直的辅助圆构成的旋转工具。使用时先通过旋转工具的夹点来指定旋转基点，再点击不同颜色的圆环指定通过旋转方向，输入旋转角度后可以完成三维旋转操作。但此种方式只能沿与当前坐标轴平行的方向来设置旋转方向，在这一点上，"**3DROTATE**"命令、菜单方式或工具栏按钮方式没有"**ROTATE3D**"命令便利。

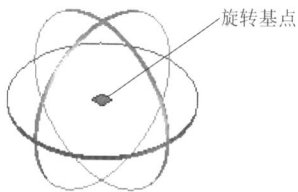

旋转基点

图 11.39　旋转工具

4.三维镜像命令调用方式及功能说明

（1）命令调用方式

- 命令行："**MIRROR3D**"或"**3DMIRROR**"。
- 命令快捷方式："**3DMI**"。
- 功能区按钮："默认"选项卡→"修改"功能区→ 。

（2）命令功能说明

- 三维镜像可以在三维空间中将指定对象相对于某一平面进行镜像操作，而不同于镜像命令"**MIRROR**"的相对于某一对称轴的镜像操作。

- 在执行"**MIRROR3D**"命令后，AutoCAD 会提示"**指定镜像平面(三点)的第一个点或[对象(O)/最近的(L)/Z 轴(Z)/视图(V)/XY 平面(XY)/YZ 平面(YZ)/ZX 平面(ZX)/三点(3)]<三点>：**"。选择相应的参数，可以设置对称平面的位置。其中"*XY* 平面"、"*YZ* 平面"和"*ZX* 平面"参数并非是将镜像平面放置在对应的投影面上，而是将对称平面放置在通过某一指定点并与相应投影面平行的平面上。

5.并集运算命令调用方式及功能说明

在三维实体创建过程中，复杂实体往往不能一次生成，一般都是由简单实体通过布尔运算组合而成。布尔运算就是对多个三维实体进行求并、求差和求交的运算，使它们进行组合，最终形成需要的实体。

并集运算是布尔运算的一种，它可以使多个面域或实体构成一个整体。

（1）命令调用方式

- 命令行："**UNION**"。
- 命令快捷方式："**UNI**"。
- 功能区按钮："默认"选项卡→"修改"功能区→ 。

（2）命令功能说明

- 并集操作可以使两个或者多个面域或者实体合并在一起，形成单一面域或实体，如图 11.40 所示。

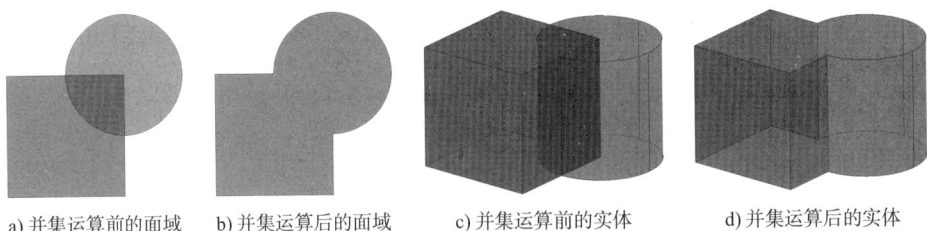

a) 并集运算前的面域　　b) 并集运算后的面域　　c) 并集运算前的实体　　d) 并集运算后的实体

图 11.40　并集运算示例

图 11.40　并集运算示例

- 进行并集运算的操作对象既可以是相交的，也可以是分离的，但是如果操作对象是两个或者多个面域，则要求参与并集运算的面域必须共面。

二、创建上部构造三维模型

上部结构包括 3 部分：预应力空心板、桥面铺装和刚性护栏。建模时可以先分别对空心板、桥面铺装和护栏建模，然后再进行拼装。

（一）预应力空心板建模

【基本资料】

桥面由 9 块中板与 2 块边板构成，其断面尺寸及板间铰缝情况如图 11.41 所示，单位：cm，板长 1300 cm。

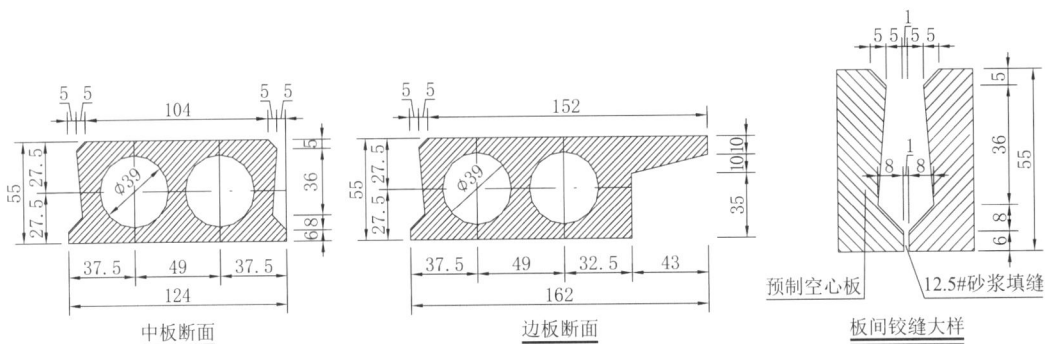

中板断面　　　　　　　　　　边板断面　　　　　　　　板间铰缝大样

图 11.41　预应力空心板断面尺寸

【操作步骤】

（1）根据图示边板和中板尺寸用直线命令"**LINE**"或多段线命令"**PLINE**"分别绘制预应力空心板边板和中板断面轮廓线，无需填充。

（2）使用创建面域命令"**REGION**"将中板外部轮廓线、边板外部轮廓线以及圆孔创建为 6 个各自独立的面域。

（3）在命令行窗口输入差集运算命令"**SUBTRACT**"后按【Enter】键，AutoCAD 提示：

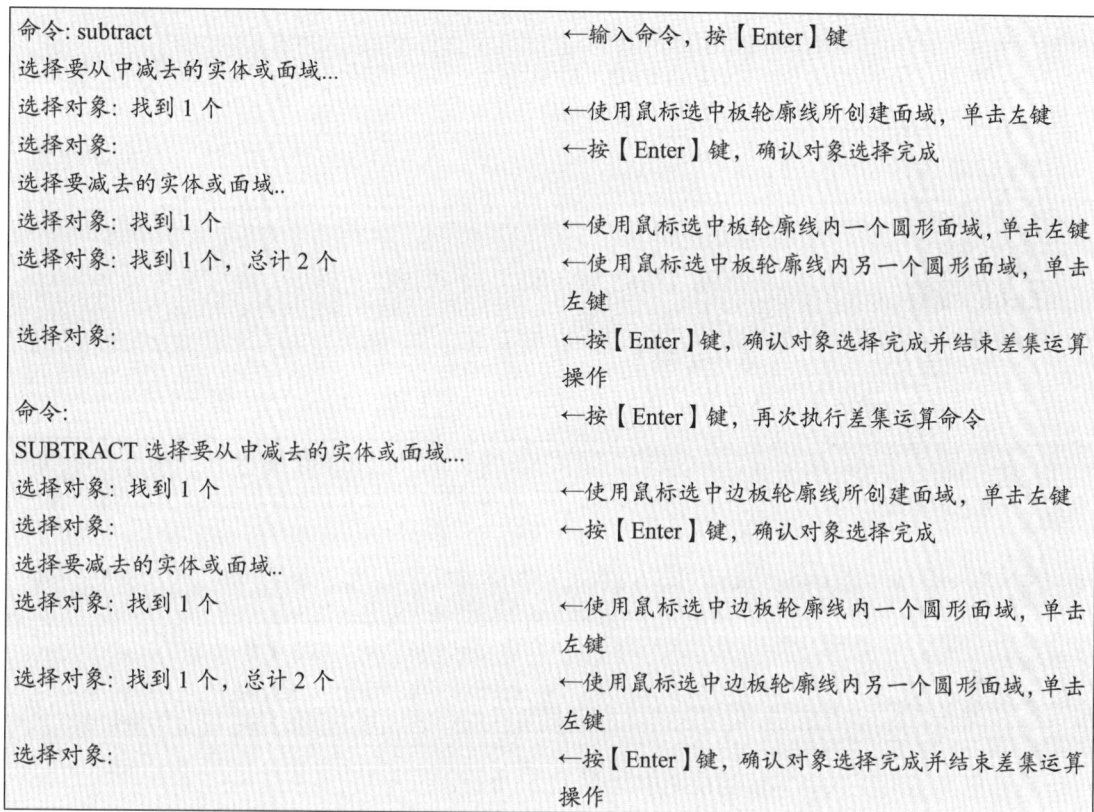

命令: subtract	←输入命令，按【Enter】键
选择要从中减去的实体或面域…	
选择对象: 找到 1 个	←使用鼠标选中板轮廓线所创建面域，单击左键
选择对象:	←按【Enter】键，确认对象选择完成
选择要减去的实体或面域..	
选择对象: 找到 1 个	←使用鼠标选中板轮廓线内一个圆形面域，单击左键
选择对象: 找到 1 个，总计 2 个	←使用鼠标选中板轮廓线内另一个圆形面域，单击左键
选择对象:	←按【Enter】键，确认对象选择完成并结束差集运算操作
命令:	←按【Enter】键，再次执行差集运算命令
SUBTRACT 选择要从中减去的实体或面域…	
选择对象: 找到 1 个	←使用鼠标选中边板轮廓线所创建面域，单击左键
选择对象:	←按【Enter】键，确认对象选择完成
选择要减去的实体或面域..	
选择对象: 找到 1 个	←使用鼠标选中边板轮廓线内一个圆形面域，单击左键
选择对象: 找到 1 个，总计 2 个	←使用鼠标选中边板轮廓线内另一个圆形面域，单击左键
选择对象:	←按【Enter】键，确认对象选择完成并结束差集运算操作

在面板的视觉样式控制台中将视觉样式设置为"真实"，结果如图 11.42 所示。

图 11.42　空心板完成差集运算效果

（4）分别使用复制命令"**COPY**"和镜像命令"**MIRROR**"完成其余 8 块中板和另一块边板的创建，并按图 11.41 板间铰缝大样图所示间距完成各板的位置放置，如图 11.43 所示。

图 11.43　完成其余中板和边板的创建和布置

（5）在命令行窗口输入拉伸实体命令 **"EXTRUDE"** 后按【Enter】键，AutoCAD 提示：

命令: extrude	←输入命令，按【Enter】键
当前线框密度: ISOLINES = 4	
选择要拉伸的对象: 找到 11 个	←选中前一步创建的所有面域对象
选择要拉伸的对象:	←按【Enter】键，确认对象选择完成
指定拉伸的高度或[方向(D)/路径(P)/倾斜角(T)]: 1300	←输入拉伸长度值，按【Enter】键，完成空心板三维模型的创建

（6）使用三维旋转命令 **"ROTATE3D"** 将所有空心板旋转至与桥台对应的方向，将视图设置为东南等轴测图后，其效果如图 11.44 所示。

图 11.41　创建预应力空心板
中板和边板模型

（二）桥面铺装建模

【基本资料】

桥面铺装简化为长方体，不考虑桥面横坡，其尺寸为长 1450 cm，宽 1300 cm，厚 12 cm。

【操作步骤】

在命令行窗口输入长方体命令 **"BOX"** 后按【Enter】键，AutoCAD 提示：

命令: box	←输入命令，按【Enter】键
指定第一个角点或 [中心(C)]:	←在绘图区任意位置单击鼠标左键，确定长方体第一个角点位置
指定其他角点或 [立方体(C)/长度(L)]: L	←输入选项参数 "L"，按【Enter】键，使用指定长、宽、高数值方式创建长方体
指定长度: 1300	←输入长度值，按【Enter】键
指定宽度: 1350	←输入宽度值，按【Enter】键
指定高度或 [两点(2P)]: 12	←输入高度值，按【Enter】键，完成台帽创建

台帽创建结果在东南等轴测视图中如图 11.45 所示。

图 11.44　桥面空心板三维模型

图 11.45　桥面铺装三维模型

（三）刚性护栏建模

【基本资料】

刚性护栏断面尺寸及安装位置如图 11.46 所示，单位：cm。

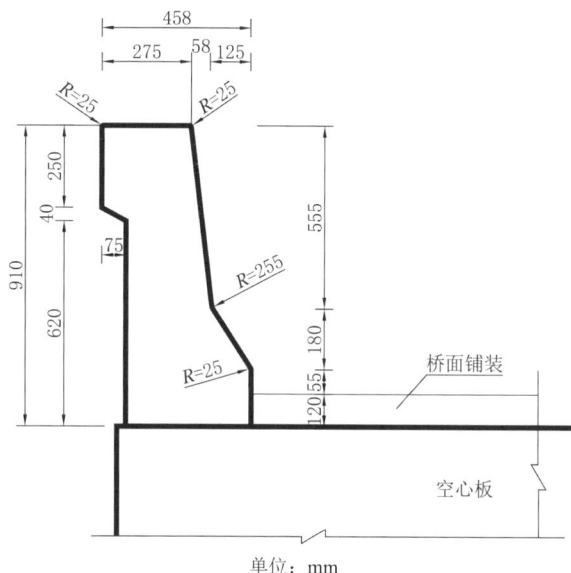

图 11.46 护栏断面图

图 11.45 创建桥面铺装模型

图 11.47 创建护栏模型

【操作步骤】

（1）根据图示护栏断面尺寸用直线命令"**LINE**"或多段线命令"**PLINE**"绘制护栏断面轮廓。

（2）使用创建面域命令"**REGION**"将绘制完成的护栏断面创建为一个面域。

（3）使用拉伸实体命令"**EXTRUDE**"将护栏断面面域拉伸 1300cm 后，使用三维旋转命令"**ROTATE3D**"将其旋转至与桥面铺装对应的方向。将视图设置为东南等轴测图后，其效果如图 11.47 所示。

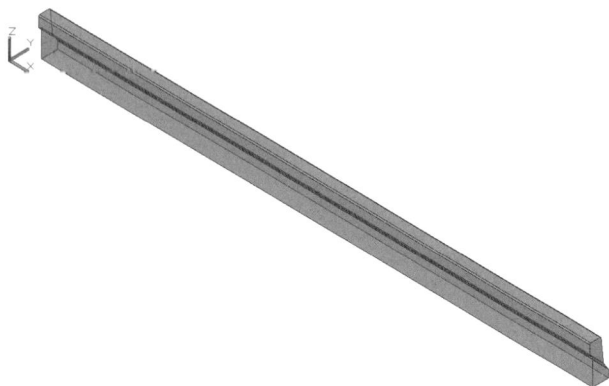

图 11.47 护栏三维模型

（四）桥梁上部构造组装

【操作步骤】

（1）使用移动命令"**MOVE**"先将桥面铺装叠放在空心板上，再将右侧刚性护栏与桥板及桥面铺装拼装在一起。

（2）使用三维镜像命令"**MIRROR3D**"生成左侧护栏。

操作结束后，生成的桥梁上部构造三维模型如图 11.48 所示。

图 11.48　组合桥梁上部
　　　　　结构模型

图 11.48　上部结构三维模型

【知识链接】

差集运算命令调用方式及功能说明

差集运算也是布尔运算的一种，它是通过减法操作来将面域或实体构成的一个选择集从另一个选择集中减去。

（1）命令调用方式

- 命令行："**SUBTRACT**"。
- 命令快捷方式："**SU**"。
- 功能区按钮："默认"选项卡→"修改"功能区→。

（2）命令功能说明

- 使用"**SUBTRACT**"命令可以通过从另一个重叠集中减去一个现有的三维实体集来创建三维实体。可以通过从另一个重叠集中减去一个现有的面域对象集来创建二维面域对象，如图 11.49 所示。

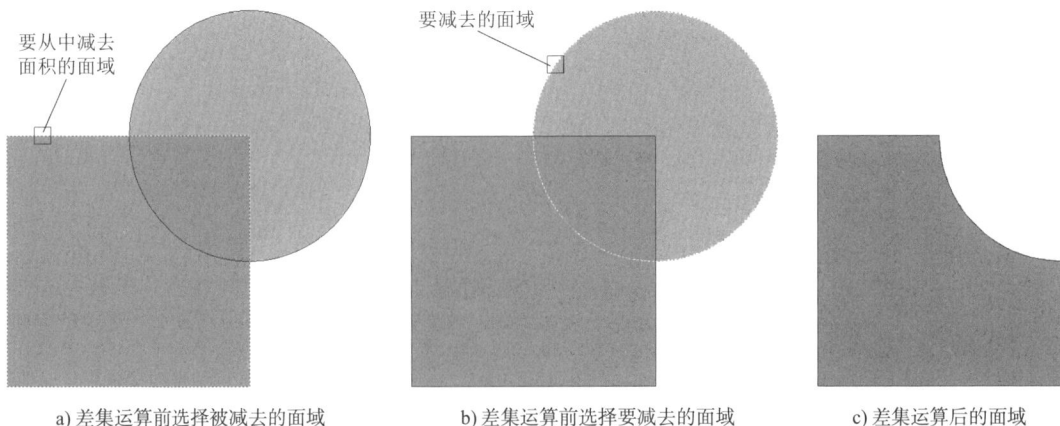

a) 差集运算前选择被减去的面域　　　b) 差集运算前选择要减去的面域　　　c) 差集运算后的面域

图　　11.49

d) 差集运算前选择被减去的实体 e) 差集运算前选择要减去的实体 f) 差集运算后的实体

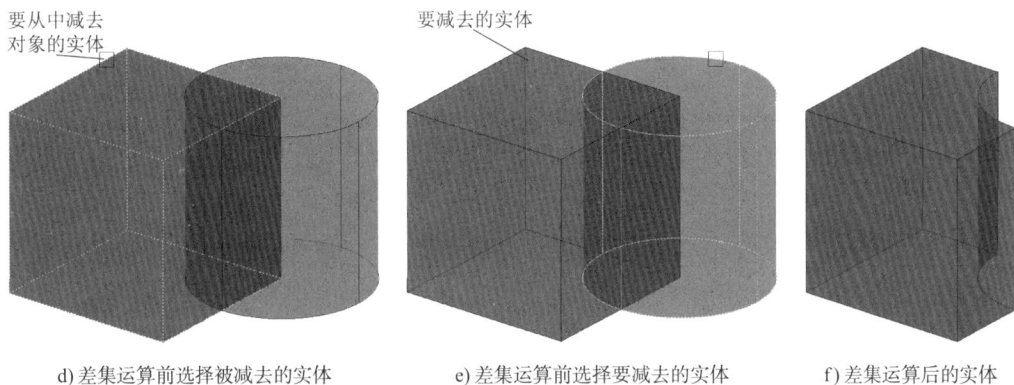

图 11.49　差集运算示例

● 调用命令时，先选择要保留的对象，按【Enter】键，然后选择要减去的对象。从第一个选择集中的对象减去第二个选择集中的对象。即创建了一个新的三维实体、曲面或面域。

● 执行差集运算操作的两个面域必须位于同一平面上。但是，通过在不同的平面上选择面域集，可同时执行多个"SUBTRACT"操作。程序会在每个平面上分别生成减去的面域。如果没有其他选定的共面面域，系统将拒绝生成该面域。

图 11.50　差集运算示例

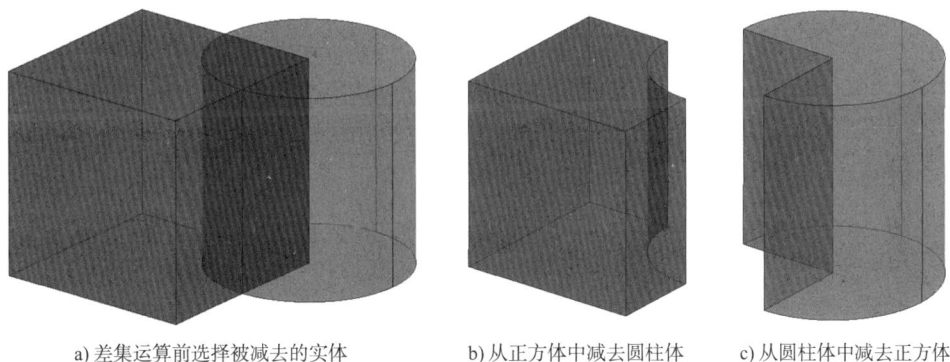

● 差集运算是从第一个选择集中的对象减去第二个选择集中的对象，然后创建一个新的实体或面域。因此，选择对象的顺序决定了运算结果，如图 11.50 所示。

a) 差集运算前选择被减去的实体 b) 从正方体中减去圆柱体 c) 从圆柱体中减去正方体

图 11.50　差集运算顺序示例

● 差集运算的操作对象可以是实体，也可以是面域，但执行差集操作的两个面域必须位于同一平面上。

三、全桥模型组装

桥梁各部分建模完成后，需要将各部分组装在一起，其中，由于两岸桥台结构尺寸相同，可以通过三维镜像命令"MIRROR3D"先复制生成另一侧桥台，如图 11.51 所示。

组装时，需要多次使用到移动命令"MOVE"来完成精确移动，可以使用对象捕捉和极轴等辅助完成。组装完成并着色的效果如图 11.20 所示。

图 11.51 组合桥梁各部分结构

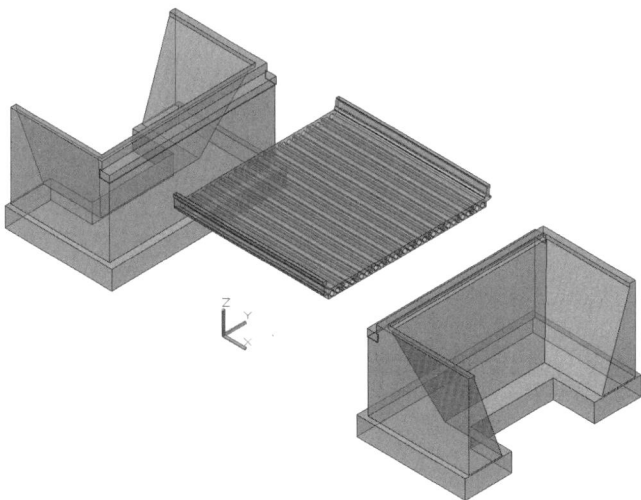

图 11.52 旋转方式创建三维实体

图 11.51 桥梁各部分组装

项目拓展

本项目拓展将介绍 AutoCAD 三维建模常使用的其他命令及其操作方法。

一、通过旋转二维对象创建三维实体

在 AutoCAD 中，除了可以通过拉平面图形的方式创建三维实体之外，还可以通过将二维封闭图形，如封闭的多段线、正多边形、圆、椭圆、封闭的样条曲线、圆环以及面域等绕某一旋转轴旋转一定角度，使之形成三维实体，如图 11.52 所示。

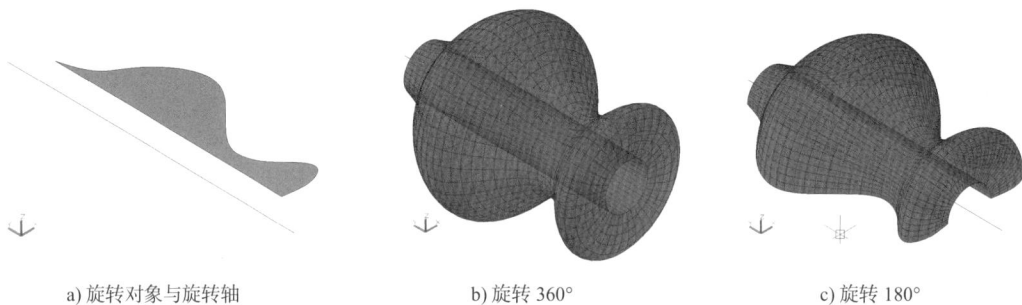

a) 旋转对象与旋转轴   b) 旋转 360°   c) 旋转 180°

图 11.52 旋转二维面域创建三维实体

旋转二维面域命令调用方式及功能说明

（1）命令调用方式

- 命令行："**REVOLVE**"。
- 命令快捷方式："**REV**"。
- 功能区按钮："默认"选项卡→"创建"功能区→。

（2）命令功能说明

● 可以使用旋转命令"**REVOLVE**"创建三维实体的对象包括：直线、圆弧、椭圆弧、二维多段线、二维样条曲线、圆、椭圆、三维平面、二维实体、宽线、面域以及实体或曲面上的平面等。

● 指定旋转轴时，可以在绘图自行指定两点作为旋转轴的端点，也可以让对象围绕与 X、Y、Z 轴平行的某一轴线旋转，另外还可以指定某一现有对象作为旋转轴，可以作为旋转轴的对象包括：直线、多段线和实体或曲面的线性边。当选择多段线作为旋转轴时，如果拾取的是线段部分，则对象将绕该段线段旋转，如果拾取的是圆弧段，则对象以该圆弧的两端点之间的连线作为旋转轴旋转。

● 使用旋转方式创建三维实体时，旋转轴只能位于旋转对象的某一侧，否则无法执行旋转命令。

二、三维实体的交集运算

三维实体或面域的布尔运算除了前面介绍的并集运算、差集运算之外，还有交集运算。它是通过通过重叠实体、曲面或面域创建三维实体、曲面或二维面域，如图 11.53 所示。

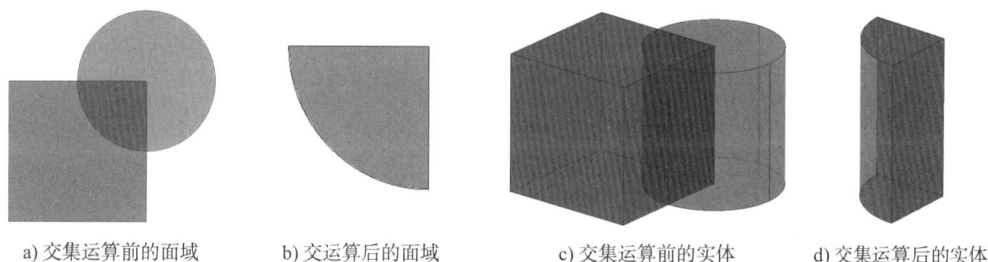

a) 交集运算前的面域　　b) 交运算后的面域　　c) 交集运算前的实体　　d) 交集运算后的实体

图 11.53　交集运算示例

交集运算命令调用方式及功能说明

（1）命令调用方式

● 命令行："**INTERSECT**"。

● 命令快捷方式："**IN**"。

● 功能区按钮："默认"选项卡→"修改"功能区→ 。

图 11.53　交集运算示例

（2）命令功能说明

● 使用"**INTERSECT**"命令，可以基于两个或两个以上现有三维实体、曲面或面域的公共体积创建三维实体。

● 选择集可包含位于任意多个不同平面中的面域、实体和曲面。"**INTERFERE**"将选择集分成多个子集，并在每个子集中测试交集。第一个子集包含选择集中的所有实体和曲面。第二个子集包含第一个选定的面域和所有后续共面的面域。第三个子集包含下一个与第一个面域不共面的面域和所有后续共面面域，如此直到所有的面域被分至各个子集为止。

● 如果是对两个或多个面域进行交集运算，执行交集运算的面域必须位于同一平面上。

三、在三维空间阵列对象

三维阵列可以在三维空间中使用矩形阵列或环形阵列方式复制对象，如图 11.54 所示。三维阵列命令"**3DARRAY**"的操作方式是通过命令行窗口完成。

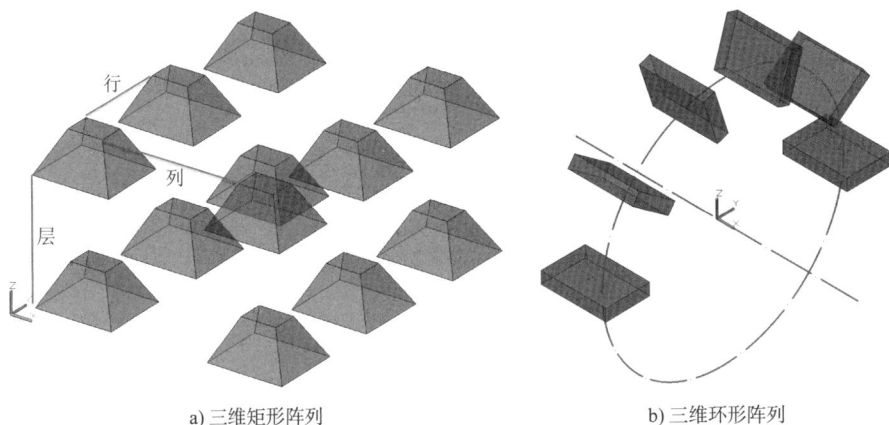

a) 三维矩形阵列　　　　　　　　　　　　　b) 三维环形阵列

图 11.54　三维阵列示例

图 11.54　实体三维阵列示例

三维阵列命令调用方式及功能说明

（1）命令调用方式

● 命令行："**3DARRAY**"。

● 命令快捷方式："**3A**"。

● 功能区按钮："默认"选项卡→"修改"功能区→ 三维阵列。

（2）命令功能说明

● 如果在三维阵列时采用的是矩行阵列，可以通过设置行数、列数和层数以及间距，在三维空间中复制对象，使其排列成空间矩形。但排列矩形阵列时，一个阵列必须具有至少两个行、列或层。

● 如果在三维阵列时采用的是环行阵列，可以使选中对象绕指定的任意空间轴线复制和排列对象。指定环形阵列旋转轴后，可以通过指定角度来确定对象距旋转轴的距离。角度值可以为正值，也可以为负值，正值表示沿逆时针方向旋转。负值表示沿顺时针方向旋转。

项目小结

本项目主要内容总结如下。

◆ 利用标准视点可以从不同角度观察 AutoCAD 创建的三维实体，还可以动态观察模型。

◆ 使用 AutoCAD 提供的基本实体创建命令可以直接创建长方体、圆柱体、球体等基本立体的实体模型。

◆ 圆、矩形、闭合多段线和面域等二维对象可以通过实体拉伸、实体旋转等方式创建三维实体。

◆ 在三维空间中同样可以对选中的对象进行镜像、旋转、阵列等编辑操作。

◆ 对于复杂形体，可以使用布尔运算（并运算、差运算、交运算）完成组合体的构建。

图 11.55 项目十一实训

实训

根据图 11.55 所示的桥墩构造图创建桥墩实体模型。

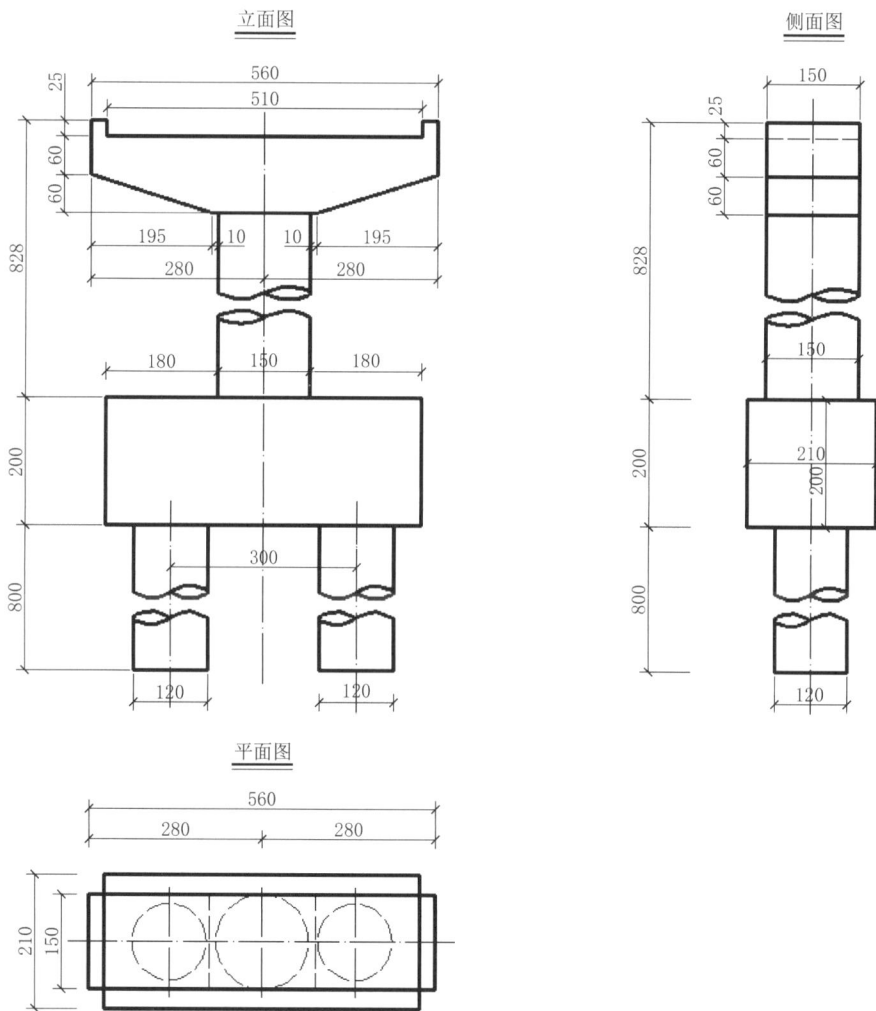

图 11.55 实训图形

项目十二
ITEM TWELVE
打印输出图纸

设计工作的的最后一步是将图纸打印输出。通常意义上的打印输出是将图形打印在图纸上。在 AutoCAD 中，用户也可以生成一份电子图纸，以便在因特网上访问。打印图形的关键问题之一是设置打印比例。如果图样是按 1∶1 的比例绘制，图形在输出时，需考虑选用打印图纸的幅面大小及图形的缩放比例，有时还要调整图形在图纸上的位置和方向等。

AutoCAD 为用户提供了模型空间和布局空间两种绘图环境。一般情况下，用户都是在模型空间完成绘图并从该空间完成图形的打印输出。采用这种方法输出具有不同缩放比例的多张图纸时比较麻烦，需先将其中的一些图纸进行缩放，再将所有图纸布置在一起形成更大幅面的图纸输出。而在布局空间中，用户可以在系统提供的多种标准幅面的虚拟图纸上以不同的缩放比例布置多个图形，然后按 1∶1 比例完成图形的打印输出。

本项目将介绍从模型空间和布局空间完成图形对象的打印输出的相关知识。通过本项目的学习，可以掌握从模型空间打印图形的方法。

学习目标

◎ 掌握在 AutoCAD 中添加打印设备的方法。
◎ 学会使用打印样式的方法。
◎ 学会设定打印区域和打印比例的方法。
◎ 学会调整图形打印方向和位置的方法。
◎ 学会在模型空间和布局空间打印输出图纸的方法。

任务一　添加打印设备

在 AutoCAD 中，用户可在打印机管理器中设置所需要的绘图输出设备。常用的绘图输出设备有绘图仪和打印机两种，用户可利用打印机管理器来配置绘图设备。

【操作步骤】

（1）点击应用程序菜单，选择"打印"菜单选项下的"管理绘图仪"，如图12.1所示，打开图12.2所示的"Plotters"对话框。

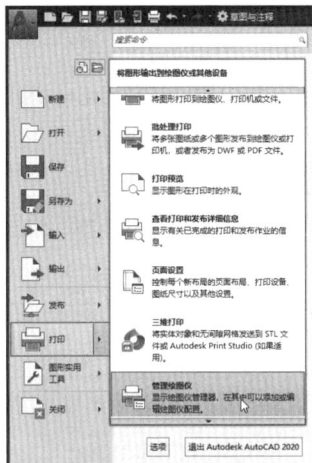

图 12.1 打开"管理绘图仪"功能

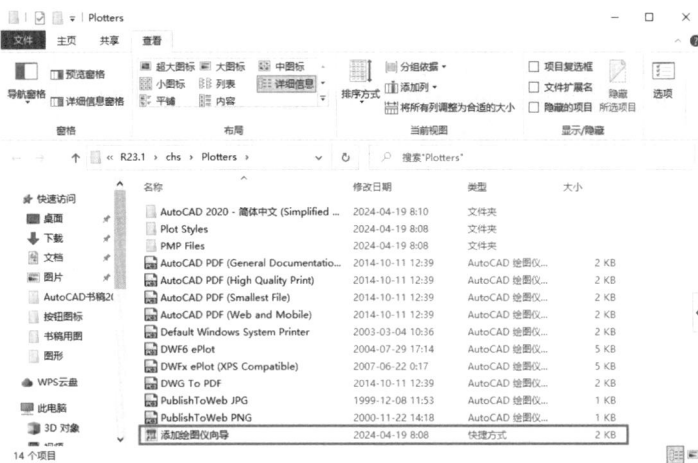

图 12.2 "Plotters"对话框

（2）在"Plotters"对话框中使用鼠标双击"添加绘图仪向导"快捷方式图标，打开"添加绘图仪-简介"对话框，如图12.3所示。

（3）点击 下一步(N) 按钮，进入"添加绘图仪-开始"对话框，如图12.4所示。在对话框中选择"我的电脑"选项，单击 下一步(N) 按钮，进入"添加绘图仪-绘图仪型号"对话框，如图12.5所示。

图 12.3 "添加绘图仪-简介"对话框

图 12.4 "添加绘图仪-开始"对话框

（4）在"添加绘图仪-绘图仪型号"对话框中选择生产商和型号，然后单击 下一步(N) 按钮，进入"添加绘图仪-输入 PCP 或 PC2"对话框，如图12.6所示。

（5）在"添加绘图仪-输入 PCP 或 PC2"对话框中，用户可以点击 输入文件(I)... 按钮，在打开的对话框中选择使用通过早期版本 AutoCAD 创建的 PCP 或 PC2 文件中的配置信息。

（6）点击 下一步(N) > 按钮，进入"添加绘图仪-端口"对话框，如图 12.7 所示。在对话框中选择打印时使用的端口，然后单击 下一步(N) > 按钮进入"添加绘图仪-绘图仪名称"对话框，如图 12.8 所示。

（7）在对话框的"绘图仪名称"文本框中输入一个名称，以标识当前配置的绘图仪。单击 下一步(N) > 按钮，进入"添加绘图仪-完成"对话框，如图 12.9 所示。点击 完成(F) 按钮，结束设置并退出添加绘图仪向导。

图 12.5 "添加绘图仪-绘图仪型号"
对话框

图 12.6 "添加绘图仪-输入 PCP 或 PC2"
对话框

图 12.7 "添加绘图仪-端口"对话框

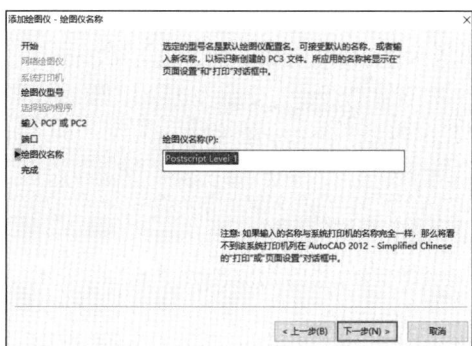

图 12.8 "添加绘图仪-绘图仪名称"对话框

图 12.9 "添加绘图仪-完成"对话框

【知识链接】

绘图仪管理器命令调用方式

- 命令行："**PLOTTERMANAGER**"。
- 功能区按钮："输出"选项卡→"打印"功能区→ 绘图仪管理器 。
- 菜单：〖文件〗→〖绘图仪管理器〗。
- 其他：在绘图窗口单击鼠标右键，在快捷菜单中选择"选项…"，打开"选项"对话框，在"打印和发布"选项卡中点击 添加或配置绘图仪(P)... 按钮，如图 12.10 所示。

图 12.1 添加打印设备

图 12.10 "选项"对话框"打印和发布"选项卡

任务二 在模型空间中打印图纸

在 AutoCAD 中有两个图纸空间，分别是模型空间和布局空间。通常在模型空间按照 1 : 1 的比例进行设计绘图，但为了与其他设计人员交流和进行产品加工、工程施工，需要将图纸打印输出，这就需要在布局空间中进行排版，即布置图纸的位置和大小，将不同比例的视图安排在同一张图纸中并对它们标注尺寸，给图纸添加图框、标题栏、文字注释等。也就是说，模型空间是设计空间，而布局空间是表现空间。

如果仅是打印具有一个视图的二维图形，可以在模型空间中完整创建图形，对图形进行注释，并且直接在模型空间中进行打印。这也是使用 AutoCAD 创建和打印图形的传统方法。

【操作步骤】

（1）打开需要打印的图形文件，在命令行输入命令"**PLOT**"或点击快捷工具栏上的打印按钮，打开图 12.11 所示的"打印-模型"对话框。

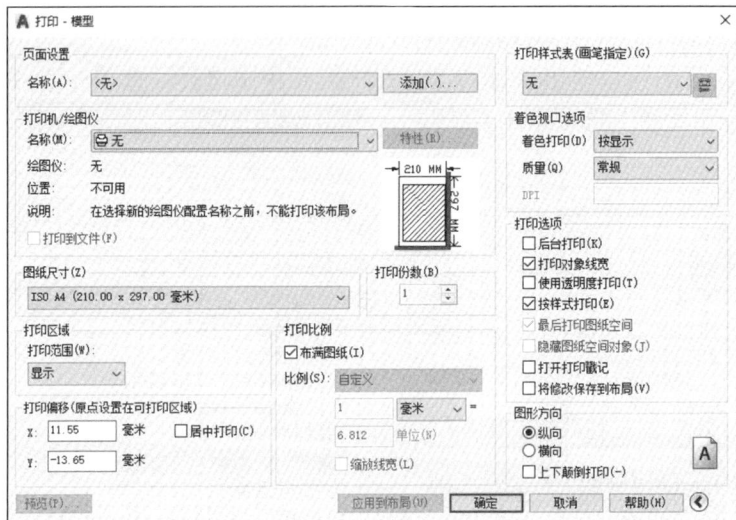

图 12.11 "打印-模型"对话框

（2）在"打印机/绘图仪"设置区打开"名称"下拉列表选择打印机，如果所使用的计算机连接安装了真实打印机，则可选择该打印机，如果没有安装实体打印机，则可以选择 AutoCAD 提供的虚拟打印机"DWF ePlot.pc3"，如图 12.12 所示。

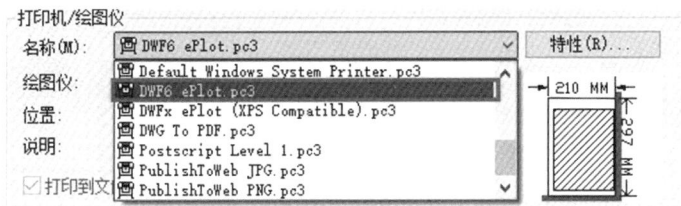

图 12.12 默认快速访问工具栏

（3）在"图纸尺寸"设置区的下拉列表中选择打印纸张的尺寸。此处的图纸尺寸信息是根据上一步所选打印机的硬件信息列出的。在上一步如果选择了虚拟打印机"DWF ePlot.pc3"，则在此处选择"ISO A3（420.00 × 297.00 毫米）"，如图 12.13 所示。

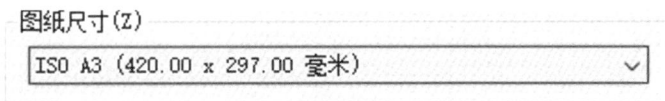

图 12.13 "图纸尺寸"选项区

（4）在"打印区域"设置区的"打印范围"下拉列表中选择"窗口"，如图 12.14 所示。选中此项后，将会切换到绘图窗口，供用户选择要打印的窗口区域。

（5）选中打印区域后，返回对话框，在"打印偏移"设置区中勾选"居中打印"项，如图 12.15 所示。

（6）在"打印比例"设置区中取消"布满图纸"复选框中的勾选状态，在"比例"下拉列表中选择"1：1"如图 12.16。这个选项可以确保打印出的图纸是规范的 1：1 工程图。如果仅是检查图纸，可以使用"布满图纸"选项将选中区域在图纸中以最大化方式打印出来。

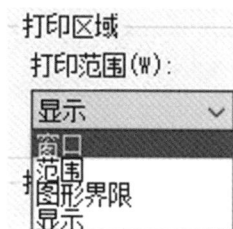

图 12.14 设置打印区域　　　　图 12.15 设置打印偏移　　　　图 12.16 设置打印比例

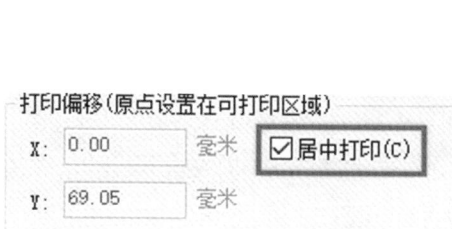

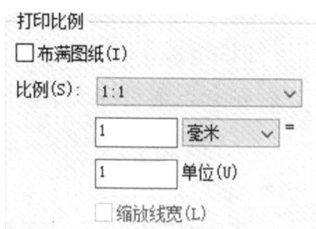

（7）在"打印样式表"设置区中的下拉列表中选择"monochrome.ctb"样式，如图 12.17 所示。此样式可以将所有用不同颜色绘制的图形对象都打印成黑色，确保打印出规范的黑白工程图纸，而非彩色或者灰度的图纸。

（8）在"打印选项"设置区中选中"打印对象线宽"，确保打印输出的图纸中，图形对象的线宽均是按照预先设置的线宽值完成打印。

（9）在"页面设置"设置区点击 添加(.)... 按钮，打开图 12.18 所示的"添加页面设置"对话框，输入相应名称并点击 确定(O) 按钮后，可以将以上设置保存到相应名称的页面设置文件中，以后再次打印时，可以通过"名称"下拉列表直接选择调用，而无需每次打印时都进行设置。

图 12.10　模型空间打印图纸

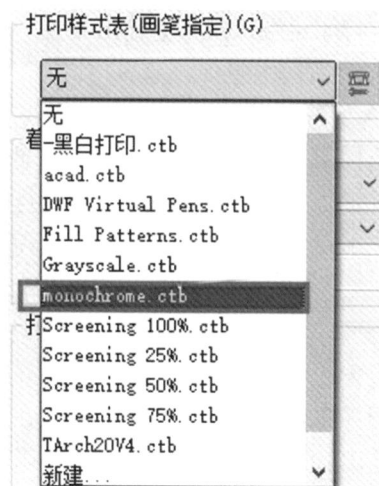

图 12.17　设置打印样式　　　　图 12.18　添加页面设置

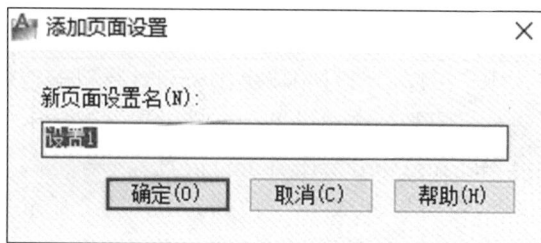

（10）单击 预览(P)... 按钮，可以观察即将完成打印出来的图纸样例。在预览窗口鼠标右键快捷菜单中选择"打印"，或者在"打印-模型"对话框中点击 确定 按钮完成打印。

特别提示

如果使用虚拟打印机，在确定打印时，将会弹出"浏览打印文件"对话框，提示将电子打印文件保存到何处，此时，选择文件保存目录后，点击"保存"，打印即开始。打印完成后，AutoCAD 状态栏右下角会出现"完成打印和发布作业"气泡通知。

【知识链接】

打印命令调用方式及功能说明

（1）命令调用方式

- 命令行："**PLOT**"。
- 键盘快捷方式：【**CTRL**】+【**P**】。
- 功能区按钮："输出"选项卡→"打印"功能区→🖶。
- 快捷工具栏按钮：🖶。
- 菜单：〖文件〗→〖打印〗。

工具栏按钮：标准工具栏→🖶

（2）命令功能说明

- 在选择打印设备时，如果只是想将图形对象输出到文件而非通过实体打印设备输出，可以在"打印机/绘图仪"设置区选中"打印到文件"选项。选中该项，完成打印设置并点击 ⬜确定 按钮时，会打开"浏览打印文件"对话框，用户可以通过此对话框确定输出文件的名称和路径。输出文件的后缀名为".plt"。
- AutoCAD 的虚拟打印机在下拉列表中均以".pc3"后缀名形式显示。如果想修改当前的打印机设置，可以点击"名称"下拉列表右侧的 特性(R)... 按钮，打开图 12.19 所示的"绘图仪配置编辑器"对话框。在该对话框中可以重新设定打印机端口及其他输出设置，如打印介质、图形特性、自定义设置等。"绘图仪配置编辑器"对话框中包含"基本""端口""设备和文档设置"三个选项卡，其中，"基本"选项卡中包含了打印设备配置文件（".pc3"文件）的基本信息，如配置文件的名称、驱动程序的信息以及打印设备端口信息等。在"端口"选项卡中，用户可以修改打印输出设备与计算机的连接设置，如选定打印端口、指定打印到文件或者后台打印等。在"设备和文档设置"选项卡中，用户可以对图纸来源、尺寸和类型、打印颜色深度和打印分辨率等进行设置。
- "打印区域"设置区下拉列表中包含"显示""窗口""范围""图形界限"四个选项，其中，选择"显示"选项，将打印整个绘图窗口中所包含的图形对象；选择"图形界限"选项，AutoCAD 系统将把使用"**LIMITS**"命令设置绘图界限范围内的所有图形对象在图纸上打印输出，绘图界限范围之外的图形对象将不会打印输出；选择"范围"选项，可以打印当前图形文件中的所有图形对象，AutoCAD 会自动调整图形对象的大小；选择"窗口"选项，用户可以自行设定打印区域。
- 在设置打印比例时，"打印比例"的默认选项是"布满图纸"。此时，系统将根据选择的图纸幅面自动调整图形的打印比例，使其充满整个图纸。取消"布满图纸"选择后，可以在"比例"下拉列表中选择 AutoCAD 预设的一些列标准比例值。此外，也可以在下拉列表下边的文本框中自行设置图纸尺寸单位与图形单位的比值，"比例"下拉列表将显示为"自定义"。

● 在"打印偏移"设置区，可以设置图形在图纸上的打印位置，如图 12.14 所示。在默认情况下，AutoCAD 将从图纸的左下角开始打印图形，即将打印原点设置在图纸的左下角点处，并默认该点坐标为(0,0)。在实际打印输出图纸时，都会根据装订需要，预留出一定的装订边，这就需要在该设置区的"X"、"Y"文本框中输入数值，重新设置打印原点，其中"X"是指打印原点在 X 方向上的偏移值，"Y"是指打印原点在 Y 方向上的偏移值。如果选择了"居中打印"选项，则系统会自动根据选择图纸幅面计算 X 和 Y 方向的偏移值，并在图纸正中央打印图形。

● "图形方向"设置区，可以调整图形在图纸上的打印方向，如图 12.20 所示。该设置区包含"纵向"、"横向"两个单选框，一个"上下颠倒打印"复选框和一个图标。其中，选择"纵向"单选框是使图形在竖直方向上打印；选择"横向"单选框是使图形在水平方向上打印。如果要将图形旋转 180°后打印输出，则需要先选择"纵向"或"横向"，然后选择"反向打印"。图标用以表明图纸的放置方向，图标中的字母代表了图形在图纸上打印的方向。

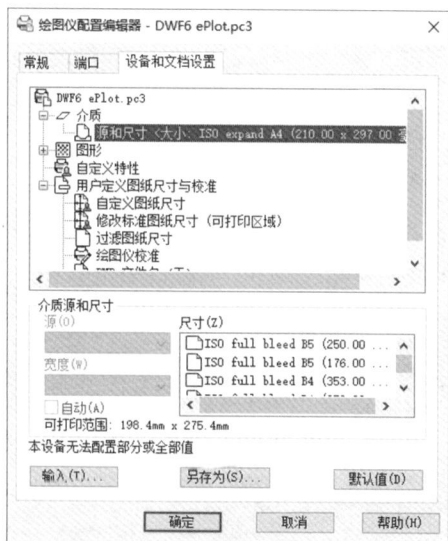

图 12.19 "绘图仪配置编辑器"对话框

图 12.20 "图形方向"设置区

● 在模型空间打印图纸不适用于多比例视图和依赖视图的图层设置图形打印。

任务三 创建布局并打印输出

在 AutoCAD 中，一旦完成三维模型的创建，可以直接完成三面投影图创建，如图 12.21

所示。但在模型空间中只能打印具有一个视图的二维图形，如果要利用三维模型直接完成多面投影图的打印输出或者在一张图纸中实现同一对象的多比例视图打印输出，就需要借助布局空间来完成。

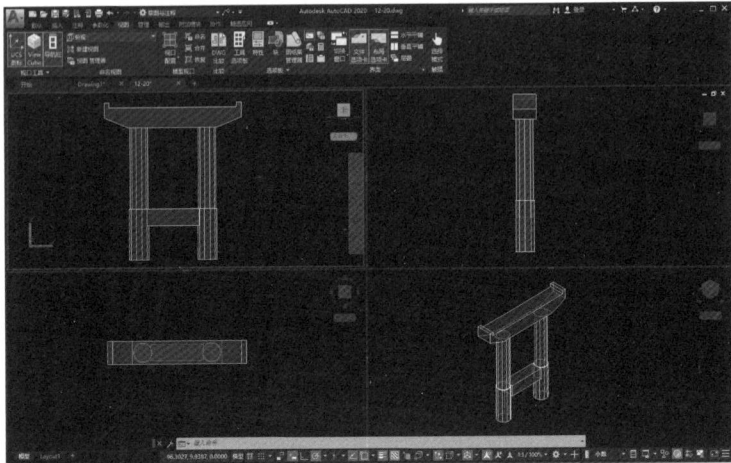

图 12.21　利用"视口"显示实体多面投影

【操作步骤】

（1）打开需要打印的三维实体图形文件。

（2）在命令行输入布局向导命令**"LAYOUTWIZARD"**，打开"创建布局-开始"对话框，如图 12.22 所示。

（3）输入新布局的名称后，点击 下一步(N) › 按钮，进入"创建布局-打印机"对话框，如图 12.23 所示。在列表框中选择"DWF ePlot.pc3"选项，为新布局配置虚拟打印机。

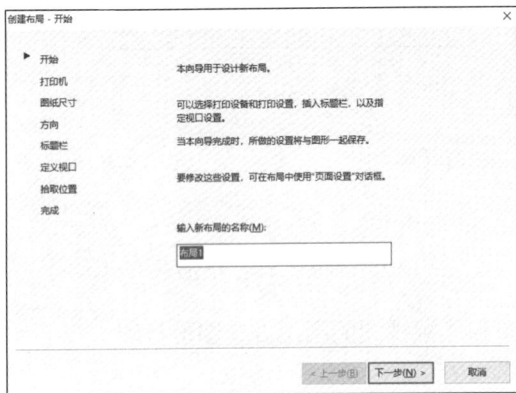

图 12.22　"创建布局-开始"对话框

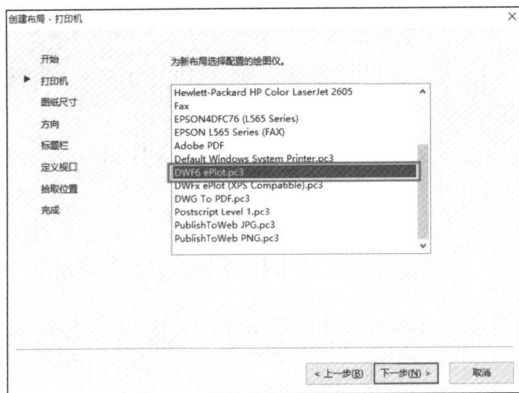

图 12.23　"创建布局-打印机"对话框

（4）单击 下一步(N) › 按钮，进入"创建布局-图纸尺寸"对话框，如图 12.24 所示。选择图形所用单位为"毫米"，选择图纸为"ISO full bleed A3（420.00 × 297.00 毫米）"。

（5）单击 下一步(N) › 按钮，进入"创建布局-方向"对话框，如图 12.25 所示。选择图形在图纸上的方向为"横向"。

图 12.24 "创建布局-图纸尺寸"对话框

图 12.25 "创建布局-方向"对话框

（6）单击 下一步(N) > 按钮，进入"创建布局-标题栏"对话框，如图 12.26 所示。在选择框内选择"无"。

（7）单击 下一步(N) > 按钮，进入"创建布局-定义视口"对话框，如图 12.27 所示。在"视口设置"区选择"标准三维工程视图"，并将视口比例设置为"1∶1"。

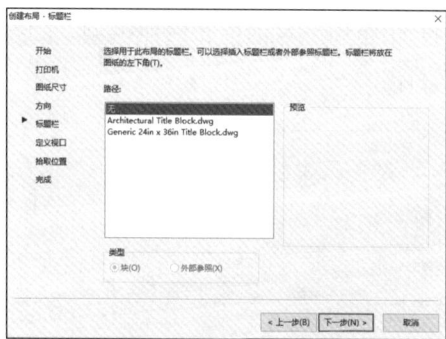

图 12.26 "创建布局-标题栏"对话框

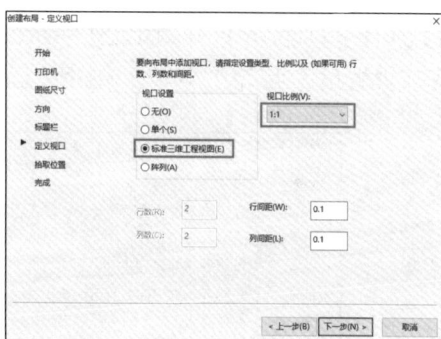

图 12.27 "创建布局-定义视口"对话框

（8）单击 下一步(N) > 按钮，进入"创建布局-拾取位置"对话框，如图 12.28 所示。单击 选择位置(L) < 按钮，AutoCAD 会返回到绘图窗口，通过指定两个对角点指定视口的大小和位置，之后直接进入图 12.29 所示的"创建布局-完成"对话框。

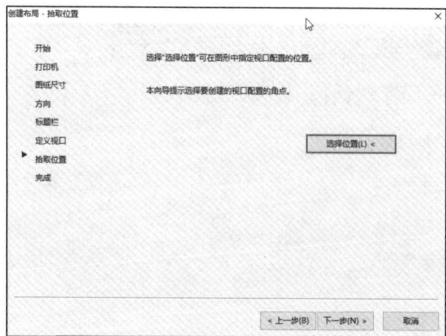

图 12.28 "创建布局-拾取位置"对话框

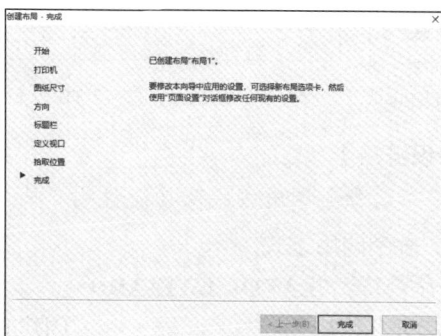

图 12.29 "创建布局-完成"对话框

（9）单击 ▭完成▭ 按钮完成新布局及视口的创建，如图 12.30 所示。

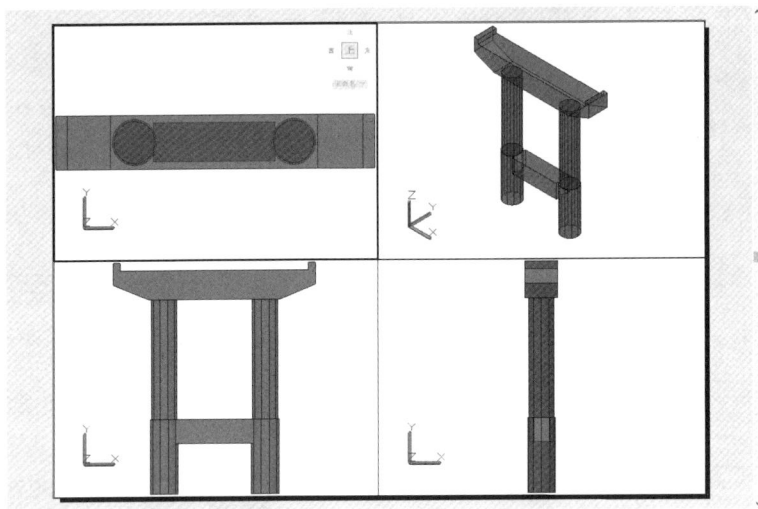

图 12.30　创建完成的新布局及视口

（10）选择〖打印〗，打开图 12.31 所示的"打印-布局"对话框，参照模型空间打印设置的步骤完成设置后，点击▭确定▭按钮，完成打印。

图 12.20　布局空间
　　　　　打印图纸

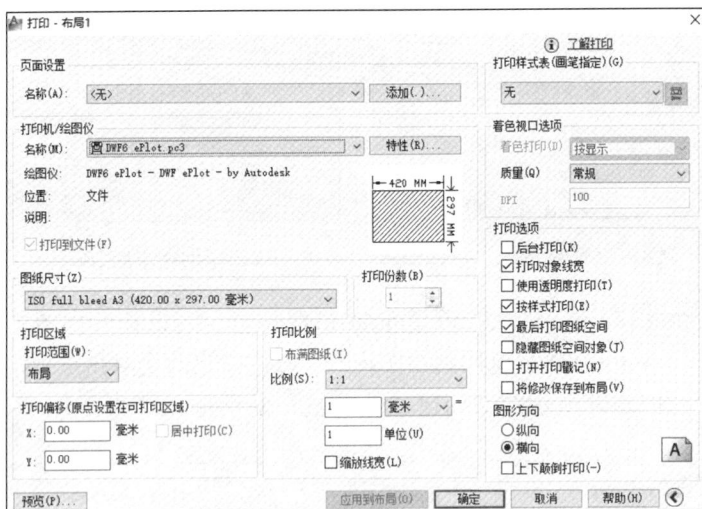

图 12.31　"打印-布局"对话框

【知识链接】

创建布局命令调用方式及功能说明

（1）命令调用方式

- 命令行："**LAYOUTWIZARD**"。
- 菜单:〖工具〗→〖向导〗→〖创建布局〗。
- 〖插入〗→〖布局〗→〖创建布局向导〗。

（2）命令功能说明

- 在 AutoCAD 中有以下 4 种方式创建布局。

◆ 使用"布局向导"命令"**LAYOUTWIZARD**"循序渐进地创建一个新布局。

◆ 使用"来自样板的布局"命令"**LAYOUT**"插入基于现有布局样板的新布局。

◆ 通过布局选项卡创建一个新布局。

◆ 通过设计中心从已有的图形文件或样板文件中把已经建好的布局拖入到当前图形文件中。

- 在"创建布局-标题栏"对话框中可以为布局打印输出选择图框和标题栏。系统默认标题栏只有"Architectural Title Block.dwg"和"Generic 24in × 36in Title Block.dwg"，用户可以通过常见带属性块的方法创建标题栏文件，然后用写块命令 **WBLOCK** 写入到存储样板图文件的路径下，然后调用。

- 为了在布局输出时只打印视图而不打印视口边框，可以在"打印-布局"对话框的"打印选项"设置区将"最后打印图纸空间"选项取消，这样虽然在布局中能看到视口的边框，但在打印时边框不会出现。

项目小结

本项目主要内容总结如下。

◆ 打印图形时，用户一般需要做如下设置。

（1）选择打印设备，包括 Windows 系统打印设备以及 AutoCAD 内部打印机。

（2）选择图幅大小，图纸单位及图纸方向。

（3）设置打印比例。

（4）设置打印范围。

（5）调整图形对象在图纸上的位置。

（6）选择打印样式。

（7）预览打印效果。

（8）打印输出图纸。

◆ AutoCAD 提供了两种绘图环境：模型空间和图纸空间。用户一般是在模型空间中按 1∶1 比例绘图，绘制完成后，再放大或缩小的比例打印图形。图纸空间提供了虚拟图纸，设计人员可以在图纸上布置模型空间的图形并设定缩放比例出图时，将虚拟图纸用 1∶1 比例打印出来。

附录
APPENDIX

AutoCAD 快捷命令对照表　　　　　　　　　　附表 1

命令缩写	执行命令	命令说明	命令缩写	执行命令	命令说明
3A	3DARRAY	三维阵列	-B	-BLOCK	命令式创建块
3DO	3DORBIT	三维空间中交互式观察对象	BC	BCLOSE	关闭块编辑器
3DMI	3DMIRROR	三维镜像	BE	BEDIT	在块编辑器中打开块定义
3F	3DFACE	创建三维曲面	BH	BHATCH	填充对象
3M	3DMOVE	三维移动	BO	BOUNDARY	从封闭区域创建面域或多段线
3P	3DPOLY	绘制三维多段线	-BO	-BOUNDARY	命令式创建封闭边界或多段线
A	ARC	创建弧型	BR	BREAK	打断对象
AA	AREA	计算对象或指定区域的面积和周长	BS	BSAVE	保存块编辑
ADC	ADCENTER	管理和插入块、外部参照和填充图案等内容	C	CIRCLE	创建圆
AL	ALIGN	对象对齐	CH	PROPERTIES	控制对象特性
AP	APPLOAD	装载 AutoLISP, ADS 或 ARX 等程序	-CH	CHANGE	修改现有对象的特性
AR	ARRAY	创建阵列	CHA	CHAMFER	添加倒角
-AR	-ARRAY	创建命令式阵列	CHK	CHECKSTANDARD	检查图形 CAD 关联标准
ATE	ATTEDIT	编辑块属性信息	CLI	COMMANDLINE	调入命令行
ATT	ATTDEF	重新定义块并更新关联属性	CO	COPY	复制
B	BLOCK	将所选图形定义成图块	COL	COLOR	定义对象颜色

续上表

命令缩写	执行命令	命令说明	命令缩写	执行命令	命令说明
D	DIMSTYLE	标注样式设置	GD	GRADIENT	用渐变色填充对象
DAL	DIMALIGNED	对齐式标注	GR	DDGRIPS	夹点控制设置
DAN	DIMANGULAR	创建角度标注	H	BHATCH	填充对象
DBA	DIMBASELINE	创建基线式标注	-H	-HATCH	命令式图案填充
DCE	DIMCENTER	创建圆心标记	HE	HATCHEDIT	编辑图案填充
DCO	DIMCONTINUE	创建连续式标注	I	INSERT	插入块
DDA	DIMDISASSOCIATE	解除标注关联	-I	-INSERT	命令式插入块
DDI	DIMDIAMETER	创建直径标注	IAD	IMAGEADJUST	调整图像
DED	DIMEDIT	编辑标注文字和填充线	IAT	IMAGEATTACH	插入参照
DI	DIST	求两点间的距离和角度	ICL	IMAGECLIP	剪裁图像
DIV	DIVIDE	定数等分	IM	IMAGE	图像管理器
DLI	DIMLINEAR	线性标注	-IM	-IMAGE	命令图像管理器
DO	DONUT	绘制实心圆或圆环	IMP	IMPORT	向 AutoCAD 输入文件
DOR	DIMORDINATE	创建坐标式标注	INF	INTERFERE	干涉创建临时三维实体
DOV	DIMOVERRIDE	更新标注变量	IN	INTERSECT	布尔运算-交集
DR	DRAWORDER	更改图像和其他对象的绘制顺序	IO	INSERTOBJ	插入链接或嵌入对象
DRA	DIMRADIUS	创建半径标注	J	JOIN	合并对象
DRE	DIMREASSOCIATE	关联或重新关联标注	L	LINE	绘制直线
DS	DSETTINGS	设置草图	LA	LAYER	图层特性管理器
DT	TEXT	创建单行文字	-LA	-LAYER	命令式图层管理
DV	DVIEW	定义平行投影或透视视图	LE	QLEADER	创建引线及引线注释
E	ERASE	删除对象	LEN	LENGETHEN	调整长度
ED	DDEDIT	编辑单行文字	LI	LIST	查询对象数据
EL	ELLIPSE	创建椭圆	LO	-LAYOUT	设置布局
EX	EXTEND	延伸对象	LS	LIST	查询对象数据
EXP	EXPORT	输出对象	LT	LINETYPE	线型管理器
EXT	EXTRUDE	将二维对象或三维面的标注拉伸为三维空间	-LT	-LINETYPE	命令式线型加载
F	FILLET	添加圆角	LTS	LTSCALE	线型比例设置
FI	FILTER	创建过滤器	LW	LWEIGHT	设置线宽
G	GROUP	编组对象	M	MOVE	移动对象
-G	-GROUP	命令式编组对象	MA	MATCHPROP	将选定对象的特性应用于其他对象

续上表

命令缩写	执行命令	命令说明	命令缩写	执行命令	命令说明
ME	MEASURE	合并对象	REG	REGION	创建面域
MI	MIRROR	镜像对象	REN	RENAME	重命名
ML	MLINE	绘制多线	-REN	-RENAME	命令式重命名
MO	PROPERTIES	修改对象特性	REV	REVOLVE	绕轴旋转二维对象以创建实体
MS	MSPACE	切换至模型空间	RO	ROTATE	旋转对象
MT	MTEXT	创建多行文字	RR	RENDER	渲染对象
MV	MVIEW	浮动视口	S	STRETCH	拉伸对象
O	OFFSET	偏移复制	SC	SCALE	比例缩放对象
OP	OPTIONS	选项	SCR	SCRIPT	自动批处理 AutoCAD 命令
OS	OSNAP	设置对象捕捉	DS	DSETTINGS	设置草图
-OS	-OSNAP	命令式对象捕捉设置	SEC	SECTION	生成剖面
P	PAN	实时平移	SET	SETVAR	设置变量值
-P	-PAN	两点式平移控制	SL	SLICE	剖切创建实体
PA	PASTESPEC	选择性粘贴	SN	SNAP	捕捉控制
PE	PEDIT	编辑多段线	SO	SOLID	创建填实的三角形或四边形
PL	PLINE	绘制多段线	SP	SPELL	检查拼写
PO	POINT	绘制点	SPE	SPLINEDIT	编辑样条曲线
POL	POLYGON	绘制正多边形	SPL	SPLINE	创建样条曲线
PR	PROPERTIES	显示对象特性	ST	STYLE	创建文字样式
PRE	PREVIEW	输出预览	STA	STANDARDS	管理标准文件与图形之间的关联性
PRINT	PLOT	将图形打印到打印设备或文件	SU	SUBTRACT	布尔运算-差集
PS	PSPACE	图纸空间	T	MTEXT	输入多行文字
PU	PURGE	清理无用对象	-T	-MTEXT	命令式多行文字输入
-PU	-PURGE	命令式清理	TA	TEXTALIGN	对齐文字对象
QC	QUICKCALE	打开快速计算器	TB	TABLE	插入表格
R	REDRAW	重画	TI	TILEMODE	图纸空间和模型空间的设置切换
RA	REDRAWALL	重画所有视图	TO	TOOLBAR	工具栏设置
RE	REGEN	重生成图形	TOL	TOLERANCE	创建形位公差
REA	REGENALL	所有视口重生成图形	TOR	TORUS	创建圆环形实体
REC	RECTANGEL	绘制矩形	TR	TRIM	修剪

续上表

命令缩写	执行命令	命令说明	命令缩写	执行命令	命令说明
TS	TABLESTYLE	创建表格样式	WE	WEDGE	绘制楔形体
UC	UCUMAN	UCS 管理器	X	EXPLODE	分解对象
UN	UNITS	控制坐标格式和精度	XA	XATTACH	插入外部参照
-UN	-UNITS	命令式坐标格式和精度控制	XB	XBIND	绑定外部参照
UNI	UNION	布尔运算-并集	-XB	-XBIND	文字式绑定外部参照
V	VIEW	保存视图	XC	XCLIP	剪裁外部参照
-V	-VIEW	视图控制	XL	XLINE	创建无限长直线
VP	VPOINT	设置三维观察方向	XR	XREF	外部参照管理器
-VP	VPOINT	设置图形的三维视点	-XR	-XREF	命令式外部参照管理器
W	WBLOCK	将对象写入块文件	Z	ZOOM	缩放视图
-W	-WBLOCK	命令式写块			

主要键盘快捷键功能对照表　　　　附表 2

快捷键	功能说明	快捷键	功能说明
【ESC】	Cancel〈取消命令执行〉	【Ctrl】+ 5	打开/关闭信息选项板窗口
【F1】	显示帮助 HELP	【Ctrl】+ 6	打开/关闭数据库连接管理器
【F2】	切换文字屏幕	【Ctrl】+ 7	打开/关闭标记集管理器
【F3】	打开/关闭对象捕捉	【Ctrl】+ 8	打开/关闭快速计算器
【F4】	打开/关闭三维对象捕捉	【Ctrl】+ 9	打开/关闭命令行
【F5】	切换等轴测平面	【Ctrl】+ A	选择全部对象
【F6】	打开/关闭坐标显示	【Ctrl】+ B	打开/关闭捕捉模式，功能同【F9】
【F7】	打开/关闭栅格显示	【Ctrl】+ C	将选中对象复制到剪贴板
【F8】	打开/关闭正交模式	【Ctrl】+ D	打开/关闭坐标显示，功能同【F6】
【F9】	打开/关闭栅格捕捉	【Ctrl】+ E	切换等轴测平面，功能同【F5】
【F10】	打开/关闭极轴追踪	【Ctrl】+ F	打开/关闭对象捕捉，功能同【F3】
【F11】	打开/关闭对象捕捉追踪	【Ctrl】+ G	打开/关闭栅格显示，功能同【F7】
【F12】	打开/关闭动态输入	【Ctrl】+ K	设置超链接
【Ctrl】+ 1	打开/关闭对象特性窗口	【Ctrl】+ L	打开/关闭正交模式，功能同【F8】
【Ctrl】+ 2	打开关闭 AutoCAD 设计中心	【Ctrl】+ N	新建文件，功能同命令 NEW
【Ctrl】+ 3	打开/关闭工具选项板窗口	【Ctrl】+ O	打开文件，功能同命令 OPEN
【Ctrl】+ 4	打开/关闭图纸集管理器	【Ctrl】+ P	打印输出

续上表

快捷键	功能说明	快捷键	功能说明
【Ctrl】+ Q	退出 AutoCAD	【Alt】+ F	打开"文件"菜单
【Ctrl】+ S	快速保存图形文件	【Alt】+ E	打开"编辑"菜单
【Ctrl】+ U	打开/关闭极轴追踪，功能同【F10】	【Alt】+ V	打开"视图"菜单
【Ctrl】+ V	从剪贴板粘贴	【Alt】+ I	打开"插入"菜单
【Ctrl】+ W	打开/关闭对象捕捉追踪，功能同【F11】	【Alt】+ O	打开"格式"菜单
【Ctrl】+ X	将选中对象剪切到剪贴板	【Alt】+ T	打开"工具"菜单
【Ctrl】+ Y	恢复上一次取消的操作，功能同命令"**REDO**"	【Alt】+ D	打开"绘图"菜单
【Ctrl】+ Z	取消上一次的命令操作，功能同命令"**UNDO**"	【Alt】+ N	打开"标注"菜单
【Ctrl】+【Shift】+ C	带基点复制	【Alt】+ M	打开"修改"菜单
【Ctrl】+【Shift】+ S	图形另存为	【Alt】+ W	打开"窗口"菜单
【Ctrl】+【Shift】+ V	将数据粘贴为块	【Alt】+ H	打开"帮助"菜单

参 考 文 献

［1］国家质量技术监督局. CAD 工程制图规则: GB/T 18229—2000[S]. 北京: 中国标准出版社, 2000.

［2］国家技术监督局, 中华人民共和国建设部. 道路工程制图标准: GB 50162—92 [S]. 北京: 中国计划出版社, 1992.

［3］钟佩思, 褚忠, 张幸兰, 等. 实例讲解 AutoCAD2020[M]. 北京: 电子工业出版社, 2020.

［4］阮志刚. AutoCAD 公路工程制图[M]. 成都: 西南交通大学出版社, 2008.

［5］职山杰, 赵大伟, 张甲秋. 计算机辅助设计（ AutoCAD2020 ）[M]. 北京: 电子工业出版社, 2023.

［6］任爱珠, 张建平. 土木工程 CAD 技术[M]. 北京: 清华大学出版社, 2006.

［7］刘松雪, 樊琳娟. 道路工程制图（第 4 版）[M]. 北京: 人民交通出版社股份有限公司, 2021.

［8］施教芳, 陈帅佐, 李小雷, 等. AutoCAD2012 中文版从入门到精通[M]. 北京: 中国青年出版社, 2011.

［9］管文华, 梁旭坤. AutoCAD2008 中文版案例教程[M]. 长沙: 中南大学出版社, 2009.

［10］王素英. AutoCAD 实训教程[M]. 北京: 北京航空航天大学出版社, 2008.

［11］赵云华. 道路工程识图[M]. 北京: 机械工业出版社, 2008.